普通高等学校"十四五"规划数字素养与
创新型复合人才培养数字经济专业精品教材

编 委 会

主　任　张建华

副主任　钱雪松　刘雅然

委　员（以姓氏拼音为序）

陈　斌　范红忠　方壮志　韩民春

孔东民　刘雯雯　龙　妍　欧阳红兵

易　鸣　姚　遂　周记顺　钟熙维

左月华

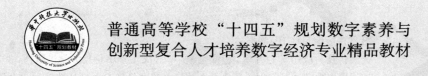
普通高等学校"十四五"规划数字素养与
创新型复合人才培养数字经济专业精品教材

金融科技与应用

Financial Technology and Application

主　编　◎　左月华　　程　峰

华中科技大学出版社
http://press.hust.edu.cn
中国·武汉

图书在版编目(CIP)数据

金融科技与应用 / 左月华,程峰主编. -- 武汉:华中科技大学出版社,2025.1. --(普通高等学校"十四五"规划数字素养与创新型复合人才培养数字经济专业精品教材). -- ISBN 978-7-5772-0062-0

Ⅰ. F830

中国国家版本馆 CIP 数据核字第 2024ZM5019 号

金融科技与应用
Jinrong Keji yu Yingyong

左月华 程 峰 主编

策划编辑:周晓方 陈培斌 宋 焱
责任编辑:董 雪 余晓亮
封面设计:原色设计
责任校对:张汇娟
责任监印:周治超
出版发行:华中科技大学出版社(中国·武汉)　　电话:(027)81321913
　　　　　武汉市东湖新技术开发区华工科技园　　邮编:430223
录　　排:华中科技大学出版社美编室
印　　刷:武汉开心印印刷有限公司
开　　本:787mm×1092mm　1/16
印　　张:20.25
字　　数:477 千字
版　　次:2025 年 1 月第 1 版第 1 次印刷
定　　价:58.00 元

本书若有印装质量问题,请向出版社营销中心调换
全国免费服务热线:400-6679-118　竭诚为您服务
版权所有　侵权必究

　　本书系统阐述了金融科技的发展历程，详细介绍了金融科技的底层技术及其在金融行业的应用，具有专业性、实用性和前瞻性。本书既搭建了金融科技的技术框架，又介绍了金融科技的应用场景，同时还提供了丰富的实践案例。本书在金融科技知识讲解的基础上，配合应用案例进行了具体分析，有利于读者深入理解金融科技及其应用。

　　本书适用于高等学校工商管理、数字经济和金融专业高年级本科生，以及相关专业硕士研究生的课程学习，也可供金融行业从业人员和对金融科技感兴趣的读者阅读。

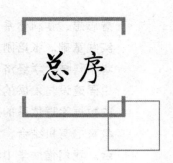

总序

2016年5月17日,习近平总书记主持召开哲学社会科学工作座谈会,指出我国哲学社会科学学科体系、学术体系、话语体系建设水平总体不高。2022年4月25日,习近平总书记在中国人民大学考察时强调,"加快构建中国特色哲学社会科学,归根结底是建构中国自主的知识体系"。党的二十大报告指出,新时代新征程中国共产党的使命任务就是"以中国式现代化全面推进中华民族伟大复兴",教育、科技、人才是全面建设社会主义现代化国家的基础性、战略性支撑。实现高水平科技自立自强,归根结底要靠高水平创新型人才。根据党中央要求,育人的根本在于立德。为了落实立德树人的根本任务,必须深化教育领域综合改革,加强教材建设和管理。因此,坚持思政教材体系建设与哲学社会科学教材体系建设相统一,是推动和落实习近平新时代中国特色社会主义思想进教材、进课堂、进头脑的重要基础和前提。同时,如何在哲学社会科学教材建设中充分体现"中国特色""中国理论""中国实践",是构建中国自主的知识体系和发展中国特色哲学社会科学的关键。

聚焦经济学科,在大数据、信息化和人工智能为代表的新科技革命背景下,经济业态、市场结构与交易模式发生了巨大变革,"数字经济"应运而生。华中科技大学经济学院结合创新型人才培养新趋势、新要求,贯彻"一流教学,一流人才"的理念,制定了数字素养与创新型复合人才培养现代经济学专业课程"十四五"规划系列教材编写计划,不断推进教学改革和教材建设,逐步构建我们自己的中国化高水平经济学教材体系,着力培养具备良好政治思想素质和职业道德素养,掌握坚实的经济学理论知识,熟悉前沿经济运行规律与改革实践,既有本土意识又有国际视野的数字经济复合型人才。

那么,如何做好数字素养与创新型复合人才培养现代经济学专业课程"十四五"规划系列教材的编写工作呢?根据习近平总书记重要讲话精神,一是要着眼于中国特色数字经济理论体系构建目标,在指导思想、学科体系、学术体系、话语体系等方面充分体现中国特色和实践基础。张培刚先生开创的发展经济学植根于现代化伟大实践，是华中科技大学经济学院学科优势所在。我们秉承将经济学研究植根于中国建设与发展的伟大实践这一优良传统，在积极探索具有中国特色的数据治理体系的建设路径上下功夫。二是要体现数字技术与经济学教育的有机结合，加快推进数字经济的理论探讨与社会实践的深度融合。我们借助华中科技大学在经济学和工程科学上的厚实底蕴，充分利用大数据科学与技术、人工智能等在金融、产业、贸易、财政等领域的前沿研究与发展实践，在教材编写与课堂教学中突出经济学与新技术学科的交叉融合。

本系列教材的编写主要体现如下几点思路。其一，体现"立德树人"的根本宗旨，坚持贯彻"课程思政进教材、进课堂、进头脑"的理念。其二，集中反映数字经济前沿进展，汇聚创新的教学材料和方法，建立先进的课程体系和培养方案，培养具有创新能力的数字经济复合型人才。其三，推进教学内容与方式的改革，体现国际前沿的理论，包含中国现实问题和具备中国特色的研究元素，助力中国自主的经济学知识体系构建。其四，加强数字经济师资队伍建设，向教学一线集中一流师资，起到示范和带动作用，培育数字经济课程教学团队。

本系列教材编写主要遵循如下几点原则。一是出精品原则。确立以"质量为主"的理念，坚持科学性与思想性相结合，致力于培育国家级和省级精品教材，出版高质量、具有特色的系列教材，坚持贯彻科学的价值观和发展理念，以正确的观点、方法揭示事物的本质规律，建立科学的知识体系。二是重创新原则。吸收国内外最新理论研究与实践成果，特别是我国经济学领域的理论研究与实践的经验教训，力求在内容和方法上实现突破、形成特色。三是求实用原则。教材编写坚持理论联系实际，注重联系学生的生活经验及已有的知识、能力、志趣、品德的实际，联系理论知识在工作和社会生活中的实际，联系本学科最新学术成果的实际。通过理论知识的学习和专题研究，培养学生独立分析问题和解决问题的能力。编写的教材既要具有较高学术价值，又要具有推广和广泛应用的空间，能为更多高校所采用。

本系列教材力争体现如下几点特色。一是精准思政。基于现代经济学专业核心课程"十三五"规划系列教材的经验，此次重点编写的数字经济系列教材，坚持以习近平新时代中国特色社会主义思想贯穿于教材建设的全过程。二是交叉创新。充分发挥学校交叉学科优势，让经济学"走出去"，为"技术"补充"内涵"，打破学科壁垒。结合学科最新进展，内容上力求突破与创新。三是本土特色。以中国改革发展为参照，将实践经验上升为创新理论，通过引入丰富的、具有中国元素的案例分析和专栏研讨，向世界介绍中国经验、讲述中国故事、贡献中国方案。四是国际前沿。将国际上先进的经济学理论和教学体系与国内富有特色的经济实践充分结合，并集中体现在教材框架设计和内容写作中。五是应用导向。注重教学上的衔接与配套，与华中科技大学经济学院专业课程教学大纲及考核内容配套，成为学生学习经济学核心专业课程必备的教学参考书。

　　本系列教材已入选华中科技大学"十四五"本科规划教材。根据总体部署，围绕完善"经济学专业核心教材建设，突出数字经济前沿"的主线，本系列教材按照数字化和经济学基础两大板块进行谋划。数字化板块包括数字经济概论、数字经济发展与治理、数据要素市场（原理与实践）、数字经济微观导论、数字金融、金融科技与应用、大数据与机器学习、数理宏观经济学导论（模型与计算）等。经济学基础板块包括经济学思维与观察、行为金融学、经济思想史导论、中国经济、WTO规则与案例精讲、国际直接投资与跨国公司、国际金融学等。当然，在实际执行中，我们可能会根据实际需要适当进行调整。

　　本系列教材建设是一项探索性的系统工程。无论是总体构架的设计、具体课程的挑选，还是内容取舍和体例安排，都需要不断总结并积累经验。衷心期待广大师生提出宝贵的意见和建议。

华中科技大学经济学院院长、张培刚发展研究院院长，教授
2023 年 12 月

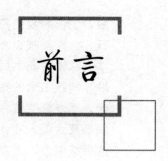

前言

中国人民银行发布的《金融科技发展规划（2022—2025年）》指出，金融科技的发展要坚持"数字驱动、智慧为民、绿色低碳、公平普惠"的原则，推动金融科技从"立柱架梁"全面迈入"积厚成势"的新阶段。作为科技与金融深度融合的产物，金融科技不仅以空前的速度引领金融行业在经营模式、组织形式、人力资本和技术创新等方面的深刻变革，还为整个社会的数字化发展提供了全方位的示范。掌握金融科技及其应用，对于个人职业发展、企业竞争力提升乃至整个社会的经济繁荣，都具有极其重要的意义。

作为一名待在象牙塔里研究金融学的学者，面对金融科技的蓬勃发展，我开始了自己的思考和探索：如何学好金融科技，深入了解其实际应用并将其灵活运用于自己的研究中去？金融科技有多大的潜力？金融人才会被金融科技全面取代吗？对于这样的问题，我除了有强烈的好奇感，同时还有深深的危机感。一场精彩的讲座解答了我的疑惑。2019年12月6日的那个下午，我至今难以忘怀，华中科技大学经济学院邀请时任众邦银行行长程峰先生做了一场主题为"金融科技与新金融"的讲座，这是我们学院"金融市场发展前沿系列讲座"的第三十一场。我作为点评专家，感受到了这次讲座的不同寻常。众邦银行是国内首家互联网交易服务银行，也是湖北省唯一一家民营银行，当时该银行刚成立不到3年。

讲座一开始，我就被程峰先生的演讲深深吸引了。他带着对金融科技的热情，向广大师生展现了一个神奇的金融新世界。在这个新世界里，金融科技带来了一种转换现实或者说改造传统金融的魔力，众邦银行只用70名员工、1个银行网点，1日就能完成传统银行需要700个网点、7886个员工，花费人工总工时20万小时才能完成的10万笔贷款审核量，这种效率的提升，是让人叹为观止的。讲台上的他，用精彩纷呈的PPT向师生们生动展示了大数据、人工智能如何创造和设计新的金融服务和产品，云计算和区块链如何吸引客户接触并喜爱新的金融服务，金融科技如何为金融增添智慧之光、形成新金融,仿佛为我们打开了一条通往未来的光明大道。整场讲座气氛活跃,大家都被程峰行长展示的金融科技之神奇魅力所深深吸引。

在该讲座之后,我的疑惑与危机感释然了,我的好奇转化为对金融与科技结合的持续研究与探索。我认为金融人才不会被金融科技替代,而是需要结合金融科技升级成为新的金融人才。新的金融人才必须是复合型人才,不仅要养成先进的数字化技术思维,具备金融科技的硬核实力,还要能深入了解具体的金融应用,提升金融专业的软实力。"软硬实力"的结合才能使得金融人才在科技浪潮时代拥有踏浪而行的能力。

于是,我萌生了编写一本既能让金融专业人士理解的技术书,又能让技术人员掌握的金融书的想法。为此,经过五年在金融科技方面教学和研究的积累,我汇集了高校研究团队的理论沉淀与业界精英的应用智慧,最终完成本书——《金融科技与应用》。我作为主编,现任华中科技大学经济学院金融系主任,在金融科技应用领域开展了五年的研究,承担了多项以金融科技为主题的国家级课题,并在国内外权威金融杂志上发表了多篇相关论文。另一主编程峰,正高级经济师,现任众邦银行董事长、新金融联盟理事、华中科技大学中国金融研究中心研究员,拥有丰富的金融管理和风险合规管理经验,对开放银行、供应链金融、金融数智化等金融科技前沿应用领域有深入的研究。本书全面搭建了金融科技的技术框架,清晰归纳了金融科技的发展路线,配套了金融行业的重要应用场景分析,同时提供了丰富的金融业界实践案例,使本书兼具专业性、实用性和前瞻性。

全书主要分为四大部分,十一个章节。第一部分介绍金融科技的定义与发展趋势,包括第一、二章,从金融科技的概念与发展历程入手,探讨了金融科技的监管与伦理问题。随着金融科技的迅猛发展,如何平衡技术创新与金融稳定,确保金融服务的公平性和透明度,已成为亟待解决的问题。该部分深入剖析了金融科技监管与伦理的框架和原则,旨在帮助读者形成对金融科技全面而深入的认识。

第二部分介绍金融科技的底层技术框架,包括第三至七章。该部分详细阐述了当前金融行业的主流技术,包括云计算、大数据、区块链、人工智能及其大模型等。这些技术不仅为金融科技的快速发展提供了坚实的技术支撑,更为金融行业的创新提供了无限可能。通过对这些技术的深入剖析,读者可以更加清晰地了解金融科技的核心驱动力,了解和学习金融科技思维。

第三部分介绍金融科技的典型运用场景,包括第八至十章。该部分详细分析了金融科技运用于金融领域的三大场景,即精准营销、智能投顾与智能风控。这些场景都是金融科技应用的具体体现。这些应用不仅提升了金融服务的效率和便捷性,更为金融机构创造了巨大的商业价值，同时展示了金融科技在解决实际问题中的巨大潜力，以帮助读者充分理解科技赋能对金融领域发展的推动作用。

第四部分为案例演示，涉及第十一章的内容，该部分设计了两个典型案例：一是金融科技如何助力银行实现数字化转型；二是金融科技如何解决小微企业融资难题。这两个案例不仅具有代表性，而且能够直观地展示金融科技在实际操作中的应用，从而为读者提供宝贵参考。

本书内容兼具专业性与技术性，文字通俗易懂、条理清晰、逻辑严谨。无论是金融专业的学生，还是金融行业的从业者，都可以从中获得有益的启示。为此，本书在每一章后都附上了相关的拓展阅读材料和思考题。这些材料不仅有助于读者深入理解金融科技的相关知识，还能够激发读者的思考，提升学习效果。

在本书的编写过程中，左月华、程峰负责全书的框架设计、内容把控和书稿的审核与修改，确保本书的全面性、专业性与前瞻性；来自业界的技术专家彭磊、刘珏负责全书的技术审核与修改，确保本书技术部分的高质量。同时，感谢以下成员对本书创作的协助和贡献：罗佩瑶负责第一章"金融科技基本概念"；赵哲负责第二章"金融科技政策指导与监管"；黄如钰、曾德慧共同负责第三章"云计算"；卢冠文、焦苏武共同负责第四章"大数据及其处理技术"；李仪铭、李子涵共同负责第五章"区块链"；第六章"人工智能基础"与第七章"人工智能大模型"由后迅负责；黄如钰负责第八章"精准营销"，汤子佳协助；曾德慧、焦苏武共同负责第九章"智能投顾"；李仪铭、李子涵共同负责第十章"智能风控"；左月华负责第十一章"金融科技应用案例"。各位成员在本书创作期间，进行了大量的资料搜集、讨论研究和梳理工作，为本书贡献了精彩的内容。另外，特别感谢宣路佳在本书撰写期间提供的全方位信息与服务保障，使得产研合作丝滑顺畅。感谢老友陈培斌编辑一直以来的支持与帮助，大大提升了本书的编校质量和写作水平。

我们真诚地欢迎广大读者提出宝贵的意见和建议，帮助我们不断完善和进步。希望本书能帮助读者深入了解金融科技的技术框架与应用，随着金融发展而不断"充电升级"，激发更多有关金融科技的思考与创新，一起为推动我国金融高质量发展而努力。让我们一同迈向"积厚成势"的新阶段，共同见证金融科技的辉煌未来。

左月华

2024.6.7 于梧桐雨

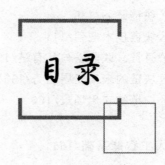

目录

第一章　金融科技基本概念 /001
　第一节　金融科技的内涵/001
　第二节　金融科技的演化与发展/005
　第三节　金融科技的技术手段/009
　第四节　金融科技的典型应用/011

第二章　金融科技政策指导与监管 /019
　第一节　金融科技带来的挑战与监管的必要性/019
　第二节　金融科技伦理分析/025
　第三节　国际实践经验分析/032
　第四节　我国的金融科技监管实践/042
　第五节　金融科技监管的发展趋势及展望/047

第三章　云计算 /051
　第一节　云计算的基本概念/052
　第二节　云计算的发展状况/053
　第三节　云计算核心技术/064
　第四节　公有云、私有云和混合云/068
　第五节　云计算的服务模式/078
　第六节　容器云、边缘计算与云边协同/092

第四章　大数据及其处理技术 /102
　第一节　大数据的概述/102
　第二节　大数据处理流程及技术/112
　第三节　金融大数据的应用场景及应用方法/129

第五章　区块链/139
第一节　区块链概述/139
第二节　区块链技术框架/144
第三节　公有链、联盟链与私有链/151
第四节　区块链的未来发展趋势/155
第五节　区块链的应用场景/160

第六章　人工智能基础/166
第一节　人工智能概述/166
第二节　机器学习与深度学习/169
第三节　自然语言处理/180
第四节　图像识别技术/184
第五节　人工智能的优势分析/187
第六节　人工智能的风险分析/190

第七章　人工智能大模型/197
第一节　大模型概述/197
第二节　大模型的技术原理/198
第三节　大模型的类型/202
第四节　大模型与金融的交融——以 ChatGPT 为例/206
第五节　大模型的优势与发展限制/208

第八章　精准营销/211
第一节　精准营销概述/212
第二节　精准营销模型及应用/216
第三节　精准营销的问题与消费者权益保护/223
第四节　典型案例分析/227

第九章　智能投顾/233
第一节　智能投顾的概述/233
第二节　智能投顾的主要服务形式/240
第三节　智能投顾的风险分析/249
第四节　典型案例分析/253

第十章　智能风控/261
第一节　智能风控概述/261

第二节　第三方征信平台与智能风控/265
第三节　智能反欺诈/271
第四节　智能催收/277

第十一章　金融科技应用案例/282
第一节　银行数字化转型案例/282
第二节　金融科技与小微企业融资案例/294

第一章

金融科技基本概念

随着科技的不断进步和金融行业的日新月异,金融科技(FinTech)已经从一个新兴概念演变成了全球金融领域的重要驱动力之一。金融科技的崛起不仅改变了传统金融行业的面貌,也深刻影响了人们的生活方式和商业模式。本章将探讨金融科技的基本概念,从内涵、演化与发展、技术手段到典型应用,为读者构建了一个全面了解金融科技的基础框架。

第一节概述了金融科技的基本内涵及其特征、生态体系,分析了中国金融科技行业的投融资情况;第二节介绍了金融科技的演化与发展;第三节介绍了金融科技的技术手段,主要包括云计算、大数据、区块链、人工智能;第四节侧重于介绍金融科技在实际应用中的典型应用场景。从移动支付、数字征信、银行数字化、证券投资到保险服务,并分析其带来的效益和影响。通过本章的学习,读者将对金融科技有一个较为全面的视角,为后续章节的深入学习奠定基础。

■ 第一节 金融科技的内涵

■ 一、金融科技基本内涵及其特征

根据金融稳定理事会(Financial Stability Board,FSB)的定义,金融科技是指技术带来的金融创新,它能创造新的模式、业务、流程或产品,从而对金融市场、金融机构或者金融服务的提供方式造成重大影响。国际证监会组织(International Organization of Securities Commissions,IOSCO)则将金融科技定义为,有潜力改变金融服务行业各种创新的商业模式和新兴技术。总之,"金融"与"科技"形成的金融科技,不仅仅是词语的组合,而是"金融"与"科技"的结合,是一种将信息技术与金融服务相结合的新型金融业态。其涵盖的范围包括金融机构、金融市场、金融产品、金融服务、金融用户等各个层面。金融科技的核心是以创新模式为驱动,利用信息

技术提高金融业的效率、安全性、便捷性和普惠性，满足金融用户的多样化和个性化需求，促进金融业的转型升级和实体经济的发展。金融科技依托互联网和现代信息科技手段不断发展，其在创新形式、信用特征和运行主体上都与传统金融不同。

金融科技是以"技术＋数据"双轮驱动的金融创新形式。金融科技来自信息技术带来的金融创新，信息技术作为驱动引擎，促进了金融科技的发展，信息技术的更迭也不断催生了新的金融科技创新形式。因此，科技虽是手段，但已成为金融科技创新之基石，金融科技已由早期的科技与金融的简单融合，逐渐演变为云计算、大数据、区块链、人工智能等新一代信息技术与金融深度融合、变革的创新飞跃。在信息技术这一根本驱动引擎之外，数据也逐渐成为金融科技发展的关键驱动引擎。在全球经济数字化转型的大背景下，互联网和新一代信息技术使经济活动高度数据化，数据逐渐成为投入和产出的关键要素。在金融科技的迅速发展过程中，各类信息终端和平台运营产生海量结构化和非结构化数据，这些数据区别于银行借贷、股票交易和上市公司年报等传统渠道的金融数据，具有体量大、流动速度快和种类多等特点。金融科技发展产生的数据可以直接用来交易，也可以通过大数据分析、文本分析和机器学习等算法助力金融分析、预测和决策等。同时，这些数据又会反过来驱动金融科技的进一步发展，数据和金融科技发展之间形成闭环。因此，综合而言，金融科技是以"技术＋数据"双轮驱动的金融创新形式。

金融科技创新了金融市场的信用特征，但没有改变金融的底层逻辑。金融科技通过科技手段彻底改变了金融市场的信用特征，金融市场的信用不再依靠原来传统的资产定价，而是通过大数据及其应用分析技术进行测度和动态调整。其迅猛发展产生了互联网和移动支付、网络借贷、数字货币等各种新金融形态，对金融服务的广度和深度均产生重大影响。这种影响一方面体现为解决金融服务中的盲点，如扩大金融服务的覆盖面，促进普惠金融；另一方面体现为解决金融服务中的痛点，如提高投资者信息的获得性和透明度，降低金融交易成本，推动金融体系提质、增效、扩容，更好地服务实体经济。金融科技本质上是由技术进步驱动的金融创新，并没有改变交易、支付、投资和信贷等金融核心业务，也没有改变金融资源配置这一金融服务的实质，金融科技的底层逻辑仍是金融。

金融科技拓展了金融运行主体，科技企业、金融机构和监管机构等各类主体积极参与其中。科技企业在金融科技行业发展的起步期占据了主导地位，主要包括靠技术研发生存的以金融科技为主业的企业和与信息科技具有天然密切联系的互联网科技企业，这些科技企业凭借天然的创新和开拓基因，以及领先的金融科技行业发展基础，扩张各类金融科技业务版图。在科技企业进行外部竞争、银行自身数字化转型诉求，以及政府在金融科技发展规划方面的政策支持等多重背景下，以商业银行为代表的传统金融机构纷纷向金融科技领域发力。除了与科技企业积极开展各类型的合作以外，很多商业银行也成立了自己的金融科技子公司，以期打造内循环甚至外输出的金融科技发展模式。同时，证券业和保险业等领域的非银行金融机构也成立了金融科技子公司，在金融科技领域谋发展，传统上市金融机构已逐渐成为金融科技创新的重要主体。另外，为更好地规范迅速发展的金融科技业务，金融科技的监管机构也大力发展,全球许多国家都在尝试分业监管、混业监管、监管沙盒等不同的监管方式。

综上所述,金融科技的内涵逐渐延伸,由传统的银行金融服务与科技应用,逐步扩展到整个金融服务体系,甚至金融监管体系的综合应用。它不仅包括银行、证券公司和保险公司等传统金融机构的技术应用,也包括平台公司和数据公司等科技公司通过科技手段提供的金融服务应用,还包括监管机构通过科技手段发展的金融监管科技应用。因此,金融科技是以现代科学技术手段和数据为双向引擎驱动的金融创新,它形成了一套新的金融生态体系,显著地改变了市场的结构,但是并未改变金融的本质。

■ 二、金融科技的生态体系

金融科技生态体系由市场主体、监管机构、孵化及融资机构三方组成(图1-1)。金融科技公司运用云计算、大数据、人工智能和区块链等技术手段提供创新金融服务;科技公司为监管机构和金融机构提供客服、风控、营销、投顾(投资顾问)和征信等领域的新兴技术服务;监管科技公司提供金融合规应对方案。三者同传统金融机构一起构成金融科技的市场主体。它们与金融科技融资机构、商业模式孵化器、金融监管机构、科技监管机构、其他监管机构,共同推动金融业的发展与变革。

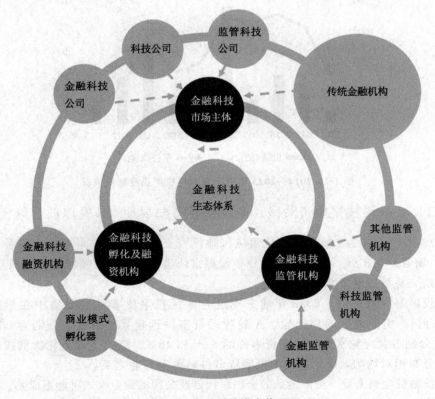

图1-1 金融科技生态体系

三、金融科技投融资情况

(一) 金融科技投融资规模：2018年达历史高点，国内投融资突破千亿元

从行业投融资事件数量来看，受互联网金融热潮的影响，2018年为国内金融科技投融资的高峰期，2019年出现降温。2020年受新冠疫情以及行业内监管规范政策等的影响，投融资事件数量进一步下降。随着元宇宙概念爆火，2021年金融科技板块投融资事件再次增加，共发生356件投融资事件。2022年随着元宇宙热度的减退，投融资事件降至200件以下。

从投融资金额来看，2018年为中国金融科技投融资金额最高的年份，达到了1953.33亿元，主要是因为中国金融科技领域在2018年迎来快速发展。银行等传统金融机构建立科技子公司，向数字化方向发力；以百度、阿里、腾讯、京东为代表的互联网巨头纷纷着力于金融科技。2021年中国金融科技产业受元宇宙概念爆火的影响，投融资金额达到1355.91亿元。2022年随着元宇宙热度的减退，投融资金额降至739.39亿元。

图1-2所示是2014—2023年中国金融科技产业投融资情况。

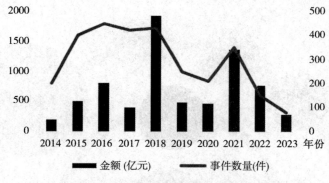

图1-2　2014—2023年中国金融科技产业投融资情况

(二) 金融科技投融资阶段：交易份额转向早期 (B轮以前) 融资

2013年，全球2/3的金融科技领域风险投资交易都发生在早期阶段 (种子轮和A轮)。随着公司扩张，金融科技细分领域赢家凸显，主要垂直领域竞争激烈且过热，导致早期交易量逐渐下滑。

从投融资次数来看，2023年前三季度各地区投融资事件主要集中在早期投资 (B轮以前)。美洲地区的种子轮、A轮投融资事件远超其他地区，分别为255次和93次，分别占对应轮次全球投融资事件的53%和48%。亚太地区各轮次的投融资事件次数分布相对均匀，C轮之前的投融资事件略多于C轮之后。

从投融资金额来看，美洲地区的金融科技创业公司的商业模式可能更成熟。美洲地区获得的C+轮投融资金额占相应轮次全球投融资总金额的比重最大，种子轮、A轮和

B轮投融资金额占比也均超过50%；欧洲地区投融资轮次主要集中在A轮和B轮，金额占比在20%左右；亚太地区的投融资轮次主要集中于天使轮，金额占比超过90%。

从投融资领域来看，相比于其他领域，证券与资管在投融资事件数量上占有绝对优势，且在各轮次的投融资事件数量上也都占据重要地位。银行与借贷、支付、区块链、保险与保险科技和另类数据领域的投融资事件主要集中在种子轮和A轮，如图1-3所示。

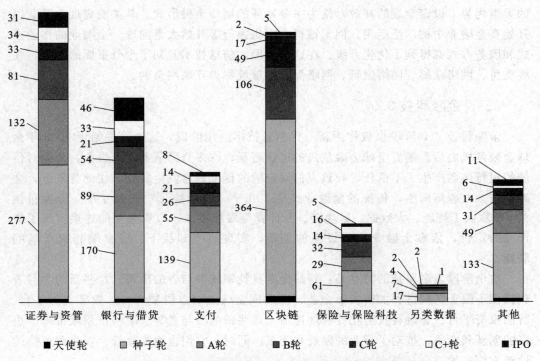

图1-3　2022年全球各细分行业投融资事件各轮次数量分布

第二节　金融科技的演化与发展

一、金融科技的发展历程

金融科技始于20世纪80—90年代，从金融业与信息技术的结合来看，金融科技历经了三个发展阶段。

(一) 金融科技1.0

金融科技1.0阶段也被称为金融IT化阶段，这个阶段始于20世纪80年代，其基本逻辑是：通过计算机信息的高效流通，实现更加顺畅的连接，即实现资金供给端和需求端更高效的对接。主要表现为金融系统开始应用计算机软件、硬件设备，实现办公自动化和业务一定程度上的电子化作业。在这个阶段，金融全球化首次出现，尽管 IT 部门作为企业中心的作用开始显现,但是这时候 IT 公司并没有直接参与公司的业务环节,其价值尚未充分体现。

(二)金融科技 2.0

金融科技 2.0 阶段也被称为互联网应用阶段。这一阶段的金融科技是借助互联网技术、移动互联网技术和数据检索技术,实现资金、资源更高效的连接,依托互联网的渠道优势,以资金端的高效对接为主要特征的创新金融形式。其主要表现为互联网开始在金融业中被广泛运用。网上银行、手机银行等开始大量涌现。金融业的作业模式和服务方式都得到了优化升级。在这个阶段,信息技术起到了十分重要的作用,在线支付、网络众筹、网络银行、网络保险等被统称为互联网金融。

(三)金融科技 3.0

金融科技 3.0 阶段也被称为新一代信息技术应用阶段,这个阶段始于 2008 年全球金融危机之后。随着全球金融危机的迅速蔓延,许多金融从业人员失业,公众对传统的银行体系产生了不信任,导致人们对金融的传统观念发生转变。在此背景下,金融科技 3.0 应运而生,传统的金融业经历了几乎"脱胎换骨"式的变革。金融科技 3.0 依靠人工智能、大数据、区块链、云计算等底层技术,以资金端的连接实现了资产端的定价,依靠金融业底层设施的创新,实现线上和线下、资金端和资产端的联通。

这个阶段金融科技的特点是:新的金融科技领域参与者的出现。这些新的参与者包括但不限于区块链和加密货币企业、互联网金融点对点借贷平台、数字支付平台、智能投资平台、金融科技孵化器和加速器。这些新的参与者为金融科技领域带来了更多的创新和竞争,推动了行业的发展和变革。同时,它们也面临监管、安全和可持续性等方面的挑战。

■ 二、中国金融科技行业的发展

中国金融科技行业的发展主要经历了四个阶段,分别是第一阶段市场启动期(2004 年—2012 年)、第二阶段高速发展期(2013 年—2015 年上半年)、第三阶段市场调整期(2015 年下半年—2018 年)、第四阶段平稳发展期(2019 年至今)。

(一)第一阶段市场启动期(2004 年—2012 年)

这一时期金融科技公司处于萌芽阶段,科技开始向金融核心业务渗透。2004 年左右,第一批第三方支付企业出现。2007 年,我国首家网络借贷平台"拍拍贷"成立,其采用纯线上模式运作,平台本身不参与借款,而是通过信息匹配、工具支持和服务等功能实现借贷,是中国第一家真正意义上的 P2P(peer to peer leading,点对点网络借贷)平台。2011 年 5 月,央行颁发首批 27 张第三方支付牌照,支付宝、财付通、快钱等民营第三方支付企业获牌,标志着第三方支付纳入监管,也为国内第三方支付企业参与国际竞争提供政策支撑。2012 年 5 月,《中国银监会关于鼓励和引导民间资本进入银行业的实施意见》明确支持民营企业参与商业银行增资扩股，允许民营企业参与城市商业银行风险处置的，持股比例可以适当放宽至20%以上。同年扫码支付试水，之后迅速线下推广，科技对金融行业的渗透从线上互联网金融扩展至线下零售支付。2004—2012年的金融科技发展"市场启动期"阶级，第三方支付、P2P、虚拟货币等纷纷萌芽，监管部门对民营银行开闸和第三方支付进行鼓励，科技在金融行业的应用由辅助性的"IT工具"开始渗透到支付、借贷等核心金融业务中，金融科技发展正式启动。

（二）第二阶段高速发展期（2013年—2015年上半年）

各机构开始进行大规模互联网化布局。2013年6月，支付宝推出增值服务平台"余额宝"，上线不到6天用户数量就突破了100万，互联网金融概念大火，活期宝、现金宝等类似的"理财宝"纷纷现身。同年9月，北京银行首次建立直销银行，计划以线上和线下融合的方式提供服务。2014年，全国首家民营银行深圳前海微众银行正式获准开业，也是中国首家互联网银行。同时，P2P网贷行业也迎来爆发式增长，全年新成立P2P平台有近1600家。2015年3月，全球市值最大的商业银行——中国工商银行推出"e-ICBC"互联网金融品牌，向互联网金融领域发力，标志着互联网金融进入"大象"起舞时代。总之，2013年至2015年上半年，互联网金融高速发展，传统银行纷纷探索直连模式并向互联网金融转型，理财平台和P2P网贷平台数量大幅增长，资本市场也对互联网金融保持热情，金融科技处于高速发展期。但监管的发展脚步未能跟上行业发展速度，导致这一时期金融科技行业发展处于"野蛮生长"状态，行业乱象频生，急需监管落地。

（三）第三阶段市场调整期（2015年下半年—2018年）

这一时期监管政策密集出台，行业发展趋于缓慢。2015年末，e租宝事件爆发，引发公众对P2P理财安全的质疑。2016年4月，国务院组织14个部委召开电视会议，将在全国范围内启动有关互联网金融领域的专项整治，为期一年，推动对民间融资借贷活动的规范和监管。同年8月，《网络借贷信息中介机构业务活动管理暂行办法》正式发布，要求银行金融机构对网贷客户资金实行第三方存管，禁止网贷机构发售金融理财产品，禁止P2P网贷平台开设线下门店、线下宣传及推介融资，标志着P2P网贷正式进入监管时代。同年，央行牵头开展非银行支付机构风险专项整治工作。2017年《关于将非银行支付机构网络支付业务由直连模式迁移至网联平台处理的通知》发布，取缔支付机构与银行的直连模式，互联网支付公司正式告别直连时代。经历了前几年的"野蛮生长"后，2015年下半年至2018年，行业监管趋严，行业发展趋缓，伴随金融科技领域数条监管政策的落地，网络借贷、网络支付等细分领域的监管框架逐步完善，行业规范程度进一步提升。

（四）第四阶段平稳发展期（2019年至今）

这一时期监管压力减小，行业健康稳步发展。一系列监管政策落地使行业乱象得到有效遏制，行业经过一番清理和"洗牌"后，不合规的平台已淘汰出局，留下的重合规、重风控的金融科技公司将迎来增长红利，监管压力逐渐减小。2019年8月，央行印发《金融科技（FinTech）发展规划（2019—2021年）》（以下简称《规划》），明确提出到2021年建立健全我国金融科技发展的"四梁八柱"。现代金融体系服务现代化经济之"四梁"，即围绕供给侧结构性改革的需求，引导金融资源更合理配置；围绕创新驱动发展战略，推动金融有效服务科技创新；围绕乡村振兴战略，发展适合"三农"的普惠金融；围绕总体国家安全观，构建全方位的金融安全战略体系。现代金融体系自身改革发展之"八柱"，即健全货币政策和宏观审慎政策双支柱调控框架；推进以重构政府和市场关系为核心的金融体制改革；优化直接融资和间接融资协调发展的金融结构；推动关乎金融发展全局的利率和汇率市场化改革；坚决打好防范化解重大金融风险攻坚战；构建全面开放新格局下的金融业开放新体制；健全以补齐监管统筹协调短板为重点的金融监管体系；加强和改进金融系统中党的领导和党的建设。整体来看，《规划》给金融科技的定位具有了相当重要的政策高度，对金融科技创新赋能金融发展给予了高度认可。金融科技发展进入健康有序、稳步增长的新时期。

近年来，我国金融科技得到迅猛发展，取得了较大的发展成果，并对金融机构服务实体经济起到了重要的促进作用。2023年既是全面贯彻党的二十大精神的开局之年，也是金融系统深化体制改革的关键之年。我国金融科技的发展在2023年呈现出新体制、新技术、新场景、新格局等"四新"特点。新体制，即做好"数字金融"大文章，进一步强化金融科技顶层设计。新技术，即生成式人工智能兴起，将极大扩展金融行业发展空间。新场景，即获客、营销、风控等多个金融场景正在向数智化转型。新格局，即金融机构数字化转型分化，逐步形成新格局。

中国金融科技行业目前正处在一个平衡发展阶段，其中市场格局逐渐明朗，发展模式和路径日益成熟。这一阶段的主要特点如下。

1. 市场格局稳定，发展模式成熟

经过快速成长和波动调整后，中国金融科技行业中各类产业主体的发展定位更加清晰。头部金融机构继续以科技为引领，整体科技投入保持增长，其主导地位更加突出。这些机构不仅在内部进行科技革新，还通过科技子公司向外输出科技能力，逐渐从科技输出转向生态赋能。同时，平台企业的金融业务常态化监管框架已初步形成，大型平台企业如蚂蚁集团的金融科技业务整改进入收尾阶段，监管要求逐步落实到企业运营层面。此外，IT解决方案供应商正在探索新技术以提供新的服务内容和模式，助力金融机构优化基础设施建设。

2. 投入更加注重效率和成果

金融机构在科技能力建设和数字化转型方面已进入深水区，科技投入更加注重业务价值导向。金融机构的科技投入由全面投入转向精准投入，减少探索性投入，聚焦于具体业务领域，如数据治理、数字营销、零售数字化等，从而提升投入产出比。

3. 金融科技伦理治理体系的完善和行业规范化

随着科技创新的快速发展，金融科技伦理治理体系不断完善，行业规范化程度持续提升，包括"通用"到"行业"、中央到地方、监管层到机构个体的多维度治理体

系。金融科技行业规范化管理也得到加强，通过数据安全、网络安全、个人信息保护等方面的政策法规，为金融行业规范化管理奠定基础。

中国金融科技行业正处于一个相对稳定的发展阶段，其作为金融机构和平台企业的角色定位日益凸显，行业内外的科技应用和合作不断深化。同时，金融科技伦理治理体系和行业规范化的进步为行业的健康发展提供了重要支撑。在这一背景下，金融科技将继续推动行业的创新和变革，为消费者和企业提供更加高效、安全的金融服务。

第三节 金融科技的技术手段

金融科技的四大关键技术为：云计算（cloud computing）、大数据（big data）、区块链（blockchain）、人工智能（AI）。云计算主要应用在IT设施的管理方面，帮助资源合理分配，及时有效地提高运维效率，降低银行的IT设施成本；大数据能带来大量不同种类、格式丰富、不同领域的数据，基于大数据的分析能够有效提取有价值的信息，为精确评估、预测提供新手段；区块链能够有效节约金融机构间的清算成本，提高交易处理效率，增强数据安全性；人工智能广泛运用于智能风控、智能支付、智能投研、智能投顾等方面，能够替代人的重复性工作，提升效率和用户体验，拓展金融机构的销售和服务能力。

一、云计算：在信息获取、资源配置、IT运营三方面发力

美国国家标准与技术研究院（NIST）定义云计算为一种按使用量付费的模式。通过云计算，用户可以随时随地按需从计算资源共享池中获取网络、服务器、存储器、应用程序等资源。云计算按照服务交付模式分为IaaS、PaaS和SaaS。云计算在金融领域的应用价值主要有三方面：降低金融机构的信息资源获取成本；减小金融机构的资源配置风险；提高金融机构的IT运营效率。这些应用价值主要通过私有云和行业云两种落地方式来实现。

图1-4所示是云计算在金融领域的主要落地方式。

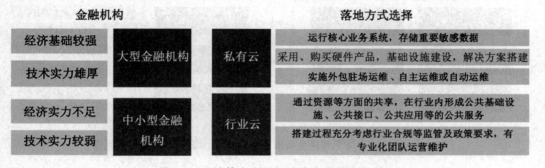

图1-4 云计算在金融领域的主要落地方式

二、大数据：应用于银行、保险、证券等细分领域

大数据近年来在银行、保险、证券等细分领域的应用越发广泛。在银行业，大数据可以助力银行在客户画像的基础上开展精准营销，在风险管理和控制方面帮助银行进行中小企业贷款风险评估、实时欺诈交易识别和反洗钱分析；在保险行业，大数据可以基于企业内外部交易和历史数据，实时或准实时预测和分析欺诈等非法行为，还能通过识别客户的风险偏好来进行差异化服务和精细营销；在证券行业，大数据可以应用于股价预测，结合人工智能助力投资顾问智能化。此外，大数据还应用于支付和互联网金融等领域（图1-5）。

图1-5 大数据在细分领域的应用方向

三、区块链：解决安全、信任、效率三大问题

根据赛迪顾问（CCID Consulting）的定义，区块链是一种分布式账本构造技术，可以在去中心化的系统中构建不可篡改、不可伪造的分布式账本，并保证系统中各个节点所拥有账本的动态一致性。区块链基于分布式记账、不可篡改、内置合约的技术特点，可以为金融业务中参与节点多、验真成本高、交易流程长的行业痛点提供解决方案，解决金融业务中的安全、信任、效率三大问题，如图1-6所示。

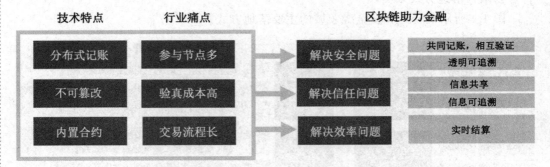

图1-6 区块链有助于解决金融业务中的安全、信任、效率三大问题

四、人工智能：智能风控、智能支付、智能投研、智能投顾等

人工智能技术在金融行业中的应用主要为智能风控、智能支付、智能投研、智能投顾等（图1-7）。在智能风控领域，人工智能在客户群体筛选、欺诈风险鉴别、信用评定等环节起到重要作用，有助于增强业务安全；在智能支付领域，人工智能通过生物识别身份认证为客户带来更快捷的操作体验，通过将现实人脸图像与联网核查图像及客户身份证图像进行交叉比对，借助人工智能算法引擎完成身份认证，从而加强了金融服务供给，提高了支付运营效能，为多元化消费场景创造条件；在智能投研领域，人工智能通过深度学习、自然语言处理等方法，对数据、事件、结论等信息进行自动化处理和分析，为金融机构的专业从业人员提供投研帮助，提高其工作效率和分析能力；在智能投顾领域，人工智能能够对用户与资产信息进行标签化分类，从而精准匹配用户与资产。

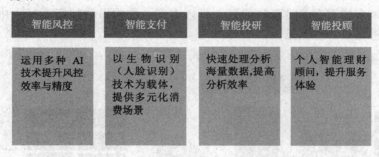

图1-7 人工智能在金融行业中的应用场景

人工智能中，大模型是重要组成部分之一，其通常指的是机器学习或深度学习中参数数量庞大的模型。这些模型往往由数百万甚至数十亿个参数组成，并且需要大量的计算资源来训练和部署。它通常被用作人工智能系统的核心组件，在自然语言处理、计算机视觉、语音识别等领域取得了显著的成果，例如，在自然语言处理领域，OpenAI 的 GPT 系列模型和 Google 的 BERT 模型都是大型预训练模型的代表，已经成为自然语言理解和生成及其衍生技术的基础。这些模型能够理解并生成自然语言文本，实现了人工智能系统在自然语言理解和生成方面的重大进步。大模型的发展推动了人工智能技术的不断进步和应用范围的扩大。

总的来看，云计算、大数据、区块链、人工智能四大关键技术多维度、多角度、全方位助力金融行业提质增效。随着这些新兴技术在金融行业的深入应用，科技对于金融的作用被不断强化，创新性的金融解决方案层出不穷，金融科技发展进入新阶段。

第四节 金融科技的典型应用

云计算、大数据、区块链、人工智能等前沿技术渗透进金融行业各细分领域，应用场景各异，全方位助力金融行业提质增效。

一、移动支付

移动支付是指移动客户端利用手机等电子产品进行电子货币支付,属于第三方支付。移动支付将互联网、终端设备、金融机构有效地联合起来,构成了一个新型的支付体系。

随着交易规模的扩大,移动支付对国家金融生态稳定的影响逐渐增强,因此政府开始加强行业监管。受交易限额等监管因素的影响,中国移动支付规模增速开始放缓。目前移动支付的行业格局为:C端呈双寡头格局(支付宝和微信支付),B端有较大发展潜力。

支付机构服务模式由多场景单一服务向全场景数字化运营转变。由于智能手机的广泛普及,移动支付具有极强的场景属性。各支付机构不断针对旅游、医疗、交通、校园等细分场景进行布局。通过平台生态化战略提供多元化增值服务逐渐成为支付行业发展的主流。从目前的市场格局来看,移动支付和前沿科技的结合是大势所趋,支付机构在未来会加大对前沿科技的资金投入力度。在前沿科技资金投入中,AI与云计算领域的资金投入占比最大。

图1-8是支付机构全场景生态服务模式示意图。

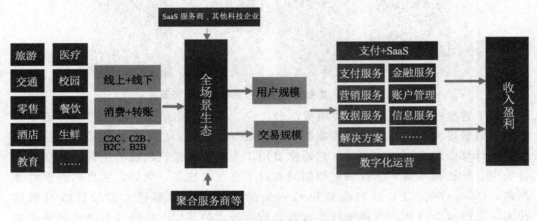

图 1-8 支付机构全场景生态服务模式

二、数字征信

传统征信模式存在时效性低、手续烦冗等问题,数字征信利用大数据、人工智能等新兴科技,通过对个人和企业交易行为等信息的搜集、整理以及分析,评估个人和企业的信用等级,能快速、有效地预防信用风险,弥补传统征信模式的不足。

中国数字征信行业目前主要有三类参与者,一是信贷征信系统,如中国人民银行征信中心;二是获取个人征信牌照主要从事个人征信业务的企业,如百行征信、朴道征信等;三是主要从事企业征信业务的机构,包括中外合资征信机构、外资征信机构、内资征信机构。目前的行业格局是以中国人民银行征信中心为基础,其他市场化征信机构为补充,为金融机构识别和判断客户的信用状况提供征信服务。各大征信机构功能互为补充、分工合作、互相促进、错位发展，共同为金融机构提供多样化的征信产品和服务，实现金融机构对个人信用状况的全面掌握。

金融科技的运用有利于弥补传统征信存在的不足，实现征信范围拓宽，数据时效性加强，风险管控能力提升，为征信行业发展描绘新的图景。

（1）大数据、云计算技术拓宽信息采集维度，扩大用户覆盖范围。与中国人民银行征信中心的用户数据源于银行和传统金融机构的借贷业务不同，数字征信用户信息涵盖网购、租房、生活缴费等各个方面。

（2）区块链技术可有效解决数据传输过程中存在的使用者各方分离、数据时效性和真实性弱的问题。传统征信模式中，信息使用者各方分离，数据流通手续烦冗。将用户信息存储于区块链中，能够解决数据确权难题，确保金融数据流通合规；信息"上链"可汇聚多源数据进行实时分析，不可篡改的特性可提高数据质量，避免客户欺诈行为。

（3）人工智能算法模型应用于反欺诈领域，可提高风险管控水平。在反欺诈领域，将不同来源的大数据整合在一起，利用机器学习等技术对数据进行处理，发现可能存在的欺诈疑点；在信用管理方面，运用知识图谱刻画用户画像，对用户进行综合评定，提高风险管控能力。

三、银行数字化

金融科技的发展带来了银行业的变革，推动传统银行加速数字化转型，吸引互联网企业积极探索银行业。

传统银行积极探索数字化转型的发展模式，主要模式有三种。① 传统银行开启数字化转型，不再局限于直销银行，更加注重客户管理和线上线下业务融合，探索智慧银行新模式。② 以共享、开放为理念，开放银行，通过API架构驱动，将多种功能输出并嵌入到各个合作伙伴的平台和业务流程中，满足客户综合金融服务需求，形成跨界金融服务，构建开放、综合的银行生态系统。③ 各大银行纷纷设立银行科技子公司，推动银行内部技术变革，对外输出金融科技能力。通过数字银行的建设，传统银行实现了以人工智能支撑交易体系、营运体系，简化交易环节；以大数据技术支撑信用体系、决策体系，挖掘潜在客户价值，提升核心竞争力；通过与第三方合作平台共享信息与服务，运用区块链等金融科技实现技术赋能，聚合多种应用场景，为客户提供便捷、个性化的服务体验。

近年来，在金融科技浪潮的冲击下，除了邮储银行，其余五大国有大型商业银行已相继成立金融科技子公司，可见国有商业银行对金融科技的重视。根据零壹智库、数字化讲习所对六大国有商业银行年报中披露的金融科技相关信息的分析，2022年六大国有商业银行已在数字平台建设、智能风控、科技架构布局等方面进一步推进科技赋能。

在数字平台建设中，2023年建设银行发布"建行云"平台，依托数字新基建在全国进行算力布局，形成金融云整体解决方案，推出核心银行、金融级云上数据中心等10个云服务套餐；邮储银行则在支持乡村振兴上下功夫，2022年累计推进智慧农村平台合作243个，服务农村"三资"管理、产权交易、党务和村务管理等场景下的客户1.10万户。

在智能风控方面，2022年，工商银行依托大数据及工业遥感识别技术，实现基建、绿色能源等领域贷后监控智能化，推进"融安e"系列风控系统建设，搭建适应小微企业风险特点的"1+N"智能风控体系，加强风险动态监测和预警，构建"总行非现场预警+分行现场核查"的风险管控机制；农业银行则充分运用内外部多维数据分析客户画像，推广部署新版终端数据防泄露工具，优化风险识别系统，实施全流程风险防控。

在科技架构布局上，中国银行2022年发布手机银行8.0版，升级私行、场景、新市民等专区服务，升级新版企业网银，推出"中银企业e管家""中银企业云直联"，赋能中小企业数字化转型；交通银行2022年则在零售转型、供应链金融、金融生态圈等领域实现突破，零售信贷和B2B支付两个企业级架构试点项目顺利上线，数字化业务经营和管理能力全面提升。

我国国有商业银行金融科技投入战略（部分）见表1-1。

表1-1 我国国有商业银行金融科技投入战略（部分）

银行名称	金融科技投入战略
工商银行	工商银行重点建设八家数字化转型示范行，建立数据中台运营中心，组建金融科技生态拓展团队，构建多维立体的数字化转型专项激励机制，分层奖励重点项目和突破关键技术的核心人才，着力加强D-ICBC数字生态、ECOS技术生态建设
建设银行	2022年，建设银行从自身资源赋出发，充分发挥金融科技优势，为突出数字化经营和生态圈打造两大特色，构建了"1211"乡村振兴综合服务体系。2023年，建设银行在北京举办了"建行云"品牌发布会，为"云计算"对外输出赋能
农业银行	2022年，农业银行在大数据技术、云计算、人工智能、分布式核心系统建设、区块链、网络安全等多个领域取得多个重大成果，如在云计算技术应用方面，农业银行完成一云多芯技术建设，纳管"40000+"服务器，承载"1200+"应用模块，基于PaaS部署的应用比例达到68%。在网络安全方面则进一步提升实战能力
中国银行	中国银行迭代推进"绿洲工程"，其"三横两纵一线"数据治理体系全面覆盖，成立网络安全中心、网络攻防实验室，区块链和5G专利累计申请量保持同业领先，率先公开元宇宙有关专利
交通银行	交通银行加速建设数字化场景，推出新版企业网银，开放银行场景与平台建设成熟度稳步提升。零售信贷和B2B支付两个企业级架构试点项目顺利上线，中台和企业级架构建设支撑业务创新的作用逐步凸显。夯实数字新基建，成为首家使用自主可控分布式核心系统的国有大行，获得中国人民银行颁发的2022年金融科技发展奖一等奖
邮储银行	邮储银行优化客户关系管理系统（CRM平台）和财富管理系统，积极探索打造县域特色场景和重点城市金融生态场景，推进多项重点工程建设，夯实企业级共享平台建设，深入推进敏捷研发，探索"派驻式""嵌入式""项目式"三种敏捷项目管理模式

（资料来源：数字化讲习所）

在银行业的金融科技投入中，国有银行依然占据头部位置。2022年6家国有商业银行金融科技投入合计1165.49亿元，平均投入194.25亿元。其中以工商银行为首，2022年金融科技投入为262.24亿元，占营业收入比例为2.86%。位居第二、第三的为建设银行、农业银行，金融科技投入分别为232.90亿元、232.11亿元，占营业收入比例分别为2.83%、3.20%。金融科技投入在100亿元行列中的国有商业银行为交通银行、邮储银行，金融科技投入分别为116.31亿元和106.52亿元，其中，交通银行在2022年金融科技投入中排名第五，同比增长率为32.93%，其金融科技投入增速在六大国有商业银行中排名第一。2022年金融科技投入增速超过10%的有农业银行（13.05%）、中国银行（15.70%）、交通银行（32.93%）。六大国有商业银行金融科技投入增速有所减缓。值得一提的是，建设银行2022年金融科技投入增速出现下滑，金融科技投入同比下降1.21%。

互联网企业也积极探索银行业，互联网银行、虚拟银行应运而生。互联网银行是通过云计算、大数据等方式在线为客户提供存款、贷款、支付、结算、汇转、电子票证、电子信用、账户管理、货币互换、P2P金融、投资理财、金融信息等全方位无缝、快捷、安全和高效的互联网金融服务的机构。互联网银行中，深圳前海微众银行占据龙头地位，网商银行、众邦银行等其他多家银行营收亦实现较大增长。

互联网银行全面应用金融科技相关技术，用大数据、云计算、人工智能等前沿技术实现科技赋能金融。主要模式有：① 以数字为本，提升金融服务覆盖率。其一，利用金融科技风险控制优势与中小金融机构开展多元合作，提升金融服务的覆盖面。其二，利用金融科技智能定价的优势，积极参与小微企业业务，大力发展数字普惠金融。② 数字驱动，用金融科技促进金融服务平等化。相较传统银行，互联网银行在差异化、特色化经营方面有着天然优势。从确立"数字银行，智慧生活"的战略定位，到践行"微存、易贷"的普惠金融理念，互联网银行始终坚持以科技赋能金融、服务创新，为普通人、小微企业、平台和同业机构提供高效、智能的金融服务和解决方案，用科技缩短人和金融服务之间的距离。③ 数字创新，打造智能高效的风险防控体系。互联网银行的风控系统，一般以自有数据为基础，辅以征信数据、衍生数据等内容开发授信风险评分模型、行为风险评分模型，将AI算法应用于智能风控业务领域，实现了互联网贷款贷前信用评估、贷中风险预测、贷后客户行为分析等具体金融场景应用，利用人工智能技术降低风险。

四、证券投资

随着金融科技的发展，"互联网+证券"的概念逐渐流行。国内从事互联网证券投资业务的机构大致可分为三类：第一类是完成互联网转型的传统券商，如华泰证券、国金证券等；第二类是以线上经纪业务为主的纯互联网券商，如主打港股市场和美股市场的富途证券、老虎证券等；第三类是开展证券业务的互联网金融服务商，如同花顺、东方财富等。目前的行业格局是：互联网金融服务商自带流量优势，其平台用户活跃度远高于传统券商，东方财富和同花顺一骑绝尘处于领先地位。

金融科技也改变了行业竞争的战略,关注用户思维成为行业竞争核心。在大数据、人工智能、云计算等前沿技术的助力下,证券机构从开户流程、投资辅助、交易体验等维度实现了用户服务升级,智能投顾成为行业的新风口。

在金融科技的浪潮下,各大券商加大了对信息技术的资金投入力度,投入金额均超亿元。高投入的背后是金融科技正在向证券行业各业务线全方位渗透。

图1-9所示是1995—2021年我国证券公司数量及其专利申请数量,表1-2所示是2016—2021年我国17家证券公司金融科技专利申请情况。可见近年来,各大证券公司对金融科技领域越发重视,其中以人工智能为其技术研发的重点方向。

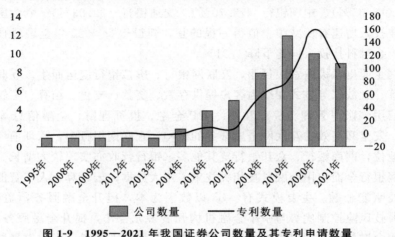

图1-9　1995—2021年我国证券公司数量及其专利申请数量

表1-2　2016—2021年我国17家证券公司金融科技专利申请情况

证券公司	人工智能	区块链	云计算	大数据
第一创业	√	—	—	—
东方财富	√	—	√	√
东方证券	√	—	√	—
东莞证券	√	—	—	—
东吴证券	—	—	√	—
广发证券	√	√	—	√
国泰君安	√	√	√	√
国元证券	√	—	—	√
华泰证券	√	√	—	—
华西证券	√	—	—	—
平安证券	√	—	√	√
西部证券	—	—	√	—
兴业证券	√	—	—	—
银河证券	√	—	—	—

续表

证券公司	人工智能	区块链	云计算	大数据
粤开证券	√	—	—	—
中泰证券	√	—	—	—
中信建投	√	—	—	—

五、保险服务

随着人工智能、大数据等技术在保险行业的渗透，互联网保险发展已进入崭新阶段。保险科技的运用不再局限于网络营销，而是更加侧重于条款设计、产品定价、内部管理等流程的优化创新，互联网保险发展面临新的发展机遇。保险业形成了新的行业格局，即市场主体多元化发展。具体为：① 传统保险公司把握行业发展动态，将金融科技引入其发展战略，利用牌照优势及品牌优势，吸引客户投保。② 互联网保险公司主营线上业务，相对于传统保险公司具有明显的线上渠道优势。③ 保险中介公司积累大量客户数据，利用大数据和人工智能分析客户行为，实现精准营销。④ 互联网企业利用平台所具备的流量优势，将保险销售作为其分支业务，也参与保险行业的竞争。伴随而来的是互联网保险原保费收入大幅上涨，2018年后互联网保险渗透率持续上涨。

金融科技被应用于保险行业，促进了保险行业变革和业务流程的升级优化，保险公司依托金融科技探索新的保险发展模式。

（1）人工智能促进保险业态场景化发展。智能客服通过与客户深度交流进行信息搜集工作，并根据客户需求，进行智能综合分析，为其提供个性化保险方案；理赔环节中，通过对客户索赔信息真实性进行审核，智能核保、智能定损，防止骗保行为发生。

（2）区块链技术打破数据壁垒，实现保险行业互信。区块链使得智能合约变为现实，出险信息自动采集，无须客户操作，简化了核保流程，有效避免了保险欺诈行为；通过区块链技术，将保险标的信息存证上链，同业之间建立反欺诈联盟，对标的资产全程追踪管理，防止重复投保、虚假理赔，有效解决保险行业互信问题。

（3）云计算技术推动业务流程数字化升级。保险公司积极开展云上实践，实现业务流程线上化运行。云计算技术应用于产品研发环节，实现保险产品定价的动态化、差异化与精确化，提供更精准的风险管控方案和定价模型，评估和防控风险；在承保理赔方面，提高营运效率和产品针对性，构建标准化工作流程，加快保险审核、理赔环节的速度。

（4）大数据技术在产品研发、保险营销方面发挥重要作用。数据是保险企业预测风险、厘定保费的基础，通过大数据技术进行风险识别、量化，提升保险定价及风险管理能力，有利于推动保险产品创新；对海量数据进行分析、整合、专业化建模，以预测客户偏好，实现精准营销。

目前，多家互联网保险公司进行了融资，旨在加强保险科技领域探索。包括保险极客在内的其他互联网保险公司均将融资金额用于人才引进、科技投入。保险科技推动保险领域重大创新，为保险业发展带来新机遇。互联网保险公司加大金融科技投入已是大势所趋。

本章小结

本章探讨了金融科技的基本概念，从定义、演化与发展、技术手段到典型应用，为读者构建了一个较为全面的金融科技基础框架。金融科技的深入发展，深刻影响了我国传统金融行业的发展模式，也不断改变着人们的生活方式。云计算、大数据、区块链、人工智能等技术的发展和应用，逐渐渗透进移动支付、数字征信、银行数字化、证券投资、保险服务等众多领域。我国越来越重视金融科技的投入，金融科技正逐步成为推动金融行业创新发展的重要引擎，为我国的经济发展注入新的活力和动力。

思考题

1. 金融科技是如何改变传统金融行业的？请列举至少三个方面，并说明其影响。
2. 中国金融科技的演化和发展中有哪些关键节点？这些节点对中国金融行业的发展有何重要意义？
3. 在金融科技的技术手段中，你认为哪一项具有最大的潜力和影响力？为什么？
4. 金融科技在移动支付、数字征信、消费金融等方面有着广泛的应用，你认为未来金融科技还可能涉足哪些新的领域？
5. 金融科技的发展给金融行业带来了便利，同时也带来了一些挑战和风险。你认为金融科技如何平衡创新与风险管理之间的关系？

第一章
参考资料

第二章

金融科技政策指导与监管

随着科技的迅速进步,金融科技已经成为金融领域的一股重要力量,不断改变着传统金融行业的面貌。然而,金融科技的发展也带来了新的挑战和问题,这需要审慎应对并制定有效的监管政策。本章将深入探讨金融科技带来的挑战与监管的必要性、金融科技伦理问题、国内外监管实践,以及未来金融科技监管的趋势。

第一节概述了金融科技给金融生态系统带来的变革、给金融监管机构带来的挑战,以及金融科技监管的必要性,分析了金融科技对传统金融行业的影响,以及其在金融服务、风险管理等方面的创新。第二节从金融科技伦理的内涵与特征、失范现象及原因分析入手,给出了金融科技伦理的规制建议。第三节介绍了美国、英国、新加坡和我国香港地区的金融科技监管实践,并总结了金融科技监管的国际挑战。第四节从多个维度总结归纳了我国近年来金融科技监管的政策法规和实践,包括支付、清算与结算领域,存款、贷款与融资领域,财富管理领域,市场配置服务领域等。第五节展望未来金融科技监管的发展趋势,探讨监管机构应如何适应金融科技强劲的发展势头,加强监管手段和能力建设,促进金融科技行业的健康发展,维护金融市场的稳定和安全。

■ 第一节 金融科技带来的挑战与监管的必要性

金融科技的涌现为金融业带来了前所未有的变革,重塑了金融生态系统的各个层面。在这股浪潮的推动下,金融科技的发展不仅为金融业带来了革新,也带来了全新的风险和挑战。因此,对金融科技的合理监管变得至关重要。本节深入探讨金融科技给金融生态系统带来的变革、金融科技给金融监管机构带来的挑战,以及金融科技监管的必要性。

■ 一、金融科技给金融生态系统带来的变革

以商业银行为代表的传统金融机构一直是金融行业的主导力量,但随着科技的不

断发展和消费者需求的不断变化，以金融科技为竞争优势的新型金融机构不断涌现，如金融科技公司、互联网银行等，迅速成为金融领域的重要参与者。在金融科技的加持下，金融服务的模式、金融创新和创业环境，以及金融市场各部门的竞争格局都发生了深刻的变化。

（一）改变了金融服务的传统模式

金融科技通过引入新技术和方法，改变了传统银行和其他金融机构提供服务的方式，使得金融服务更加便捷、高效。① 支付方式的革新：金融科技的突破性进展极大地推动了移动支付技术的普及。如今，消费者可以借助智能手机和二维码等便捷手段，轻松实现即时支付，无论身处何地，都能享受无界限的金融交易体验，这在很大程度上打破了传统支付方式在时间和空间上的限制。② 金融信息透明度的增强：互联网和大数据技术的融合为金融信息的透明度带来了质的飞跃。消费者现在可以轻松访问各类金融产品和服务的详细信息，进行深入比较并做出明智选择，从而有效降低信息不对称产生的交易成本。③ 个性化服务的定制：利用大数据和人工智能等尖端技术，金融机构能够深入分析用户的行为模式和个性化需求。基于分析结果，金融机构能够提供量身定制的金融解决方案，满足消费者对于个性化和定制化服务的需求。

（二）改善了金融创新和创业环境

金融科技的发展为创业者和创新者提供了新的机会，推动了金融产品和服务的发展，创造了新的商业模式。比如：① 金融科技的发展激发了大量的金融科技初创公司的创立。并且，这些初创公司通过应用大数据、区块链、云计算和人工智能等技术，提供全新的金融产品和服务，进一步推动金融创新。② 传统金融行业通常依赖庞大的资金和人力资源来维持运营，然而，金融科技的兴起为这一领域带来了革命性的变化。它不仅提供了一种更灵活、效益更高的商业模式，而且降低了进入门槛，为广大创业者和创新者开辟了进入金融行业的新路径。

（三）重塑了金融市场各部门的竞争格局

新兴的金融科技公司通过提供更灵活、效益更高的服务，给传统金融机构带来了竞争压力，迫使它们进行改革以适应新形势。① 新兴金融机构的崛起：以金融科技公司为代表的新兴金融机构不断涌现，它们以提供更高效、灵活和便捷的服务方式挑战传统金融机构。这些公司通过创新的商业模式和技术手段，迅速获取市场份额。② 电子支付（移动支付）的冲击：传统金融机构的核心业务之一是支付服务，但是随着以移动支付为代表的电子支付的普及，传统金融机构的支付业务面临巨大的竞争压力。③ 金融科技公司的全球化竞争：金融科技公司具有较强的全球化竞争能力，它们通过跨国合作和创新业务模式，挑战传统金融机构在全球范围内的市场地位。

总体而言，金融科技正以其创新力量深刻地改变着传统金融业务的运作模式，它不仅打破了金融服务的旧有框架，还极大地激发了金融领域的创新创业热情。这场技术革命正在重塑金融市场的竞争格局，促使金融市场的各个部门都必须适应新规则，以维持或提升其市场竞争地位。

二、金融科技给金融监管机构带来的挑战

金融科技对金融行业发展的影响是多方面的，不仅给金融生态系统带来了变革，还给金融监管体系带来严峻挑战。对于金融监管机构而言，这些挑战涉及监管技术、市场、法律和对外合作等多个方面。传统的金融监管机构面临着适应新技术带来的市场变化、资产变化和风险变化，必须创新监管技术与方式，应对维持金融稳定与消费者权益保护等方面的挑战。

以下将详细探讨金融科技给金融监管机构带来的各种挑战。

（一）金融科技的迅速发展加剧了金融市场的变化，金融市场变得更为复杂和多样

新型金融机构提供的服务除了传统的金融业务，还在数字货币、数字认证、智能投顾、数字藏品、P2P借贷和非现金支付技术等新兴业务领域发展迅猛。这些新的业务模式和产品以金融科技为架构，具有时效性、创新性和复杂性，使得金融监管机构面临着从未有过的挑战。例如，监管者需要不断学习和了解这些新技术的运作方式，并确保相应的监管政策和法规能够跟上技术创新的步伐。传统的监管框架也需要适应新技术、新业务和新市场的发展，确保金融市场的稳定和合规性。

（二）金融科技的跨界性质使得监管变得更加复杂和困难

许多金融科技公司不仅提供传统金融服务，还涉足科技、互联网、电子商务等其他领域。这种跨界性质使得监管机构需要了解不同行业的发展趋势和监管要求，跨界监管也因此成为一项迫切的需求。例如，与传统金融服务不同，数字货币的监管可能涉及货币政策、支付安全、反洗钱等多个方面，监管机构需要协调不同部门以进行有效监管。

（三）数据隐私和安全性是金融科技带来的重要挑战

随着金融科技的发展，大量的个人和交易数据被新型金融机构收集、存储和利用。这些数据的安全和隐私保护成为监管机构需要关注的焦点。监管机构需尽快推动立法，明确数据安全和隐私问题的边界及责任，并确保这些新型金融机构遵守相关的数据保护法规，采取有效的措施保护客户的个人信息和交易安全。同时，监管机构也需要加强对金融科技公司的行业监管力度，在行业内建立起健全的数据安全和隐私保护机制。

（四）监管科技能力的提升也是金融监管机构面临的重要挑战

随着金融科技的快速发展，监管机构需要不断提升自身的科技能力，以适应新的监管需求。监管科技能力包括对数据分析、人工智能、区块链等技术的应用，这些技

术能够帮助监管机构更好地监测金融市场的变化、预测金融风险、识别金融欺诈行为等。然而，许多监管机构尚缺乏相应的金融科技人才、技术和设施，亟须提升监管科技能力。

（五）金融科技的跨境性质也给金融监管机构带来了新的挑战

许多金融科技公司具有跨境业务和用户，涉及多个国家和地区的监管问题。监管机构需要加强国际合作与协调，共同应对跨境金融科技发展带来的挑战，避免监管套利和金融风险的传播。例如，境外机构或我国境内的市场主体利用"国外宽准入，国内宽监管"的特点，迂回海外拿到金融牌照，再通过数字平台给境内市场提供金融服务，进行监管套利，这种行为扰乱了我国金融市场秩序。

综上所述，金融科技的迅速发展给金融监管机构带来了诸多挑战，包括金融市场复杂性增加、跨界监管难度提升、数据隐私与安全风险加大、监管科技能力不足，以及跨境监管合作的需要等方面。

拓展阅读

金融科技发展带来五大监管新挑战

中国人民银行前行长指出，金融科技的不断发展给监管带来五大新挑战。

一是无牌或超范围从事金融业务。中国头部平台公司在开展电商、支付、搜索等各类业务时，获得用户的身份、账户、交易、消费、社交等海量信息，继而识别并判断个人信用状况，以"助贷"名义与金融机构开展信贷业务合作，相当于未经许可开展个人征信业务。头部平台公司在同一个平台内提供理财、信贷、保险等金融服务，增加了金融风险跨产品、跨市场传染的可能性。

二是支付业务存在违规行为。过去，中国平台公司下设的支付机构可分别与上百家商业银行连接并开立账户，由此带来最终结算问题，甚至可能引发系统性风险。部分平台公司违规，将客户沉淀的备付金投资于多类金融资产。平台公司还在支付链中嵌套"花呗""借呗"等信贷业务，误导消费者。

三是通过垄断地位开展不正当竞争。平台公司天然具备"赢者通吃"属性，可能引发市场垄断，降低创新效率。国内部分平台公司通过交叉补贴等方式抢占市场，获得市场支配地位后实行排他性政策，如排斥竞争对手进入平台或提供服务，二维码支付业务仅支持科技集团内部相关 App 扫码支付等。

四是威胁个人隐私和信息安全。为了获得平台公司的金融服务，中国的消费者往往需要向其提供个人信息。大型平台公司存在过度收集甚至滥用消费者信息的情况，不利于消费者信息安全和隐私保护。

五是挑战传统银行业的经营模式。一方面，中国传统商业银行在服务场景和渠道、客户信息以及资金等方面曾具有显著的竞争优势，近年来各类互联网金融创新产品的快速发展向其提出了挑战，虽然加速了银行存款的分流，但这类产品并未被纳入相应的监管范围。另一方面，中国有约4000家中小银行，自身资源有限，只能依赖大型科技公司提供的技术和平台进行客户维护、信用分析和风险控制，可能削弱传统银行业的获客能力和产品竞争力。

（资料来源：《金融科技发展带来五大监管新挑战》，载《中华工商时报》）

三、金融科技监管的必要性

金融科技的快速发展使得金融风险更具有传染性、隐蔽性和系统性。与此同时，在金融科技的技术支持下，金融风险中的操作风险和平台技术安全风险也变得更具破坏性。

（一）金融风险更具传染性、隐蔽性和系统性

科技带来了金融行业的巨大变革。在金融科技框架下，金融机构和金融科技公司提供的服务不断融合，金融机构与非金融机构的业务不断融合，各机构之间的边界逐渐模糊。随着参与主体的多样化，系统性风险从大型金融机构逐渐分散到各个去中心化的节点上，加剧了系统性信息不对称问题及信用风险问题，使风险的隐藏性和系统性问题更加突出。同时，由于金融科技多个参与主体的业务相互交叉，风险传递速度加快，传染性更强。此外，与传统金融不同，金融科技具有数据高度集中的特点，同时它的高度渗透性和风险的瞬时爆发性使得金融风险表现出突然爆发、迅速传播的特征。一旦金融风险突然爆发，解决难度将会更大。金融科技使得金融领域成为一个由多个部门和领域参与的，由繁杂的金融产品构成的庞大的共生体系。因此，现代金融科技风险监管面临跨主体和跨领域的联合监管问题。

（二）操作风险和平台技术安全风险更具破坏性

金融科技的操作风险主要体现在金融风险管理系统设计缺陷风险、突发事件冲击风险和金融科技人员的操作与沟通风险三个方面。

1. 金融风险管理系统设计缺陷风险

现代金融风险管理系统主要由金融科技的算法与数据组成。算法和数据一旦存在缺陷，就会让风险管理系统无法有效规避网络风险。例如，如果风险管理系统无法准确识别和评估网络威胁，可能会使金融科技机构暴露在黑客攻击或数据泄露等风险之

下。同样，不完善的系统流程设计可能会干扰金融科技机构网络业务的正常运作。例如，系统流程设计的不合理，可能会导致金融科技机构在处理客户交易或数据时出现错误，进而给机构带来潜在的系统性风险。

2. 突发事件冲击风险

金融科技的应用使得金融机构的信息传递效率和业务处理速度大幅度提高。当发生自然灾害、黑客攻击或政治动荡等突发事件时，应用金融科技的金融机构内部就会因为信息传递速度提升而产生明显的传染效应，使得突发事件产生强烈的冲击风险。如果金融科技机构未提前制定应对紧急情况的方案，可能会难以快速响应并采取有效的应对措施，从而使机构遭受严重的损失。

3. 金融科技人员的操作与沟通风险

基于金融科技的金融管理系统对于操作人员的权限规定得非常清晰，可能导致操作人员缺乏弹性调整空间。一旦操作人员未按照规定的流程进行操作，可能导致网络金融账户出现错误或混乱，从而使金融科技机构无法进行正常的金融交易。同样，客户疏忽或沟通问题也可能导致操作风险。例如，如果客户在输入个人信息或进行交易时出现错误，可能会对金融科技机构造成经济损失。此外，如果机构与客户之间的沟通出现障碍或误解，也可能引发操作风险。金融科技业务的发展离不开先进技术与交易平台的支持。如大数据分析、人工智能、区块链等技术和平台在金融领域的广泛应用，这些都能大大提高金融业务的效率和质量。然而，如果对技术研究投入不足或选择错误的交易平台，那么系统、技术及平台自身存在的风险可能会对金融市场产生不良影响。例如，如果交易平台存在安全漏洞，可能会导致用户信息泄露，对金融科技机构和用户造成巨大的经济损失。金融科技在提升效益、缓解信息不对称，以及提升金融服务效率和普惠性等方面产生了革命性的影响，推动了传统金融业转型升级。然而，金融科技也是一把"双刃剑"，它使金融风险更具传染性、隐蔽性和系统性，给金融稳定与安全带来了新的外溢风险。另外，金融科技也使操作风险和平台技术安全风险更具破坏性。在金融科技的背景下，一旦操作风险和平台技术安全风险失控，金融行业可能会遭受比传统风险失控更为严重的破坏。因此，加强金融科技领域的监管十分必要。

> **拓展阅读**

工商银行美国子公司遭黑客攻击，跨境安全面临挑战

2023年11月10日，中国工商银行股份有限公司在美全资子公司工银金融服务有限责任公司（ICBCFS）在官网发布声明称，美国东部时间11月8日，ICBCFS遭勒索软件攻击，导致部分系统中断，引发市场关注。

据美国媒体援引知情人士消息，涉嫌策划、袭击的团伙可能是一个名为LockBit的犯罪团伙。2023年上半年，LockBit曾攻击英国大宗商品金融数据公司ION Trading UK和英国皇家邮政集团等。受其影响，ION Trading UK清算衍生品部门的部分衍生品系统被禁用，全球多家大型银行、交易所和监管机构因此受到牵连。

对此，网络安全与数据安全服务供应商——亚伯斯巴（广州）网络科技有限公司总经理兼首席工程师李威告诉财联社记者，黑客在攻击境外金融机构和相关金融科技公司前，多数会有较长的潜伏期。黑客通过攻击金融网站，使其无法为公众提供金融服务。不仅如此，黑客也会通过发送勒索病毒、利用邮件钓鱼等方式潜入内部服务器发动攻击。

境外金融机构和相关金融科技公司如何面对数据安全挑战？在李威看来，金融机构要想提升信息安全建设水平，就要加强员工信息安全意识的培训，部署或升级网络与信息安全产品，比如EDR（端点检测与响应）系统的单点防御与隔离保护机制能有效避免勒索病毒等在公司内部扩散，APT（高级长期威胁）的防御和检测设备可以找出可能遭黑客攻击的隐患。此外，金融科技公司要加强网站防护以及漏洞检测，避免黑客从薄弱处攻入。

金融科技公司在系统开发、测试阶段就要注重信息安全。比如，公司对重要系统要有相应的安全测试；在运维阶段要注意系统的访问情况，如监测到不正常的访问需要及时处理；同时也要注意系统、设备等的更新升级。

（资料来源：《工行在美子公司遭黑客攻击折射出何种安全挑战？业内：境外机构被攻击不在少数，需多层次应对》，财联社）

第二节　金融科技伦理分析

随着金融科技的应用范围不断扩大，涉及的数据采集、分析和利用变得日益复杂。这种数据驱动的模式，虽然带来了更高效的金融服务和产品，但也引发了诸多伦理问题。比如，个人隐私的保护、数据安全的风险、算法偏倚带来的公平性问题等，都是亟待面对的伦理挑战。金融科技的快速发展也带来了一些道德风险，比如不正当销售、信息泄露、金融欺诈等。一些金融科技公司为了追求利润最大化，可能会采取不正当手段，损害用户利益，这也需要加强伦理规制和监管。金融科技的迅猛发展不仅推动了金融行业的创新与发展，同时也带来了新的风险和挑战。在金融科技快速变革的过程中，伦理问题逐渐浮现，迫切需要相关人员密切关注和深入讨论。

一、金融科技伦理的内涵与特征

（一）金融科技伦理的内涵

金融科技伦理可以被理解为科技伦理问题在金融领域的扩展，或是在数字化视角下，基于大数据、云计算、人工智能等科学技术发展的传统金融伦理问题的制度演进。因为金融科技的核心是科技，它为金融业务提供了科技基础设施服务。

从宏观角度来看，金融科技伦理反映了在金融科技活动中形成的不同利益相关方之间特殊的伦理关系。它有助于规范和调节金融科技活动中的群体行为和个体行为，使其符合"可行"的价值标准和伦理准则。

从微观角度来看，金融科技伦理指的是在金融科技活动中，传统金融机构、互联网企业、科技企业、行业从业人员，以及其他相关参与主体都应该遵守的符合金融市场规范的行为准则。这些准则有助于确保所有参与者的行为都遵循公平、公正和透明的原则。

2022年1月，中国人民银行印发的《金融科技发展规划（2022—2025年）》明确指出"加强金融科技伦理建设"。金融科技伦理包括两个方面：一方面是金融伦理，指金融活动所有参与者在金融活动中应遵循的道德准则和行为规范，包括金融服务所涉及的各方伦理关系、伦理意识、伦理准则和伦理活动的总和；另一方面是科技伦理，指开展科学研究、技术开发等科技活动遵循的价值理念和行为规范。综合来看，金融科技伦理是指在金融科技活动中，传统金融机构、互联网企业、科技企业、行业从业人员，以及其他相关参与主体都应遵循的行为准则，是技术驱动的金融创新中应遵循的道德准则和行为规范，是科技伦理与金融伦理的结合。

（二）金融科技伦理的特征

1. 金融科技伦理具有跨学科性

金融科技伦理涵盖了大数据、互联网、云计算、人工智能等技术推动下的金融伦理，是经济伦理学的前沿研究方向。金融科技伦理包括了数字化环境下的"虚拟社会"伦理关系，也包括了金融活动中涉及的"市场交易"伦理关系。金融科技伦理不仅包括金融活动中的伦理关系、伦理意识、伦理准则和伦理活动等多个方面，还与市场参与者自身的伦理素养密切相关。这些伦理素养不仅约束着个体微观层面的道德行为，还直接关系到市场的公平性和效率性，最终对金融资源的最佳配置和金融市场的有效性产生影响。

2. 金融科技伦理具有持续拓展性

金融科技是金融和科技有机融合的产物，其融合的方式和程度随着科技的不断迭代、更新而持续演进，因此金融科技伦理的内涵和外延也随之变化。近年来，备受关注的金融科技可以视为金融和科技融合进程的延续和跃升，传统金融机构与新兴金融科技企业在市场竞争中共同推动了金融与科技的融合发展，不断创造新的业务模式、产品和流程。这对金融市场和金融服务方式产生了巨大冲击,也可能对现有的金融业态和金融稳定带来一定的负面影响。金融主体的机会主义行为也可能通过新技术加剧金融领域的伦理冲突,从而使金融科技风险和道德问题在伦理学领域呈现出新的内容和特征。

3. 金融科技伦理具有多维度性

金融科技领域的伦理问题具有多方面、多角度的特征。在金融科技的运作过程中,涉及的伦理议题不仅限于个人道德层面,还包括了社会公平、技术安全、数据隐私、信息透明度、风险管控等多个方面。这种多维度性意味着金融科技行业在规范和发展过程中需要综合考虑多方利益相关者的权益和需求,不仅要保障用户的隐私和数据安全,还要遵守行业规范,确保金融市场的公平竞争和运行效率。同时,也需要关注社会责任,积极参与普惠金融,促进金融服务的普及和可持续发展,以促进社会经济的稳定和发展。

二、金融科技伦理失范现象

金融科技伦理失范现象主要包括隐私泄露与数据滥用、不正当销售行为、不正当竞争与平台垄断。

(一)隐私泄露与数据滥用

利用大数据和云计算等技术,金融科技相关机构可以获取海量数据。然而,若这些数据被滥用或管理不善,将给用户带来隐私泄露的风险。其一,未经授权就进行数据收集。有些金融科技公司可能在用户不知情的情况下收集用户隐私数据,例如位置信息和通信记录,用于不透明的目的,这种行为侵犯了用户的隐私权和个人数据的有关权益。其二,第三方数据滥用。金融科技公司可能会将用户数据出售给第三方,用于广告定向推广或其他商业目的,但用户可能并不知情或并未同意。英国、澳大利亚、荷兰等国曾指责美国Facebook(脸书)、Google(谷歌)等大型科技公司在未经用户允许的情况下将数据用于人工智能研究或广告业务。其三,数据安全风险。金融科技公司的数据库可能遭受黑客攻击,导致用户的敏感信息例如个人身份信息和银行账户信息被盗取,给用户带来财产损失和个人隐私泄露的风险。近年来,国内外大型科技公司泄露用户信息的情况屡有发生。2018年,Facebook爆发"数据门"事件,超5000万用户的数据遭泄露。

美国5000万社媒用户数据"失窃"

英国《观察家报》和《卫报》以及美国《纽约时报》于2018年3月17日报道,剑桥分析公司"窃取"5000万Facebook用户的信息,这是Facebook创建以来发生的最大的用户数据泄露事件之一。

数据泄露的源头，是英国剑桥大学心理学教授亚历山大·科根在2014年推出的一款应用软件（App），名为"这是你的数字化生活"，该应用软件向Facebook用户提供个性分析测试，在Facebook上的推介语是"心理学家用于做研究的App"。当时，共2.7万名Facebook用户下载了这一应用。按照有关媒体的说法，借助这一应用，科根可获取这2.7万人及其所有Facebook好友的居住地等信息，以及他们"点赞"的内容，但实际上，剑桥分析公司共获取多达5000万用户的数据。报道称，科根把数据带到剑桥分析公司，而这家企业是英国战略交流实验室公司（SCL）在美国的分支机构。

Facebook抢在上述报道见报前，于3月16日晚在网络平台上发布相关信息，宣布暂时关闭剑桥分析公司、英国战略交流实验室公司、亚历山大·科根和克里斯托夫·怀利的Facebook账号。

克里斯托夫·怀利是英国《观察家报》报道的爆料人，曾在剑桥分析公司工作，Facebook指认科根曾与怀利共享"不当获取"的用户数据。提及剑桥分析公司对数据的使用时，怀利告诉《观察家报》："我们充分利用Facebook用户档案信息，依据对他们的了解建立模型，迎合他们的内心。"

美国国会一些议员和学者批评Facebook在这一事件中没有尽责保护数据，呼吁对社交媒体平台采取更多监管措施。

（资料来源：《脸书"无颜"美5000万社媒用户数据"失窃"》，新华网）

（二）不正当销售行为

在金融科技领域，不正当销售行为的具体体现可能包括以下两种情况。一方面，用户可能遭受"算法歧视"。在使用大数据分析和算法决策的过程中，相关金融机构或金融科技公司会使用偏见或歧视性数据模型，导致对某些用户或群体的不公平评估或歧视性对待，增加了这类用户的金融脆弱性。另一方面，用户可能面临"不正当的销售推动"。相关金融机构或金融科技公司可能利用金融科技的相关技术，并通过不正当的销售推动手段，如电话骚扰、虚假陈述或其他激进销售策略，强迫或误导客户购买不符合其需求或风险承受能力的金融产品。

（三）不正当竞争与平台垄断

在数字经济时代，金融科技行业巨头的显著特征之一是建立了较为完善的数据网络平台，利用此基础设施增强了"客户黏性"，并扩大了市场份额。互联网平台具有明显的边际成本递减和网络外部性特征，通过社交网络产生外部影响，促使用户向更大的平台集中，进而实现规模效益的指数级递增，这也正是行业龙头企业不正当竞争及平台垄断的根本原因。金融科技巩固了行业龙头企业的优势，其行业规模和盈利能力使新兴金融科技企业具备了很强的市场支配能力。平台可以根据所掌握的用户个人信息、行为习惯等数据来分析用户的消费偏好、黏合度、价格敏感度等个体特征，利用大数据技术实现"杀熟"，从而带来新型风险。此外，新一轮金融科技创新推动金融服务渠道从"线下"转向"远程"，使得金融业务不再受地域限制，削弱了属地监管的作用。这样，金融科技较强的"底层技术特征"影响了多个行业，这对加强行业监管提出了新的挑战。随着跨地区、跨行业金融服务的数量增加，系统性风险显著上升，风险传染和扩散的速度也在加快，最终可能演变成更大规模、更广范围的金融风险。

■ 三、金融科技伦理失范原因

伴随着金融科技应用的迅猛发展，与之适应的市场监管机制却并未及时构建，从而加剧了金融领域的伦理冲突。

（一）法律监管机制滞后

当前，金融科技领域的监管框架和规章制度未能及时跟上技术创新和市场发展的步伐，导致监管机制在应对金融科技伦理挑战方面存在滞后现象。这种滞后性使得一些金融科技活动缺乏明确的法律规范和监管指引，因此为一些不端行为和伦理失范现象创造了机会。在缺乏明确法律规定的情况下，一些金融科技公司可能会利用法律漏洞或在灰色地带从事不合规行为，例如滥用用户数据、误导性宣传、不正当销售等，给用户隐私和权益造成损害。同时，缺乏完善的监管机制也可能使金融科技行业在数据安全、风险控制、公平竞争等方面出现漏洞和风险。

（二）道德规范缺位

金融科技道德规范缺位的情况会导致金融科技伦理失范现象持续发生。缺乏明确的道德规范会使一些金融科技从业者在数据处理、用户隐私保护、产品设计和销售过程中存在不当行为，容易产生诸如数据滥用、不正当销售、信息误导等伦理失范行为。此外，由于缺乏明确的行业规范，一些金融科技公司可能忽视社会责任和用户利益，仅以追求利润为主要目标，导致产品设计和服务推出过程中存在的伦理风险未能得到有效控制。

（三）信息不对称

信息不对称指的是市场参与者在交易过程中所拥有的信息不对等，这种情况可能导致金融科技领域出现伦理失范现象。在金融科技交易中，如果一方拥有比另一方更多、更精确的信息，就可能导致交易不公平，从而损害市场的透明度和公正性。信息不对称可能导致金融科技公司或相关金融机构在与客户交易过程中隐瞒关键信息、提供虚假信息或误导性信息，以获取不当利益或操纵市场。此外，信息不对称也可能使消费者无法准确评估金融产品的风险和收益，从而陷入不利的金融交易中。

■ 四、金融科技伦理规制措施

与金融科技监管一样，金融科技的伦理规制需要从法律监管和道德规制两个方面入手，二者都是不可或缺的。加强金融科技伦理规制，具体包括以下几点。

（一）建立健全的金融科技伦理的法律监管框架

在金融科技伦理规制上，法律监管是至关重要的。金融科技作为金融与新一代信息技术相融合的新型产物，改变了以往金融风险产生、传播和暴露的方式。然而，现有的法律监管制度已经无法完全适应快速发展的金融科技实践。因此，应当及时修订和制定与金融科技相适应的法律法规，确保立法规制具有现实性、可操作性和多领域适用性。同时，金融监管部门需要更加重视金融科技活动中的科技特性，充分利用数字化信息技术，实施对金融科技行业相关企业的灵活监管。在立法过程中，应全面考虑机构和个体行为规范，实现线上线下监管同步进行。在执法过程中，对于超出道德底线和法律边界的行为必须严格执法，毫不手软。只有通过完善相关金融监管法规，并在立法、监管和执法环节严格要求，才能够形成金融科技伦理制度的有效供给，从根本上遏制金融科技伦理失范现象的发生。

（二）加强行业自律管理

除了法律的强制约束外，金融科技行业可以通过加强行业自律来改善其伦理环境。在这个过程中，金融机构和金融科技公司需要制定更为严格的行业准则和标准，明确规定各方在数据使用、隐私保护、产品推广、信息披露等方面的行为规范。此外，可建立行业自律委员会或机构，加强对行业内成员的日常监督和管理，推动行业各方遵守伦理规范并承担应有的社会责任。这些举措不仅有助于提升金融科技行业的整体形象和信誉，还有助于打造一个更加公平、透明、可信赖的金融科技市场环境。同时，还应该鼓励知识共享和行业间的合作，促进技术创新和良性竞争，推动行业的健康发展。要确保行业内各主体共同遵守伦理准则和行业规范，营造良好的市场竞争环境。

（三）增强金融科技企业伦理道德意识

伦理道德在法律监管中扮演着重要的辅助角色，其影响更为广远。然而，社会道德规范对于约束金融违规行为的作用较小，主要原因在于其缺乏法律法规的强制力和有效的制裁机制，导致参与此类违法行为的人对伦理道德的漠视或抱有侥幸心理。为增强金融科技企业伦理道德意识，应当在强化金融参与主体道德"自律"的同时，注重对从业人员进行职业操守教育和诚信教育等伦理道德修养的培养，从根本上引导和提升价值观念、文化水平以及道德素养，共同推动金融科技伦理秩序的全面构建。

拓展阅读

关于招联消费金融公司侵害消费者合法权益的通报

2020年10月22日，中国银保监会消费者权益保护局发布《关于招联消费金融公司侵害消费者合法权益的通报》（以下简称《通报》）。《通报》指出，招联消费金融公司存在夸大及误导宣传、未向客户提供实质性服务而不当收取费用、对合作商管控不力、催收管理不到位等问题，违反了《国务院办公厅关于加强金融消费者权益保护工作的指导意见》《消费金融公司试点管理办法》等相关规定，侵害了消费者的知情权、自主选择权和公平交易权等权益。

《通报》指出，招联消费金融公司营销宣传存在夸大、误导情况。在相关宣传页面、营销话术中，未明确说明展示利率为日利率、月利率还是年利率，"超低利率""0门槛申请""全民都可借""随借随还""想还款可以提前还款"等宣传内容与实际情况不符。

招联消费金融公司未向客户提供实质性服务而不当收取费用。2018年以来，该公司与银行、信托公司、小额贷款公司开展联合贷款业务，向借款人收取贷款本金1.5%的平台服务费，2018年1月1日至2019年7月31日共收取相关费用7943.23万元，但未向联合贷客户提供有别于单独放贷客户的额外实质性服务。

招联消费金融公司对合作第三方商户的管控制度不完善、机制不健全、管控不到位。一是准入审核不严格，未深入分析合作公司经营管理情况、财务状况、行业特点、产品和市场占有情况等。二是合作规模控制不严。2016年12月至2019年8月，该公司对上海某公司的分期业务合作规模限额为3000万元，但2019年8月末的实际规模为6000万元。2019年9月27日，该公司在每日预警报告中给合作公司设置了最高级别的红色预警，但第2日即将合作公司的分期业务合作规模限额从3000万元上调到7440万元。三是对风险事件预警分级不审慎。该公司在前述上海某公司状况未有明显改善的情况下，调低预警级别。

招联消费金融公司催收管理不到位。一是存在不当催收行为。如对已明确还款日期的逾期客户胡某，仍继续进行电话催收，对客户造成骚扰；向客户刘某工作单位拨打电话，告知其同事关于刘某的逾期信息。二是对委外催收机构考核不严。未严格执行委外催收机构品质考核制度，考核时存在未对催收公司不当行为扣分的情况。

《通报》要求，银行保险机构要引起警示，严格按照银保监会《关于银行保险机构加强消费者权益保护工作体制机制建设的指导意见》，以及"融资收费新规"（银保监发〔2020〕18号），在营销宣传、收费管理、第三方管控、催收管理等方面开展对照检视，依法合规开展经营活动，切实保护消费者合法权益。

（资料来源：中国银保监会消费者权益保护局发布《关于招联消费金融公司侵害消费者合法权益的通报》，中央人民政府网）

第三节 国际实践经验分析

一、金融科技监管的国际实践

各国和各地区积极探索金融科技监管的最佳实践方案,力求在促进创新发展的同时有效应对风险挑战。在这一领域,美国、英国、新加坡以及我国香港地区的实践备受瞩目。这些国家或地区通过建立灵活的监管框架、推动监管科技创新、促进跨部门合作等措施,致力于营造良好的金融科技生态环境。它们在监管沙盒机制的引入、强调数据隐私和安全、加强对技术创新的支持等方面的努力,为全球金融科技发展树立了榜样,也为自身可持续发展奠定了坚实基础。

(一)美国

美国作为世界上最为发达的经济体,在科技和金融领域都处于全球领先地位。21世纪以来,作为科技巨头的谷歌、亚马逊、脸书和苹果,以及华尔街的金融巨头们,开始广泛运用算法、大数据、云服务以及分布式账本等前沿技术,涉足量化交易、智能投资咨询、用户画像等领域,彻底颠覆了传统的金融模式。因此,可以说美国在全球金融科技行业中扮演着先行者和开拓者的角色。有关统计数据显示,截至2021年11月,美国共有10755家金融科技初创企业和105家金融科技独角兽公司。这些独角兽公司的数量占据了全球金融科技独角兽公司总数的45%,其总市值达到了1.52万亿美元。

目前,美国针对金融科技企业主要采用现有的监管框架,根据这些企业的业务类型和经营方式进行统一管理。举例来说,从事网络借贷主营业务的金融科技企业,如果向存款机构提供服务,可能需要接受美联储、货币监理署(The Office of the Comptroller of the Currency,OCC)等联邦监管机构的监管;如果直接利用自有资金发放贷款,可能需要获得其所在州发放的贷款业务许可证。值得关注的是,由于不同州的监管政策存在较大差异,为监管层面的套利行为提供了空间。针对这类问题,OCC曾试图通过发放新型牌照来跨越各州监管机构,在联邦层面对金融科技企业进行统一监管。然而,由于美国各州权力的限制,OCC在实际操作上遇到了困难。例如,OCC曾在2017年提议根据《国家银行法》向从事相关业务的金融科技企业发放特殊目的国民银行(Special Purpose National Bank,SPNB)牌照,以实现统一准入监管。但由于SPNB牌照牵涉越权监管问题,引起了各州监管机构的强烈反对,甚至导致多个州监管机构对OCC提起滥用职权诉讼。

近年来,美国生效的涉及金融科技的法律(法案)主要包括:①《金融科技保护法案》(Financial Technology Protection Act),该法案建议明确金融科技初创企业的监管主体、议事规则、协调机制等内容,以解决"多头监管"和"监管真空"问题。②《金融科技法案2019》(Facilitating Innovation and New Technology so Entrepreneurs Create and

笔记

Hire Act of 2019，FINTECH Act of 2019）该法案于 2019 年通过并生效，旨在效仿新加坡金融管理局，建议由美国财政部成立金融科技委员会，对金融科技企业实现统筹式的指定监管。③《负责任的金融创新法案》（Lummis-Gillibrand Responsible Financial Innovation Act，又称《加密资产法案》），于 2022 年通过并生效，该法案计划为加密资产及交易平台建立全面的监管框架，由美国商品期货交易委员会负责监管。

（二）英国

英国政府主动拥抱创新，成为最早应用金融科技的国家之一。近年来全球投资增长因疫情、战争等多重因素影响呈现放缓趋势，但英国金融科技公司逆流而上取得了创纪录的融资成绩。据报道，英国金融科技公司在 2021 年取得了创纪录的 116 亿美元投资，2022 年上半年获得了 91 亿美元的资金，成为仅次于美国的金融科技投资热土。与此同时，英国也是监管沙盒（regulatory sandbox）的起源地。

就金融监管而言，在美国次贷危机后，英国的金融监管框架发生重大转变，不再固守传统的分业监管逻辑，转而向审慎监管和行为监管的模式转变。目前，英国金融监管框架为，由英格兰银行下属机构审慎监管局（Prudential Regulation Authority，PRA）和独立于英格兰银行体系的监管机构金融行为监管局（Financial Conduct Authority，FCA）主导的双头监管模式。具体而言：① 英格兰银行作为中央银行，集货币政策、宏观审慎政策和微观审慎职责于一身，负责对具有系统重要性的金融市场基础设施进行审慎监管；② 英格兰银行下设金融政策委员会（Financial Policy Committee，FPC），负责制定宏观审慎政策，定义、监测和应对系统性金融风险，维护英国金融体系稳定；③ PRA 负责对银行、保险公司、投资机构（包括证券投资公司、信托基金公司）等主要金融机构实施微观审慎监管；④ FCA 负责 PRA 监管范围以外的金融机构的审慎监管以及金融市场所有金融机构的行为监管。2015 年，FCA 依据《2013 年金融服务（银行业改革）法案》（Financial Services (Banking Reform) Act 2013）将对支付系统的监管职能剥离出来，创建了支付系统监管机构（Payment Systems Regulator，PSR），负责监管英国的支付系统行业。

在金融科技领域，FCA 根据《2000 年金融服务与市场法案》（Financial Services and Markets Act 2000）对金融科技创新进行监管，其主要监管原则是在创新与风险之间寻找平衡，以实现适度的监管。由于 FCA 的优秀监管安排，英国被广泛认为是对金融科技初创企业最友好的国家。早在 2014 年，FCA 就开始制定针对 P2P 借贷和网络众筹的监管规则，并在 2016 年首次推出了监管沙盒模式。通过为获得 FCA 授权的金融科技公司提供定制化安排，使其能够在未完全满足正常监管要求的情况下进行产品和服务测试。此外，FCA 还帮助进入监管沙盒测试的产品和服务确定适用的监管规则，并提供非正式指导，充分展现了监管的灵活性。截至 2022 年 9 月，FCA 已收到超过 550 份申请，共有 166 家金融科技公司接受了测试。

近年来，英国的监管沙盒制度保持持续创新和开放姿态。2021 年，英国将监管沙盒的申请窗口期改为全年开放，为更多的金融科技企业进入监管沙盒提供了便利。此外，英国还推出了一系列新的沙盒形式，如支持 ESG 数据和数据披露的数字沙盒（digital sandbox），以及专注于扩大创新技术公司规模的规模沙盒（scale sandbox）。这些举措充分展示了英国在金融科技监管领域的前瞻性理念。

在当前较为热门的加密资产领域，FCA 已于 2019 年发布《加密资产指南》（Guidance on Cryptoassets）以阐明监管立场。根据该指南，加密资产可分为不受监管代币（unregulated tokens）和受监管代币（regulated tokens）两类，其中，不受监管代币包括以比特币、以太币为代表的交易型代币（exchange tokens）以及具备特定用途的实用型代币（utility tokens），这类代币因不符合受监管需要的特征，而暂未落入 FCA 监管范围内；受监管代币是指用于类似投资行为的证券型代币（security tokens）和具有价值储存用途的电子货币型代币（e-money tokens），提供这类代币需要取得 FCA 的授权。该指南已作为英国市场的重要参考，具体的加密货币法规也将陆续推出。

（三）新加坡

得益于独特的地理位置、健全高效的法律体系和完善成熟的金融环境，新加坡成为许多具有中国背景的金融科技企业扩展海外业务的首选之地。总体来看，新加坡政府对金融科技行业的发展持包容、鼓励的监管态度，积极吸引全球各地的金融科技企业来新加坡发展，并组织各种金融科技交流与创新活动，因此，许多金融科技企业特别是区块链企业，纷纷将新加坡选为其全球总部或亚太总部的所在地。

新加坡金融管理局（简称"新加坡金管局"）作为新加坡的中央银行和综合金融监管机构，在鼓励金融机构设立创新实验室方面发挥着重要作用，以便测试创新理念并推出市场解决方案，促进新加坡金融服务业的创新发展。新加坡金管局披露的相关数据显示，目前，新加坡已设立丰富的创新实验室和 1000 多家金融科技公司，涉及人工智能、API、区块链、云计算、数字身份、网络安全技术、监管科技等方面。在金融科技领域的国际合作方面，新加坡金管局已与世界各国金融监管部门签署了超过数十份金融科技合作协议，以促进跨区域更密切的金融科技合作。此外，新加坡金管局还加入了全球金融创新网络、东盟金融创新网络，旨在进一步推动金融创新发展。在金融科技文化方面，新加坡金管局与新加坡银行协会连续多年举办新加坡金融科技节，该活动是全球最大的金融科技节，旨在促进公共和私营部门之间的开放对话，推动金融科技的发展。

尽管新加坡对金融科技企业持友好态度，但新加坡金管局仍然坚持采用持牌经营监管模式，将金融科技企业纳入现有的分业监管框架之中。根据企业的业务性质，新加坡金管局会根据银行、证券、保险、支付等传统金融行业的准入门槛和监管要求，对金融科技企业进行监管。

鉴于金融科技企业可能无法完全符合获得牌照所需的资本和监管条件，为了促进行业的发展，新加坡金管局推出了监管沙盒机制。在该机制下，金融科技企业可以向新加坡金管局提出申请，在一些通常需要特定牌照才能进入的领域开展商业运营。新加坡金管局为申请机构提供了通用的常规监管沙盒和针对风险较小的业务或科技创新活动的快速沙盒（sandbox express）两种选择，同时还提供了沙盒 Plus 作为额外选项，为申请机构提供资金支持。

1. 常规监管沙盒

新加坡金管局根据申请机构在资金、流动性等方面的不同，在特定领域放宽了要求，并简化了市场准入标准。沙盒实验在特定的时间和范围内进行，监管机构以风险为导向，提供适当的监管支持和保障措施，以控制实验失败的影响范围，避免对整个市场造成不良影响，并维护整个金融体系的安全和稳定。一旦实验成功，退出沙盒后，测试机构必须完全遵守相关法律法规的要求才能在市场上推广其业务。

2. 快捷沙盒

鉴于常规监管沙盒需要对每个应用程序进行详尽审查并进行个别定制，因而审查时间较长，为此，新加坡金管局推出了快捷沙盒，作为常规监管沙盒的一项补充。快捷沙盒主要适用于风险较小的业务或科技创新活动，旨在对尽快将金融服务或产品创新推向市场进行测试。申请者只需符合新加坡金管局设定的快捷沙盒条件，即可进入沙盒，整个审批流程可能缩短至 21 天。需要注意的是，新加坡金管局不允许同一机构同时申请常规监管沙盒和快捷沙盒。

3. 沙盒 Plus

为了支持初创阶段的金融科技企业获得资金支持，新加坡金管局于 2022 年 1 月 1 日推出了沙盒 Plus。根据该计划，申请的所有企业在沙盒测试期间和测试结束后，有机会获得高达 50 万美元的补助。

新加坡对金融科技行业不同细分领域的监管要求有所不同，包括如下方面。

1）支付领域

2019 年 1 月，新加坡国会通过的《支付服务法》（Payment Service Act，PSA），成为支付行业的主要监管规范。该法案于 2020 年 1 月 28 日起正式实施。根据 PSA，支付企业的七大类日常服务（账户发行、国内汇款、跨境汇款、支付型数字代币、电子货币发行、商家收单，以及货币兑换）被纳入了申请支付牌照的监管范围，见表 2-1。

表 2-1 支付企业的服务内容

服务类型	具体含义
账户发行服务 （account issuance service）	指向在新加坡的任何人提供发行支付账户或者运营任何与支付账户所需业务相关的服务，例如将资金存入或取出支付账户（不包括国内汇款和跨境汇款）
国内汇款服务 （domestic money transfer service）	指提供新加坡本地的资金汇款服务，汇款人和收款人都在新加坡，且都不是金融机构
跨境汇款服务 （cross-border money transfer service）	指提供新加坡与其他国家或地区之间的进出汇款服务

续表

服务类型	具体含义
支付型数字代币服务 （digital payment token service）	包括两类，一是提供与支付型数字代币交易相关的服务，二是为支付型数字代币交易提供便利的任何服务
电子货币发行服务 （e-money issuance service）	指对任何人发行电子货币，并允许其进行支付交易。电子货币与支付型数字代币存在较大区别，典型区别是支付型数字代币不以任何货币计价，发行人也不能将它与任何货币锚定，电子货币则相反
商家收单服务 （merchant acquisition service）	指根据与商家之间的合同，为商家接收和处理交易提供服务
货币兑换服务 （money-changing service）	指提供与买卖外币相关的服务

目前，企业需要根据其业务模式与上述七类服务的关联性来申请支付牌照，主要包括货币兑换牌照（money-changing licence）、标准支付机构牌照（standard payment institution licence）和大型支付机构牌照（major payment institution licence）三种类型。不同类型的牌照根据其展业范围和业务规模，受到不同的监管要求影响。

举例来说，货币兑换牌照仅限于提供货币兑换服务，由于业务规模较小且涉及风险较低，新加坡金管局主要监管其是否存在洗钱行为和恐怖主义融资风险。而标准支付机构牌照可能适用于表2-1中七种服务的任意组合而成的商业模式，其监管要求会进一步提高，但对业务所涉及的金额存在一定的限制。此外，大型支付机构牌照适用于超出标准支付机构牌照所规定额度的相关业务，受到最严格的监管。

2）数字银行

数字银行（digital bank），又称虚拟银行或互联网银行，通常指仅通过互联网或其他电子渠道提供零售银行服务的银行。这种银行完全依赖在线渠道开展业务，其模式能够覆盖更广泛的客户群体，需要更低的运营成本。新加坡对数字银行的发展同样持鼓励态度。2019年8月，新加坡金管局正式启动数字银行项目，宣布将发放五张数字银行牌照。这一举措被认为是新加坡近二十年来一次最大规模的银行业自由化行动。牌照具体情况如下：① 两张数字全面银行许可证（digital full bank licence，简称DFB牌照），持有者可以接受零售和非零售客户的存款，并向其提供银行服务，运营资本最低需达到15亿新元；② 三张数字批发银行许可证（digital wholesale bank licence，简称DWB牌照），仅允许持有者接受中小型企业和其他非零售客户的存款，并向其提供银行服务，运营资本最低需达到1亿新元。

就监管要求而言，数字银行除了需要符合传统银行监管框架的规定外，还须遵守新加坡金管局提出的额外限制条件。数字银行仅允许开设一家线下实体，并被限制进入新加坡的ATM网络。在开业的第一年，其提供的信贷和投资产品将受到限制，且有存款总额上限的限制性要求。2020年12月，Grab和新加坡电信（SingTel）组成的财团以及冬海集团（Sea Limited）分别获得了两张数字全面银行许可证（DFB牌照），另外两张数字批发银行许可证（DWB牌照）分别由两家具有中国背景的机构获得。值得一提的是，渣打银行（新加坡）有限公司在同年获得了新加坡金管局颁发的显著扎根外资银行（Significantly Rooted Foreign Bank，SRFB）特权，成为第一家也是唯一一家取得SRFB特权的银行，有权与合作伙伴建立持有DFB牌照的子公司。在2022年6月，两家持有DWB牌照的银行［星熠数字银行（ANEXT Bank）和绿联国际银行（GLDB）］相继获准开业，并于2022年底正式推出产品和服务。2022年9月1日，由渣打银行控股的Trust银行宣布正式向新加坡所有居民开放。2023年，冬海集团旗下的Mari银行正式面向新加坡部分公众提供数字银行服务。

3) 数字代币

新加坡采用功能监管和分类监管的方法来监管数字代币，将其纳入现有的监管框架中，并根据其功能和特征分为证券型、支付型和功能型三类。其中，监管部门较为关注的是证券型和支付型数字代币。新加坡金管局在2017年11月发布的《数字代币发行指南》（A Guide to Digital Token Offerings，以下简称《指南》）概述了新加坡对数字代币的主要监管思路。

(1) 证券型数字代币。它指的是在新加坡《证券和期货法》（Securities and Futures Act）规定下任何资本市场产品的数字代币，涉及证券、股票、债券、商业信托基金、集体投资计划和衍生合同等。根据《指南》，证券型数字代币的发行、销售和交易必须符合新加坡现行的《证券和期货法》和《财务顾问法》（Financial Advisers Act）的规定。《指南》重点指出了证券型数字代币的首次发售（initial coin offering，ICO），其中包括股票和债券。新加坡金管局根据发行人拟发行的数字代币的结构、特征和附带权利，逐案判断数字代币是否构成证券型数字代币，是否适用《证券和期货法》的监管要求。此外，《指南》还将证券型数字代币发行的服务中介机构纳入了监管范围，这些服务中介机构根据其提供的服务须持有资本市场服务牌照、财务顾问牌照，或成为新加坡金管局批准成立的交易所。

(2) 支付型数字代币。根据《指南》的规定，如果某数字代币不被认定为证券但具备支付功能，则将其归类为支付型数字代币（digital payment token，DPT）。提供DPT交易服务的机构应获得支付服务供应商牌照，并遵守《支付服务法》（Payment Services Act，PSA）中关于反洗钱和反恐怖融资的相关规定。DPT的合法性在新加坡得到了法规的明确支持，《指南》列举的DPT示例包括比特币和以太币。根据PSA，提供DPT服务包括直接交易DPT的服务（购买、出售或两者兼有），或通过建立、运营DPT交易所促进DPT交换的服务。若无豁免，则提供上述服务的机构需要遵守PSA中的许可要求，须获得支付服务供应商牌照方可从事相关服务。此外，电子货币（e-money）与DPT不属于同一类别，PSA对它们进行了区分。DPT指的是不以任何货币计价，也不与任何货币挂钩，已成为或计划成为公众或部分公众接受的交换媒介，用于支付商品或服务、清偿债务等的代币，如一般意义上的支付型加密货币（如比特币、以太币）。电子货币是指用一定金额的现金或存款从发行者处兑换并获得代表相同金额的数据。通过使用某些电子化方法将该数据直接转移给支付对象，从而能够清偿债务。2022年新加坡通过法案，要求数字代币发行方和服务提供方必须获得有效的金融牌照，同时提出了更严格的反洗钱和反恐怖融资要求。此外，该法案将DPT服务的监管范围明确扩大，涵盖了直接或间接进行的加密货币交易、兑换、转账、保管活动，以及提供的相关投资建议。同时，这一法案也将监管机构的监管范围扩展至那些在新加坡设立，但主要向新加坡以外地区提供服务的加密货币服务机构。

（3）功能型数字代币。它又被称为"实用型代币"，指的是不属于证券型数字代币、支付型数字代币或其他受监管类别的数字代币。目前，功能型数字代币在新加坡被赋予了较大的创新空间，尚未被监管部门纳入监管体系，只需要遵守普遍性的要求即可。

（四）中国香港

我国香港地区作为重要的国际金融枢纽，依托粤港澳大湾区，紧密连接内地市场，同时辐射东南亚、南亚地区。其蓬勃发展的金融科技生态系统以及健全高效的金融监管环境，已使得我国香港地区成为中国金融科技企业拓展海外市场的关键基地。有关资料显示，香港地区消费者金融科技应用普及率已达67%，居于世界领先地位。2020年，已有5家金融科技独角兽企业和超过600家金融科技企业落户香港，且有41%的企业获得了A轮或以上的融资。

香港地区采取分业监管模式，由香港金融监管局（Hong Kong Monetary Authority，以下简称"金管局"）、保险业监管局（Insurance Authority，以下简称"保监局"）和证券及期货事务监察委员会（Securities and Futures Commission，以下简称"证监会"）分别监管我国香港地区的银行业、保险业和证券及期货业，相关职责定位如表2-2所示。

表2-2 监管机构及其职责定位

监管机构	职责定位
金管局	香港地区的中央银行机构，除承担监管货币及银行体系的职责外，同时承担巩固香港地区的国际金融中心地位（包括维持与发展香港地区的金融基建）、管理外汇基金的职能
保监局	主要职能是监管保险业，促进保险业的整体稳定，保护现有及潜在的保单持有人
证监会	监管香港地区的证券及期货市场运作，包括监管证券期货及外汇杠杆交易的参与者、其他证券及期货中介人、香港交易所及所有香港地区上市公司，并对违规者进行处分

香港地区的金融科技监管由金管局主导，然而并不排斥其他监管机构对金融科技企业的监管。除了金管局负责协调监管金融科技产业和银行业外，证监会和保监局也分别从政策制定和牌照准入的角度对证券及期货业以及保险业领域的金融科技企业实

施监管。保监局于 2017 年 9 月启动了保险科技沙盒并设立了保险科技促进小组；证监会于 2019 年 11 月发布了立场文件，制定了提供证券型虚拟资产或代币交易服务的平台的发牌制度；香港特区财政司于 2021 年 5 月完成了关于监管虚拟资产服务提供者的发牌制度的公开咨询，并推出了金融科技项目资助以及金融科技人才薪酬资助等政策，以促进香港地区金融科技产业的发展。

在 2021 年金管局的年度报告中，金管局强调香港地区将全面拥抱金融科技，并建立金融科技生态系统。各监管机构成立了专门的金融科技部门来协调相关事务。具体来说，金管局设立了金融科技促进办公室，证监会成立了金融科技联络办事处，而保监局则成立了保险科技促进小组。尽管香港地区要求金融科技企业在从事受监管业务时必须获得相应的牌照，但对于无法满足监管要求的初创企业和项目，香港地区则提供了监管沙盒政策。香港地区的监管沙盒（以下简称"香港沙盒"）与新加坡的监管沙盒有所不同，具体体现在以下几点：香港沙盒并非由金管局统一提供，而是由各监管机构根据各自的监管职责提供。换言之，金管局、保监局和证监会各自推出了监管沙盒。同时，对于涉及跨领域金融科技产品的公司，其可以选择最适合的沙盒并提出申请，由该沙盒所属监管机构作为主要联络点协助联络其他监管机构，从而实现跨领域沙盒的同步测试。

香港沙盒主要面向已经获得牌照的金融机构的创新项目。例如，金管局要求监管沙盒项目的申请主体为银行及其合作的金融科技公司，本地金融科技公司申请者须与香港地区的本地银行合作伙伴共同提交申请；证监会明确规定申请进入监管沙盒的企业必须是持牌机构，若为初创企业，则需要申请并获得适当的牌照；保监局将监管沙盒申请范围限定于获授权的保险公司及持牌的保险经纪公司。

（五）实践总结

通过梳理美国、英国、新加坡和中国香港的金融科技监管实践，能够观察到一些趋势性特征。第一，这些地区普遍采用分业监管方式。分业监管确保了监管机构对各个金融领域有深入的专业了解和专业监管能力。这种方式还使监管机构能够更灵活地应对不同领域的变化和创新。监管机构可以根据各自领域的特点和发展趋势及时更新监管政策和规定，以促进创新发展，同时确保市场的稳定性和透明度。第二，适度监管的理念在这些地区得到普遍认同。由专门机构负责金融科技企业的监管，通过政策激励促进金融科技产业发展，同时积极完善金融科技风险防控体系，努力在金融创新和金融安全之间寻求平衡。第三，这些地区高度重视金融科技监管创新。例如，英国推出的监管沙盒机制在很多国家得到应用。一些国家和地区还通过业务指导、政策扶持等方式，加强与金融科技公司的沟通交流，进而提升监管针对性。这种创新型监管有助于有效应对金融科技领域的快速变化和挑战，同时促进金融科技行业的健康发展。上述国家和地区金融科技的监管（思路）框架及态度的部分总结见表 2-3。

表 2-3　部分国家和地区金融科技的监管（思路）框架及态度的部分总结

国家或地区	监管（思路）框架及态度	总体态度
美国	联邦监管机构之间、州与联邦之间均存在重叠的监管权力，机构监管和功能监管相结合的"双重多头（分业）"监管体制	审慎监管，鼓励创新
英国	由英格兰银行下属机构审慎监管局和独立于英格兰银行体系的监管机构金融行为监管局主导的双头监管模式	适度监管，鼓励监管创新
新加坡	新加坡金管局采用分业监管、持牌经营的监管思路，将金融机构分为银行业、证券业、保险业和支付业四类，并制定针对性的牌照准入门槛和具体监管要求	积极鼓励，但需持牌经营
中国香港	采取分业监管模式，由香港金融监管局、保险业监管局和证券及期货事务监察委员会分别监管香港的银行业、保险业和证券及期货业	适度监管，持牌经营

二、金融科技监管的国际挑战

虽然部分国家和地区在金融科技监管方面取得了一定成就，但其仍然面临一系列挑战。

（一）各国金融科技监管政策不尽相同，尚未形成统一标准

现阶段，网络融资和电子货币的监管是各国主要关注的领域。在其他金融科技领域如支付领域，监管规则已经相对完善，但对于区块链等技术领域的监管仍处于探索阶段。总体来看，各国在金融科技监管措施上存在明显的差异，还没有达成统一的标准。以电子货币为例，美国商品期货交易委员会将比特币视为大宗商品，而欧洲法院则将比特币定义为一种货币而非商品，并认定电子加密货币交易在欧盟范围内为合法支付方式。由于各国对金融科技实施的监管政策不同，还没有形成统一的标准，因此一些金融科技企业可能会选择在监管较为宽松的地区开展业务，以规避严格的监管，实现"监管套利"。

（二）金融科技跨境开展，监管合作应对不足

随着金融科技的发展和普及，越来越多的金融科技企业开始跨境开展业务。由于金融科技企业往往具有高流动性和跨境性，传统的地域性监管模式可能无法有效地对其进行监管。因此，为了应对这些挑战，各国需要加强监管合作，共同制定和实施统一的金融科技监管标准。同时，也需要利用新的技术手段，如大数据、人工智能等，提高监管效率和效果。只有这样，才能确保金融科技的健康发展，防止系统性风险的发生。

拓展阅读

监管沙盒

监管沙盒是 2015 年 11 月由英国金融行为监管局（FCA）率先提出的创新监管理念。监管沙盒作为一个受监督的安全测试区，通过设立限制性条件和制定风险管理措施，允许企业在真实的市场环境中，以真实的个人用户与企业用户为对象测试创新产品、服务和商业模式，有助于减少创新理念进入市场的时间与潜在成本，并降低监管的不确定性。

FCA 采取创新企业申请制，根据申请者的具体情况来给予完整性授权或限制性授权（当申请者全部条件达到后，FCA 会取消限制性规定），除此之外，还采取了"虚拟沙盒"与"沙盒保护伞"相结合的方式来让部分申请者进入监管沙盒。针对获得授权的企业，FCA 会发布无强制措施声明、特别指导和规则豁免等来帮助那些公司抵御未来可能遇到的法律政策风险。"虚拟沙盒"其实是一个虚拟空间，是创新企业在不进入真实市场的情况下与其他各方（比如学术界）一起探讨和测试其解决方案的虚拟空间，所有创新企业都可以使用虚拟沙盒，不需要 FCA 的授权。有学者认为，FCA 其实不需要设置"虚拟沙盒"，因为新兴行业中的创新公司自身为了更好的发展也会与其他感兴趣的各方加强协作，共同探讨企业乃至整个行业的未来发展。当然，设立"虚拟沙盒"的目的是很好的，它可以促进行业内的交流沟通、资源共享。一些小型企业也许不够资格进入沙盒，而有资格进入沙盒的企业自身的测试数据又是单一且彼此独立的，那么它们之间只能通过虚拟沙盒才可以共享公共数据集或利用其他公司提供的数据进行测试，这对于不能构建自己的沙盒的小型初创企业来说可能是最有用的。同时，"虚拟沙盒"也更有利于获得授权的创新企业提出新的解决方案。"沙盒保护伞"是针对非营利性的公司设立的，这些非营利性的公司可以指派某些金融创新企业作为其试验期内的"指定代表"，即"代理人"。这些作为代理人的金融创新企业与其他获得授权的创新企业类似，它们需要通过批准的方式获得"沙盒保护伞"企业的授权，同时受到 FCA 的监管。但并不是所有的企业都适用"沙盒保护伞"，比如保险企业以及投资管理企业等密切涉及消费者或投资者利益的企业，这些企业就需要严格按照申请授权的方式进入沙盒。

（资料来源：词条"监管沙盒"，MBA 智库）

第四节　我国的金融科技监管实践

在金融科技的覆盖范围和领域方面，巴塞尔银行监管委员会区分出四个核心领域：支付、清算与结算领域，存款、贷款与融资领域，财富管理领域，市场配置服务领域。本节将按照我国现有法规及政策出台的时间顺序，依次对这四个领域展开叙述。

一、支付、清算与结算领域

金融科技在支付、清算与结算领域主要提供个人与个人或商家之间的支付服务以及对商家的结算服务，该服务直接关系到经济交易的顺畅以及金融体系的稳定运行。其中，第三方支付尤其是二维码收付作为一种金融科技新型支付方式，已经成为人们日常生活中不可或缺的一部分。

中国人民银行等监管部门从 2010 年 6 月起，已经陆续出台了多个与支付、清算、结算领域相关的政策和规定，如表 2-4 所示。这些政策和规定涵盖了多个方面，包括但不限于支付机构的准入条件、业务规范、资金存管要求、风险防范措施、信息披露要求等。通过这些政策和规定的制定和执行，监管部门可以有效地引导和规范第三方支付市场的发展，维护支付、清算与结算领域的金融秩序，保障金融系统的稳定运行。

表 2-4　支付、清算与结算领域相关政策文件

出台时间	政策文件	主要内容
2010 年 6 月	《非金融机构支付服务管理办法》	对非金融机构支付的主体、交易行为、支付业务许可证的申请等进行了规定（该管理办法已废止，《非银行支付机构监督管理条例实施细则》已于 2024 年 7 月发布并施行）
2014 年 4 月	《关于加强商业银行与第三方支付机构合作业务管理的通知》	从保护客户资金和信息安全的角度出发，对一些有针对性的问题，例如客户身份认证、信息安全、第三方支付机构资质和行为等进行了细化与规范
2015 年 7 月	《关于促进互联网金融健康发展的指导意见》	明确规定由中国人民银行负责监管互联网支付
2015 年 12 月	《非银行支付机构网络支付业务管理办法》	对第三方互联网支付的认证、支付限额、业务范围、监管等做了较为明确的规定，特别是对通过第三方网络支付以及转账的金额进行了限制

续表

出台时间	政策文件	主要内容
2017年12月	《条码支付业务规范（试行）》	在业务资质要求、清算管理、维护市场公平竞争秩序、条码生产和受理，以及商户管理和风险管理的具体措施上，规范了条码（二维码）支付业务
2021年1月	《非银行支付机构客户备付金存管办法》	规定非银行支付机构应当在中国人民银行开立一个备付金集中存管账户，明确了客户备付金的使用与划转原则、监督管理以及处罚条例

二、存款、贷款与融资领域

金融科技在存款、贷款与融资领域主要提供直接或间接融资的服务，直接涉及企业和个人的资金流动，对我国经济的发展和社会的稳定有着深远影响。特别是随着新型融资模式如网贷（包括P2P网贷）和众筹的崛起，为个人和小微企业提供了更为灵活便利的融资渠道，成为金融体系中的重要组成部分。

为了规范和促进存贷款以及融资领域的健康发展，自2013年12月起，国家各部门陆续出台了多项政策文件，如表2-5所示。这些政策旨在保护投资者的合法权益，预防金融风险，推动市场规范和健康发展。尤其在网贷和众筹等新兴融资领域，监管部门也加强了监管力度，出台了一系列有针对性的政策措施。例如，对于P2P网贷平台，监管部门要求平台必须合规运营，确保资金安全，加强信息披露，防范风险，保护投资者的权益。对于众筹平台，则规定了项目审核标准、资金管理要求等，以确保资金使用的透明合法，防范各类风险的发生。

表2-5 存款、贷款与融资领域相关政策文件

出台时间	政策文件	主要内容
2013年12月	《关于加强影子银行监管有关问题的通知》	明确原银监会监管银行理财业务，证监会监管证券期货、各类私募投资基金，金融机构跨市场理财业务和第三方支付业务由中国人民银行负责监管协调；对银行理财业务、信托、小额贷款、典当和融资租赁、融资性担保、网络金融进行明确限制，要求清楚界定业务边界、代客理财资金和自有资金分离等
2016年8月	《网络借贷信息中介机构业务活动管理暂行办法》	明确了网贷监管体制机制及各相关主体责任、网贷业务规则和风险管理要求、借款人和出借人的义务、信息披露及资金存管机构等内容，全面系统地规范了网贷机构及其业务行为

续表

出台时间	政策文件	主要内容
2017年2月	《网络借贷资金存管业务指引》	明确了网贷资金存管业务的基本定义和原则、委托人和存管人开展网贷资金存管业务应具备的条件、网贷资金存管业务各方的职责义务、网贷资金存管业务的具体操作规则，以及三项具体落实保障措施
2018年8月	《网络借贷信息中介机构合规检查问题清单》	深化P2P网络借贷专项整治工作，分类指导、精准施策，督促网贷机构合规经营
2021年9月	《征信业务管理办法》	在保障信息主体权益方面，规定信用信息采集方式和原则，确保信息处理客观准确，保障信息主体知情、同意、异议和投诉权利；征信机构合法提供信用服务的范围；明确征信企业保障信用信息安全的要求，如征信内控、系统安全管理和人员监管
2022年7月	《关于加强商业银行互联网贷款业务管理 提升金融服务质效的通知》	加强业务监管，提升服务质效，防范金融风险，进一步明确细化商业银行贷款管理和自主风控要求，规范合作行为，促进平台经济规范健康发展

拓展阅读

"e租宝"事件

"e租宝"是"钰诚系"下属的金易融（北京）网络科技有限公司运营的网络平台。2014年2月，钰诚集团收购了这家公司，并对其运营的网络平台进行改造。2014年7月，钰诚集团将改造后的平台命名为"e租宝"，打着"网络金融"的旗号运营上线。自2014年7月正式上线至2015年底被查处，仅一年多的时间里，其以"低风险、高收益"为幌子，募集资金超过500亿元，涉及全国31个省份，百万投资人中大多数为工薪阶层和中低收入群体。

"e租宝"对外宣称，其经营模式是由集团下属的融资租赁公司与项目公司签订协议，然后在"e租宝"平台上以债权转让的形式发标融资；成功融资后，项目公司向融资租赁公司支付租金，融资租赁公司则向投资人支付收益和本金。

根据中国人民银行等部门出台的《关于促进互联网金融健康发展的指导意见》，网络平台只进行信息中介服务，不能自设资金池，不提供信用担保。

据警方调查,"e租宝"的行为属于资金体内运转,将吸收来的资金以"借道"第三方支付平台的形式进入自设的资金池,相当于把资金从"左口袋"放到了"右口袋",由此产生了极高的金融风险。

不仅如此,钰诚集团还直接控制了3家担保公司和1家保理公司,为"e租宝"的项目担保。中国政法大学民商经济法学院某教授曾表示,如果平台引入有关联关系的担保机构,将给债权人带来极大风险。

"1元起投,随时赎回,高收益低风险",这是"e租宝"广为宣传的口号。许多投资人表示,他们就是听信了"e租宝"保本保息、灵活支取的承诺才上当受骗的。记者了解到,"e租宝"共推出过6款产品,预期年化收益率在9%~14.6%,远高于一般银行理财产品的收益率。"e租宝"抓住了部分老百姓对金融知识了解不多的弱点,用虚假的承诺编织了一个"陷阱"。

2017年9月12日,北京市第一中级人民法院对"e租宝"案进行了宣判,主犯"e租宝"实际控制人丁某被判处无期徒刑,剥夺政治权利终身,并处没收个人财产50万元,罚金1亿元。

(资料来源:《"e租宝"非法集资案真相大起底》,《经济参考报》官方网站)

三、财富管理领域

金融科技在财富管理领域主要提供基于信息的数据分析服务,涵盖了多种金融服务和产品,其中包括互联网证券和智能投顾等业务。互联网证券作为财富管理领域的重要组成部分,在中国证券市场迅速崛起。它通过互联网平台为投资者提供了便利的股票交易、投资咨询、行情查询等服务。此外,智能投顾作为一种基于大数据和人工智能技术的财富管理方式,也受到越来越多投资者的青睐。通过智能算法分析个人的风险偏好和财务状况,智能投顾可以为投资者提供量身定制的投资组合和投资建议,帮助其实现财富增值。

为了确保财富管理领域的健康发展和投资者的合法权益,从2013年7月起,我国证监会等监管部门陆续出台了一系列管理规定和方案,如表2-6所示。这些规定明确了财富管理领域中的信息技术治理、数据治理、业务合规等方面的监管要求,旨在规范市场行为,提升行业透明度,加强风险管理,为投资者提供更加安全可靠的财富管理服务。

表2-6 财富管理领域相关政策文件

出台时间	政策文件	主要内容
2013年7月	《关于加强证券期货经营机构客户交易终端信息等客户信息管理的规定》	明确规定了客户交易终端信息的采集内容、记录方式、存储期限等技术要求,强调了证券期货经营机构的相关义务

续表

出台时间	政策文件	主要内容
2018年4月	《关于规范金融机构资产管理业务的指导意见》	对智能投顾提出了明确规范，指明了智能投顾行业的改革重点
2018年8月	《中国证监会监管科技总体建设方案》	详细分析了证监会监管信息化现状、存在的问题以及面临的挑战，提出了监管科技建设的意义、原则和目标，明确了监管科技1.0、2.0、3.0各类信息化建设工作需求和工作内容
2018年12月	《证券基金经营机构信息技术管理办法》	全面覆盖信息技术管理的各类主体；明确了信息技术治理、数据治理等的监管要求；强化信息技术管理的主体责任；支持经营机构应用信息技术提升服务效能；督促各类市场主体切实履行自身信息技术管理职责，明确了相应的处罚措施
2019年2月	《证券公司交易信息系统外部接入管理暂行规定（征求意见稿）》	明确证券公司是提供交易信息系统外部接入服务的责任主体，并应当在严格控制风险的前提下审慎开展相关业务活动，充分评估接入需求合理性，全面核实投资者资质条件，完整验证相关系统功能
2021年3月	《人工智能算法金融应用评价规范》	规范建立了人工智能算法金融应用的评价框架，系统化地提出了基本要求、评价方法和判定准则，包括安全性评价、可解释性评价、精确性评价、性能评价；该评价适用于开展人工智能算法金融应用的金融机构、算法供应商和第三方安全评估机构
2023年9月	《关于股票程序化交易报告工作有关事项的通知》《关于加强程序化交易管理有关事项的通知》	一是明确证券公司程序化交易管理职责；二是规定证券交易所对包括可能影响证券交易价格、证券交易量或者交易所系统安全的异常交易行为等重点事项加强监测监控；三是明确证券交易所可对高频交易提出差异化管理要求，包括调整异常交易认定标准，增加报告内容等

四、市场配置服务领域

金融科技在市场配置服务领域主要提供数据挖掘和收集、智能分析、网络安全等的基础服务,涵盖区块链、大数据、人工智能等技术所带来的金融创新产品。这些技术在金融行业中扮演着关键角色,不仅提升了金融服务的效率和便利性,还改变了传统金融模式,推动了金融业的数字化转型和创新发展。

在我国,为了规范和促进市场配置服务领域的健康发展,国务院等部门从2017年7月起,陆续发布了多个文件,如表2-7所示。这些文件涉及了政策、标准、监管要求等多个方面,为市场配置服务领域的发展提出了明确的要求。

表 2-7 市场配置服务领域相关政策文件

出台时间	政策文件	主要内容
2017年7月	《新一代人工智能发展规划》	指出要构建开放协同的人工智能科技创新体系,培育高端高效的智能经济,促进人工智能技术军民双向转化、军民创新资源共建共享;要抢抓人工智能发展的重大战略机遇,构筑人工智能发展的先发优势,加快建设创新型国家和世界科技强国
2018年3月	《关于推动资本市场服务网络强国建设的指导意见》	提出要进一步发挥资本市场服务网络强国建设的积极作用,加快实施网络强国战略,促进网信企业规范发展
2018年12月	《金融信息服务管理规定》	提出要加强金融信息服务内容管理,提高金融信息服务质量,促进金融信息服务健康有序发展,保护自然人、法人和非法人组织的合法权益,维护国家安全和公共利益
2019年1月	《区块链信息服务管理规定》	明确了区块链信息服务提供者的信息安全管理责任
2022年1月	《金融科技发展规划(2022—2025年)》	提出了新时期金融科技发展指导意见,明确金融数字化转型的总体思路、发展目标、重点任务和实施保障
2023年11月	《人工智能算法金融应用信息披露指南》	涵盖了算法的基本信息、设计思路、输入与输出、测试与验证、风险及应对措施等方面的内容,引导金融机构在使用人工智能算法提供金融产品和服务时规范地开展算法信息披露活动

第五节 金融科技监管的发展趋势及展望

金融科技为监管带来了诸多挑战,为适应金融科技的发展潮流,我们需要提出一系列监管对策,来防范和控制金融风险。本节将介绍金融科技监管的发展趋势,并提出相关愿景。

一、坚持合理适度监管原则,理顺创新和风控之间的关系

为了应对金融领域的技术革命,世界各国政府和金融监管机构都在制定新的行业政策,并改革现有的监管体制,以适应金融创新的要求。政策制定的目标多是最大化金融科技活动的经济效益和社会效益,同时将与新业务实践相关的风险降至最低。因此,一方面,须谨防监管过度导致将那些合规的金融科技创新企业扼杀在起步阶段;另一方面,也须保护金融消费者权益,严厉打击逃税、洗钱和资助恐怖主义行为。

二、借鉴"监管沙盒"有益经验,嵌入弹性包容的监管理念

借鉴英国、新加坡等国家的"监管沙盒"模式,运用监管科技以提升金融监管的效力,灵活地减少边界限制,并积极采用监管创新的方式来应对金融业务创新。在将金融机构、准金融机构、影子银行以及与金融科技相关的新产品和新业务的风险控制在一定范围内的基础上,鼓励金融机构和准金融机构提高金融效率,创新金融供给方式。同时,建议监管机构积极利用监管科技促进监管创新,例如,对于准金融机构的复杂关联交易和多层嵌套的金融产品,可以考虑采用区块链技术以确保交易数据的可信性,监测交易去向和底层资产质量,从而提高监管的效力。

三、推出金融助推工具,依靠良好沟通助力金融科技发展和有效监管

借鉴发达国家或地区做法,建议中国人民银行会同证监部门、地方金融监管部门等构建具有中国特色的创新中心,为企业就金融技术相关问题提供咨询服务;创建一个由金融机构、金融科技相关企业和其他组织组成的社区,供相关企业(包括监管部门)相互学习、分享经验、交流看法。这样一方面有助于监管部门了解市场,进而制定出更有针对性的政策措施;另一方面,相关企业也将逐渐了解到监管预期和金融科技最新实践成果,不仅有利于其自身发展,而且有助于监管部门实现合规监管。

四、坚持市场导向推动金融改革,明确金融监管边界

深化市场导向的金融改革,强调市场纪律,容许违约和破产,及时处理风险,同时积极培育多层次资本市场,支持经济创新和去杠杆。此外,需要清晰地规范地方金融监管关系,明确金融科技监管的主体和边界,建立有效的监管协调机制,加强信息披露体系的建设,改进信息共享,实行穿透式监管,力求获取积极的外溢效应。另外,还需要强化对金融机构和准金融机构的市场准入资格、资本是否充足和关联交易的审慎监管,坚持问题导向,有针对性地解决突出问题。

■ 五、强化审慎监管和行为监管，保护金融消费者的合法权益

在转向功能监管的进程中，应加强审慎监管和行为监管，以减少监管不适应性的问题。首先，加强审慎监管，引导金融机构和准金融机构在更多地依赖市场机制和自身责任的基础上进行产品和服务创新。其次，强化行为监管，通过纠正金融机构和准金融机构的不当行为，加强对金融消费者合法权益的保护。最后，应考虑推出类似CASS（经常账户转换服务）的产品，使金融消费者能够便捷地在不同银行之间切换账户，促使银行提升服务质量。

■ 六、加强国际合作，推动金融科技监管趋同

目前，各国或各地区在金融科技监管上存在差异，而这种差异在一定程度上可能引发"监管竞争"甚至金融风险。因此，建议中国人民银行等机构与国外监管当局合作，探索建立跨境金融科技监管信息交换和政策对话机制，共同研究和解决工作中出现的新问题。同时，推动合作式监管，建立跨机构和跨国界监管合作的机制和制度环境，以阻断金融科技创新可能带来的风险传播渠道。

金融科技的兴起对金融生态系统的构建带来了多重挑战。对于传统金融机构而言，金融科技的发展加剧了竞争，迫使它们加快数字化转型和创新以保持市场地位。对金融监管机构而言，金融科技的迅猛发展带来了监管难度的增加，需要不断跟进科技创新，持续升级监管手段，以确保金融市场的稳定和公平。整个金融体系面临数据隐私和安全风险的挑战，需要加强对个人数据的保护和网络安全的防范。同时，金融科技的发展也为金融体系带来了新的机遇，如普惠金融、数字化金融服务等，有望促进金融体系高效性和包容性发展。因此，金融生态系统需要积极应对挑战，加强合作与创新，以实现金融体系的可持续发展。

本章小结

本章详细探讨了金融科技领域所面临的挑战、监管的必要性以及一些国家和地区的监管政策。金融科技的迅速发展给金融体系带来了巨大变革，但也伴随着诸如隐私泄露、不平等的问题，因此，有效监管显得尤为重要。虽然金融科技为金融行业带来了创新，但也可能存在算法歧视等伦理问题。不同国家和地区根据自身情况采取了不同的监管措施，我国也在积极完善监管体系。展望未来，金融科技监管需要理顺创新和风控之间的关系，运用监管科技提升金融监管的效力，灵活地减小边界限制，并积极通过监管创新来应对金融业务创新。借助良好沟通助力金融科技发展和有效监管，强化审慎监管和行为监管，保护金融消费者的合法权益。世界各国或各地区应加强合作，共同应对挑战，促进全球金融科技的健康发展。

思考题

1. 金融科技给金融生态系统带来了哪些挑战？
2. 为何要对金融科技进行监管？
3. 金融科技伦理有哪些内涵与特征？
4. 请列举近年来的金融科技伦理失范案例。
5. 请结合各国金融科技监管实践，谈谈哪些措施值得我国借鉴。

第二章
参考资料

第三章

云计算

在当今信息时代,云计算作为一种推动社会进步和经济发展的关键技术,已经展现出其显著价值。作为一种基于网络的计算模式,云计算凭借其弹性、可扩展性和按需付费等特点,为用户提供高效、灵活的计算资源服务,深刻影响着各行各业的发展。本章旨在深入探讨云计算的基本概念、发展状况、核心技术、部署方式、服务模式,以及其在各领域的应用等,为读者认识和利用这一重要技术提供更客观、全面的视角。

本章第一节从云计算的基本概念出发,深入探讨其定义和核心特征。

第二节聚焦云计算的发展状况,详细剖析云计算的市场规模、主要参与者以及未来趋势。深入探究云计算在全球范围内的应用现状,并展望其主要市场的发展动向。

第三节深入剖析云计算的核心技术,包括虚拟化技术、分布式存储技术、分布式管理技术、分布式应用技术和资源监控技术等,详细阐述这些技术如何支撑云计算平台的构建和运行,以实现高可用性、高性能的云服务。

第四节详细阐述公有云、私有云和混合云的概念、特性及其在不同场景中的应用。本节通过对比分析不同部署方式的优缺点,旨在帮助读者更好地理解和选择适合不同场景的云计算部署方案。

第五节详细介绍云计算的三种基础的服务模式,基础设施即服务(IaaS)、平台即服务(PaaS)和软件即服务(SaaS),以及新模式——数据即服务(DaaS),通过逐一分析每种服务模式的特点和应用场景,帮助读者更好地理解和利用云计算服务。

第六节介绍容器云,解释其如何为应用程序提供更好的隔离性和可移植性,以灵活适应各种云环境。此外,还探讨了边缘计算与云边协同的概念和意义,并展望云计算与边缘计算在未来发展中的融合趋势。

通过本章的学习,读者将更深入地了解云计算的基本概念、发展状况、核心技术、部署方式、服务模式,以及其在各领域的应用和未来发展趋势。希望本章能为读者在云计算领域的探索和应用提供有益的参考和启示。

第一节 云计算的基本概念

一、云计算的定义

云计算，又称"cloud computing"，是一种基于互联网的计算方式，是将庞大的计算处理任务自动分拆成多个较小的子任务，然后把这些任务分配给由多部网络服务器所组成的系统进行处理并将处理结果返回给用户的一项互联网技术。这种技术可以节约成本、提高效率和增强系统的扩展性。

早期云计算，就是简单的网格计算，是分布式计算的一种，它研究如何把一个需要非常庞大的计算能力才能解决的问题分成许多小的问题，然后把这些问题分配给许多计算机分开处理，最后把这些计算结果综合起来得到最终结果。分布式计算通过解除用户与大型应用系统之间的绑定，成为云计算的核心技术之一，它能够在不同空间上有效利用计算资源，并支持异地高效并行处理大规模数据集。通过这项技术，人们可以在短短几秒钟内完成数以万计的数据处理，从而获得强大的网络服务。

从用户使用的角度来说，云计算指的是一种服务的交付和使用模式，即通过网络以按需、易扩展的方式提供资源和服务。用户和服务供应商事先约定服务等级协议，用户以按时付费的模式使用服务。

总的来说，云计算服务已经不单单是一种分布式计算，而是将分布式计算、效用计算、负载均衡、并行计算、网络存储、热备份冗余和虚拟化等计算机技术混合演进并跃升的结果。云计算基于互联网相关服务的使用和交付模式，可以将虚拟的资源通过互联网提供给每一个有需求的客户，从而实现数据拓展处理。

二、云计算的特征

云计算的可贵之处在于其高兼容性、可扩展性和高性价比等，与传统的网络应用模式相比，其具有如下优势与特点。

（一）虚拟化技术

这是云计算最为显著的特征，即云计算通过虚拟化技术突破了时间、空间的界限。虚拟化技术包括应用虚拟化和资源虚拟化两种方法。应用虚拟化是一种将应用程序与底层操作系统和硬件解耦的技术。通过应用虚拟化，应用程序可以在独立的运行环境中执行，而不需要在本地操作系统上进行安装。资源虚拟化通过将物理计算资源（如处理器、内存、存储）划分为多个虚拟实例或环境，使得每个虚拟实例或环境都表现为独立的资源。这种虚拟化技术使得一台物理服务器能够同时支持多个虚拟机或容器，每个都可以运行独立的操作系统和应用程序。虚拟化技术使得物理平台和应用部署的软件环境在物理空间上可以毫无联系，但是数据备份、迁移和扩展资源都能通过虚拟平台根据相应的终端操作来完成。

（二）高兼容性

目前市场上大多数 IT 资源、软件、硬件都支持虚拟化，比如存储网络、操作系统和开发软件、硬件等。虚拟化要素统一放在云系统虚拟资源池中进行管理，可见云计算的兼容性非常强，不仅可以兼容低配置机器、不同厂商的硬件产品，还能够通过外接设备获得更高性能的计算能力。

（三）可扩展性

用户随时随地根据实际需求，可以快速请求和购买服务资源，扩展处理能力。例如，在云计算中，企业可以根据自身业务需求动态地添加或删除计算资源。同时，云计算的可扩展性也为企业提供了更好的灵活性，使得企业可以根据自身业务的发展变化进行调整，在对虚拟化资源进行动态扩展的情况下，能够高效扩展应用，提高计算机云计算的操作水平。

（四）按需部署

计算机包含了许多中小企业可以使用的应用软件，不同的应用软件对应的数据资源库不同，所以对于不同用户运行不同的应用软件，就需要具有较强的计算机科学技术创新能力对资源、成本、管理人员进行部署，而云计算平台能够根据用户的需求快速部署计算机资源。

（五）高可靠性

云计算的可靠性体现在即使服务器出现故障，也不影响计算机与应用程序的正常运行。因为当单点服务器出现故障时，云计算平台可以通过虚拟化技术恢复分布在不同物理服务器上的应用程序，或利用动态扩展功能部署新的服务器来进行计算。

（六）高性价比

云计算将资源放在虚拟资源池中统一管理，在一定程度上优化和降低了系统的物理资源需求，用户不再需要昂贵、存储空间大的主机，可以选择相对廉价的 PC 终端。借助云计算，一方面减少了硬件购置和更新的费用，另一方面云计算的性能也不逊于大型主机。

■ 第二节　云计算的发展状况

■ 一、云计算发展历程

云计算的发展历史可以追溯至 20 世纪 60 年代，但其真正蓬勃发展和受到广泛关注的时间始于21世纪初。

1970年前后，计算机科学家和工程师开始思考和研究分布式系统和虚拟化概念，奠定了云计算的理论基础。20世纪90年代，随着Internet的普及和Web的兴起，一些公司开始提供网络上的基础设施和应用服务，云计算开始萌芽。

2004年，Web 2.0会议举行，Web 2.0①成为当时的热点，计算机网络发展由此进入了一个新的阶段。在这一阶段，如何让更多的用户方便快捷地使用网络服务成为互联网发展亟待解决的问题。与此同时，一些大型公司也开始致力于开发大型计算能力的技术，为用户提供更加强大的计算处理服务。亚马逊云计算服务（Amazon Web Services，简称AWS）在2006年推出，它提供了首个大规模的公有云计算平台，改变了计算资源的使用方式。2006年8月9日，Google前首席执行官埃里克·施密特在搜索引擎营销大会上首次提出"云计算"的概念。这是云计算发展史上第一次正式地提出这一概念，有着重要的历史意义。

2008年左右，美国国家标准与技术研究院（National Institute of Standards and Technology，NIST）发布了对云计算的定义及其特性。微软推出Azure平台，Google推出Google App Engine，进一步推动了平台即服务（platform as a service，简称PaaS）模式的发展。

2010年，云计算的发展进入了初步繁荣阶段。同年，AWS的销售额超过5亿美元，确立了AWS在公有云市场上的领导地位。2017年，AWS、Azure和谷歌云成为三大领先的公有云服务供应商，持续推动云计算的发展。

中国云计算的发展起步也较早。在21世纪初，中国就开始了对云计算概念的探索和实践。2011年，中国政府提出了推进"十二五"信息化规划，将云计算列为重点发展领域之一，鼓励云计算技术的研发和应用。从2011年开始，中国的云计算进入了快速发展的阶段，中国的互联网巨头着手建立自己的云计算平台。阿里巴巴推出了阿里云，腾讯推出了腾讯云，百度也推出了百度云等。同时，政府加大了对云计算产业的支持和投入。2015年至今，云计算经历了产业的大爆发，市场迅速扩大，吸引了更多的企业和个人用户。大量中小型企业开始采用云计算服务，政府部门也积极推动云计算技术在各个行业的应用，包括金融、医疗、教育等。在技术创新方面，中国的云计算公司也取得了重大进展，它们不仅在硬件基础设施方面有所突破，还在人工智能、大数据等前沿技术领域积极探索。例如，中国的华为公司在云计算领域拥有自己的云服务平台——华为云，并持续投入研发人员和资金用于技术创新。其专注于5G、边缘计算、人工智能和大数据等领域的研发，并致力于推动云基础设施和云服务的发展。同时，中国的云计算企业也加强了与国际企业的合作，形式包括跨国业务合作、技术创新合作、国际标准制定、跨境数据流动

---

① Web 2.0是相对于Web 1.0的一个新的阶段，指的是一个利用Web的平台，由用户主导而生成的互联网内容产品模式，为了区别由网站雇员主导生成的传统互联网内容产品模式，而定义为第二代互联网。Web 2.0是一个新的时代。从科技发展与社会变革的大视野来看，Web 2.0可以说是由信息技术发展引发网络革命所带来的面向未来、"以人为本"的创新2.0模式，其在互联网领域的典型体现：Web 2.0是从专业人员织网到所有用户参与织网的一个创新民主化进程的生动诠释。

等方面，这些合作也拓展了企业的市场和技术交流。例如，一些中国云计算企业与国际企业建立合资企业，或者进行战略投资。通过这种方式，中国企业可以获得国际企业的技术支持和资源，同时国际企业也能够在中国市场获得更多机会。例如，阿里巴巴集团与软银集团合资成立了 SB Cloud Corporation，在日本设立数据中心，通过阿里云提供云计算服务。

2020 年以后，随着边缘计算、混合云、容器化、AI 云等技术的发展，云计算不断演变，服务模型和架构变得更加多样化。远程办公和数字化转型加大了对云计算和相关服务的需求。例如，在疫情期间，企业和学校纷纷采用云计算技术支持远程办公和远程教学。云服务提供了弹性和可扩展性，使得员工和师生能够远程访问文件、应用程序，并进行在线会议和教学。此外，云计算在医疗领域的应用更加凸显。它支持了远程医疗诊断、云端医疗图像存储和共享、疫苗研发中的数据分析等关键工作，加速了医疗科技的发展和应用。金山云就是一个典型的例子。近几年，远程办公、在线医疗、在线教学成为刚需，金山云迅速开发了"金山云智通"组织协同平台，实现了线上协同、办公、会议和跨组织流程管理，提高了相互协作的效率和质量。"金山云智通"以金山云公有云为技术支撑，以政企组织架构为中心，集办公协作、即时消息、文件传输、高清语音、视频会议、电子白板、同事圈、云直播、云监控等功能于一体，提供统一的门户及协同服务。此外，金山云推出了一系列产品和解决方案，如：AIoT 无接触式智慧社区解决方案、金山云在线教育解决方案、AI 防疫检测方案、金山云疫情防控影像云平台，以及应急物资管理系统等。其中，应急物资管理系统在上线不到 20 天就已服务 29 个省份的 7000 多家机构①。

云计算在这些阶段取得的进展和演变，促进了数字化时代的发展，为企业和个人提供了更高效、灵活、安全和经济的计算资源和服务。

■ 二、全球云计算市场发展现状

近年来，全球云计算市场规模在大模型、算力等需求刺激下，保持着稳定且高速的增长态势。Gartner② 数据显示，2022 年，以 IaaS、PaaS、SaaS 为代表的全球云计算市场规模为 4910 亿美元，增速为 19%。虽然受通货膨胀压力和宏观经济下行的双重影响，2022 年云计算市场增速较 2021 年同比下降 13.5%，但与全球整体经济仅 3.4% 的增长率相比，云计算仍然是新技术融合和业态发展的重要手段。预计未来在

---

① 新浪财经. 疫情下云计算应用场景迎来爆发 "协作平台"成复工复产一大利器 [EB/OL]. (2020-02-24) [2024-08-22]. https://cj.sina.com.cn/articles/view/3164957712/bca56c1002001635t.

② Gartner（高德纳，又译顾能公司）是全球最具权威性的 IT 研究与顾问咨询公司，成立于 1979 年，其研究范围覆盖 IT 产业，在 IT 的研究、发展、评估、应用、市场等领域，为客户提供客观、公正的论证报告及市场调研报告，协助客户进行市场分析、技术选择、项目论证、投资决策。

大模型、算力等领域的需求刺激下,全球云计算市场仍将保持稳定增长,到 2026 年将突破万亿美元,如图 3-1 所示。

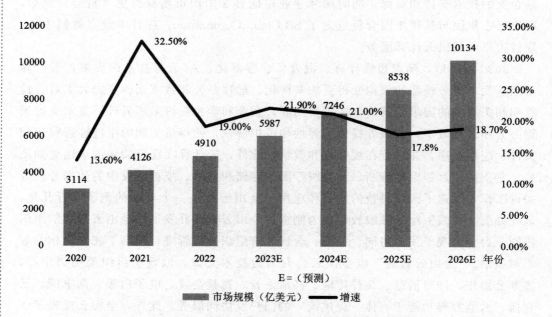

图 3-1　全球 2020—2026 年云计算市场规模及增速预测
(来源:Gartner,2023 年 4 月)

在区域市场层面,全球云计算市场呈现"一超多强"态势。2022 年,北美洲占据了全球 52.14% 的公有云市场规模,较 2021 年增长 20.4%,如图 3-2 所示。欧洲、亚洲居第二、三位,市场占比分别为 23.41%、18.35%。大洋洲、南美洲、非洲则尚处于"云发展中",三大洲占比总和仅 6.1%。得益于东南亚地区可用区①数量不断增长以及核心云计算技术发展迅速,亚洲云计算市场规模增速超 30%,是欧洲的两倍,即将成为全球云计算市场竞争的下一个主战场。

在云计算厂商层面,云计算巨头借助"云+AI"等技术优势不断扩大其领先地位。亚马逊、微软凭借投入时间早、地区布局广、"云+AI"等技术优势,长期稳居全球云计算市场第一梯队。两家巨头厂商在体量很大的情况下,仍保持快速增长。财报数据显示,2022 年 AWS 和微软云营收分别达到 801 亿美元、1012 亿美元,如图 3-3 所示,同比增长均超过 25%。处于第二梯队的谷歌云、IBM 云、阿里云等并没有维持住前几年高速增长的态势,与第一梯队的差距被拉大。

---

① 可用区是指同一服务区内,电力和网络互相独立的地理区域,一般是一个独立的物理机房,这样可以保证可用区的独立性。一个区域内有多个可用区,一个可用区发生故障后不会影响同一区域内的其他可用区。

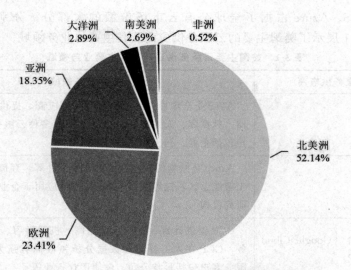

图 3-2 2022 年全球各区域云计算市场规模占比
（来源：Gartner，2023 年 4 月）

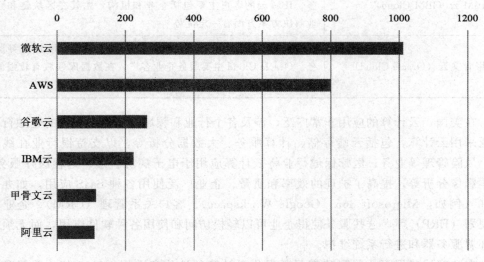

图 3-3 2022 年全球主要厂商的云计算业务营收图（亿美元）
（来源：作者根据公开资料整理）

三、云计算主要市场发展状况

（一）美国市场的发展

美国一直是云计算领域的领先者，拥有众多知名的云服务供应商，如 AWS、Azure、Google Cloud（谷歌云）等。2019—2020 年，美国掀起了一轮云计算软件公司上市的浪潮，数据库、信息安全、系统监控、多云管理等云计算软件领域发展呈加速趋势。在美国云计算软件细分领域，已经孕育出很多高增长、高估值的龙头企业。在市场份额方面，美国的一些云计算公司也名列前茅。根据 IDC 的数据，截至

2022年，AWS、Azure占据了全球公有云市场份额的大部分，分别为40.5%和21.4%。表3-1展示了美国主要的云服务供应商及其主要的业务领域。

表3-1 美国主要云服务供应商及其主要业务领域

主要云服务供应商	主要业务领域
AWS	AWS是全球最大的云计算服务供应商，提供弹性计算、存储、数据库、人工智能、机器学习等多种云服务。AWS的客户包括企业、初创公司和政府机构
Azure	Azure是微软的云计算平台，提供计算、存储、数据库、人工智能、区块链等服务。Azure广泛应用于企业、开发人员和研究机构
谷歌云平台（Google Cloud Platform，GCP）	GCP提供计算、存储、数据库、机器学习、数据分析等服务。GCP在人工智能和数据分析领域拥有强大的技术实力，服务客户包括科技公司、健康医疗行业等
IBM云（IBM Cloud）	IBM云提供计算、存储、区块链、人工智能、物联网等服务。IBM云的客户主要包括企业和机构，尤其在区块链和企业解决方案方面有一定优势
甲骨文云（Oracle Cloud）	Oracle Cloud提供计算、数据库、人工智能、区块链等服务。Oracle Cloud主要服务企业客户，在数据库领域有较强的专业性

在美国，云计算的应用非常广泛，涉及各个行业和领域。例如，美国的金融行业广泛采用云计算，包括云端存储、计算服务、大数据分析等，以支持银行业在线支付、风险管理等业务；医疗保健行业将云计算应用于电子病历管理、远程医疗服务、医学影像分析等，提高了护理的效率和质量；企业广泛使用各种SaaS应用，如办公套件（例如，Microsoft 365、Google Workspace）、客户关系管理（CRM）、企业资源规划（ERP）等，这些服务使得企业可以轻松访问和使用各种软件应用，而无须本地部署服务器和进行系统维护。

在政府战略层面，美国政府不断强化云计算的地位和应用。2010年，美国联邦政府制定了第一个名为"云优先（Cloud First）"的云战略。这一战略是在云技术初期发展阶段制定的，它为各美国联邦政府机构提供了广泛的采用基于云计算解决方案的权利。但是，由于没有执行计划或策略，企业上云的速度很慢。虽然"云优先"成功地强调了IT现代化工作的重要性，但其运行速度慢的缺点也需要进一步改善。这也是2018年10月美国政府重新制定了"云敏捷（Cloud Smart）"战略的原因。"云敏捷"是一种新的战略，该战略让各机构采用具有现代化能力的云解决方案。"云敏捷"战略专注于为联邦政府机构提供必要的工具和指导，以使其能够根据使命和需求自主做出有关信息技术方面的决策，并充分利用私营部门的创新解决方案，为美国人民提供最佳服务。2021年5月，美国国防部公布《美国本土外云计算战略（OCONUS）》，明确提出将通过云战略获取全球优势。美国国立卫生研究院（NIH）表示在2023年实施新的数据管理政策，促进更多的医学研究人员使用云计算。此外，美国在 2022 年 9 月发布了《国家竞争力面临的十年中期挑战》，其中提到通过发展云计算等高新科技，健全数字基础设施，以扩大美国在经济、军事、科技等方面的竞争优势。

在信息安全方面，云计算的安全性和合规性一直是大众关注的焦点。美国政府于 2011 年正式颁布联邦风险和授权管理计划（Federal Risk and Authorization Management Program，简称 FedRAMP），这项计划旨在确保联邦政府机构在使用云服务时能够采用一致的信息安全标准。FedRAMP 通过标准化的安全评估和授权流程，帮助提高云服务供应商的安全性，确保其符合联邦机构的安全需求。

（二）欧洲市场的发展

在欧洲，云计算发展迅速，尤其是德国、法国、英国和意大利等国家。欧盟高度重视云计算行业发展，鼓励各成员国政府部门率先使用云计算，在公共服务部门推广云服务，带动云计算产业发展。根据 Eurostat 的数据，欧盟国家中，超过 90% 的企业采用了云计算服务。

2020 年，欧盟基于"欧洲云"概念，提出"Gaia-X"云计划，旨在通过保证透明度、安全性和隐私性来增加云服务的可信度。此外，欧盟通过的《欧盟云行为准则》为云服务供应商如何遵守欧盟的隐私法规提供了详细指导。

2021 年 5 月，法国政府发布国家云战略，通过促进和支持对"主权云"服务的访问来帮助公共和私营部门进行数字化转型。该战略基于三大支柱："可信云"认证、"云中心"政策和工业战略。

2022 年左右，意大利政府宣布了云计算的国家战略，创建存储所有公共部门应用程序和公民数据的国家级云计算系统，并将相关数据向"国家云"转移。

德国的"工业 4.0"计划将云计算作为重要技术，以推动工业生产的数字化转型。英国鼓励政府部门采用云计算，以提高生产效率和服务质量。

（三）中国市场的发展

中国在云计算领域也有显著发展，拥有腾讯云、阿里云、华为云等国内领先的云服务供应商。根据 IDC 的数据，截至 2022 年，阿里云在全球云市场的份额约为 6.2%，位居第三。

整体来看，中国的云计算市场处于快速发展期。中国信息通信研究院的数据显示，2022 年中国云计算市场规模达 4550 亿元，较上年末增长 40.9%；其中，公有云市场规模增长 49.3%，达到 3256 亿元，私有云增长 25.3%，达到 1294 亿元。从细分领域来看，PaaS、SaaS 的增长潜力巨大。2022 年，IaaS 市场收入稳定，市场规模为 2442 亿元，增速为 51.2%，预计长期增速趋于稳定。PaaS 市场受容器、微服务等云原生①营业带来的刺激而增长强势，2022 年的总收入为 342 亿元，同比增长

---

① 云原生最早由 Pivotal 的 Matt Stine 于 2013 年首次提出。云原生计算基金会（CNCF）对其进行了重新定义。其抽象概括可以理解为：云原生技术主要指以容器、持续交付、DevOps 以及微服务为代表的技术体系。2018 年，在原定义基础上又加入了服务网络（Service Mesh）和声明式 API。从简单类比角度来理解，云原生在互联网生态中好比现代运输体系中的集装箱，集装箱的出现使得传统的运输体系走向现代化。

74.5%。2022年的SaaS市场营收472亿元,增长27.6%,在中小企业数字化转型政策驱动下,预计未来SaaS市场营收迎来激增。从公有云IaaS竞争格局来看,阿里云、天翼云、移动云、华为云、腾讯云和联通云占据了中国公有云IaaS市场份额的前六名。此外,2022年中国电信运营商云计算市场增长迅猛,天翼云、移动云和联通云分别营收579亿元、503亿元、361亿元,增速均超100%,远超行业平均水平。

中国政府提出的"互联网+"和数字经济发展的战略,推动企业和机构进行数字化转型。而云计算作为支持这一战略的重要基础设施,被广泛采用。政务云就是云计算在政务领域的应用。2020年受新冠疫情的影响,中国加快推进政务云建设。工信部研究数据显示,2020年中国政务云市场规模达到653.6亿元,同比增长42.3%。政务云其实是行业云的一种,是运用云计算技术,统筹利用已有的机房、计算、存储、网络、安全、应用支撑、信息资源等,发挥云计算虚拟化、高可靠性、高通用性、高可扩展性,以及快速、按需、弹性服务等特征,为政府提供覆盖基础设施、支撑软件、应用系统、信息资源、运行保障和信息安全等功能的综合服务平台。目前,在政务云市场中仍是电信运营商、传统IT厂商占据绝对优势。浪潮云、华为云在政务云市场积累了深厚的技术、产品、客户资源,具有巨大的竞争优势。中国电信凭借强大的网络能力,定制云网融合、安全可信、专享定制的云服务。阿里云、腾讯云等企业也紧随其后,在各细分领域的政务云市场占据了一定的市场份额。

拓展阅读

中国迎来"深化用云"时代

"未来几年,我国云计算市场仍将保持年均30%~40%的增速,2025年的市场规模有可能达到1万亿元。"接受《瞭望》新闻周刊记者采访时,中国信息通信研究院云计算与大数据研究所所长这样说道。

专家们表示,从2009年至今,经过十多年的发展,中国的云计算已经从概念导入进入了广泛普及的新阶段。

"尤其是数字经济大潮兴起,各领域加快'上云用数赋智'步伐,给云计算产业带来广阔试验场景和应用市场,促进云计算技术创新、应用拓展和产业生态打造。"赛迪研究院陆峰谈道。

(资料来源:《迎接"深化用云"时代》,《瞭望》新闻周刊)

阿里云利润增长86%至23.64亿元,创财年新高

2024年,阿里云季度营收增长3%,达到280.66亿元,经调整EBITA利润猛增86%,达到23.64亿元,创财年新高。

阿里云提出了"AI驱动、公有云优先"的战略，并成立了公有云业务事业部、政企事业部、海外业务事业部三个核心业务部门以加强公有云技术，拓展政企市场。

未来，阿里云计划利用"云+AI"的全栈技术体系推动"大数据"和"存储上云"，并与多领域企业合作，推动大模型在不同业务场景中的应用。此外，阿里云与汽车能源、交通物流等多个领域的多家企业机构达成合作。2024年1月，中国一汽联合阿里云通义千问打造的大模型应用GPT-BI率先落地，这是汽车行业的首个大模型BI应用。

在金融领域，阿里云联合客户打造的产品和技术实践屡获重磅级荣誉。与深圳农商银行携手打造的"两地三中心"分布式云平台荣获"金信通"金融科技创新应用十大案例奖；与中国银行、交通银行、上海证券交易所携手打造云平台，荣获2022年度金融科技发展奖；与上交所技术有限责任公司联合打造的"上证云"，入选中国信息通信研究院举办的"行业云平台领航者"优秀案例。

阿里云致力于更好地服务政企客户。2023年下半年，阿里云与各级政府组织、央企国企、高校等继续展开密切合作。阿里云还参与了北京人工智能公共算力平台、河南省省级政务云、云南省省级政务云、江苏医保云平台（三期）等项目的建设。

在产品技术方面，阿里云在底层算力、AI平台和模型服务方面推出了包括ECS g8i实例、通义千问2.0等多款产品和服务。此外，阿里云还建设并运营了中国最大的AI模型开源社区魔搭ModelScope，汇聚了众多优质AI模型和数据集，吸引了数百万用户和70多家人工智能机构。

Gartner发布的2023年度全球《云数据库管理系统魔力象限》报告显示，阿里云跻身"领导者"象限，成为亚太地区唯一一家入选魔力象限的科技公司。阿里云在2022—2023年连续四年入选"领导者"，并在2023年象限评估中斩获历史最好成绩。

（资料来源：《阿里云利润增长86%至23.64亿，创财年新高》，东方财富网）

为了支持云计算发展，中国政府发布了一系列相关的政策和法规，如云计算推广计划、云计算产业发展规划、云计算标准等一系列支持政策。这些政策一方面用于指导云计算系统的设计、开发和部署，另一方面更是规范和引导云计算基础设施建设，提升云计算服务能力水平（尤其是云计算安全方面），以及规范市场秩序。表3-2列出了中国云计算行业相关的重要政策。

表 3-2　中国云计算行业相关重要政策

时间	政策名称	部分重点内容
2021年3月	《中华人民共和国国民经济和社会发展第十四个五年规划和2035年远景目标纲要》	加快推动数字产业化：培育壮大人工智能、大数据、区块链、云计算、网络安全等新兴数字产业，提升通信设备、核心电子元器件、关键软件等产业水平
2021年7月	《新型数据中心发展三年行动计划（2021—2023年）》	鼓励相关企业加快建设数字化云平台；强化需求牵引和供需对接，推动企业深度上云用云；完善服务体系建设和IT数字化转型成熟度模型，支撑工业等重点领域加速数字化转型
2021年11月	《"十四五"软件和信息技术服务业发展规划》	加快超大规模分布式存储、弹性计算、虚拟隔离、异构资源调度等技术研发，加速云操作系统迭代升级，布局下一代云计算软件体系；鼓励企业构建高性能云平台，优化公有云、行业专有云、区域混合云平台布局；提升云安全水平和智能云服务能力
2022年1月	《"十四五"数字经济发展规划》	以数字技术与实体经济深度融合为主线，加强数字基础设施建设，完善数字经济治理体系，协同推进数字产业化和产业数字化，赋能传统产业转型升级，培育新产业新业态新模式，不断做强做优做大我国数字经济，为构建数字中国提供有力支撑
	《金融科技发展规划（2022—2025年）》	金融业数字化转型更深化，上云用数赋智水平稳步提高；数据要素潜能释放更充分，金融与民生领域数据融合应用全面深入，数据安全和个人隐私得到有效保障
2022年6月	《国务院关于加强数字政府建设的指导意见》	各地区按照省级统筹原则开展政务云建设，集约提供政务云服务；探索建立政务云资源统一调度机制，加强一体化政务云平台资源管理和调度
2022年8月	《工业领域碳达峰实施方案》	推动新一代信息技术与制造业深度融合。利用大数据、第五代移动通信（5G）、工业互联网、云计算、人工智能、数字孪生等对工艺流程和设备进行绿色低碳升级改造。深入实施智能制造，持续推动工艺革新、装备升级、管理优化和生产过程智能化

续表

时间	政策名称	部分重点内容
2022年8月	《关于进一步加强中央企业质量和标准化工作的指导意见》	推动云计算、大数据、物联网、移动互联网、人工智能等新一代信息技术与质量管理深度融合，大幅提升质量策划、质量控制、质量保证、质量改进等质量管理全过程信息化、数字化、智能化水平，加速质量管理数字化应用场景创新
2022年10月	《关于加强新时代高技能人才队伍建设的意见》	充分利用大数据、云计算等新一代信息技术，加强技能人才工作信息化建设；建立健全高技能人才库
2022年12月	《扩大内需战略规划纲要（2022—2035年）》	加快建设信息基础设施，推动人工智能、云计算等广泛、深度应用，促进"云、网、端"资源要素相互融合、智能配置
2023年4月	《关于推进IPv6技术演进和应用创新发展的实施意见》	推动IPv6与5G、人工智能、云计算等技术的融合创新，支持企业加快应用感知网络、新型IPv6测量等"IPv6+"创新技术在各类网络环境和业务场景中的应用。通过IPv6技术演进升级，促进数据中心、云计算和网络协同发展，不断提升数据中心间网络传输质量和服务体验

（资料来源：政府公开文件）

总体而言，中国云计算市场呈现出蓬勃的发展态势，成为全球云计算领域的一个重要参与者。政府支持、企业投资以及技术创新将继续推动中国云计算行业的发展。

（四）日本市场的发展

日本在云计算领域也有较高的采用率，政府机构和企业普遍使用云计算解决方案。日本发布多个计划，积极推动云计算在政务领域的深度应用。日本政府于2021年9月成立数字厅，同年10月开始导入政府云服务，计划于2025年之前构建所有中央机关和地方自治团体能共享行政数据的云服务，2026年3月前实现全国各市町村的基础设施与云服务互联互通。2022年12月，日本政府将云应用程序确定为经济安全的11个关键领域之一，其工业部留出了200亿日元预算用于与云计算有关的研究和推进活动。

日本云计算市场发展较为显著的企业有NTT Communications、富士通、NEC、IIJ（Internet Initiative Japan）等，其中NTT Communications是日本最大的电信和通信服务供应商之一，提供了广泛的云服务，包括企业级云、多云解决方案、云安全服务等。NTT Communications、NTT DATA和Dimension Data，共同构成了全球性的云计算服务体系。富士通是一家全球性的信息技术公司，其云服务覆盖了公有云、私有云和混合云,以支持企业数字化转型和业务需求。IIJ 则是一家专注于提供互联网相关服务的公司,包括云计算、网络服务和数据中心。IIJ 的云计算服务覆盖了虚拟服务器、云存储、数据库等。除了日本本土的云计算企业,全球最大的三家云计算公司(亚马逊、微软和谷歌)也在日本争夺市场份额,三家公司都希望成为日本领先的云计算和人工智能供应商。

日本企业在过去几年也在逐渐采用云计算技术,以提高业务效率、降低成本、增强灵活性,并推动数字化转型。许多日本企业选择将其传统的 IT 基础设施迁移到云平台上,同时广泛使用 SaaS 应用,如办公套件、客户关系管理(CRM)、企业资源规划(ERP)等。这些云端应用提供了方便的协作和管理工具,企业无须自行维护软件。

(五)印度市场的发展

印度是亚洲地区一个快速增长的云计算市场,拥有多家本土和国际云服务供应商,包括亚马逊、微软、谷歌等。印度本土的云服务供应商有 Tata Consultancy Services(TCS)、Infosys、Netmagic 等。其中 TCS 的云平台提供的服务包括基础设施服务、应用现代化、数据分析等。Infosys 是印度的全球性 IT 服务公司,提供广泛的技术和咨询服务,包括云计算。该公司帮助客户实现了数字化转型,推动业务创新。Netmagic 则是一家印度的云计算和数据中心服务供应商,被 NTT Communications 收购,它提供云基础设施、托管服务以及安全和网络服务。这些本土的云计算服务供应商在印度的市场中扮演着重要角色,为企业提供了各种云服务和解决方案。

印度政府推动的"数字印度"计划以及企业对数字化转型的需求,推动了云计算在印度的广泛应用。各行业都在积极采用云计算技术来提升业务流程。企业越来越倾向于采用多云战略,将工作负载分散在不同的云服务供应商之间,以降低风险并获得更大的灵活性。

第三节　云计算核心技术

云计算运用了许多关键技术,其中以虚拟化技术、分布式存储技术、分布式管理技术、分布式应用技术和资源监控技术最为关键。

一、虚拟化技术

虚拟化是云计算的一项核心技术,它能够将计算资源(如服务器、存储、网络和操作系统)抽象化、隔离,并进行管理,在共享一个物理资源的前提下让用户使用多个独立的虚拟资源。在虚拟化技术出现之前,软件必须与硬件资源形成强依赖,这就造成了资源利用率低、扩展性与容错性差的缺点。虚拟化技术出现之后,资源能够抽象成共享资源池,降低软件与硬件间的依赖性,实现弹性扩展和故障转移。这种虚拟化的抽象层隐藏了底层硬件和资源的复杂性,实现了资源池化,能够更高效地利用和管理资源，能够根据用户业务需求的变化，快速灵活地进行资源部署。根据虚拟对象的不同，虚拟化技术可分为服务器虚拟化、存储虚拟化和网络虚拟化等。

服务器虚拟化技术允许在一台物理服务器上同时运行多个虚拟服务器实例。每个虚拟服务器实例都有自己独立的操作系统和应用程序环境，从而确保了其作为独立服务器的功能。这一技术为多用户环境提供了支持，使得多个用户或应用程序能够共享同一台物理服务器资源，而彼此之间完全隔离、互不干扰。通过服务器虚拟化，硬件资源的共享和优化得以实现，显著提高了服务器的利用率，进而降低了每个用户的硬件成本和运营成本。此外，虚拟化技术还确保了资源的隔离，提升了每个虚拟服务器实例的安全性和稳定性。每个实例都有自己的操作系统和应用程序环境，实现了独立的管理、监控和调试，简化了整体的管理复杂性。

存储虚拟化技术则通过将多个物理存储设备抽象为一个统一的虚拟存储池，简化了存储管理的复杂性。这个虚拟存储池提供了一个逻辑视图，使得应用程序和用户无须关心底层物理存储设备的细节，可以自动在不同存储设备之间迁移数据。这种技术不仅可以提高存储资源的利用率，还能避免因存储器更换而导致数据丢失或服务暂停的情况出现。在大数据时代，数据的存储和管理是一项挑战。传统的存储管理方式面临许多方面的问题，如设备兼容性、数据迁移和管理复杂性等。而存储虚拟化技术实现了数据的集中管理和自动迁移，简化了存储管理的复杂性，提高了数据的安全性和可靠性。此外，存储虚拟化技术还可以实现异构存储环境的统一管理。在复杂的存储环境中，不同的存储设备可能来自不同的厂商，有不同的型号、不同的接口和协议，存储虚拟化技术将这些异构的存储设备进行统一管理，实现了数据的共享和工作的协同。

网络虚拟化通过对物理网络资源进行抽象和隔离，将其划分为多个逻辑上独立的虚拟网络，为不同的用户或应用提供个性化的网络服务。网络虚拟化主要分为虚拟专用网络（VPN）和虚拟局域网（VLAN）。VPN是一种可以在公共网络上建立加密通道的技术，通过这种技术，内部用户可以通过登录专用网络来访问内部资源。VPN通常用于远程用户访问公司内部网络资源，例如文件服务器、数据库等，它可以提供更加安全和可靠的网络连接，保证数据的机密性和完整性。VLAN则是一种可以将多个局域网（LAN）划分为一个整体的网络虚拟化技术，或把一个局域网划分为多个。通过VLAN，可以将不同地理位置的局域网整合到一个统一的虚拟网络中，实现网络的集中管理和控制。VLAN还具有很好的隔离性和安全性，保证不同用户之间的通信安全。

二、分布式存储技术

传统的网络存储系统采用集中存储架构，将所有数据集中存储在单一的中心节点或服务器上，这种存储方式在数据量较小时较为便利，但随着数据量的不断增加，中心节点的存储能力需要不断扩展，这给成本管理带来了挑战。为了满足大规模存储应用的需求，云计算采用分布式存储的方式来存储数据。与传统的集中存储模式不同，分布式存储系统将数据分布在多个物理或虚拟存储节点上，可以根据需要简单地使用低性能机器添加更多的节点，扩展存储容量和处理能力，从而降低存储成本。另外，分布式存储系统还提高了数据的可用性和可靠性。由于分布式存储系统采用冗余存储的方式，为同一份数据存储多个副本，即使某个节点出现故障，系统也可以从其他节点上获取数据副本，保证了数据的可靠性和可用性。

这种方式在大规模数据存储方面具有明显优势，但同时也存在一些缺点。由于数据存储在多个节点，在进行数据同步和管理时会更加复杂，维护和管理工作会更加困难。另外，数据存储在多个节点也意味着只要一个节点受到攻击，数据就有可能泄露，因此需要更多的安全保障措施来确保数据的安全性。

目前，云计算的分布式存储技术主要有谷歌的文件系统 GFS（Google File System）和 Apache 软件基金会的分布式文件系统 HDFS（Hadoop Distributed File System）。GFS 主要用于满足谷歌内部的较大规模数据的处理和存储需求。HDFS 作为开源的分布式文件系统，其用户来源非常广泛。大部分 IT 厂商，包括雅虎、英特尔的云计划采用的都是 HDFS 的数据存储技术。

在我国国内，许多公司已经采用了分布式存储技术来满足大规模数据存储的需求，它们也独立研发了自己的分布式文件系统。阿里云 OSS（Object Storage Service）是阿里云提供的低成本、高可靠性的云存储服务，适用于图片、视频等非结构化数据的存储和管理，广泛应用于娱乐、电商、大数据分析等场景。比如，一个大型电商平台，需要存储数亿级别的商品图片、视频和用户数据。阿里云 OSS 可以作为该平台的存储解决方案，满足其海量数据存储的需求。具体来说，该电商平台可以将商品图片、视频和用户数据上传至阿里云 OSS 的指定目录中，并利用阿里云 OSS 的数据管理功能对数据进行生命周期管理、归档、加密等操作，确保数据的安全性和隐私保护。同时，阿里云 OSS 的高可靠性和可用性保证了数据的稳定性和一致性，不会因为某个节点故障而丢失数据。另外，腾讯云分布式数据库 TDSQL、华为云智能分布式存储系统 FusionStorage 等都是采用分布式存储技术的典型产品。

三、分布式管理技术

分布式存储技术将数据分布在各个不同的节点上，而分布式管理技术则用于解决如何对不同节点存储的海量数据进行检索与分析的问题。分布式管理技术通常包括数据的划分、复制、传输、安全性及处理过程等方面。

云计算不仅仅用于存储海量的数据，还用于对读取数据进行大量的分析，并且数据读取的操作频率远大于数据的更新频率。同时，由于数据采集的环境、技术和设备都存在差异，导致云计算的数据存储格式和存储内容存在多样性，这对数据的读取和使用带来了更大的挑战。如何高效地对海量数据进行读取和分析，还需要分布式管理技术。在云计算中，数据管理主要侧重于优化读取操作。因此，云计算系统通常采用数据库领域中的列存储模式，将数据表按列划分后进行存储。由于同一列中的数据具有相似性，因此列存储的压缩率较高，能够有效地减少存储空间的使用。同时，由于列存储是按照列进行存储的，因此在查询时只需要读取相关的列即可，而不是整行数据，这使得数据查询效率更高，并且减少了数据输入和输出操作的次数。在众多云计算数据管理技术中，谷歌提出的 BigTable 技术尤为著名。BigTable 是一个分布式多维映射表，通过行关键字、列关键字和时间戳对数据进行索引。这种设计使得BigTable能够高效地处理大规模数据集，提供快速的数据检索能力。

尽管列存储模式提高了读取效率，但它在数据更新方面可能存在局限性。由于列存储模式是以列为单位进行存储的，如果要进行某一列的随机更新，为了保证数据的完整性和一致性，则需要读取整行数据，然后修改需要更新的列，再重新写回整行数据。这样的操作效率较低下，因此列存储模式不适合进行随机的更新操作。如何提高数据的更新速率以及进一步提高随机读取速率，是未来数据管理技术必须解决的关键问题。这意味着，未来的数据管理技术需要不断优化和创新，以应对云计算环境中日益增长的数据处理需求。

四、分布式应用技术

分布式应用技术通过将计算任务分解为更小的子任务，同时在不同的处理单元上并行执行这些子任务，从而提高计算性能，加快应用程序的运行速度，以及处理大规模数据。

分布式应用技术是随着并行计算机的出现发展起来的。20世纪60年代，为了求解偏微分方程，美国西屋宇航实验室将9个CPU连接在一起协同求解。1972年，第一台并行计算机诞生。随着科学、工程、商业等复杂问题的发展，对计算机系统的计算能力的要求也越来越高。在这种情况下，人们开始探索并行计算技术，以更高效地处理大规模计算问题。早期的并行计算机主要依赖大型机或巨型机，其特点是多个处理器共享一个大型内存。但随着时间的推移，到了20世纪90年代，并行计算的体系、结构和框架逐渐走向统一，其中以分布式共享存储器（DSM）、大规模并行处理（MPP）以及工作站机群（COW）为主要代表。值得注意的是，工作站机群的结构为云计算的诞生奠定了坚实的基础。

工作站机群由大量普通计算机组成，其结构可根据需求灵活增加或减少计算节点，展现出极高的灵活性和可扩展性。正是这种特性，使工作站机群能够适应不同规模和类型的应用需求，为云计算提供了必要的硬件支撑。此外，这种结构通过将大量普通计算机组成机群，利用并行计算技术，可以实现协同工作，从而显著提升计算性能。这种高性能计算能力为云计算提供了强大的计算资源，使其能够应对各种复杂的计算任务。

为了使用户能更轻松地享受云计算带来的服务，以及编写简单程序就能实现特定目的的需要，云计算上的编程模型必须十分简单，必须保证后台复杂的并行执行任务和任务调度公开透明。

Map-Reduce是分布式应用技术的代表。云计算大部分采用Map-Reduce的编程模式。它能够自动将大型任务分解为多个子任务，并在大规模计算节点上进行高度并行处理和分配。这种模型是由Google开发的Java、Python和C++相结合的编程模型，主要用于处理大规模数据集（大于1TB）。Map-Reduce的核心理念是将问题分解为两个主要阶段：Map和Reduce。在Map阶段，程序将原始数据切割成多个不相关的区块，并分配给多个计算节点进行处理。这种分布式计算方式实现了真正的多点计算，能够充分利用大量计算资源来加快数据处理过程。在Reduce阶段，程序会将所有处理过的数据区块进行汇总和整合，得出最终的结果。这一阶段的主要目的是对前一阶段产生的数据进行归纳或汇总，以得到最终需要的结果。通过这种方式，Map-Reduce能够有效地处理大规模数据集，同时保证高度的可扩展性和容错性。由于其出色的性能，Map-Reduce已成为大数据处理领域的标准编程模型之一，被广泛应用于各种应用场景，如搜索引擎、数据挖掘、机器学习等。

五、资源监控技术

资源监控技术是确保云计算环境可靠、稳定运行的关键所在。这一技术能够有效管理和控制云系统上的各种资源，并采取相应的优化措施。该技术不仅有助于提高资源的使用效率，还有助于提升管理效率。

在云计算环境中，资源监控的对象主要包括计算资源、存储资源和网络资源等。这些资源是云计算的核心要素，因此对它们进行全面、实时的监控至关重要。通过资源监控，我们可以深入了解系统的性能状况，进而优化资源的配置和管理。

为了达到这一目的，云计算采用了一种监视服务器的机制。监视服务器负责监控、管理和计算资源池中的所有资源。为了确保数据的准确性和实时性，云计算中的各个服务器上都部署了代理程序。这些代理程序负责配置和监视各个资源服务器，并将资源使用信息定期传送到数据仓库。监视服务器在数据仓库中分析这些信息，并跟踪资源的可用性。这为排除故障和实现资源的均衡分配提供了重要依据。例如，通过实时监控系统资源的负载情况，我们可以了解各个服务器的实际需求，进而根据需求对资源进行动态分配和调整。这有助于提高系统的整体性能，确保云计算环境的稳定运行。

除了性能优化，资源监控技术在数据安全和隐私保护方面也具有重要作用。在某些行业，数据安全和隐私保护的法规要求非常严格。通过资源监控技术，我们可以实时监控数据的流向和存储情况，便于及时发现异常操作或潜在的安全威胁，确保数据的安全性和合规性。此外，通过资源监控技术还可以实现数据的备份和恢复，确保数据的可靠性和完整性。因此，资源监控技术不仅有助于满足法律法规的要求，还能提升企业的信誉和客户信任度。

第四节 公有云、私有云和混合云

按照客户的部署方式，云计算可划分为公有云、私有云和混合云三大类别。公有云作为云计算的先驱形态，最初以弹性计算和共享资源租用服务的形式出现。随后，私有云逐渐崭露头角，尽管其概念提出的时间晚于公有云，但私有云服务模式的实际应用早已存在，我们通常称之为虚拟化。早期的虚拟化技术主要集中在硬件资源的虚拟化上，其目的是避免硬件资源的独占造成浪费，进而实现资源隔离，增强可扩展性，提升安全性。然而，随着时间的推移，越来越多的客户不再满足于仅仅采用公有云或私有云这种单一的形态，混合云应运而生，并迅速成为当前最为主流的云计算形态。

一、公有云

(一)概述

公有云(public cloud)是第三方服务供应商通过互联网或专用网络为广泛的用户和组织提供计算、存储、网络和其他云服务资源的一种云计算模式。在公有云中,云服务供应商拥有数据中心,负责所有硬件和基础设施维护,并提供高带宽网络连接,以确保快速访问应用程序和数据。用户只须通过互联网即可轻松访问这些资源,并根据自身需求进行灵活使用。

公有云提供了可扩展、灵活和高度可用的云服务,使众多用户和组织无须购买和维护昂贵的硬件和基础设施,就能轻松访问所需的计算和存储资源。公有云的出现,使中小企业和个人用户尤为受益。这些用户往往对计算、存储和网络等基础资源的使用频率较低、要求不高。公有云使用户能够按需付费或免费使用这些资源,从而大幅降低使用难度和成本,同时显著提升使用的便捷性、灵活性和时效性。而对于中大型企业而言,云计算改变了企业以往大规模建设专用数据中心、服务器、网络、存储等设备的信息化模式。通过采用公有云,企业能够进一步优化和升级人员结构,将更多精力集中在核心业务发展上,从而实现更高效的资源配置,形成更强大的竞争力。

另外,公有云并不局限于用基础设施对外提供服务,还把平台、软件、数据作为公有云的新模式对外提供服务,分别称为 IaaS (infrastructure as a service,基础设施即服务)、PaaS (platform as a service,平台即服务)、SaaS (software as a service,软件即服务)、DaaS (data as a service,数据即服务)等。

(二)特征

公有云的特征表现在如下方面。

(1)多租户共享资源。在公有云中,多个不同的用户和组织共享云服务供应商的硬件、软件和基础设施资源,这些资源构成了一个庞大的虚拟资源池。通过便捷的自助服务界面,这些资源能够自动、高效地分配给各个用户。这也意味着,在同一物理服务器上,多个用户的工作负载可能并行运行。考虑到安全性和隐私性,云服务供应商常通过虚拟化技术和隔离技术来确保各用户之间的数据和应用程序相互隔离。

(2)互联网性。云服务供应商通过互联网为客户提供服务,同时用户可以通过公共互联网访问云服务供应商的资源。这意味着用户只须接入互联网,便能轻松访问云服务供应商提供的丰富资源。这种服务模式打破了时间和空间的限制,使得用户无论身处何地,都能随时利用云资源,极大地增强了使用的便捷性和灵活性。

(3)弹性伸缩。公有云为用户提供了强大的资源伸缩性。用户可以根据自身需求和工作负载的变化,动态地增加或减少计算、存储和网络资源。相较于传统方式中需要购买和维护额外硬件设施来扩展存储空间的做法,公有云的这种弹性伸缩特性不仅大大提高了云计算运行效率,还显著降低了成本。

(4)按需付费。使用公有云时,用户仅须根据实际使用的资源量支付费用,这种灵活的计费方式消除了前期高额投资的压力。用户只须为实际消耗的资源买单,从而实现更为精细的成本控制。

(5)全球部署。云服务供应商通常在全球范围内建立数据中心,旨在确保服务的高可用性和冗余性。用户有权选择将数据和应用程序部署在距离自己更近的数据中心,以减少数据传输延迟,优化性能表现。

(6)高效全面的管理工具和服务。云服务供应商通常提供一系列高效的管理工具和服务,涵盖监控、自动化、安全性和资源管理等多个方面。这些工具不仅简化了用户对云资源的管理流程,还增强了其易用性。例如,公有云提供的监控工具能够实时追踪资源性能和状态,用户还可自定义设置警报阈值,以便在关键指标出现异常时及时获得通知,从而迅速应对潜在问题。此外,云服务供应商还提供全面的安全工具和服务,包括防火墙、身份验证、数据加密和安全审计等,确保用户数据的安全,确保满足合规性要求。

(三)应用

在过去的几年里,全球公有云计算市场呈现出迅猛的增长态势。随着数字化转型的加速和企业对灵活、可扩展的 IT 基础设施的需求不断增大,多个主要云服务供应商纷纷扩展其数据中心基础设施,包括 AWS、微软 Azure、谷歌云、阿里云以及 IBM 云等。云服务供应商不仅在全球范围内增设了更多的数据中心,还持续优化了云计算服务的性能,以满足客户不断增长的需求。以微软 Azure 为例,微软在加拿大多伦多和英国伦敦增设了新的数据中心,扩大其在北美洲和欧洲地区的服务覆盖范围。微软 Azure 的新数据中心不仅提供了更强大的计算能力,还提供了更多的云服务选项,以满足不同客户的需求。

公有云作为一种灵活、可扩展的 IT 基础设施,已经在企业 IT、大数据分析、人工智能、物联网(IoT)、区块链等多个应用领域得到广泛应用。这种先进的云计算模式不仅为企业提供了高效、便捷的 IT 资源管理方式,还推动了各行各业的数字化转型和创新发展。金融、医疗保健、零售和制造等行业都能借助公有云构建的高效运行的应用程序和服务,实现数字化转型和创新发展。

公有云在金融行业的应用已较为普遍,逐渐成为推动金融科技革新的关键力量。比如,针对数据分析的需要,金融机构可以利用公有云所提供的弹性计算和储存资源,轻松应对各种复杂的数据处理任务。无论是市场趋势的预测、风险评估的深化,还是投资策略的优化、客户行为的洞察,公有云都能提供强大的技术支持,帮助金融机构在海量数据中挖掘出有价值的信息。此外,公有云还为金融机构提供了金融应用程序托管的解决方案。通过将应用程序部署在公有云平台上,金融公司可以实现在线银行、交易平台、支付解决方案和客户门户等业务的快速部署和高效运营。公有云的强可用性和可扩展性,确保了这些业务在面对日益增长的客户需求时,能够保持稳定的性能和良好的用户体验。

公有云在金融行业的应用远不止于此。随着技术的不断创新和市场的不断发展,公有云在金融领域的应用也将不断拓展和深化。

> **拓展阅读**

入选 IDC 优秀案例的西昌市人民医院如何构建专属云典范

西昌市人民医院是一所集医疗、教学、预防、康复于一体的三级甲等综合医院。作为四川省凉山彝族自治州的医疗机构一体化改革试点单位，西昌市人民医院从"推动全市优质医疗资源共享，提高全市医疗服务能力"出发，积极创新，其云上实践顺利入选国际知名市场调研机构 IDC 发布的报告《IDC PeerScape：中国医疗专属云建设案例与实践洞察》。

医院需要一个简洁的、易运维的信息基础设施平台。尽管之前医院已采用虚拟化技术实现资源池化，但由于单一虚拟化平台缺乏弹性伸缩等功能，资源利用率仍不尽如人意。因此，医院考虑以云平台替代虚拟化资源池，以进一步提升效率。最终，青云（QingCloud）提供的医疗云解决方案凭借其卓越性能，赢得了医院的青睐并被采纳。

青云制定了分两期建设的医疗云步骤规划，首期借助超融合一体机建立 IaaS 平台，第二期则部署整套云平台和桌面云。

医院一期建设将为业务支撑系统提供需要的计算、存储和网络资源。具体实施内容主要包括：采用青云云易捷超融合一体机服务器，以软件定义方式池化 CPU 和内存资源，提供计算资源池服务；整合服务器本地硬盘，形成分布式存储资源池；使用 VLAN 保障不同业务安全隔离；提供防火墙、安全组等安全功能；管理员通过统一门户进行智能化运维管理。

二期建设则部署整套"云平台＋桌面云"，将院内众多业务系统统一上云，统一管理、统一运维，极大提升了资源利用率，可以更好地服务日常工作所需。主要包括：医院核心管理系统的云端部署，例如挂号预约、门诊医生站、住院医生站、护士站，以及移动护理、电子病历、LIS 系统等；专科医疗软件的云端部署，例如 VTE 系统、不良事件记录、产科软件、处方点评、单病种记录等；管理类系统的云端部署，例如内网通、OA 系统、耗材供应链管理系统、无纸化平台等。

通过构建医疗专属云，西昌市人民医院实现了云平台的高可用性、业务连续性和弹性扩容，满足了医院信息化建设和持续升级的需求。随着项目的有序进行，医院成功运用"云平台＋桌面云"模式，实现了从专业医疗软件到核心系统的统一管理。这一转变不仅建立了云平台资源的统一管理和运维机制，还极大地减轻了 IT 人员的运维负担，为系统与应用迁移的创新思考提供了更大空间。

（资料来源：《入选 IDC 优秀案例的西昌市人民医院如何构建专属云典范》，中国数字医学微信公众号）

二、私有云

（一）概述

私有云（private cloud）是与公有云不同的一种云计算模式。公有云的基础设施和资源是向广大用户开放的，而私有云的基础设施和资源是专门为单个组织或企业独立建立和维护的，私有云的核心优势在于其资源专属性，即云端资源仅限于特定的客户使用，确保其他客户无法访问。在私有云中，计算、存储和网络资源通过先进的虚拟化技术进行整合和优化，使组织能够灵活地在内部或借助第三方托管的数据中心利用这些资源，以构建符合其特定需求的云基础设施。由于私有云模式将基础设施与外部环境分离，数据的安全性和隐私性得到了显著增强，因此能够满足政府机关、金融机构以及其他对数据安全要求较高的客户的需求。

私有云发展的早期阶段主要依赖服务器虚拟化技术。20 世纪 90 年代末，软件公司 VMware 及其他公司开始推出先进的虚拟化产品，允许组织在单个物理服务器上运行多个虚拟机，显著提高了资源利用率。随着虚拟化技术的不断演进，私有云的概念崭露头角。互联网公司开始认识到虚拟化技术在构建内部云基础设施方面的巨大潜力，它可以提供更加灵活和高效的资源管理方式。在这一背景下，云管理平台如美国航空航天局（NASA）和 Rackspace 共同研发的 OpenStack、云平台软件创新企业 Cloud.com 推出的 CloudStack 随之兴起，为客户提供了构建和管理私有云环境的强大工具。这些平台使客户能够自定义配置并管理其云基础设施。2010 年之后，私有云被广泛采用。企业和政府部门纷纷构建自己的私有云，以满足安全性、合规性和可控制需求。近些年随着数字经济时代的到来，企业也面临数字化转型挑战，单一的部署方式已不再能满足客户的业务需要，私有云开始与公有云结合。这种结合使得客户能够根据业务需求，在不同云环境之间轻松迁移工作负载，从而更好地满足其不断变化的业务需求。

（二）特征

私有云的特征表现在如下方面。

（1）单一租户模型。私有云是为单一组织或企业创建的，资源不与其他租户共享。这意味着数据和应用程序的高度隔离。这种隔离不仅增强了隐私保护，还提供了更高的安全性。私有云可以由客户选择、部署在自己的数据中心内，也可以托管给独立的云服务供应商，或是租赁的异地数据中心。在管理上，客户拥有完全的自主权，既可以自行管理整个云环境，也可以选择将部分或全部管理任务外包给云服务供应商。

（2）自主控制。私有云客户可以完全拥有并控制其基础设施，这意味着客户可以根据自身业务需求和合规性要求，自主制定和管理云计算环境。这种自主性使客户能够摆脱对云服务供应商的依赖，从而更加灵活地适应市场变化。

（3）高度定制性。私有云客户可以按照自己的需求定制服务器，包括选择硬件、软件、网络架构和安全策略等各个方面。此外，客户还可以利用附加组件或定制开发来满足特定的技术和业务需求，从而构建一个完全符合自身要求的私有云环境。这种高度的定制性确保了私有云能够更好地满足客户的独特需求。

（4）数据隐私与合规性保障。私有云资源受到组织更严格的控制，因此要求对敏感数据的管理更为精细，更易于满足特定行业规定的要求。在金融或医疗保健领域，私有云的优势尤为突出。

（5）卓越的安全防护。私有云通常赋予组织更为严格的安全性控制措施的实施权限。这些措施包括网络隔离、身份验证、访问控制以及数据加密等。所有工作负载均在客户自身的防火墙后运行，从而确保数据的机密性和完整性得到最高级别的保护。

（6）灵活的资源配置。尽管私有云资源在弹性方面可能不及公有云，但它依然允许组织根据实际需求，动态地分配和重新配置计算、存储以及网络资源。这使得组织能够快速响应工作负载的变化，而无须过度投资于硬件资源。私有云的灵活性是其重要特点之一，组织可以根据需求灵活增加或减少资源，以应对流量的波动或满足应用程序的特定要求。

（7）私有云的主要缺点是成本较高。私有云通常需要大量的资本支出，包括硬件、网络设备、数据中心设施和人力资源成本，维护和升级这些设施也需要不断的资金投入。其另一个缺点是部署与管理复杂。私有云的部署通常需要时间和复杂的计划，这与公有云的即时部署相比可能不够灵活；其管理需要深厚的专业知识，包括虚拟化、网络配置、安全策略和应用程序管理等方面，可能需要招聘和培训相关技能的专业人员。

（三）应用

由于金融行业对数据安全性、合规性等方面有着极高的要求，私有云在金融行业内得到了广泛应用。金融机构需要处理客户大量的敏感数据和财务信息，因此数据安全性和合规性至关重要。私有云通过实现更高级别的数据隔离和访问控制，为金融机构提供了一个受到高度控制和监管的环境。在这个环境中，金融机构可以安全地存储和处理数据，确保只有授权人员能够访问敏感信息。这种隔离和访问控制机制不仅满足了金融机构的合规性要求，还增强了数据的安全性。此外，金融机构通常需要构建专有的通信网络，以确保快速、安全的数据传输。私有云能够与这些专有网络无缝集成，提供高质量的通信服务，确保数据在传输过程中的安全性和可靠性。

除了通信和数据安全，金融机构通常还需要定制应用程序来满足其特定的业务需求。私有云环境允许金融机构开发和定制应用程序，这些应用程序可以根据金融机构的特定需求进行定制和优化。通过使用私有云中的功能，金融机构可以更加灵活地构建和部署软件，以支持其金融服务。在灾难恢复方面，私有云也发挥着重要作用。金融机构需要建立可靠的灾难恢复解决方案，以应对硬件故障、自然灾害或其他紧急情况。私有云可以帮助金融机构建立备份和恢复系统，确保在紧急情况下业务的连续性和数据的完整性。这种灾难恢复能力对于维护金融机构的声誉和获得客户的信任至关重要。

综上所述，私有云在金融行业的应用范围广泛，主要得益于其提供的高级别安全性、合规性。私有云通过提供受控的环境、高质量的通信服务、定制应用程序和灾难恢复解决方案，有助于金融机构满足监管要求并支持其核心业务。因此，私有云已成为金融领域中不可或缺的技术工具之一。

拓展阅读

电信云，异军突起

三大电信运营商发布了2021年上半年财报，云业务收入和增速成为一大看点：天翼云和移动云收入增速均突破100%，上半年收入已超越2020全年。之前，运营商做"云"往往不被看好，前有美国运营商AT&T、Verizon在2017年云转型失利，后有国内IT互联网厂商早已形成的"稳定"市场格局。但财报显示，国内的三大运营商向"反方向"迈出了一大步。

2020年，产业互联网中率先进行数字化转型的"政企市场"，成了中国各大云服务供应商的重要阵地。国际知名市场调研机构IDC披露，2020年中国政务公有云市场规模达81.4亿元，同比增长61.59%。一方面，云计算在疫情防控方面大显身手；另一方面，智慧城市和数字政府的建设，加速驱动了数字技术在政务领域的各项应用。国务院发展研究中心的数据显示，2020年有43%的政府机构在大型企业上云，到2023年预计可达61%。

据IDC统计，天翼云位居2020年中国政务公有云市场份额第一位，达25.3%。2019年以来，天翼云在大型企业云、医疗云、教育云等政企云市场快速拓展。截至2021年上半年，天翼云在全国范围内承建了16个省级政务云平台，覆盖了130个地市，打造了1000余个智慧城市项目。天翼云在超大规模数据处理、CDN、分布式存储等领域已有50余项关键核心技术取得突破，汇聚数百家生态合作伙伴，形成了与算力、存储、网络、数据库、CDN、终端、大数据与AI等有关的200余款云产品，覆盖了IaaS、PaaS和SaaS等全栈云服务。在具体实践中，天翼云已经为招商局集团、中储粮以及中国邮政储蓄银行等央企、国企提供云服务。

政企业务同样在推动移动云的强劲增长中起着关键的支撑作用。IDC发布的《2020年政务云服务运营市场研究报告》显示，移动云市场份额位列第三。中国移动2021上半年财报显示，截至2021年上半年，中国移动政企客户数达到1553万家，净增169万家，移动云已为14个省级政府、100多个地市级政府提供政务云平台服务。

（资料来源：《电信云，异军突起》，载《中国电子报》，2021-09-02）

三、混合云

(一) 定义

混合云（hybrid cloud）是一种云计算部署模型，它结合了公有云和私有云两种不同类型的云环境。混合云允许组织同时利用公有云和私有云的资源，以满足不同工作负载和业务需求。在混合云中，一部分应用程序和数据可以部署在自己的私有云中，通常用于处理敏感性高、合规性要求严格的工作负载，以及需要更高级别的安全性和控制的情况；另一部分应用程序和数据可以部署在公有云中，以获得弹性、可扩展性和效益，通常用于处理敏感程度较低的工作负载，或在需要快速扩展资源的情况下使用。

混合云能够在部署互联网化应用并提供最佳性能的同时，兼顾私有云本地数据中心所具备的安全性和可靠性，并更加灵活地根据各部门工作负载选择云部署方式，因此受到规模庞大、需求复杂的大型企业的广泛欢迎。

混合云融合了公有云和私有云的优势，但同样由于应用复杂度的增加面临一系列挑战。首要挑战在于"多云异构"所带来的新安全威胁。混合云环境能够给客户提供多种云计算环境选择，所以每个云环境都拥有独特的操作模型和管理体系，安全团队针对不同架构的环境完成二次开发都需要投入大量的时间和资源。此外，应用程序在不同环境间的频繁迁移，进一步加剧了安全问题的复杂性和处理难度。企业需要确保在不同云环境中的数据和应用程序都符合相关的安全标准和法规要求，同时还需要实施有效的安全策略和措施，以防止数据泄露、非法访问等安全事件的发生。另一个显著挑战在于，混合云环境下运营复杂度的激增直接影响了多云环境的可管理性。多云环境涉及多个不同的云服务平台，每个平台都有自己独特的管理界面、工具和流程。这使得跨云平台的资源管理变得复杂，需要企业投入大量的时间和资源来掌握并整合这些不同的管理工具。为解决这些问题，构建通用化平台显得尤为重要，它能够提供一个统一的框架，有效简化多云环境下的管理工作，降低运营复杂度，提升整体的可管理性。

(二) 特征

混合云的特征主要表现在如下方面。

（1）多云环境结合。混合云是一种创新的云计算部署模型，它将公有云与私有云环境巧妙地结合在一起。通过这一模型，组织能够灵活地利用多种云资源，精准地应对各类工作负载和业务需求。以金融行业为例，为了保障数据的安全性，该行业在中后台业务和数据管理方面更倾向于使用私有云；而在前台业务中，为了提升数据管理和使用效率，公有云则成为首选。

（2）资源灵活性。混合云为企业带来了前所未有的资源灵活性。企业可以根据实际需求，动态地分配和重新配置资源，使得在不同云环境之间轻松迁移工作负载成为可能。例如，面对意外的流量高峰，企业可以利用公有云计算和存储资源，实现快速、自动且低成本的扩展，确保业务的顺畅运行，同时避免对私有云的工作负载造成影响（这一过程被形象地称为"云爆发"）。

（3）安全性和合规性。混合云为客户提供了灵活的数据和应用程序部署选项。通过将敏感数据和关键应用程序部署在私有云中，可以确保满足严格的合规性要求，并提供更高级别的安全性控制。与此同时，公有云环境则可用于处理非敏感的工作负载，从而在保障安全的同时，提升计算效率，实现成本节约。

（4）成本控制。混合云提供了一种有效管理成本的方式。通过在公有云中灵活利用弹性资源来处理峰值负载，客户能够避免过度的资本支出。同时，私有云则持续稳定地运行核心应用程序，确保业务连续性。这种双重部署策略不仅优化了资源利用，还降低了组织的总体成本。

（5）灾难恢复和业务连续性。混合云可用于构建灾难恢复和业务连续性解决方案，以确保数据备份和在紧急情况下的业务连续性。混合云环境允许将数据和应用程序在多个位置进行冗余备份。这意味着如果一个数据中心或区域发生故障，客户可以快速切换到备份数据中心，降低数据丢失的风险。同时，混合云还支持自动故障切换。如果主要云环境或数据中心遭受破坏，系统可以自动切换到备份环境，减少停机时间，保证业务能够连续。

（6）应用程序移植性。混合云环境支持容器化和微服务架构。容器化是一种将应用程序及其所有依赖项、环境和配置等打包成一个可独立运行的容器的技术。微服务架构是一种将大型应用程序拆分为一组小型、自治、相互协作的服务的方法，每个服务独立运行并管理自己的数据和逻辑。这就允许应用程序在不同的云环境之间移植，以便在不同的情况下进行部署和管理。这增加了企业业务的灵活性和可移植性。

（7）深度集成。混合云环境通过提供一系列先进的工具和技术，实现了公有云与私有云之间的深度集成。这些功能包括跨云管理、统一的身份访问管理以及数据流的无缝传输。借助跨云管理平台，管理员能够轻松管理混合云环境中的所有资源，涵盖虚拟机、容器、存储、网络及安全策略等，从而极大地简化了管理流程并提升了工作效率。此外，深度集成使得身份和访问管理策略能够一次性配置完成，确保用户在不同云环境中的访问均受到统一、严格的控制和审计，有效增强了系统的安全性。

（三）应用

金融行业属于信息化程度普遍较高的行业，诸如商业银行、保险、证券公司等企业都储存着大量的用户信息和业务数据，为了提升数据管理与使用的效率并降低成本，公有云成为一个极具吸引力的选择。与此同时，由于金融行业所涉及的业务数据和用户信息都极其敏感，面临严格的政策监管，所以对数据安全性有着更高的要求。私有云以其强大的数据安全保障能力，满足了金融行业对数据安全的严格要求。它允许金融机构构建和定制符合自身业务特点的解决方案，同时确保了对数据的完全控制。因此，在金融业的中后台业务和数据管理方面，私有云发挥着至关重要的作用。而前台面向客户的业务则更多地需要公有云的支持，金融机构可以利用公有云提供的大数据分析工具，处理和分析海量的金融数据，从而进行风险分析、市场预测和客户洞察，此外，公有云还为金融机构提供了移动银行应用、支付应用和客户体验数字平台的托管服务。综上所述，公有云与私有云场景的结合是金融行业满足不同场景下IT需求的最佳方案。因此，混合云在金融行业得到了快速发展，并逐渐成为行业内的主流趋势。

一般来说，在混合云中，公有云主要用于应对高度可变的工作负载、移动应用、大数据分析和备份数据中心，而私有云主要用于保护敏感数据、满足合规性要求、托管核心应用程序和提供高度可控的环境。混合云在金融行业中的应用结合了这两个环境的优势，可提供高效、安全和可持续的IT解决方案。

联想混合云连获权威认可

在我国云计算领域最权威的峰会之一的2023年可信云大会上，中国信息通信研究院重磅公布了在混合云领域技术和实践能力突出的企业，联想集团凭借出色实力，其Lenovo xCloud联想混合云（以下称"联想混合云"）入选《混合云产业全景图（2023）》，涉及混合云IaaS、混合云PaaS、混合云多云管理和混合云场景四大方向，同时，联想混合云助力打造的甘肃电投紫金云云平台项目获评《2023年度混合云、专有云、云网优秀案例》。

在甘肃电投紫金云云平台项目中，甘肃电投主要面临数字化转型过程中IT建设标准不统一、数据难于共享和治理、安全隐患较多等业务痛点，因此其需要建设一个覆盖IaaS、PaaS、DaaS和SaaS在内的综合云服务平台，且具备更强的数据安全保障和多租户管理功能。同时，作为国家"东数西算"工程，甘肃电投紫金云云平台还须为甘肃省内及邻近省份的其他国资企业提供云服务，以承接国家北斗导航位置服务数据中心甘肃分中心的职责，打造甘肃统一时空服务平台。

联想集团从客户需求出发，设计了以Lenovo xCloud联想混合云为核心的整体云平台解决方案。该方案采用"一云多芯"的架构设计，为"北斗"核心业务提供ARM架构的计算服务器资源池，为集团私有云和公有云提供计算资源池，并通过多租户模型，使子公司可以作为租户申请使用云平台资源成为可能，同时实现资源的相互隔离。

随着数字经济的不断推进，数字化和智能化转型已成为中国企业发展的利器。联想集团作为一家逐渐成长起来的智能化对外赋能者，正依托新IT架构，以3S（智能产品、智能基础设施、方案服务）全栈全周期服务，推动自身迈向数字化发展新阶段的同时，也助力更多企业实现数字化转型，为社会创造更多价值。

（资料来源：《联想混合云连获权威认可背后：发挥算力优势，推进"普慧"变革》，新浪财经网）

第五节 云计算的服务模式

一、定义

云计算的服务模式是指通过互联网将计算资源、存储资源和应用程序提供给用户的不同方式或模式。这些服务模式定义了用户与云服务供应商之间的交互方式和服务范围。

典型的云计算服务模式包括三类：一是基础设施即服务（infrastructure as a service，简称 IaaS），这层的作用是将底层的计算（例如服务器）和存储等各种资源作为服务提供给用户；二是平台即服务（platform as a service，简称 PaaS），这层的作用是将应用的开发和部署平台作为服务提供给用户；三是软件即服务（software as a service，简称 SaaS），这层的作用是将应用以基于 Web 的方式提供给客户。图 3-4 展示的是云服务的服务模式与传统封闭套件。

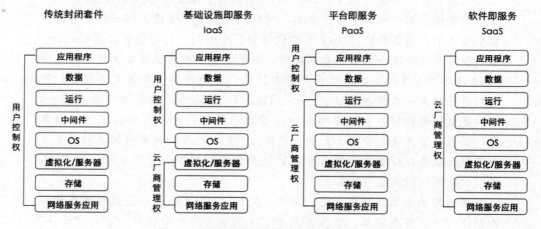

图 3-4 云服务的服务模式与传统封闭套件

这三种服务模式，有各自的优势，同时也有各自的不足。

对于 IaaS 来说，它的优势是灵活性和自由度高、能完全控制以及适用于多种工作负载。IaaS 提供了基础设施的虚拟化，使用户能够按需获取计算、存储和网络资源。用户具有更大的灵活性，可以根据需要配置和定制基础设施。在完全控制这方面，使用 IaaS 时，用户对底层基础设施的控制权很高，可以自行管理应用程序、中间件等，适用于需要更细粒度控制的场景。同时，IaaS 适用于各种工作负载，包括开发和测试、大数据处理、虚拟机托管等，因为它提供了通用的计算能力。IaaS 面临的挑战则来自管理和技术上的要求。如用户需要自行管理基础设施，包括操作系统更新、安全性配置等，这可能增加管理的复杂性。并且使用 IaaS 时，需要用户具备一定的技术知识，包括基础设施管理和网络配置等。

PaaS 的优势有简化开发、自动化管理、快速部署和多语言支持等。PaaS 提供了开发、测试和部署应用程序所需的平台和工具，使开发人员能够专注于应用逻辑而不是底层基础设施。而且，PaaS 平台可以自动管理底层基础设施，包括扩展、负载均衡、备份等，减轻了用户的管理负担。同时 PaaS 提供了自动化的部署流程，使应用程序的部署能够更快速且一致。在开发方面，PaaS 通常支持多种编程语言和开发框架，提供了更灵活的开发环境。然而 PaaS 也有平台依赖性、定制性差、适用范围较小等缺点。用户在使用 PaaS 时，可能会受到特定平台的影响，存在一定依赖性，限制了对特定技术栈的选择。同时，由于抽象程度较高，PaaS 可能不适用于需要大量定制和底层控制的场景。PaaS 更适用于特定类型的应用，对于一些复杂的、定制化的应用，可能不如 IaaS 灵活。

至于 SaaS，它是即时可用的，用户只须通过互联网浏览器或应用程序，登录即可使用，无须安装和配置。在管理方面，SaaS 供应商负责应用程序的管理、维护和更新，用户无须关心底层基础设施。而且，SaaS 通常采用按需订阅和付费模式，用户只须支付实际使用的服务费用，避免了大量的前期投资。SaaS 应用具有全球性和协作性，用户可以随时随地访问，并且更容易实现团队协作。同样，SaaS 也有缺点。一是定制性差，由于 SaaS 是一种通用解决方案，定制性较差，所以可能无法满足某些特定业务需求。二是数据安全性方面，使用 SaaS 时，用户的数据存储在云端，一些对数据安全性要求极高的行业可能对此存在一些担忧。

总的来说，IaaS、PaaS、SaaS 的选择取决于具体的业务需求、技术要求和团队技能。不同的服务模型在不同的场景中都有其独特的价值。

二、基础设施即服务（IaaS）

（一）概述

美国国家标准与技术研究院（NIST）对 IaaS 的定义是，消费者能够获得处理能力，以及存储、网络和其他基础计算资源，从而可以在其上部署和运行包括操作系统和应用在内的任意软件。消费者不对云基础设施进行管理或控制，但可以控制操作系统、存储资源、部署应用，其对网络组件（如防火墙）的选择有部分控制权。

专注于云安全的标准化组织云安全联盟（CSA）对 IaaS 的定义是，以服务的方式交付连同原始存储和网络在内的计算机基础设施（通常是一个平台虚拟化环境）。客户并非购买服务器、软件、数据中心空间或者网络设备，而是将这些资源作为外包服务整体采购。

在 IaaS 中，公有云供应商通过公共 Internet 或通过专用链接按需向用户提供对基本计算、存储和网络资源的访问服务。这可能包括直接访问底层硬件（一种称为裸机的模型），但更常见的是访问已虚拟化的资源。

在 IaaS 服务中，人们可以根据需要访问虚拟的基础设施，在数分钟内通过调用 API 或者登录网页端管理控制台完成资源的部署和运行。就像水务服务、电力服务这些公共事业服务一样，虚拟的基础设施也是一种可计量的服务，只有在开启并使用的时候才会计费,关闭时便不再累计成本。总之,基于 IaaS 所提供的虚拟数据中心的能力,消费者就能够把更多精力集中在构建和管理应用程序而非管理数据中心和基础设施上。

(二)IaaS 的服务特点

IaaS 的主要目标是将计算、存储和网络等基础设施以虚拟化的方式呈现给用户。IaaS 提供了一个基础设施平台,使得用户可以按需使用这些资源,并且不需要购买、维护和更新物理设备。IaaS 供应商通常会提供在其数据中心中运行的虚拟服务器资源、存储资源和网络资源,同时还提供管理这些资源的工具和接口。IaaS 有以下几个服务特点。

(1)弹性扩展。IaaS 供应商通常提供了自动弹性伸缩机制,当业务压力增加时可以自动分配更多的资源,当业务压力减少时可以自动释放多余的资源,从而节省资源成本。

(2)按需付费。因为 IaaS 具有弹性扩展的特点,用户可以根据需求快速调整计算和存储资源,所以用户只支付实际使用的资源,不需要购买和维护物理设备,从而降低了用户的 IT 投资成本。

(3)虚拟化技术的应用。IaaS 供应商通常使用虚拟化技术,在数据中心内部将计算、存储和网络等基础设施资源进行虚拟化处理,使得资源可以按需分配和扩展,从而有效应对应用程序的高并发压力。

(4)高可用性。IaaS 供应商通常会通过多个数据中心的部署来保证服务的高可用性。当一个数据中心出现故障时,用户可以无缝切换到另外一个数据中心来继续使用服务。

(三)IaaS 的主要组件

1. 计算资源

IaaS 的计算资源包括虚拟机(virtual machines,VMs)和容器。其中虚拟机是指通过软件模拟的、具有完整硬件系统功能的、运行在一个完全隔离环境中的完整计算机系统。在实体计算机中能够完成的工作在虚拟机中都能实现。虚拟机是 IaaS 平台的基础,它允许用户在单个物理服务器上运行多个操作系统实例。容器是一种内核轻量级的操作系统虚拟化技术,它所表示的是一个标准的软件可执行单元,将应用程序的代码与相关配置文件、库,以及运行应用所需的依赖项捆绑在一起,为应用程序提供标准化、可移植的打包环境。因此,应用程序可以从一个计算环境快速可靠地运行到另一个计算环境。

2. 存储资源

存储资源指的是提供给用户的用于存储数据的基础存储设备和服务,包括用户可以使用的虚拟硬盘、对象存储、文件存储等。其中,虚拟硬盘是一种虚拟化的硬盘,用户可以将其挂载到虚拟机上,并在其上存储操作系统、应用程序和数据。虚拟硬盘可以具有不同的存储容量和性能,用户可以根据需要选择合适的规格。对象存储则是一种面向大规模数据的存储方式,通常用于存储非结构化数据,如图像、音频、视频文件等。用户可以通过 API 等方式访问对象存储,实现数据的高度可扩展性和可靠性。文件存储提供了类似传统文件系统的存储服务,使用户能够在多个虚拟机之间共享文件。这对需要在不同虚拟机之间共享数据的应用场景非常有用。

这些存储资源为用户提供了在云环境中进行数据存储和管理的基础设施。用户可以根据应用程序的需求,选择不同类型和规格的存储资源,并根据需要扩展或缩小存储容量。

3. 网络资源

网络资源指的是提供给用户用于构建和管理网络基础设施的各种组件和服务。这包括了用户可以配置和控制的虚拟网络、带宽、路由器、负载均衡器等。其中,虚拟网络是用户在云环境中创建的由软件定义的网络,可以按需设置和配置。用户可以定义子网、IP 地址范围、网络规则等,以构建符合其应用需求的网络拓扑结构。带宽是指用户可以用于传输数据的网络通信能力。IaaS 供应商通常提供不同规格和性能的带宽,用户可以根据应用需求选择适当的带宽规格。路由器是用于在不同网络之间进行数据包转发和路由的设备。在 IaaS 中,用户可以配置虚拟路由器,控制数据在不同子网之间的流向,实现灵活的网络管理。负载均衡器用于平衡流量,确保多个服务器之间的负载均匀分布。用户可以配置虚拟负载均衡器,将流量分发到多个服务器,提高应用的性能。

这些网络资源使用户能够在云环境中构建灵活、安全且可扩展的网络基础设施。用户可以根据应用需求配置和管理这些资源,实现对网络拓扑和流量的全面控制。这种自定义和灵活性是 IaaS 网络资源的关键特点。

(四) IaaS 在金融相关领域的应用场景

IaaS 的应用场景是指特定情境或业务需求下,利用 IaaS 提供的计算、存储和网络资源来满足用户的特定需求。在金融领域,IaaS 可以应用于多种场景,以提高灵活性、安全性和效益。

1. 弹性计算和处理大数据

金融机构需要处理大量的交易数据和复杂的金融模型。使用 IaaS,可以根据需求弹性地调整计算资源,以处理高峰期的负载,同时在负载较小时减少资源,提高效率。这有助于应对交易量的波动和大规模数据处理的需求。

2. 虚拟化测试和开发环境

大量的软件测试和应用开发是金融行业所必需的。通过在 IaaS 平台上创建虚拟机和存储资源,金融机构可以在不同的开发和测试环境中进行实验,加快应用的开发速度,同时降低硬件和基础设施的维护成本。

3. 灾难恢复和业务连续性

金融交易的可靠性对行业至关重要。使用 IaaS,金融机构可以在不同的地理位置设置备份数据中心,实现灾难恢复和业务连续性。当主要数据中心发生故障或中断时,它们可以迅速切换到备份数据中心,确保业务不受影响。

4. 安全性和合规性

金融机构对数据的安全性和合规性有严格的要求。通过使用 IaaS 提供的安全服务和功能，如 VPN、防火墙、加密等，金融机构可以更好地保护敏感信息，同时满足监管要求。

三、平台即服务（PaaS）

（一）概述

NIST 认为，PaaS 是消费者能够使用供应商所支持的编程语言、库、服务和工具，将自己创建或获取的应用部署到云基础设施上。消费者不会对底层云基础设施进行管理或控制，包括网络、服务器、操作系统或存储等，但是可控制所部署的应用，并有可能控制和配置应用的托管环境。

CSA 认为 PaaS 是以服务的方式交付的计算平台和方案解决包。PaaS 服务消除了购买、管理底层硬件和软件，以及部署这些主机所带来的成本与复杂度，使应用的部署变得更容易。

PaaS 为应用程序开发人员提供了一个完整的平台，包括所有必要的硬件、软件和基础结构，开发人员可以在其上构建、运行和管理应用程序。整个平台基础架构通常由云服务供应商管理。

（二）PaaS 的主要服务特点

PaaS 具有一系列特点，这些特点使其在应用开发和部署方面与其他云服务模式不同。PaaS 的主要服务特点如下。

1. 应用开发框架

PaaS 提供了一种应用开发框架，包括各种工具、库和运行时的环境，帮助开发者更轻松地构建、测试和部署应用。这样的框架可以加速应用开发过程，减轻许多底层基础设施的管理负担。

2. 自动化部署和扩展

PaaS 平台通常提供自动化的部署和扩展功能，使应用的部署和维护变得更加简便。开发者无须关注底层的基础设施管理，系统可以根据需求自动调整资源，实现应用的弹性扩展。

3. 多语言支持

PaaS 支持多种编程语言和开发框架，使开发者能够选择最适合其应用的技术栈。无论是 Java、Python，还是 Node.js、Ruby 等，PaaS 平台都提供了相应的运行环境和库，支持多语言开发。

4. 集成开发工具

PaaS 提供集成的开发工具，如集成开发环境（IDE）、版本控制系统、持续集成和部署工具等。这些工具有助于简化开发流程，提高协作效率，使团队更容易管理应用生命周期。

5. 数据库和存储服务

PaaS 平台通常提供数据库服务和存储服务，使得开发者能够方便地管理和使用数据。这些服务包括关系数据库、NoSQL 数据库、对象存储等，为应用提供灵活且可扩展的数据存储解决方案。

6. 弹性计算资源

PaaS 平台具有弹性计算资源，能够根据应用的负载情况自动扩展或缩减计算资源。这种弹性使得用户使用不同规模的应用变得更加容易，同时降低了资源的浪费。

7. 服务市场和生态系统

PaaS 平台通常拥有丰富的服务市场和生态系统，其中包括各种第三方服务和插件，如身份验证服务、消息队列、缓存服务等。开发者可以更方便地利用这些服务，提升应用的性能。

8. 按需付费模型

PaaS 通常采用按需付费的模型，用户只须支付实际使用资源和服务的费用。这种灵活的计费方式使得开发者能够根据应用的需求调整成本，避免不必要的开销。

（三）PaaS 的主要组件

PaaS 的主要组件包括构成 PaaS 平台的基础架构和功能等。这些组件协同工作，为开发者提供应用程序开发、测试和部署的环境。以下是 PaaS 的主要组件。

1. 运行时环境

运行时环境是 PaaS 提供的支持执行应用程序的软件基础设施。它包括操作系统、库、运行时的框架等，以确保应用程序能够在 PaaS 平台上正确运行。

2. 开发工具

PaaS 平台提供了集成的开发工具，包括集成开发环境（IDE）、调试器、代码编辑器等，以帮助开发者更高效地编写、测试和调试应用程序。

3. 数据库服务

PaaS 通常提供数据库服务，包括关系数据库（如 MySQL、PostgreSQL）、NoSQL 数据库（如 MongoDB、Cassandra）等。这些数据库服务帮助开发者管理和存储应用程序的数据。

4. 消息队列服务

消息队列服务用于在应用程序组件之间传递异步消息，支持分布式系统的解耦和异步通信。开发者可以使用消息队列服务来实现应用程序的可伸缩性和弹性。

5. 存储服务

存储服务提供了应用程序存储数据的能力，包括对象存储、文件存储等。这些服务通常具有高可用性和可扩展性，以适应各种存储需求。

6. 服务市场

PaaS 平台通常拥有丰富的服务市场，其中包括各种第三方服务和插件。开发者可以通过服务市场轻松地集成额外的功能和服务，提升软件应用能力。

（四）PaaS 在金融相关领域的应用场景

PaaS 的应用场景指的是在特定的业务或应用需求下，使用 PaaS 平台提供的服务和功能。PaaS 广泛适用于各个行业，包括金融领域。以下是 PaaS 在金融领域中的一些常见使用场景。

1. 金融应用开发

PaaS 平台为金融机构提供了一个快速、灵活的应用开发环境。金融应用开发者可以使用 PaaS 提供的开发工具、运行环境和数据库服务，加速应用程序的开发周期，同时降低基础设施管理的负担。

2. 大数据分析和处理

金融行业涉及大量的交易数据和客户信息，对大数据分析和处理的需求巨大。使用 PaaS 平台的大数据服务和分析工具，金融机构可以更高效地处理和分析海量数据，用于风险管理、市场分析和业务决策。

3. 移动应用开发

随着移动化的发展，金融机构需要开发和维护适用于移动设备的应用程序。PaaS 提供了适用于移动应用开发的工具和服务，使金融机构能够更容易地构建安全、高效的移动应用。

4. 在线支付和电子商务

金融机构在 PaaS 平台上可以构建和扩展在线支付和电子商务应用。PaaS 提供了安全的支付处理、身份验证和数据加密服务，为金融机构提供安全可靠的在线支付解决方案。

5. 身份认证和安全服务

PaaS 平台通常提供身份认证和访问控制服务，帮助金融机构确保用户身份的安全性。这对于金融应用中涉及敏感信息和交易的场景非常重要。

6. 贷款申请和审批系统

PaaS 可以用于构建和管理贷款申请和审批系统。金融机构可以借助 PaaS 的开发工具和数据库服务，实现更高效的贷款处理，优化客户体验。

7. 金融市场交易系统

在金融市场交易系统中，实时性和高性能是关键因素。PaaS 提供的弹性计算和高可用性服务能够满足金融机构对实时交易和市场数据处理的需求。

8. 云原生金融应用

金融机构可以利用 PaaS 平台构建云原生金融应用，采用微服务架构和容器化技术，提高应用的灵活性、可伸缩性和部署效率。

PaaS 在金融领域中有着多样化的应用，从应用开发到大数据处理，再到安全服务和金融交易系统，PaaS 平台为金融机构提供了一系列工具和服务，帮助其应对不断变化的市场和业务需求。

■ 四、软件即服务（SaaS）

（一）概述

NIST 认为，SaaS 是消费者能够通过互联网连接来使用供应商在云基础设施上运行的应用程序，并可通过类似 Web 浏览器（如基于 Web 的电子邮件）等客户端界面，在各种客户端设备上访问这些应用程序。除了一些有限的、特定用户的应用配置的设置之外，消费者不会直接对底层云基础设施进行管理或控制，包括网络、服务器、操作系统、存储，甚至单个应用程序的功能。

借助 SaaS，用户可以访问云托管的应用程序。这些应用程序不是安装在本地设备上，而是驻留在云中，并通过 Web 浏览器或 API 进行访问。SaaS 的主要优点在于，它将所有基础架构和应用管理任务都转移给了 SaaS 供应商。

用户需要做的就是创建账户、支付费用，然后使用该应用程序。供应商负责处理其他所有事情，包括维护服务器硬件和软件、管理用户访问和隐私安全、存储和管理数据，以及系统升级和修复等。

（二）SaaS 的服务特点

SaaS 提供通过互联网访问和使用的应用程序。SaaS 的服务特点涵盖了多个方面，使其在企业和个人用户中越来越受欢迎。SaaS 的主要服务特点如下。

1. 无须安装和维护

SaaS 应用程序无须在用户本地设备上进行安装，所有的软件和数据都存储在云端。用户无须担心软件的安装、升级和维护，所有这些工作由 SaaS 供应商负责。

2. 即时可用性

用户只须通过互联网浏览器或专门的客户端应用程序登录，即可访问 SaaS 应用程序。这种即时可用性缩短了用户的等待时间，使得用户能够迅速使用应用程序。

3. 跨平台和设备兼容性

由于 SaaS 应用程序是通过互联网访问的，用户可以在不同的操作系统（Windows、macOS、Linux）和设备（PC、平板、手机）上使用相同的应用程序，无须考虑兼容性问题。

4. 按需订阅和付费

SaaS 通常采用按需订阅和付费的模式，用户按照所需的服务和使用量支付费用。这种灵活的付费模式让用户无须一次性支付高昂的购买成本，用户可以根据实际使用情况支付费用。

5. 自动化更新和升级

SaaS 供应商负责应用程序的自动更新和升级,用户无须手动进行操作。这确保了用户始终使用最新版本的应用程序,同时减轻了管理和维护的负担。

6. 多租户架构

SaaS 通常采用多租户架构,即多个用户共享相同的基础设施和应用实例,但彼此的数据是隔离的。这种架构使得 SaaS 平台能够更有效地提供服务,同时保障用户数据的隐私和安全。

7. 弹性和可扩展性

SaaS 应用程序通常具有弹性和可扩展性,可以根据用户需求快速调整计算和存储资源,以适应不断变化的工作负载。

8. 数据备份和安全性

SaaS 供应商负责数据的备份和安全性,采用各种安全措施保护用户数据的机密性和完整性,包括数据加密、身份认证、访问控制等安全措施。

9. 全球性和协作性

由于 SaaS 应用存储在云端,用户可以随时随地通过互联网访问,具备全球性和协作性。这有助于团队远程合作、实时协同工作,提高了工作效率。

总体而言,SaaS 的服务特点使其成为一种灵活、方便、经济且易于使用的软件交付模型,适用于各种应用场景。

(三) SaaS 在金融相关领域的应用场景

SaaS 的应用领域广泛,包括各行各业。在金融行业,SaaS 也被广泛应用于许多方面,以提高效率、降低成本并支持业务创新。以下是 SaaS 在金融行业中的一些主要应用领域。

1. 客户关系管理 (CRM)

金融机构使用 SaaS 提供的 CRM 应用程序来管理客户关系、跟踪销售机会、提高客户满意度。这有助于建立更紧密的客户关系、提高销售效率,并提供个性化的金融服务。

2. 财务管理和会计

SaaS 财务管理和会计软件使金融机构能够更有效地进行财务规划、预算控制、核算和制定报告。这有助于简化财务流程、提高准确性,并满足监管和合规性要求。

3. 支付和结算系统

在支付领域,金融机构可以利用 SaaS 提供的支付和结算系统来处理在线支付、电子转账和交易结算。这有助于提高支付效率、降低交易成本,并增强支付安全性。

4. 风险管理和合规性

金融机构使用 SaaS 解决方案来进行风险管理和合规性监控。包括对交易、客户身份验证和反洗钱等方面的实时监测和分析,以降低潜在风险。

5. 人力资源管理

金融机构可以使用 SaaS 提供的人力资源管理软件来简化招聘、员工培训、绩效评估和工资管理等流程。这有助于提高人力资源的效率和管理质量。

6. 投资管理和资产管理

SaaS 在投资和资产管理方面提供了解决方案，帮助金融机构更好地进行投资组合管理、资产配置和风险分析。这有助于优化资产配置，提高投资回报率。

7. 电子商务和在线银行

在电子商务和在线银行领域，金融机构使用 SaaS 平台提供的电子商务解决方案，包括在线银行服务、电子支付和数字化客户体验。

8. 保险业务管理

保险公司可以使用 SaaS 来管理保单、处理理赔、销售保险和提供客户服务。这有助于提高保险业务的效率、减少纸质流程，并改善客户体验。

总而言之，SaaS 在金融行业中有着广泛的应用，从前端客户关系到后端运营和管理，SaaS 为金融机构提供了丰富的解决方案，助力其提升业务效率和服务质量。

■ 五、三种模式的关系

SaaS、PaaS 与 IaaS 都是云计算的服务模式，它们之间存在层次化的关系，代表了不同层次的云服务，因此它们并不互相排斥。

IaaS 提供了基础计算资源，包括虚拟机、存储、网络等基础设施组件。用户可以在这个基础上构建自己的应用程序环境，拥有更大的灵活性和控制权。IaaS 为 PaaS 和 SaaS 提供了基础设施支持。而 PaaS 在 IaaS 的基础上提供更高层次的抽象服务，包括开发工具、运行环境、数据库等，使开发者能够更专注于应用程序的开发，而无须关心底层基础设施。PaaS 建立在 IaaS 之上，它通过简化应用程序开发和部署流程提高了开发效率。SaaS 是在 PaaS 的基础上构建的，提供了完整的应用程序服务。SaaS 为用户提供即时可用的应用程序，用户无须关心底层的基础设施、开发工具和运行时的环境。SaaS 是最高层的云服务模式，用户只须通过互联网就可访问应用程序，无须安装和管理。

在这个层次化的关系中，每个模式都提供了一层抽象服务，使用户可以选择适合自己需求的服务层次。从底层到顶层，用户可以选择自己需要管理的范围，同时可以根据需求灵活地切换服务模式。这种关系被称为云服务的"云金字塔"，从基础设施到应用服务，层次逐渐升高。

在现实应用中，大多数企业不只使用一种模式，如今许多大型企业通常将这三种模式与传统 IT 结合使用。

显然，用户选择"即服务"解决方案首先考虑的是用户需要的功能以及员工需要具备的专业知识。例如，内部不具备远程服务器配置，且没有相关操作 IT 专业员工的组织不适合使用 IaaS；没有开发团队的组织则不需要使用 PaaS。

但在某些情况下，三种"即服务"模式中的任何一种都会提供可行的解决方案。

这时，组织通常会比较这些可替代方案提供的管理便利性与其放弃的控制能力。例如，假设一个大型组织希望向销售团队交付一个客户关系管理应用程序。它可以选择一个 SaaS 提供的解决方案，将所有日常管理转移给第三方供应商，同时也放弃对所有部件和功能、数据存储、用户访问和安全性的控制。若选择 PaaS 解决方案并定制客户关系管理应用程序，企业则将基础架构和应用开发资源管理任务转移给了云服务供应商。客户将保留对应用功能的完全控制，但也将承担管理应用和相关数据的责任。也可以使用 IaaS，在云端构建后端 IT 基础架构，并利用它来构建自己的开发平台和应用。IT 团队将完全控制操作系统和服务器配置，但还要负责管理和维护它们，同时 IT 团队还要开发和更新平台的应用程序。

六、新模式——数据即服务（DaaS）

（一）定义

数据在现代企业中的地位不断提升，数据管理和分析成为各大企业业务成功的关键因素之一。在这个信息爆炸的时代，如何高效地管理、处理和分析海量数据成为每个数据企业面临的重大挑战。为了应对这一挑战，DaaS 应运而生，其为企业提供了一种全新的数据管理和分析解决方案。

DaaS 是一种基于云计算技术的数据交付模型，通过将数据作为服务提供给用户。在 DaaS 模型中，数据供应商将在云服务器上存储、管理和维护数据，并以按需供应的方式向用户提供访问权限。这种数据交付模式使用户能够在不必拥有自己的数据基础设施的情况下，以灵活、高效的方式获取和利用各种数据资源。图 3-5 展示的是 DaaS 的服务模式。

DaaS 的工作原理是将数据存储在云平台上，用户可以通过网络连接和 API 访问这些数据。数据供应商负责维护和管理数据的安全性、完整性和可靠性，同时提供高速数据传输和处理的能力。用户可以根据自己的需求，按需访问数据，避免了传统数据管理中的复杂性，降低了投资成本。

（二）DaaS 的服务内容、特点和优势

1. 服务内容

DaaS 的服务内容是指 DaaS 模型所提供的具体服务项目或功能。这些服务通常涵盖了数据的存储、管理、处理、分析和可视化等多个方面，旨在为用户提供高效、可靠的数据管理解决方案。以下是 DaaS 的主要服务内容。

（1）数据存储。提供数据存储服务，包括数据的持久化存储、数据备份和恢复等功能。用户可以将自己的数据上传到 DaaS 平台进行安全存储和管理。

（2）数据集成。提供数据集成服务，将来自不同数据源的数据整合到一起，实现数据的统一管理和访问。这包括 ETL（抽取、转换、加载）等数据集成技术。

（3）数据处理。提供数据处理服务，包括数据清洗、数据转换、数据加工等，以确保数据的质量和一致性。可以帮助用户更好地理解和利用数据。

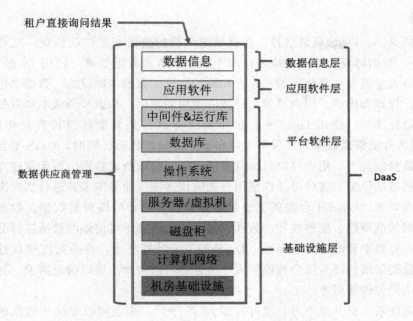

图 3-5　DaaS 的服务模式

（4）数据分析。提供数据分析服务，包括数据挖掘、统计分析、机器学习等技术，帮助用户分析数据，支持决策和业务优化。

（5）数据可视化。提供数据可视化服务，将数据以图表、图形、报表等形式直观展示，帮助用户更直观地理解数据并进行决策。

（6）数据安全性。提供数据安全性保障服务，包括数据加密、访问控制、身份认证等措施，确保用户数据的保密性、完整性和可用性。

（7）数据治理。提供数据治理服务，包括数据合规性管理、数据质量管理、数据生命周期管理等，帮助用户建立健康的数据管理流程和规范。

（8）数据服务支持。提供数据服务支持，包括技术支持、培训服务、文档和指南等，确保用户能够充分利用 DaaS 平台提供的各项功能。

2. 特点

（1）灵活多样的数据存储。DaaS 服务提供了多种数据存储方案，包括关系数据库、NoSQL 数据库、数据湖等，用户可以根据自己的需求选择适合的存储方案。

（2）数据集成和流水线。DaaS 服务提供了数据集成和流水线工具，帮助用户将多源数据集成到统一的数据仓库中，并构建数据处理流程和管道，实现数据的自动化流动和处理。

（3）高效的数据处理和分析。DaaS 服务提供了丰富的数据处理和分析工具，包括数据清洗、转换、挖掘、建模等，帮助用户快速分析数据，发现潜在的业务机会。

（4）可扩展和弹性的架构。DaaS 服务采用分布式、弹性的架构设计，能够快速扩展和收缩，应对不同规模和需求，处理和分析数据。

（5）安全和合规性。DaaS 服务提供了完善的数据安全和合规性控制机制，包括数据加密、访问控制、审计日志等，确保数据的安全和隐私保护。

3. 优势

（1）降低成本。DaaS 更具效益，将促进更敏捷的决策和更快的创新。这是因为 DaaS 模式下，数据将成为业务的核心，用于战略决策和数据管理。使用 DaaS 平台，用户无须投资大量资金和其他资源来建立和维护自己的数据基础设施。数据供应商负责数据存储、管理和维护，用户只须支付按需使用的费用，从而节约成本和资源。

（2）自动化维护。使用 DaaS 平台的主要优势之一是其能够进行自动化维护。DaaS 供应商将自动管理数据，并保持工具和服务的最新状态。同时，DaaS 平台提供了按需访问数据的能力，用户可以根据自身需求随时获取所需数据，而无须建立和维护庞大的数据基础设施。这种灵活性使用户能够快速响应业务需求并进行实时决策。

（3）提高效率。DaaS 平台提供了经过数据清洗和整合的高质量数据。数据供应商确保了数据的准确性、完整性和一致性，使用户能够基于可信赖的数据进行分析和决策，提高业务效率和准确性。而且，DaaS 基于云计算技术，具备高度扩展性和可靠性。无论数据量增长还是用户规模扩大，平台都可以自动扩展以满足需求，并提供稳定的数据访问和传输服务。

（4）促进创新，提升竞争力。通过使用 DaaS 平台，企业可以专注于数据的分析和洞察，发现潜在的业务机会和创新点，加快创新速度并提升竞争力。DaaS 提供了丰富的数据资源和工具，帮助用户发现新的业务机会、改进产品和服务，并快速适应市场变化。

（三）DaaS 在金融领域的应用场景

在金融领域，DaaS 提供了多种应用场景，可以帮助金融机构更好地管理和分析数据，提高业务效率和决策能力。以下是一些 DaaS 与金融相关的应用场景。

1. 风险管理

金融机构需要不断监控和评估风险，DaaS 可以提供丰富的数据源和分析工具，帮助机构进行风险建模、市场风险分析、信用风险评估等，以便更准确地识别和管理风险。

2. 客户洞察

通过分析大量的客户数据，金融机构可以了解客户的行为、偏好和需求，从而提供更加个性化和精准的产品和服务。DaaS 可以提供客户数据集成、分析和挖掘服务，帮助机构实现客户洞察和精准营销。

3. 反欺诈

DaaS 可以提供反欺诈数据和分析服务，帮助金融机构识别和预防欺诈行为，包括身份验证、交易监控、异常检测等方面。

4. 市场分析

金融市场变化迅速，需要及时了解市场动态和趋势。DaaS 可以提供市场数据和分析服务，包括股票、债券、外汇等各类金融市场数据的收集、处理和分析，帮助机构做出更明智的投资决策。

5. 财务报告和分析

DaaS可以帮助金融机构快速生成财务报告、进行财务分析和预测，支持业务决策和管理。

6. 合规性和监管报告

金融机构需要遵守各种法规和监管要求，DaaS可以提供合规性数据和制定监管报告服务，帮助机构满足监管要求并及时报告相关信息。

7. 信贷评估

金融机构需要对借款人进行信贷评估，DaaS可以提供大量的借款人数据和信用评分模型，帮助机构快速、准确地评估借款人的信用风险。

8. 资产管理

DaaS可以提供资产管理数据和分析服务，帮助资产管理机构对投资组合进行优化、风险管理和绩效评估。

综上所述，DaaS在金融领域有着广泛的应用场景，可以帮助金融机构更好地管理和分析数据，提高业务效率、降低风险并提升竞争力。

(四) DaaS的市场趋势

当前，DaaS在市场中呈现出以下几个重要的趋势。

(1) DaaS市场正以强劲的增长势头快速发展。随着大数据的持续增长和企业对数据驱动决策的需求不断增加，越来越多的组织正在采用DaaS来满足其数据需求。有关研究显示，DaaS市场将持续扩大，并在未来几年内实现显著增长。

(2) DaaS正逐渐渗透各个垂直行业。从金融服务、零售和电子商务，到医疗保健、制造业和物流，各行各业都在积极探索和采用DaaS来应对数据管理和分析中的挑战。不同行业的企业可以根据自身需求，选择适合其行业特点的定制化DaaS解决方案。同时，随着不同数据源和格式的增加，数据整合和交换变得更加复杂。为了促进数据的可操作性和流动性，相关行业和标准化组织正致力于制定数据整合和交换的标准。这将进一步推动DaaS平台之间的互操作性，提高数据整合的效率和准确性。

(3) 人工智能（AI）和机器学习（ML）正在与DaaS相互融合，为数据分析和管理提供更强大的功能。DaaS平台可以提供对大规模数据的访问和处理能力，为AI和ML算法提供必要的数据基础。同时，AI和ML的应用也可以提升DaaS平台的智能化和自动化水平，从而进一步优化数据交付和分析过程。

(4) 随着数据价值的不断凸显，数据共享经济和数据市场逐渐兴起。DaaS平台作为数据供应方和数据消费方之间的桥梁，为数据的共享、交易和增值提供了便利和机会。

这些市场趋势表明，DaaS正朝着更加智能、灵活和可扩展的方向发展。随着技术的进步和用户需求的不断演变，DaaS平台将继续创新发展，提供更丰富的功能和解决方案。

第六节　容器云、边缘计算与云边协同

在云计算不同服务模式的发展背景下，为了降低部署环境对应用程序运行的影响，容器技术应运而生，从而为容器云奠定了技术基础。而容器云是一种基于容器技术的云计算解决方案，容器云为这些云环境提供了更加灵活、高效和可扩展的应用程序部署和管理方案。

云计算虽然有很多优点，但在响应速度上仍然无法满足某些服务的需求，由此催生了边缘计算。边缘计算是在分布式计算的基础上发展起来的，早期的分布式服务器和内容分发网络（content delivery network，CDN）部署在各个地理位置，以提供更接近终端用户的服务。内容分发网络是一种分布式网络服务，旨在加速互联网内容的传递并交付给最终用户。随着物联网设备的普及，边缘计算开始崭露头角。物联网将各种信息传感设备与互联网结合起来，而物联网设备产生的海量数据需要在设备附近进行实时处理与决策，以确保响应迅速和减少不必要的带宽占用。这一需求推动了边缘计算的快速发展。随后，各大云供应商纷纷将目光投向了边缘计算，开始整合云计算与边缘计算资源，为用户提供更加高效、实时的数据处理和应用部署体验。云计算和边缘计算技术的不断演进和融合随之自然延伸出了云边协同。

一、容器云

（一）定义

容器云（container cloud）是以容器为资源分割和调度的基本单位的一种云计算服务。不同于生活中的容器概念，这里的容器是指应用程序代码及其依赖项和库打包后形成的最小可执行单元，其能够在任何计算机环境中运行①。创建容器的核心在于容器技术。容器技术是一种操作系统层面的虚拟化技术，并不模拟硬件。它通过在物理主机操作系统上创建孤立的分组，将资源划分到各个分组中，并平衡各个分组之间有冲突的资源的使用需求，使得容器具有轻量级、快速部署、高可移植性和隔离性等特点。

最常见的容器技术产品之一是 Docker，它的出现极大地简化了应用程序的部署和管理过程，提高了开发和运维的效率，因此，它已经成为云计算和虚拟化领域的重要内容之一。Docker 通过打包应用程序及其依赖项和库到一个可移植的容器中，使得应用程序可以在任何支持 Docker 的环境中运行，无须担心环境差异带来的问题。Docker 利用宿主机的操作系统内核，与宿主机共享资源，因此具有轻量级的特性。

---

① IBM 的解释是："Containers are executable units of software in which application code is packaged, along with its libraries and dependencies, in common ways so that it can be run anywhere, whether it be on desktop, traditional IT, or the cloud."

相较于传统的虚拟机技术，Docker 启动速度更快，通常可以在秒级甚至毫秒级完成启动，大大节约了开发、测试和部署的时间。

容器云是在容器技术基础上构建的一种架构，用于更有效地管理、编排和扩展容器化应用。容器云封装了整个软件运行时的环境，为开发者和系统管理员提供用于构建、发布和运行分布式应用程序的平台。直白地说，容器云就像是一个可以装载和运行多个应用程序容器的"云端仓库"，这些容器在不同的计算环境中都能保持一致的运行状态，同时，容器云提供一系列工具和服务，使得应用程序的部署和管理变得更加高效、灵活和简单。

容器技术的真正爆发式增长始于 2013 年 Docker 的开源。随着 Docker 的普及，容器技术不断发展壮大，但 Docker 本身主要用于容器的创建、运行和管理，对于大规模容器集群的编排和调度能力有限。这一难题在 2014 年 6 月 Google 公司正式推出 Kubernetes 之后得到了解决。作为一个开源的容器编排平台，Kubernetes 是当前最受欢迎的容器云平台。它具有强大的自动化、伸缩和负载均衡功能，可以实现对容器化应用的自动部署、扩展和管理，为容器技术的发展提供了强大的推动力。

（二）特征

容器云的主要特征包含如下方面。

1．可移植性

容器云将应用程序及其依赖项和库打包成轻量级的容器，这使得容器在各种计算环境中都能轻松运行。无论是物理机、虚拟机、公有云、私有云，还是个人电脑、服务器，容器几乎都能无差别地运行。这种轻量级和可移植性使得应用程序的部署和管理变得更加灵活和高效。

2．高效部署与管理

容器云允许用户通过声明式配置①，自动化地管理容器的生命周期，包括部署、调度、扩展、升级和故障恢复等。这种自动化管理显著提高了应用程序的部署效率，降低了管理成本。

3．环境一致性

容器技术确保了应用程序在开发、测试和生产环境中的一致性，减少了"仅在部分环境中可以运行"这类问题的发生。大大提高了应用程序的可靠性和稳定性。

4．资源隔离与安全性

虽然容器提供的隔离性不如虚拟机，但在一定程度上还是能够实现资源的隔离，保证每个容器独立运行，互不干扰。同时，通过一些安全机制，如访问控制和网络策略，容器云可以保障应用的安全运行。

5．高可用性与扩展性

容器云允许用户根据业务需求自由组合和配置容器，形成高度可定制的虚拟主

---

① 声明式配置允许用户在配置文件或注解中声明业务功能属性，而不是通过编写大量的代码来实现。这种方式将配置与业务逻辑分离，使得配置更加灵活和易于管理。

机、云服务器或集群服务器。这种灵活性使得容器云能够应对各种复杂的业务场景，确保服务的稳定运行。同时，容器云支持部署负载均衡，通过合理分配流量到不同的容器实例上，确保每个容器都能得到充分的利用，从而提高服务的可用性和响应速度。另外，容器云通常支持按需选配和弹性升级，可以根据实际负载情况自动扩展或收缩容器集群，确保应用始终在最佳状态运行。

（三）应用

容器云在金融行业的应用日益广泛，其高效、灵活和安全的特点为金融机构提供了强大的技术支持。

首先，传统金融企业 IT 系统中开发、测试、运行环境割裂，往往拥有多个业务系统和平台，难以应对瞬息万变的线上环境。容器云可以运行在多种云平台环境中，包括公有云、私有云和混合云环境，利用企业已有的异构基础资源进行统一化管理。这种跨平台兼容性使得金融机构能够灵活地选择最适合其业务需求的部署方案，同时降低对底层基础设施的依赖。

其次，在金融行业，特别是在高峰时段或突发业务场景下，快速部署和扩展能力至关重要。容器云通过其轻量级和可移植性，使得应用程序可以迅速部署到云端，并通过水平扩展来应对流量压力。例如，一家金融机构在推出新的理财产品时，通过容器云可以快速部署和扩展其营销网站和后台处理系统，确保客户能够顺畅地访问和购买产品。

最后，在金融行业，应用程序的频繁更新和迭代是常态。容器云通过自动化构建、测试和部署流程，实现了持续集成与持续部署。这使得金融机构能够更高效地管理和发布应用更新，减少人为错误，并加快业务响应速度。在安全性方面，容器云也发挥了重要作用。通过将应用程序和依赖项进行隔离，容器云技术避免了应用程序之间的干扰和攻击，提高了数据的安全性。同时，配合云端的安全机制，金融机构可以实现对数据的冗余备份，确保数据的完整性和可用性。

二、边缘计算

（一）概念

边缘计算（edge computing）是一种分布式计算模型，能将人工智能集成到边缘设备（或称边缘节点）上，允许边缘设备在数据收集源附近实时处理和分析数据。边缘计算流程如图 3-6 所示。在边缘计算中，数据不需要直接上传到云或数据集中处理系统中，手机、电脑、路由器等都可以作为边缘计算的载体。边缘计算强调在接近物理世界的位置进行数据处理，而不是将所有计算集中在远程云计算中心。

边缘计算在处理敏感事件时相较于云计算具有显著优势，由于无须将数据传输至云端进行处理和分析，边缘计算能够在数据聚集点附近实现实时处理，从而极大地缩短了处理时间。此外，边缘计算设备通常不会将所有原始数据完整地上传至远程云计算中心，而是先对数据进行过滤与聚合处理，仅将处理后的结果或必要的数

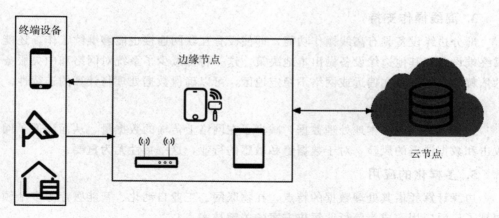

图 3-6　边缘计算流程

据传输至云端。这种数据传输方式显著减少了传输量，降低了对带宽的需求。值得一提的是，部分边缘计算设备还能在无互联网连接情况下继续工作，并在网络连接恢复时上传数据。这种特性不仅降低了设备对持续连接互联网的依赖，还进一步减少了带宽需求。

通过在边缘位置进行数据处理，边缘计算可以大幅减少数据传输时的延迟，从而实现更快的响应。这对于实时性要求极高的应用程序而言至关重要。以无人驾驶汽车为例，车辆需要实时对外界因素做出反应。如果一辆自动驾驶汽车在道路上行驶时，有行人突然走到车前，车辆必须立即停车。在这种情况下，车辆没有足够的时间将信号发送至云端并等待响应，必须能够立即处理信号并做出反应。而边缘计算因其靠近终端的特性，能够实时处理数据并快速做出决策，确保了驾驶安全。

（二）特征

边缘计算的主要特征包括如下方面。

1. 低延迟

边缘计算通常将计算资源部署在接近数据源的地方，如传感器等。这也意味着数据处理就发生在数据产生的地方，减少了从远程云计算中心传输数据的时间，从而加快了数据处理速度，为实时应用提供了更短的响应时间。低延迟性对于实时应用程序和服务非常重要，如自动驾驶汽车、智能工厂和增强现实技术，都需要及时决策和响应。

2. 分布式处理

边缘计算采用分布式计算模型，计算任务通常基于负载均衡策略被分发到多个边缘节点，确保每个节点负载相对均匀。随后，多个边缘节点同时处理不同的任务，以实现并行计算。最后，多个边缘节点通常需要协作来聚合数据和计算结果。数据聚合过程和结果可以在本地节点上执行，也可以将聚合结果传输回云端服务器。分布式处理还具有容错性，即当某个节点发生故障时，系统仍然能够继续运行。其他节点可以接管失败节点的任务，确保系统的稳定性和可用性。

3. 离线操作支持

部分边缘设备具有离线操作功能,即使没有互联网连接也能够继续工作,还能依靠终端设备和其他边缘设备做出本地决策。这一特性减少了系统对网络和中央服务器的依赖性,特别是在偏远或网络不稳定地区,可以确保数据处理与计算的连续性。

4. 安全性

边缘计算强调在本地处理数据,减少了在网络上传输的数据量,从而降低了网络攻击和数据泄露的风险。对于数据隐私敏感的行业,这一特性尤为重要。

5. 多样化的应用

边缘计算凭借其处理数据的特点,在物联网、工业自动化、智能医疗等多个领域得到了广泛应用,成为跨行业解决方案的关键技术。

6. 协同云计算

边缘计算通常与云计算协同工作,以实现最佳性能和可伸缩性。云边协同将云资源和边缘资源整合在一起,以满足不同应用程序的需求。

边缘计算虽然能在很短的时间内处理数据,但通常具有有限的计算能力和存储容量,这意味着它们可能无法处理复杂的计算任务或大规模的数据,也在某种程度上限制了某些应用程序的可行性。另外,由于边缘计算采取分布式计算环境,可能涉及大量的边缘设备和服务器,多个设备和系统可能采用不同的标准和协议,导致出现不兼容的问题。要对这些设备和系统建立有效的管理和监控机制,确保设备的可靠性和高性能,其难度是非常大的。与此同时,多个设备和系统所面临的环境各不相同,这也意味着开发和部署应用程序可能更为复杂。要确保边缘计算的应用程序在各种环境中正常运行,开发人员就需要考虑不同的边缘设备和架构,这给开发人员带来了更大的压力。

尽管边缘计算存在这些挑战,但许多行业和应用程序仍然从中受益。相关企业应不断克服困难,推动边缘计算的广泛应用。

(三)应用

边缘计算在金融领域的应用为金融机构带来了诸多优势,既提升了交易速度,又增强了数据隐私、安全性和客户满意度,还降低了操作成本,进一步增强了金融机构的竞争力。

高频交易是边缘计算应用的一个重要领域。通过将交易引擎部署在接近交易所的边缘节点上,边缘计算能够减少交易的网络传输延迟,从而加快交易执行速度并提供高度可伸缩性。这种部署方式不仅确保了交易数据的安全性和隐私性,还使交易决策和执行在极短的时间内(通常仅为几毫秒)完成。这为高频交易公司带来了显著的竞争优势,并提高了交易效率。此外,边缘计算还广泛应用于分布式账户管理。它允许客户在不同地理位置的终端设备上访问和管理其金融账户,这一特性在 ATM 中得到了充分体现。借助边缘计算,ATM 能够本地处理交易请求,从而加快交易速度并提供更优质的服务。同时,它还能够监控 ATM 的状态和操作,及时发现故障并执行维护,确保设备的稳定运行。在移动支付领域,边缘计算同样发挥着重要作用。具体而言，边缘计算能够直接处理移动支付交易，这意味着当用户在进行转账、购物或其他形式的支付时，交易请求不再需要长途跋涉至遥远的云端服务器进行处理。相反，这些请求会在用户附近的边缘设备上得到迅速响应，从而大大缩短交易处理的时间。这种即时性不仅体现在交易速度上，更重要的是，它为用户提供了即时的授权和确认。当用户完成支付操作后，系统能够在极短的时间内给出反馈，确认支付是否成功。这种即时的反馈机制也极大地提升了用户体验，让用户在使用移动支付服务时感到更加安心和便捷。除此之外，边缘计算还通过减少对云端服务器的依赖，进一步增强移动支付系统的可靠性和性能。在传统的移动支付模式中，云端服务器扮演着至关重要的角色，一旦服务器出现故障或网络连接不稳定，整个支付系统都可能受到影响。然而，在边缘计算模式下，由于交易处理主要发生在用户附近的边缘设备上，因此对云端服务器的依赖大大降低。即使在网络环境不佳或服务器出现故障的情况下，移动支付服务仍然能够保持较高的可用性和稳定性。

尽管边缘计算带来了诸多好处，但其安全性仍然需要重点关注。金融机构需要充分考虑数据隐私和安全性、设备管理和维护、资源发现和优化，以及合规性和监管等方面的风险和挑战，并采取相应的措施加以应对。

■ 三、云边协同

云边协同的兴起，源于当前技术发展的多重背景。随着 5G 网络的普及，数据传输速度大幅提升，使得实时、大规模的数据交互成为可能。同时，AR/VR 技术的快速发展，对数据处理和传输的实时性、稳定性提出了更高要求。云计算作为数据处理的核心，其强大的计算能力和存储能力为海量数据提供了处理平台。然而，云计算在处理边缘数据时，受网络传输延迟等的影响，往往难以满足低延迟、高带宽的需求。在此需求下，边缘计算出现，作为云计算的有力补充，它能够在数据源头进行数据处理，减少数据传输延迟，提高数据处理效率。因此，一种新型计算模式——云边协同应运而生。它结合了云计算的强大计算能力和存储能力，以及边缘计算的低延迟、高效率特点，使得数据处理更加高效、实时和灵活。

边缘计算和云计算二者相辅相成，彼此优化补充，共同助力行业数字化转型。边缘计算由于其靠近设备端的特性，负责为云端采集数据，从而支持云端应用的大数据分析。与此同时，云计算通过深度挖掘和分析这些数据，输出业务规则或决策并下发到边缘计算设备，这些业务规则可能是关于数据处理、流量管理、安全策略或其他与业务运营相关的规则，以实现更高效的执行和优化处理任务。在大数据应用中，一个常见的痛点是未能采集到合适的数据。而边缘计算恰好能为核心服务器的大数据算法提供最精确、最及时的数据来源，从而弥补这一短板。云计算则擅长处理周期长、计算密集的任务数据，使其在处理大量数据分析的业务领域，如零售行业，可以利用云端储存的大规模历史销售数据进行市场调研和消费者行为分析。相比之下，边缘计算在处理周期短、实时性要求高的任务数据方面更胜一筹，因此它在注重实时性的本地业务领域，如医疗领域中对病人生命体征的监测和医疗设备数据的实时分析,以及迅速的医疗决策和警报等方面有着广泛的应用前景。综上所述,边缘计算并非要取代云计算,而是作为云计算的延伸和补充,为移动计算、物联网等领域提供更加完善的计算平台。二者的协同作用将共同推动数字化转型的深入发展。

云边协同在加速实现工业智能化转型中起着至关重要的作用,其通过实时、高效的数据处理和分析,为工业生产提供了智能化的决策支持,推动了工业制造向智能化、精细化方向升级。同时,云边协同又通过实现电器控制、安全保护、视频监控、定时控制、环境检测、场景控制、可视对讲等功能,助力智慧城市、智慧医疗、智慧交通、智慧农业的发展。

智慧城市公共安全系统就是云边协同的典型应用方向之一。作为视频数据的重要来源之一,视频采集摄像头(形成城市摄像头群)在城市各个角落随处可见,通过将部分或全部计算任务放在距离摄像头更近的边缘节点(形成边缘服务器集群),视频分析系统能够以更低的带宽消耗,更低的延迟来完成视频分析任务。而云计算中心(中心云服务器)则扮演着"大脑"的角色,它收集来自各个边缘节点的数据,感知各系统的运行状态,并通过大数据和人工智能算法为交通信号系统、监控系统等下发精准的调度指令,确保整个城市系统的顺畅运行,提高整体运行效率。图 3-7 展示的就是智慧城市公共安全系统运行流程。

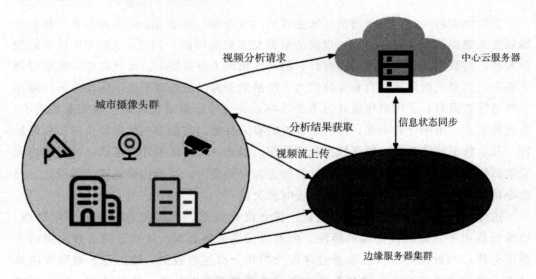

图 3-7 智慧城市公共安全系统运行流程

云计算与边缘计算之间的协同关系,主要有以下两种协同方式。

(一)中心云主导的云边协同

在这种模式下,中心云服务器负责接收终端设备所上传的任务数据,并进行数据计算、模型训练,以及任务预测。中心云在完成这些任务后,将关键的计算与预测结果传达至边缘服务层,精准指导其进行资源部署与任务调度。图 3-7 中的智慧城市公共安全系统就使用了中心云主导的云边协同。中心云服务器扮演了数据存储、深度分析和事件协调的角色,确保系统的稳定运行和高效协调。与此同时,边缘服务器则负责进行快速实时的数据分析和本地事件检测,为交通管理提供即时的反馈和响应。这种云边协同结合了云计算和边缘计算的优势,提供了前所未有的高效性。该模式通过减少数据传输延迟和网络流量,使得系统能够更快速、更智能地应对各种交通事件,为保障城市交通的安全和顺畅提供了坚实的技术支撑。

(二)边缘服务层主导的云边协同

在这种模式下,首先由边缘服务层来接收终端用户上传的任务数据,并立即对其进行计算;随后,边缘服务层会迅速处理结果,并将结果回传给终端设备,确保响应的即时性。然而,当边缘服务层的计算能力不足以满足复杂或大规模的用户要求时,它会智能地将任务转发给中心云服务器进行进一步处理。智能家居控制系统就运用了这种模式。家中的各种智能设备,比如智能灯具、监控摄像头、音响系统等都内置了强大的计算和通信能力,这意味着它们能够在本地进行决策和计算,无须完全依赖中心云服务器。例如,当有人进入房间时,摄像头和传感器能够迅速检测到这一变化,并立即触发相应的安全警报或调整照明设置。尽管边缘服务层承担了大部分计算任务,但中心云服务器仍然扮演着关键角色。它允许用户远程访问和管理家庭设备,提供实时监控、通知和报告等功能。同时,中心云服务器还负责存储和分析家庭设备的状态和数据,为用户提供历史数据的访问和深入分析服务。

综上所述,云边协同不仅是一个融合了通信、算力、数据存储和应用服务的分布式开放平台,更是一种创新的计算架构。云计算具有周期长、延时高和大数据处理的特点,边缘计算则具有周期短、延时低的特性,使其能够更高效地支持本地业务。因此,边缘计算与云计算并非简单的替代关系,而是互补协同的合作伙伴。通过构建统一高效的协同框架,云边协同模式实现了资源协同、数据协同、应用协同和服务协同,充分发挥了云计算和边缘计算各自的优势,实现了云边互补和资源融合。

云边协同产业迈向深入应用新阶段

中国云计算已经进入普惠发展时期,面向场景的边缘计算能力全面提升,端侧计算能力需求激增,云边协同逐步成为带动新基建发展的关键技术,推动数字经济发展。

在由中国信息通信研究院、中国通信标准化协会主办的 2023 年云边协同大会上,中国通信标准化协会副理事长兼秘书长代晓慧表示,当前中国云边协同产业发展进一步迈向广泛普及和深入应用的新阶段。

边缘计算是打通工业互联网赋能行业数字化"最后一公里"的关键支撑技术。边缘计算更加高效和安全地支持了智能制造、自动驾驶等诸多领域的应用实践,云计算与边缘计算协同运作的全新架构已成为打造信息产业新业态、推动传统产业升级、推动数字经济高质量发展的重要基石。

代晓慧表示，多项国家政策文件为推动云边协同产业发展营造了持续向好的政策环境。云边协同的技术和应用不断深化落地，云边协同的标准化工作持续建设完善。

对于如何进一步推动我国云边协同产业发展与实践落地，代晓慧建议：贯彻落实国家重点政策；持续推动技术产业融合；加快完善云边协同标准体系。

工业和信息化部信息通信管理局业务资源处处长表示，未来要重点围绕云边协同与工业互联网的融合创新，加快关键技术产品研发，促进新场景新模式应用，进一步赋能传统产业转型发展。

中国工程院院士倪光南说，存储、计算、网络技术都是我国信息产业发展的核心技术，是建设科技强国的战略支撑，我国应当抓住新一代信息技术发展的新机遇，实现高水平科技自立自强，为科技强国建设、掌握数字经济竞争主动权提供坚实支撑。

（资料来源：《专家：云边端协同产业迈向深入应用新阶段》，中国新闻网）

本章小结

本章介绍了金融科技领域的关键应用技术——云计算。首先，本章对云计算的定义、特征、发展状况以及核心技术进行了全面梳理，帮助读者建立对云计算的基础认知。其次，本章按照部署方式和服务模式的分类，详细介绍了不同云计算服务的特征及应用场景。通过对公有云、私有云和混合云等部署方式的比较，以及IaaS、PaaS和SaaS等服务模式的解析，帮助读者理解不同云计算服务的适用场景。再次，本章还详细介绍了容器云、边缘计算。最后，本章从云边协同的角度展望了云计算在未来的发展与应用前景，为读者创造了深入思考和探索的空间。通过本章的学习，读者可以更全面地理解云计算的本质及其在金融科技领域的重要性。

思考题

1. 云计算的概念和特征是什么？它与传统计算模型相比有何区别？

2. 分析当前全球范围内云计算市场的规模和趋势，不同地区对云计算的采用有何差异？

3. 云计算的核心技术有哪些？它们在云计算中各自发挥了什么作用？

4. 公有云、私有云和混合云各有什么特征？

5. IaaS、PaaS 和 SaaS 各自有什么优点和缺点？

6. IaaS、PaaS 和 SaaS 分别适用于哪些业务场景？企业在选择服务模式时应该考虑哪些因素？

7. 边缘计算的定义是什么？它有哪些特征？

8. 云边协同是什么？它有什么优缺点？适用场景又有哪些？

第三章
参考资料

第四章

大数据及其处理技术

在这个信息时代，数据已成为推动社会进步和经济发展的关键资源。金融大数据，作为数据洪流中的重要组成部分，不仅在金融行业内发挥着重要作用，在整个经济体系中也举足轻重。本章旨在深入探讨大数据的内涵、处理流程及技术，以及金融大数据在各金融领域的应用，为读者提供一个全面视角来理解和利用大数据这一宝贵的资源。

第一节从宏观的角度审视大数据的发展历程和来源，介绍了大数据的类型和特征。第二节详细介绍大数据的处理流程及技术，包括数据的采集、预处理、存储和分析等内容，这些过程对于挖掘数据的潜在价值至关重要。第三节聚焦于金融大数据在银行业、保险业和证券投资业等领域的具体应用场景，展示其如何优化业务流程、提高风险管理能力和增强客户服务体验。

通过本章的学习，希望读者能够更深入地理解大数据的类型和特征，以及它如何在金融领域发挥其独特的价值，以便更好地探索金融大数据领域。

■ 第一节 大数据的概述

大数据是指无法在一定时间范围内用常规软件工具进行捕捉、管理和处理的海量、多样化、高增长率的信息资产。大数据的出现，不仅是信息技术的进步，也是社会经济的变革。大数据的应用，已经渗透到各个领域，尤其是金融领域，为金融创新和发展提供了新的动力和机遇。金融科技利用互联网技术和大数据技术，为金融服务和金融管理提供更高效、更便捷、更智能、更安全的解决方案。金融科技的发展，不仅是金融业的变革，也是社会生活的改善。大数据技术在金融科技方面的应用，已经改变了传统金融产品和金融模式，尤其是金融普惠和金融风控。

本节将介绍大数据的发展、来源、类型和特征，帮助读者了解和掌握大数据的基本知识，为金融科技学习打下坚实的基础。

一、大数据的发展

早在 1980 年,未来学家阿尔文·托夫勒在《第三次浪潮》一书中正式提出了"大数据"。1989 年,美国 Gartner 公司的 Howard Dresner 首次提出"商业智能"(business intelligence,BI)这一术语。商业智能通常被理解为能将企业现有的数据转化为知识、帮助企业做出明智的业务经营决策的工具,其主要目标是将企业所掌握的信息转换成竞争优势,提高企业决策能力、决策效率、决策的准确性。为了将数据转化为知识,需要利用数据仓库(data warehouse)、联机分析处理(OLAP)工具和数据挖掘(data mining)等技术。随着商业智能的发展,企业收集到的数据越来越多、结构越来越复杂,传统的数据挖掘和分析工具已经不能满足大型企业的需求,"大数据"相关技术的探索成为企业挖掘数据价值的必由之路。2008 年,*Nature* 杂志推出 *Big Data* 专刊,大量学者在其中积极探讨数据量的飞速增长对各领域带来的影响。随着互联网的快速发展,海量、复杂和多样化的数据资源进一步催生了大众对大数据应用技术的需求。

大数据的规模是指数据的数量和复杂度,通常用字节(byte)作为单位来衡量,如 KB(千字节)、MB(兆字节)、GB(吉字节)、TB(太字节)、PB(拍字节)、EB(艾字节)、ZB(泽字节)、YB(尧字节)等。大数据的规模是相对而言的,随着技术的进步和应用的发展,大数据的规模也在不断增长和变化。一般来说,当数据的规模超过了传统的数据管理及分析工具的处理能力时,就可以被称为大数据。目前,大数据的规模已经达到了 ZB 级别。

在过去的 20 年里,数据产生的数量和速度发生了巨大变化,传统数据分析转化为大数据分析的原因在于需要处理这些规模越来越大的数据集。据 IDC 最新发布的 *Global DataSphere* 2023 显示,中国数据量规模将从 2022 年的 23.88ZB 增长至 2027 年的 76.60ZB,复合年均增长率(CAGR)达到 26.3%,为全球第一。图 4-1 展示的是全球 2022—2027 年数据规模统计及预测图。

图 4-1　全球 2022—2027 年数据规模统计及预测(单位:ZB)

(来源:IDC *Global Datasphere* 2023)

大数据的演变可以大致细分为三个主要阶段，每个阶段都有不同的特点。

（一）第一阶段：基于关系数据库的萌芽阶段

20世纪70年代至2000年，数据分析和大数据发端于历史悠久的数据库管理领域。在这个阶段，大数据重度依赖于存储在关系数据库管理系统（relational database management system，RDBMS）中的数据存储、提取和优化技术。关系数据库是一种基于关系模型的数据组织和管理方式，它将数据存储在由行和列组成的表格中，通过主键（primary key，用来唯一地标识一张表中的一条记录的一个或多个字段，它不能重复，也不能为空）和外键（foreign key，用来建立和维护两张表之间关系的一个或多个字段）实现数据之间的关联。关系数据库的优点是结构化、规范化、易于查询和维护，它适合处理结构化的数据，如数字、文本等。关系数据库的代表产品有MySQL、SQL Server等。

数据库管理和数据仓库被认为是第一阶段大数据的核心组成部分。它为现代数据分析提供了基础，包括数据库查询、在线分析处理、数据挖掘与统计分析等。在这个阶段大数据的主要功能包括：数据库查询，即使用结构化查询语言（SQL）对数据库中的数据进行检索、修改、删除等操作；联机分析处理（OLAP），使用多维数据模型对数据进行分析、汇总、切片、钻取等操作，以支持复杂的数据分析和商业智能操作；数据挖掘与统计分析，即通过数据挖掘和统计分析，从大量数据中提取有用信息。

然而，这个阶段的大数据在商业智能方面的应用也存在一些不足。比如：数据质量不高，该阶段的数据资源缺乏标准规范，管理能力弱，因此数据质量普遍较差；数据难以共享，有价值的公共信息资源和商业数据开放程度低，导致跨部门和跨行业的数据共享不顺畅；数据安全性有待提高，数据安全和隐私保护等问题尚未在社会层面得到根本解决，从立法层面到管理层面均存在空白。这些问题在一定程度上限制了大数据在商业智能方面的应用和发展。

（二）第二阶段：互联网时代的数据革命阶段

2000—2010年，互联网的飞速发展，为大数据的收集和分析带来了前所未有的机会和挑战。在这个阶段，网络用户和在线交易的数量呈指数级增长。这些数据不仅包含了用户的个人信息、偏好、行为和反馈，也反映了市场的动态、竞争的态势、社会的变化等。当时一些领先的互联网公司，如雅虎、亚马逊和EBAY等，意识到了数据的巨大价值，开始利用各种技术和方法，对用户的点击率、IP地址、搜索日志等数据进行分析，以了解和预测用户的需求、习惯和行为，从而提供更优质、更个性化、更高效的服务和产品。这些公司通过数据分析，实现了商业模式的创新和优化，赢得了市场的竞争优势和客户的信任，开启了一个全新的充满可能性的世界。

> **拓展阅读**

案例分享之一

在2016年，雅虎利用Hadoop和大数据平台技术，对用户的点击率、IP地址、搜索日志等数据进行分析。其在类似Flickr这样的产品中使用了深度学习技术，进行场景检测和对象识别。例如，它们通过机器学习，在图像识别、定向广告、搜索排名、滥用检测和个性化应用等方面进行数据挖掘。这使得雅虎能够更好地了解用户的需求和兴趣，改进其产品和内容，优化搜索服务，更好地服务于用户和广告客户。

亚马逊利用大数据技术，对用户的购物行为进行深度分析，以提供更个性化的服务。例如，亚马逊利用大数据分析，尝试定位客户和获取客户反馈；利用大数据技术进行预测性调拨，进行高效的跨区域配送，建立了全球化的跨境云仓服务系统。此外，亚马逊还利用大数据技术进行商品的智能入库、智能存储、智能拣货、智能处理订单出库等。

然而，随着数据的规模、速度、多样性和复杂性的不断增加，传统的数据分析和存储技术已经无法满足大数据的需求。从数据分析和大数据的角度来看，基于HTTP的Web流量导致了半结构化和非结构化数据的大量增长。这些数据，如图片、视频、音频、文本、社交媒体等，与标准的结构化数据，如数字、表格、数据库等，有着巨大差异。它们的格式、内容、质量、语义等都各不相同，难以用传统的方法进行处理和分析。因此，业界不得不寻找新的分析方法和存储方案，以便有效地分析这些新的数据类型，从中提取有价值的信息和知识。社交媒体数据的增长，更是极大地增加了对从非结构化数据中提取有价值信息的工具、技术和分析方法的需求。这些工具、技术和分析方法，如数据挖掘、机器学习、自然语言处理、图像识别、语音识别等，不仅能够处理海量的数据，还能够发现数据中的模式、规律、关联和趋势，为数据分析提供了更深入、更智能、更多元的视角和手段。

> **拓展阅读**

案例分享之二

社交媒体为大数据带来了许多变化，通过技术手段可以从大数据中获得更多有价值的信息，以下是一些具体的例子。

IBM开发了一种名为"社交媒体分析"的工具，该工具可以从社交渠道收集数据并从中找出有价值的信息，用于支持业务决策，并基于这些决策

笔记

通过社交媒体度量实施效果。例如，IBM 的这个工具可以帮助公司发现与产品和品牌相关的一些发展趋势，理解对话，包括说者在表达什么、听者如何解读，得出客户针对产品和服务提出的建议，获取社交媒体的反馈，识别产品或服务的价值或功能，发现竞争对手的竞争策略，弄清楚第三方合作伙伴和渠道可能如何影响业务表现。

2006 年谷歌开始涉足机器翻译。谷歌发挥用户数量优势，运用全球庞大的社交媒体数据，也就是全球互联网数据，形成谷歌翻译"训练集"。它会从不同语言的网站和社交媒体上寻找对译文档，寻找联合国和欧盟这些国际组织发布的官方文件的译本。截至 2012 年，谷歌数据库涵盖了 60 多种语言，甚至能够接受 14 种语言的语音输入，并形成很流利的对等翻译。

早在 2006 年，EBAY 就成立了大数据分析平台。为了准确分析用户的购物行为，EBAY 定义了超过 500 种类型的数据，对顾客的行为进行跟踪分析。EBAY 分析平台高级总监说："在这个平台上，可以将结构化数据和非结构化数据结合在一起，通过分析促进 EBAY 的业务创新和利润增长。"

总之，大数据发展的第二阶段，是互联网时代的数据革命。在这个阶段，大数据的功能从简单的数据存储和查询扩展到了数据挖掘、预测分析、决策支持等多个领域。例如，大数据可以用于用户行为分析、市场趋势预测、风险控制等。数据的获取和处理模式也发生了变化。传统的数据处理模式无法应对大量产生的非结构化数据，因此出现了新的数据处理模式，如并行计算和分布式系统。数据的特征也发生了巨大变化。数据量大幅度增加，数据类型变化更加多样，数据更新速度加快，数据精度提高，数据价值开始凸显。大数据技术也在这个阶段取得了快速突破。例如，谷歌的 GFS 和 Map-Reduce 等大数据技术受到追捧，Hadoop 平台开始大行其道。这些变化为大数据的进一步发展奠定了坚实的基础，也为人类社会的变革带来了新的机遇和挑战。

（三）第三阶段：物联网时代的数据创新阶段

2010 年至今，基于 Web 的非结构化数据内容仍然是许多公司、分析机构在大数据分析与应用方面的主要关注点，随着移动设备和物联网设备的普及，这些设备产生的大量数据也开始被用于检索有价值的信息。

移动设备不仅为分析个体行为数据（如点击和搜索查询）提供了可能，而且为存储和分析基于位置的数据（GPS 数据）提供了可能。随着这些移动设备的创新发展，人们的运动行为、身体反应甚至行动路线都可以成为新的数据来源。这些数据提供了一系列全新的数据应用场景和应用需求，如交通、城市设计、医疗保健，甚至金融等领域。

与此同时，基于传感器的互联网设备的兴起，数据呈现爆发式增长。基于物联网（IoT）的背景下，数以百万的电视、家用机器人、恒温器、可穿戴设备甚至冰箱等，每天都在产生 ZB 规模的数据。从这些新的数据源中提取有意义和有价值的信息之竞赛才刚刚开始。物联网数据不仅包含了设备的状态、功能和行为，也包含了设备与人、环境和其他设备的交互和关联。物联网数据的分析和应用，可以为智能家居、智能城市、智能工厂、智能农业等领域带来新的可能。

案例分享之三

  教师积极使用大数据应用打造"智慧课堂"。教师利用学生的平板，将整个教学环境和教学过程中产生的行为数据采集下来，在大数据背景下，分析学生课程作业、考试成绩等相关数据，针对每个学生掌握程度、知识点薄弱环节，实现精准教学。

  硅谷动力在2021年公布了物联网创新案例。在工业领域，上汽集团宁德工厂选用了 Wi-Fi 6 物联解决方案，实现生产线的网联化，连接 500 多辆在制车辆、2000 多个智能终端设备、超过 10000 个传感器，并且运用大数据技术和回归算法对 1000 多个设备进行主动式预警，降低非计划停机时间 20%。在农业领域，阿里云数字农业系统综合运用 AIoT、区块链、遥感 AI 等技术，通过传感器采集作物土壤环境、气象环境、种植和水肥管理过程等数据，经过模型运算最终生成施肥灌溉计划，按照计划操作自动控制设备完成施肥灌溉。在城市管理领域，上海"浦东城市大脑"以"感知泛在、研判多维、精准推送、处置高效"为指导，结合管理事项和管理事件，整合视频资源、告警事件、处置力量，为城市管理科学化、精细化、智能化提供有力支撑。

  在这个发展阶段，更多新技术帮助我们从大数据中获得更多有用信息。机器学习在分析大数据时运用得越来越频繁，机器学习是人工智能和计算机科学的一个分支，专注于使用数据和算法，模仿人类学习的方式，逐步提高自身的准确性。数据可视化技术可以快速有效地提取数据信息并进行数据关联性处理，生成数据之间的关系，并呈现在用户面前，帮助用户观察与分析数据。大数据可视化技术包括原位交互分析技术，可视化分析算法，数据移动、传输和网络架构等。数据挖掘技术也被用来提取更多有用信息，它是一种决策支持过程，它通过高度自动化地分析企业的数据，做出归纳性的推理，从中挖掘出潜在价值，帮助决策者调整市场策略，减小风险，做出正确的决策。常用的方法主要有分类分析、回归分析、聚类分析、网页挖掘等。

  未来，随着人工智能、区块链、边缘计算等新技术的发展和应用，数据的规模、速度、多样性和价值将进一步增加，移动互联网和物联网的融合将更加深入和广泛，催生更多的创新和变革。大数据不仅仅是一种技术，更是一种思维、一种文化、一种生态。

二、大数据的来源

大数据的来源是多元化且广泛的,传统数据往往源于经过专门统计或者整理的结构性数据,如企业数据库、公共统计数据等。大数据则来自互联网和社交媒体、传感器和物联网、科学和工程活动、政府和商业活动,这些伴随着社会行为、经济行为和个人行为而产生的数据,随时发生、格式多样。大数据的来源主要有以下四个方面。

1. 互联网和社交媒体

互联网和社交媒体是大数据的重要来源之一,它们每天都产生大量的文本、图片、视频、音频等数据,反映了用户的行为、偏好、情感、观点等信息,如搜索引擎、微博、微信、Facebook、Twitter、YouTube等。

2. 传感器和物联网

传感器和物联网是大数据的重要来源之一,它们每时每刻都在收集和传输大量的温度、湿度、压力、光照、声音、位置等数据,反映了物体的状态、环境、变化等信息,如智能手机、智能手表、智能家居、智能汽车、智能电网等。

3. 科学和工程活动

科学和工程活动是大数据的重要来源之一,它们每天都在产生大量实验、模拟、观测、测量等数据,反映了自然界和人造系统的规律、结构、功能等信息,涉及天文学、地理学、物理学、化学、生物学、医学、工程学等领域。

4. 政府和商业活动

政府和商业活动是大数据的重要来源之一,它们每天都产生大量的交易、消费、生产、财务、人力、行政等数据,反映了企业和社会的运行、效率、效果、问题等信息,涉及电子商务、金融、零售、制造、教育、卫生、交通、公共安全等方面。

案例分享之四

1. 运用社交媒体大数据进行舆情监测

随着智能移动设备的普及,人们习惯使用社交账号分享自己的生活、发表自己的观点,由此产生了海量数据,通过分析这些数据能够准确反映舆情。人民网舆情数据中心依托多年的舆情服务经验,基于先进的大数据技术,推出了面向舆情领域的智能化新闻舆论管理平台——人民众云,平台集智能监测、智能分析、智能预警、智能报告等功能于一体,协助用户全面开展网络舆情管理。目前,人民众云提供了包括舆情事件定向监测和分析、舆情数据实时检索和浏览、热点话题自动识别和追踪等内容在内的系列功能，帮助政府和企事业单位及时感知网络动向，快速应对重大舆情。

2. 使用传感器等物联网设备助力智慧农业

2019年，武汉市东西湖区与阿里云合作打造省级智慧农业试点，在大棚外，每20亩葡萄田就配置了一套物联网数据采集终端——太阳能面板配套地下探头，田间还配有一套小型气象站设备。这些设备把收集的数据反馈到数字农业平台上，系统分析后，可对葡萄种植情况实时打分。农户可根据打分情况，对得分较低项进行调整。该项目于2021年5月建成并投入使用，截至2021年9月已有300亩土地、16户农户率先使用了数字农业系统，实现降本增效，为助推乡村振兴发挥积极作用。

3. 使用大数据云服务平台打造智慧工地

在工程领域，智慧工地运用了大数据技术，它是建筑施工管理领域的应用体现，实现了建筑工地管理的信息化、精细化，成为大数据时代建筑业的新晋宠儿。全国智慧工地大数据云服务平台，利用安装在施工现场的前端智能传感设备采集视频数据、粉尘数据、噪声数据、升降机数据、塔吊数据、温湿度数据、RFID数据，以及其他传感数据，建立数据库，辅助企业做出正确的工程决策，对加强施工现场的安全文明施工管理具有重要意义。

4. 运用城市大数据进行精细化管理

上海大数据应用创新工程项目"大数据与城市精细化管理（静安）"项目（简称上海静安"151项目"），是国家发改委2018年数字经济试点重大工程。项目构建一张新型城域物联感知网络，覆盖交通、健康医疗、食品安全、环保、城市公共设施五大民生热点领域"神经元末梢"，实现城市管理全天候精细化服务，以及管理模式创新与流程再造。

项目构建具有城市数据综合运营能力、大数据分析挖掘能力和预测预警能力的城市智能综合运营管理中心，即"城市智慧大脑"。通过与各个街镇的网格化综合管理平台对接，提高城市管理的精细化和智能化水平，实现跨区域快速预判、精准指挥、高效处置，加快城市物联感知网络的形成，助力提高城市科学化、精细化、智能化管理水平。

三、大数据的类型

大数据的类型是复杂多样的，可以根据不同的特征或者来源进行划分。

（一）按照大数据的结构化程度进行分类

大数据按照其结构化程度，可分为结构化数据、半结构化数据和非结构化数据。
（1）结构化数据是一种遵循预定义格式且易于分析的数据类型。结构化数据以表格形式组织，可以表达不同行和列之间的关系，是由二维表来进行逻辑表达和实现的数据。如结构化查询语言（structured query language，SQL）数据库存储的数据就属结构化数据。结构化数据包括名称、日期、地址和计算机可识别和可搜索的其他字段。结构化数据是数据分析的支柱,因为它使数据分析工具和个人能够快速从大型和复杂的数据集中提取有用信息。

(2)半结构化数据是一类同时具有结构化和非结构化数据特征的数据。它没有遵循固定或严格的模式,但它有一些标签或元数据,提供有关数据元素的一些信息。例如,可扩展置标语言(extensible markup language,XML)文档是一种半结构化数据,它使用标记来指示文档的结构和内容,但也可能包含额外的标记,提供有关内容的元数据,如作者、日期或关键字。其他半结构化数据的例子如 JavaScript 对象表示法(JavaScript object notation,JSON,通常用于 Web 应用程序之间交换数据)和日志文件(通常包含结构化和非结构化数据)。

半结构化数据比严格结构化数据更灵活、适应性更强,半结构化数据可以根据用户的需求和偏好,采用不同的方法和技术进行存储和查询。一些常用的方法和技术如下。

① 非关系数据库。这些数据库不使用关系模型或 SQL 来存储和查询数据。与传统的关系数据库相比,它们能更有效地处理半结构化数据,可扩展性更好。非关系数据库的例子有 MongoDB、Cassandra 和 CouchDB。

② XML 数据库。这些数据库以 XML 格式存储和查询数据。它们可以处理具有层次结构或树状结构的半结构化数据。XML 数据库的一些例子有 eXist-db、BaseX 和 MarkLogic。

③ Hadoop。它是一个允许跨计算机集群分布式处理大型数据集的框架,用于高效存储和处理从 GB 级到 PB 级的大型数据集。它可以处理具有高容量、高速度和多样性的半结构化数据。Hadoop 由多个组件组成,如分布式文件系统(hadoop distributed file system,HDFS)、并行处理的编程模型(如 Map-Reduce)和支持 SQL 查询的数据仓库系统(如 Hive)。

(3)非结构化数据是一种没有固定或预定义的格式或结构的数据,传统数据工具和方法难以处理和分析。非结构化数据包括图像、视频、音频文件、文本文件、社交媒体数据、地理空间数据、物联网设备的数据和监控数据等。

非结构化数据占世界上产生的数据的 80%~90%。企业和组织可以将非结构化数据用于各种目的,例如改进运营、增加收入、增强客户体验和获得竞争优势。然而,非结构化数据也带来了许多挑战,主要包括如下方面。

① 存储。非结构化数据比结构化数据需要更多的存储空间,因为非结构化数据往往庞大而复杂。它还需要以一种保留其原始格式和质量的方式存储。

② 集成。非结构化数据来自不同的来源和系统,可能具有不同的格式和标准。在不丢失信息的情况下,集成非结构化数据与结构化数据是很困难的。

③ 分析。非结构化数据不容易通过传统的数据分析工具和技术(如 SQL 查询或关系数据库)进行访问或搜索。需要利用专门的技术才能从非结构化数据中提取有价值的信息,如自然语言处理(natural language processing,NLP)、计算机视觉、语音识别、文本挖掘、情感分析等。

（二）按照大数据的来源与性质进行分类

大数据按照其来源与性质，可以分为内部数据、外部数据和开放数据。

（1）内部数据是指企业或机构自身产生或收集的数据，通常具有较高的质量和可信度，但也有较高的成本和隐私风险，如交易数据、财务数据、人力数据等。

（2）外部数据是指企业或机构从其他来源获取的数据，通常具有较低的质量和可信度，但也有较低的成本和隐私风险，如社交数据、舆情数据、竞争数据等。

（3）开放数据是指政府或公共机构公开发布的数据，通常具有较高的质量和可信度，且免费或以低价提供给公众，如统计数据、地理数据、气象数据等。

（三）按照大数据的用途和价值进行分类

大数据按照用途和价值可以分为描述性数据、诊断性数据、预测性数据和规范性数据。

（1）描述性数据是指用来描述过去或现在发生的事情的数据，通常用来进行数据汇总、报告、可视化等，如销售额、客户数、市场份额等。

（2）诊断性数据是指用来分析为什么发生某些事情的数据，通常用来进行数据挖掘、关联分析、因果分析等，如客户满意度、产品评价、市场调查等。

（3）预测性数据是指用来预测将来可能发生的事情的数据，通常用来进行数据建模、预测分析、趋势分析等，如销售预测、客户流失率、市场需求等。

（4）规范性数据是指用来指导如何做出最佳决策的数据，通常用来进行数据优化、决策分析等，如产品定价、营销策略、投资组合等。

制定大数据的划分标准是为了更好地理解、管理和利用数据，不同的划分标准有不同的侧重点和应用场景。按照大数据的结构化程度划分，是为了区分数据的组织形式和处理难度，有利于大数据的技术处理规范。按照大数据的来源和性质划分，是为了区分数据的归属和可用性，有利于对大数据的使用范围进行明确划分，规范数据的使用方式。按照大数据的用途和价值划分，是为了区分数据的分析目的和结果，便于从庞大的数据中准确搜寻相关内容，提升数据使用效率。

四、大数据的特征

大数据的规模远远超过了传统数据，大数据有多个来源，包括社交媒体、移动设备、物联网、传感器等。大数据的来源和形式多种多样，包括结构化数据、非结构化数据、半结构化数据等。这些数据的形式不同，处理方法也各不相同。而且大数据是实时生成的，数据的流量非常大。传统的数据处理方法已经无法胜任大数据的处理任务，需要更加高效的算法和技术来处理这些数据。大数据中蕴含巨大的价值潜力。通过对大数据的分析和挖掘，可以获得对商业和政治决策的洞察力，为企业和政府的决策提供依据。这些数据还可以用于开发新产品和服务，推动科技创新和社会进步。而发挥大数据的价值需要对数据进行准确处理，避免分析结果产生偏差。

由此，可以得出大数据有五大最基本和最显著的特征，即大数据量（volume）、多类型（variety）、高时效性（velocity）、低价值密度（value）和准确性（veracity）。这五大特征均以英文字母"V"开头，故又被称为"大数据的5V特征"。

（1）大数据量。数据量是指数据的规模和数量，大数据的数据量通常以TB、PB、EB等单位来衡量，远远超过了传统数据管理和分析工具的处理能力。大数据的数据量不断增长，主要受数据来源的增多、数据采集的便捷、数据存储的廉价等因素的影响。

（2）多类型。数据类型是指数据的形式和结构，大数据的数据类型非常多样和复杂，包括结构化数据、半结构化数据和非结构化数据，涉及文本、图片、视频、音频等各种格式。使用关系数据库、非关系数据库保存及处理。

（3）高时效性。数据速度是指数据的生成和处理的速率，大数据的数据速度非常快速且具有实时性，要求数据能够在短时间内被收集、传输、存储、分析和应用。大数据的数据速度不断加快，因而具有高时效性，主要受到数据来源的动态化、数据采集的自动化、数据处理的并行化等因素的影响。

（4）低价值密度。数据价值是指数据所蕴含的潜在信息和知识，大数据的数据价值非常巨大且具有潜在性，需要通过有效的数据分析和应用手段才能提取和实现，因此大数据信息海量但价值密度低。大数据的数据价值被不断挖掘，主要受数据来源的相关性、数据分析的智能化、数据应用的创新化等因素的影响。在处理过程中应关注数据总体特征；注重处理效率，不追求绝对精确；探索相关关系，不要求得到绝对因果关系。

（5）准确性。大数据的准确性是指数据的真实性和可信度，即数据能否反映真实的情况，能否支持正确的分析和决策。大数据的准确性受到多种因素的影响，例如数据的来源、质量、采集和清洗过程、分析方法和工具等。大数据的准确性对于数据的价值和利用至关重要，如果数据不准确，将会导致错误的结论和决策，甚至造成严重的损失。

第二节　大数据处理流程及技术

大数据处理在"存起来"到"用起来"的过程当中，主要包含以下几个步骤：① 利用数据采集技术对不同类型的数据进行采集和整合；② 对不同来源的数据进行清洗、集成等预处理操作；③ 将整理后的数据存储到大型数据库中；④ 根据企业或者个人的需要，用合适的数据分析及数据挖掘技术来提取有用的信息；⑤ 对有用的信息进行恰当的解释，进而展现给用户。本节详细解释这几个步骤，帮助大家更好地理解大数据，清楚如何一步一步地利用庞大的数据，使其产生价值。

一、数据采集

将海量、多样化的数据用合适的方式进行采集是大数据应用的第一步，同时也是最基础的一步。大数据的"大"不仅仅指的数据量非常大，还指数据的类型非常多。

在面向不同类型数据时,需要用到的采集技术也大相径庭。大数据的来源主要分为两种,一种是来自物理世界的数据,数据承载于现实世界的物理载体中,如书本的文字、工业设备的数据等;另一种则来自虚拟世界,不依赖物理设备进行收集的数据,比如系统日志文件,网页中的各种文字、数字、图片信息等。

(一)物理世界中的数据采集技术

针对物理世界中的数据,主要使用射频识别技术、光学字符识别技术和智能字符识别技术、语音识别技术等进行数据采集。

1. 射频识别技术

射频识别技术（radio frequency identification,RFID）是一种非接触式的自动识别技术,无须人工干预便可以实现信息的自动识别。一个 RFID 系统中包含存储端和读写端,存储端通过电子标签或射频卡存储数据,读写端通过无线射频的方式与存储端进行非接触的双向数据通信,对电子标签或射频卡进行电磁感应后,即可达成数据交换的目的。例如在使用门禁卡进出各种带有门禁系统的出入通道时,门禁卡作为存储端,录有门禁卡持有者以及门禁的信息,在刷门禁卡的过程中,读写端（门禁刷卡处,即读卡器）发射一定频率的电磁波给门禁卡提供能量,进而让门禁卡发射数据,读写端读取后,若确认无误便开门。RFID 在生产、物流、仓储等多个领域中发挥着重要作用,能够免去对商品、资产的人工盘点,及时将信息记录在数据库中,降低错误率,提高效率。RFID 主要用来采集以下三种数据。

(1)标识数据。它是 RFID 标签中存储的用来唯一识别目标对象的数据,如序列号、产品编码、身份证号等。标识数据可以是只读的,也可以是可读写的,取决于 RFID 标签的类型和应用场景。

(2)状态数据。它是 RFID 标签中存储的用来反映目标对象的状态或属性的数据,如温度、湿度、重量、位置等。状态数据通常需要实时更新,因此需要使用可读写的 RFID 标签,并配合传感器或定位设备等进行更新。

(3)业务数据。它是 RFID 标签中存储的用来记录目标对象的业务流程或历史信息的数据,如生产日期、保质期、销售记录、维修记录等。业务数据可以提高目标对象的可追溯性和透明度,因此需要使用可读写的 RFID 标签。

2. 光学字符识别技术和智能字符识别技术

光学字符识别技术（optical character recognition,OCR）本质上是将图像形状转化为文本字符,从而实现将现实世界的文本信息转化为虚拟字符。一个完整的 OCR 识别流程包含五个步骤:预处理图片、切割字符、识别字符、恢复版面、后处理文字。通过这五个步骤让图片转化为计算机能够处理的标准化信息,并通过图像识别、自然语言处理相关算法,将图片文字精准转化为虚拟文字。而智能字符识别技术（intelligent character recognition,ICR）是 OCR 技术的改进和延伸,它使用了计算机深度学习的人工智能技术,拥有语义推理、语义分析的能力,能够处理更复杂的文本和背景,包括不规则或弯曲的文本,如手写笔记或名片等。ICR 技术可以识别文本并将其转换为可编辑的电子文本格式,同时可以解决传统 OCR 技术存在的诸如容易复制、无法远程控制、数据丢失等问题。

3. 语音识别技术

音频数据采集主要使用语音识别技术，也被称为自动语音识别技术（automatic speech recognition，ASR），即通过麦克风将声音信息录取，通过计算机对音频信息进行处理，可将人类的语音中的词汇内容转换为计算机的二进制编码、字符序列或者文本文件等。例如科大讯飞公司围绕音频数据采集这一功能，整合前端拾音硬件设备、数据传输设备、会话智能云平台等软硬件资源，提供语音数据采集、话术质检分析、客户意图捕捉，以及流程监督管理等能力。并且进一步结合文本生成技术，在教育、汽车、日常生活等方面提供人与机器智能语音交互服务。科大讯飞公司已经在语音识别领域成为我国的领头羊。《2020～2021中国语音产业发展白皮书》显示，科大讯飞公司在中国智能语音产业中以60%的市场份额稳居国内第一。

事实上，OCR、ICR、ASR技术可以认为是RFID技术的一种延伸和拓展。RFID技术事先通过人工方式对文字、音频、图像等信息进行识别后，再将相应数据写入存储端，读写端则采集存储端数据，以获取已经打了标签的信息。而OCR、ICR、ASR等技术则是直接对原始信息进行机器采集和识别，能够有效免去人工采集工作。

（二）虚拟世界中的数据采集技术

针对虚拟世界中的数据，主要采用以下三种方式进行采集。

1. 数据埋点

数据埋点技术是对特定的用户行为或者事件数据进行采集的关键技术，该技术实际上对用户使用软件过程中的各种行为进行了监听。当用户使用软件产生了特定的事件（例如点击了某个功能按钮、购买了某项产品或服务）时，数据埋点技术会对相应事件进行捕获，从而获取用户ID、年龄、访问时长等信息。通过该技术，分析人员能够从多维度了解用户在软件中的交互行为，找到软件产品的缺陷以及关键改进点，从而促进软件的改进和完善，让数据产生更大的价值。例如，电商平台希望开展一项打折、满减优惠活动以刺激消费者购买产品，可以对平均浏览时间长、购买率偏低的商品加大促销力度，精准解决消费者的痛点，从而让优惠活动的效果最大化。当前最主流的数据埋点技术是代码埋点，分为前端埋点和后端埋点。前端埋点即对前端界面（网页、各类软件的界面）中用户的点击、浏览行为的记录；而后端埋点则主要记录用户上传到服务器的数据，例如用户填写并提交的信息、消费记录等。总体而言，前端埋点比后端埋点更加灵活，能够记录更多的信息，但在进行展示时则相对麻烦；后端埋点记录的信息更加规范、简洁，在数据埋点时可将信息细分，便于展示和分析。

2. 日志采集技术

日志文件是指记录服务器、应用程序、网络设备的运行状态、时间、错误信息的数据，是软件运行中非常重要的一个组件。日志采集技术即从系统日志文件中提取、转换、传输、加载和存储数据的一系列技术。通过日志采集技术，可以有效监控系统的运行状况，发现系统中的错误以及负载过高的地方，同时进行针对性的修复和优化，还能深入围绕系统日志文件中的用户访问量、访问路径、访问来源等行为数据，分析系统的瓶颈，预测系统的运行趋势、用户访问量的变化，提前做好系统的设计、扩容、升级、备份等准备工作，避免系统崩溃以及数据丢失。对金融行业而言，用户信息、资金信息每时每刻都在快速变化，系统日志文件的采集、分析是捕获业务办理异常信息的关键，对系统日志文件的有效利用能够大幅提高运维人员排查故障的效率，为信息的存储、运输安全提供保障。

3. 网络爬虫

网络爬虫（web crawler）是一种按照用户所编写的规则进行网页信息自动抓取的技术，其通过模拟人的浏览网页的行为，自动地浏览网络中的信息，当找到需要的文字、图片或者文档信息时可以将其自动保存到指定路径。网络爬虫技术的实现首先要确定需要爬取的网页，可以仅爬取一个网页中的内容，也可以爬取多个网页的部分信息。需要注意的是，不同网页需要有类似的"规则"才方便爬虫程序执行，例如爬取豆瓣电影网中不同电影的影评时，每一部电影的影评页的结构是类似的（比如图4-2中每一个叫作"comment-item"的模块都存储了一个影评，每一部电影都是用该模块来存放影评的，因此可以用同样的代码爬取每部电影的每个"comment-item"的内容，从而得到所有的影评信息），这将有助于爬虫程序设置一个固定的"规则"。确定好网页以后，爬虫程序会对目标网页的结构进行解析，对下一步的目标数据进行搜索和提取，一旦能够定位到所需要的数据，就可以将数据保存到本地文件、数据库或者云端，便于后续的分析和使用。

图 4-2　豆瓣电影影评页网页结构

除了爬虫程序的基本原理以外，反爬虫程序和合法化问题也是该技术特别需要注意的两个方面。反爬虫程序是一些网站为了保护其数据，避免短时间内爬虫程序的大量访问导致服务器瘫痪而设置的机制。反爬虫程序能够识别出是人为浏览网站还是爬虫程序，进而阻止爬虫程序的访问。为了应对这类机制，爬虫程序可以采取一些策略，例如设置合理的请求头、使用代理IP、模拟用户的停顿时长等，从而避免被反爬虫程序侦察到。爬虫技术应遵循道德要求、遵守网络信息安全有关的法律法规，合法地使用，依据网站内设置的爬虫规则进行规范的数据采集，尊重网站所有者的隐私权和知识产权。在金融领域，爬虫技术更应该遵循金融相关监管要求，不非法爬取、收集、滥用、买卖、泄露消费者个人信息，严守法律红线。

拓展阅读

案例分享之五

1. 全国首宗爬虫软件案

"爬虫爬得欢，监狱要坐穿；数据玩的溜，牢饭吃个够！"这是在程序员中口口相传的"魔咒"，同样也是对程序员主动规范自身行为，拒绝非法爬虫的律令。2019年4月，深圳中级人民法院公布了全国首宗爬虫软件案。案情显示，2015年11月至2016年5月，元光公司为了提高其开发的智能公交App"车来了"在中国市场的用户量及信息查询的准确度，利用网络爬虫技术获取了竞争对手谷米公司的同类公交App"酷米客"的大量实时公交信息数据。随后，元光公司把这些数据无偿用于"车来了"App上，并对外公布。法院审理后认为，被告元光公司利用网络爬虫技术大量获取并且无偿使用原告谷米公司"酷米客"软件的实时公交信息数据的行为，实为一种"不劳而获""食人而肥"的行为，非法占用他人无形财产权益，构成不正当竞争行为，应当承担相应的侵权责任。法院据此判决被告元光公司向原告谷米公司赔偿经济损失及合理维权费用50万元。由此可见，尽管个体或者公司对部分数据享有免费或者购买后使用的权利，但是这并不代表其能够使用爬虫等技术对数据进行大量采集并进一步用于获利，这种行为非法占用了他人的无形财产权益，是一种为自己谋取竞争优势的主观故意行为，违反了诚实信用原则，扰乱了竞争秩序。大家在享受网络爬虫技术给数据采集带来的便利前，务必了解清楚所爬取的网站对于网络爬虫所制定的要求，避免产生不必要的纠纷。

2. RFID技术在顺丰物流中的应用

顺丰速运公司作为国内知名的快递物流综合服务商，目前已经将RFID技术广泛应用于物流中转追踪和货物运输管理。其RFID标签主要贴在中转袋中，每个中转袋的RFID标签中存储了袋子里货物的基本信息，如货物名称、型号、数量、运输路线等，在货物的运输过程中，每一个运输节点都会使用RFID读写器读取标签中的信息，并将其上传到系统中。这样，顺丰的管理员就可以实时了解货物的运输状态和位置，包括货物的运输路线、运输时间、运输温度等信息。对货物信息进行数据采集以后，利用RFID技术可以进行货物调配,并且能够按照目的地将小件的快递集中打包起来,减少仓库管理员的分拣次数,提高货物运输效率。若快递出现丢失、中途退货等情况,也能够利用 RFID 技术快速定位快递和处理快递。

二、数据预处理

在完成了第一步的数据采集工作以后,得到的数据是最原始的数据,这些数据往往存在着不完整、不一致等问题,无法直接用于数据分析使其产生价值。因此,为了更有效地提取出有价值的信息和知识,给决策行动提供支持,一般需要先对原始数据进行数据预处理的操作。数据预处理主要包括数据清洗、数据集成、数据转换、数据归约四个过程。

(一)数据清洗

数据清洗是指对采集到的大数据,进行一些必要处理,例如对于一些重复、无效、错误、空缺的数据,需要考虑是否保留、能否修正等问题,从而提高数据的质量和准确性。数据清洗的方法主要有去重、缺失值处理和异常值处理。

1. 去重

去重是指删除数据中的重复记录,如同一用户的多次访问记录,同一商品的多次购买记录,同一天的多个登录信息等。如果确定后续数据处理中不需要如此详细、大规模、类似的数据,可以通过去重来避免数据的冗余和偏差,提高后续数据操作的效率,以及保障数据的准确性和一致性。去重的方法有很多,如利用哈希表、排序和位图等数据结构和算法进行判断和删除。

2. 缺失值处理

该方法主要处理数据集合中的空白数据,例如用户数据中往往有部分用户的出生日期或收入信息缺失。处理方法:既可以选择直接删除缺失值所对应的用户数据,也可以通过使用平均值、中位数、众数等统计量进行填充,或者使用插值、回归、聚类等机器学习方法进行预测。缺失值的处理要最大程度上保证数据的完整性和可用性,确保处理后的数据整体更加合理、有意义,若变量的缺失比例过大,则应考虑能否从其他数据来源补充数据或直接删除相应变量。

3. 异常值处理

异常值指异常或错误的数据,如用户的访问时长、购买金额、评分等数值往往有一个合理区间,一旦超出合理的范围就需要进行异常值处理。异常值处理的目的是消除数据的噪声和干扰,提高数据的稳定性和可信度。异常值处理的方法有很多,例如使用箱线图、正态分布 3σ 原则、DBSCAN 等方法进行识别和删除,或者使用平滑、替换、修正等方法进行处理。

(二)数据集成

由于大数据来源多种多样,许多来源不同的数据包含了相同的用户群体,需要借助用户名、ID等关键词对数据进行合并，以避免数据的分割和重复。数据集成是对已经完成清洗的大数据进行一些必要的合并和统一，将不同来源、不同类型的数据统一成标准的数据模型，进而丰富数据的内容和含义。在集成过程中，关键是要保障好数据质量特征和数据效率特征。数据质量特征包括数据的准确性、完整性、一致性、时效性等，这些特征直接影响了数据集成的效果和价值。因此在数据集成之前，应该明确好后续数据分析的目标，将无意义、存在数据冲突的数据先清洗完成，提高数据质量。数据效率特征主要包括数据的处理速度、存储空间，以及访问性能等。数据效率的高低对数据集成乃至后续所有操作所消耗的时间和资源有直接影响。因此，在进行数据集成过程中，需要适当进行数据压缩、数据分区以及数据索引，从而提高数据集成的效率和性能。例如，某电商公司希望分析消费者的浏览时长、浏览网页的行为对产品购买的影响时，必然绕不开将App、网页、客户端等多方的数据进行集成操作。在数据集成时，为确保数据质量，应该将用户使用爬虫程序、过长时间无操作等异常行为产生的数据剔除，进而提高数据质量；在对不同端的相同用户行为数据进行合并的过程中，则需要考虑同一用户在两台设备间来回切换、同一时间在多台设备同时登陆等情况，不同的集成决策对数据集成所耗时间、数据分析的结果等都会产生不同的影响，因此在数据集成时尤其需要"三思而后行"，避免做无用功。

（三）数据转换

数据转换的核心目的是围绕数据分析和挖掘的目标，将数据进行变换，将不同渠道、不同量级的数据转化至同一范围内，消除不同数据在时间、空间、精度等方面的差异。在实际的操作中，通常会用数据平滑、数据聚焦、数据概化、数据规范化、属性构造五种方法。

1. 数据平滑

数据平滑是指把数据中的"杂音"去掉，把连续的数据分成几段或者按数据类型分类。例如，采集超市商品的交易数据以后，可以将所有的商品数据按照不同的价格区间进行分类，比如划分为1~10元、11~20元和21~30元，从而看到不同价位的商品销量分布情况，如图4-3所示。

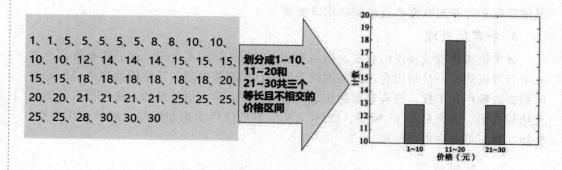

图4-3 销量数据按照价格进行分类

2. 数据聚集

数据聚集是指按照一定条件将数据加总或集合起来。例如,对每日交易额数据按月加总,从而得出月交易额,以查看每月交易额的变化趋势。

3. 数据概化

数据概化是指使用更高级的概念来代替更低级的概念,从而减少数据的复杂度。例如,对于一组城市数据而言,可以用国家代替城市,比如上海、北京、深圳都可以用中国来表示,从而将城市数据转化为更高层面的国家数据,有助于发现国家层面的信息。

4. 数据规范化

数据规范化是指将数据按比例缩小或放大,从而消除不同数据之间的量纲差异,避免某一个量纲很小的数据被误判为不重要的数据,从而影响整个数据分析的效果。例如,将身高数据统一用"米"为单位进行规范;将学生的每一门科目成绩做 min-max 规范化处理,就是把数据都变成 0 到 1 之间的数,从而更为直观地对比出每位同学的成绩差异,等等。

5. 属性构造

属性构造一般也被称为特征工程,即基于已有数据创造出新的数据,进而增加数据的信息量,发现数据的"特征"。例如,每一个上市公司的年报文本信息,可以对其进行词频统计,从而将文本数据量化,得出更多的信息。

(四)数据归约

数据归约是指围绕数据分析和挖掘任务,尽可能用更少的数据来代替原来的数据,从而压缩数据规模,提高数据的质量和效率。数据归约有维度归约、数量归约和数据压缩三种方法。

1. 维度归约

维度归约是指将不相关的属性或特征删除掉,只保留关键的部分,进而缩减数据规模,最大限度精简数据量。例如,分析一群人的健康状况时,收集到了姓名、年龄、性别、身高、体重、学历、职业等多方面信息,可以只保留身高、体重、年龄这三个属性,直接剔除其他无关的属性,从而减少数据的维度。

2. 数量归约

数量归约并不单独剔除某个或某些属性,而是直接剔除样本,仅保留具有代表性的部分样本。例如,一组城市数据包括人口、土地面积、经济、环境等内容,若分析城市的发展水平,可以选取一些典型的城市,如北京、上海、广州、成都等,剔除其余城市。

3. 数据压缩

数据压缩是指通过改变数据的格式或结构,让数据占用更少的空间。例如,图片数据由一个个像素点数据组成,每个像素点又有不同的颜色和亮度,可以借助算法,将图片的像素和颜色进行合并及简化,减少数据所占的空间。

三、数据存储

大数据存储和传统数据存储有着非常大的区别,主要在于数据规模、数据类型以及数据安全的要求不一致。在数据规模上,大数据存储通常数据量达到 TB 或者 PB 的级别(1TB=1024GB,1PB=1024TB),并且数据量呈现持续增长的特征,因此大数据存储需要较传统数据存储更大的存储容量和吞吐量的数据库,同时数据库还需要更好的可拓展性;在数据类型上,传统数据存储一般面向结构化数据,使用关系数据库将数据逐行存储起来即可,而大数据的类型多样,需要更灵活的数据模型、更高效的数据访问方式和更兼容的数据库进行存储;在数据安全上,当前大数据已经成为企业的一项重要资产,大数据存储的数据安全风险非常高,需要同时考虑数据隐私、合法性、安全性等问题,因此大数据存储不仅需要更加严格的数据加密和脱敏技术,还需要进行数据审计和监控。当前大数据存储主要使用非关系数据库、分布式系统以及云存储三种方案。

(一)非关系数据库

非关系数据库是一个相对于关系数据库的概念,即不适用于类似 Excel 的表格结构和行列结构的数据库管理模式。该模式是让每一个数据根据需要设置不同的字段,不让数据局限于固定的结构,从而方便不同类型的数据同时存储和调取。在对数据库中用户信息等数据进行调用时,不需要将多张表格数据合并后一起查询,只需要根据用户 ID 信息即可获取相应的数据。一般非关系数据库主要分为键值型(key-value)数据库、列存储数据库、文档型(document)数据库和图形(graph)数据库四种,其分别使用的数据存储特点、优缺点以及典型应用场景如表 4-1 所示。

表 4-1　各类数据库的优缺点及典型应用场景

分类	数据存储特点	优点	缺点	典型应用场景
键值型数据库	以键值对的形式存储数据,通常用哈希表来实现	数据查找速度快	非结构化数据,通常只涉及字符串或者二进制数据	主要用于处理大量数据的高访问负载情况,也用于一些日志式文件系统等
列存储数据库	列式存储,将同一列数据存储在一起	数据查找速度快,可扩展性强,更容易进行分布式扩展	功能相对局限	分布式文件系统
文档型数据库	以文档为单位存储数据	数据结构要求不严格,表结构可变,一般不需要像关系数据库一样预先定义表结构	查询性能不强,而且缺乏统一的查询语法	Web 应用

续表

分类	数据存储特点	优点	缺点	典型应用场景
图形数据库	以图结构存储数据	可以使用图结构相关算法查询（如最短路径寻址、N度关系查询等）	很多时候需要计算整个图结构才能得出需要的信息，而且这种结构不太适合制定分布式集群方案	社交网络、推荐系统等

（二）分布式系统

分布式系统的核心思想在于"分布式"，即将数据分散存储在多台计算机或服务器上，通过计算机网络将不同节点链接起来，让节点之间相互协作完成数据存取任务，节点的增减不受地理空间的限制，只须将相应节点添加或剔除出网络即可。分布式系统满足大数据的高可靠性、可扩展性的性能要求。分布式系统主要包括以下两类。

1. 分布式文件系统

分布式文件系统存储方案主要针对非结构化数据，不同的数据使用不同文件进行存储，文件系统为其提供最底层存储能力的支持。分布式文件系统允许通过网络在多台主机上使用文件系统，让不同主机上的用户共享文件和存储空间。常见的分布式文件系统包括 GFS（Google File System）、HDFS（Hadoop Distributed File System）等，它们在备份策略、数据访问模式等方面略有差异。常用于大数据平台的分布式文件系统如下。

1）GFS

GFS 是 Google 公司为满足公司需求而开发的基于 Linux 操作系统的可扩展的分布式文件系统。GFS 能够应用在成本较为低廉的普通硬件中，实现对大数据进行大型的、分布式的访问，但其不开源，仅能从 Google 公布的技术文档中获得相关信息。

2）HDFS

HDFS 适合在通用硬件上运行，做分布式存储和计算，因为它具有高容错性和可扩展性的特点，可部署在廉价的机器上，适合大数据的处理，且在离线批量处理大数据上有非常大的优势。

3）FastDFS

FastDFS 是由淘宝开发的一个开源分布式文件系统。它在文件管理中的功能有文件存储、文件同步、文件访问（文件上传、文件下载）等，解决了大容量存储和负载均衡方面的难题。其适用于以文件为载体的在线服务，如相册网站、视频网站等。FastDFS 为互联网量身定制，充分考虑了冗余备份、负载均衡、线性扩容等机制。使用 FastDFS 搭建一套高性能的文件服务器集群可以提供文件上传、下载等服务。

2. 分布式键值系统

分布式键值系统主要用于存储关系简单的半结构化数据。它将数据以键值对的形式进行存储，并将这些键值对分散在多个节点上，每个节点都可以独立地处理一部分数据，从而实现高可用性和可扩展性。常见的分布式键值系统有 Cassandra、Etcd 等。

1) Cassandra

Cassandra 是一个开源的、分布式的、无中心的、弹性且可扩展的、高可用性的、容错率高的、面向行的分布式键值系统。该系统目前已经被非常多的大型公司使用（如 Facebook、Twitter、Cisco、EBAY 等），能够支持海量的非结构化数据存储，但其数据模型较为复杂，不适合用作缓存，也不支持事务、聚合、连接等操作。

2) Etcd

Etcd 是一个开源的、基于 Raft 协议的、支持强一致性的分布式键值系统。其最主要的优点是能够保障数据的强一致性和线性一致性，有效避免了数据冲突和丢失，此外还有高可靠性、高效性、易用性等特点，适用于存储和管理分布式系统的配置信息和状态信息，但其扩展性较差，功能不够丰富，不支持海量的非结构化数据。

（三）云存储

云存储是指利用云计算相关技术及资源，将大数据存储在互联网的远程服务器中，从而实现数据高效、安全、低成本的管理及访问。云存储和分布式系统在技术和目标上有一定的类似之处，都使用分布式技术来提高数据的可靠性及数据存储和访问的性能，但云存储一般由云服务供应商提供存储服务，数据存储于云端，数据库的安全配置、访问方式、服务器存放地点均由云服务供应商决定；而分布式系统的数据则存储在用户自己或者第三方平台的多个计算机或者服务器上，企业拥有更高的数据控制权，同时也需要企业自主保障数据安全。

中国数据存储市场现状及挑战

中商产业研究院发布的《中国数据处理和存储服务产业招商指南》显示，中国数据存储行业市场规模一直保持增长趋势。2021 年我国数据存储行业的市场规模增长至 5983.44 亿元，同比增长了 10.11%，2022 年约为 6400 亿元。未来，随着市场数据量、数据类型、分析算法技术的快速发展，数据存储行业市场规模将持续扩大。

华为发布的《数据存储 2030》白皮书预测，2030 年全球每年产生的数据总量将会达到 1YB，相比 2020 年增长 23 倍。未来，全球数据发展将面临五个挑战：一是多样化数据挑战，非结构化数据持续增长，单一的存储介质难以满足多样化的数据存储需求；二是数据量暴增挑战，全球数据量年复合增长率为40%，但算力年增长率只有3.5%，数据处理能力难以应对数据量的高速增长；三是数据重力挑战，全球每年新增的数据只有5%被使用，庞大的未被使用的数据阻碍数据流转，影响数据价值的发挥；四是数据智能化挑战，新兴的智能化数据业务中，有70%的时间消耗在数据准备上，复杂的存储系统无法满足新兴智能化数据业务需求；五是绿色低碳挑战，每月读取一次全球数据会消耗全球4%~6%的电力，无法适应全球低碳发展的要求。

基于此，华为提出了数据存储2030倡议：第一，要发展多元化介质，重点推进介质应用创新；第二，推进以数据为中心体系架构的建设；第三，重视存力建设，以存补算，从数据处理的全流程来建立存力量纲；第四，建立数据重力相关指数的行业标准；第五，发展可持续IT，推进以IT系统效率为中心的数据原生节能标准的建设。

拓展阅读

中国信创数据库

在当前大数据快速发展的时代，数据库作为支撑数据存储和计算的核心组件，正发挥重要支撑作用。然而，在此前很长一段时间里，中国数据库相关产业都面临"卡脖子"的窘境，并且国内IT底层标准、架构、生态等大多数都由国外IT巨头制定，因此存在诸多安全风险。中国要逐步建立自己的IT底层架构和标准，形成自由开放的IT生态环境，而这也是信创产业的核心。信创产业链主要涉及四大部分：IT基础信息、基础软件、应用软件、信息安全。而信创数据库则是基础软件的一个重要部分。

对于金融行业而言，数据安全是开展金融业务的重要前提。一直以来，我国金融业使用的数据库大多是Sybase、Oracle等国外知名公司研发的数据库。近几年，随着国际形势紧张、科技竞争日趋激烈，我国信创数据库的重要性逐渐增大，在信创浪潮下，国内数据库市场百花齐放，涌现了一批性能优越的国产数据库产品，如武汉达梦数据库、易鲸捷数据库、腾讯云数据库、华为云数据库、金仓数据库等，这些数据库历经多行业、多场景验证，能满足很多用户需求。

《数据库发展研究报告（2023年）》指出，随着数字化转型深入推进和数据量的爆炸式增长，千行百业的应用对数据库的需求发生重大变化，推动了数据库技术加速创新，全球数据库产业快速发展，我国已迈入第一梯队。报告显示，2022年，全球数据库市场规模为833亿美元，中国数据库市场规模为59.7亿美元（约合403.6亿元人民币），占全球7.2%。预计到2027年，中国数据库市场总规模为1286.8亿元，市场复合年均增长率（CAGR）

为26.1%。2022年，公有云数据库市场规模为219.15亿元，占市场总体的54.3%，较2021年增长51.6%，我国公有云数据库市场规模首次过半。

国产数据库坚持自主独立研发，数据库产品的价格、性能、功能等方面都取得长足进步，产业生态逐步完善，基本上具备了比肩国外数据库的能力。

四、数据分析

数据分析是指根据分析目的，用适当的统计分析方法和工具，对收集到的数据进行处理和分析，提取有价值的信息，发挥数据的作用。数据分析的作用主要有三个：现状分析、原因分析和预测分析。数据分析的方法主要有对比分析、分组分析、交叉分析、回归分析等常用的统计方法。数据分析的结果一般是一些指标统计量，如总和、平均值、标准差、相关系数等，这些指标数据需要与业务结合才能进行解读，才能发挥出数据的价值和作用。

为了有效处理大规模数据集，满足更为复杂的数据分析需求，离线计算和实时计算技术被广泛应用于大数据的数据分析中。

（一）离线计算

离线计算通常也称为"批处理"，在进行计算的一开始就要确定好输入数据（输入数据不会发生变化），明确要求计算机需要输出何种类型的计算结果。离线计算有以下特点：① 数据量大且保存时间长；② 在大量数据上进行复杂的批量运算；③ 数据在计算之前已经完全到位，不会发生变化；④ 能够方便地查询批量计算的结果。

离线计算被广泛应用于对实时性要求不高的场景，延时一般在分钟级或小时级，比如离线报表、数据分析等，大多数用于定期数据分析，如每月进行一次销量统计。此外，离线计算也是数据分析的核心计算方式。例如，用户画像的构建是基于用户的年龄、性别、地域、职业、兴趣等多维度已有的信息，结合离线计算的大规模计算方式而实现的；在产品的优化与迭代上，通过对用户反馈、产品使用数据等进行离线分析，企业可以了解产品的优缺点，发现潜在的问题和改进空间，有助于企业优化产品功能、提升用户体验，进而增强产品的市场竞争力。

（二）实时计算

实时计算主要是指在数据产生的同时进行处理和分析，并在所需的时间内得到结果的计算技术。其用于数据持续更新，并且要求能够在秒级标准内进行海量的数据分析。实时计算有以下三大特征。

（1）无限数据。无限数据指的是一种不断增长的、基本无限多的数据集，这些通常被称为"流数据"，而与之相对的是有限的数据集——"批数据"。

（2）无界数据处理。实时计算是一种持续的数据处理模式，能够通过处理引擎来重复处理无限数据，能够突破有限数据处理引擎的瓶颈。

（3）低延迟。实时计算的延迟程度并没有明确的定义，但是实时计算通常用于一些需要快速响应的业务环境。一般而言，数据的价值会随着时间的流逝而降低，因此时效性是大数据分析需要持续解决的问题。

当前实时计算的应用场景相对广泛，例如，短视频平台捕获用户当前视频浏览行为后，从用户可能感兴趣的内容推荐上、社交平台上获取大量网友评论信息后进行实时推荐；快速分析舆情并且及时遏制不良舆情传播；进行工业设备运行情况分析以及意外状况快速处理等。在金融领域，实时计算同样发挥重要的价值。例如，银行常常需要避免信用卡欺诈、信贷申请欺诈等行为发生。不法分子的欺诈手段层出不穷，使用传统的反欺诈手段可能需要几个小时才能在庞大的交易数据中发现欺诈问题，此时再去进行案件处理通常为时已晚。实时计算技术能够在第一时间获取目标的地理位置、身份等多维度信息并进行数据分析，在数秒内即可得出判断结论，在资金被转移前锁定可疑人物，避免银行损失。

Apache Flink 简介

  Apache Flink 是由 Apache 软件基金会开发的开源分布式数据流处理框架，其核心是用 Java 和 Scala 编写的分布式数据流引擎。Apache Flink 以数据并行和流水线方式执行程序，Apache Flink 的流水线运行时系统可以执行批数据处理和流数据处理程序，能向用户提供离线计算和实时计算服务。Apache Flink 是目前唯一能同时集高吞吐、低延迟、高性能三者于一体的分布式数据流处理框架。Apache Flink 主要应用于实时推荐、复杂事件处理、实时欺诈检测等相关业务场景。

五、数据挖掘

  数据分析和数据挖掘都是使用数据的关键工作，有效的数据分析和数据挖掘能够更好地发挥数据的价值，并且一般都会基于大数据的分布式计算框架完成。相较于数据分析，数据挖掘更主要的是从大量的数据中，通过统计学、人工智能、机器学习等方法，挖掘出未知的、有价值的信息和知识的过程。数据挖掘的作用主要有四个：分类、聚类、关联和预测。数据挖掘的方法主要有决策树、神经网络、关联规则、聚类分析等高级数据分析方法。数据挖掘的结果一般是一些模型或规则，如分类模型、聚类模型、关联规则、预测模型等，这些模型或规则可以直接应用于未知数据的分析和决策。

数据分析与数据挖掘两者之间的目标、过程以及结果均有一定的差别。在目标上，数据分析的目标是对历史数据进行描述性和探索性的分析，把隐没在一大批看来杂乱无章的数据中的有价值的信息，集中、萃取和提炼出来，从而帮助用户透过数据去分析其背后的现状、产生相应现状的原因，以及对未来进行预测。数据挖掘的目的是通过观察大量的数据集，从数据中发现潜在的规律以及其他有价值的信息，并对未知数据进行预测分析。

数据分析的过程是先做假设，然后通过数据分析来验证假设是否正确，从而得到相应的结论；数据挖掘的过程是先建立模型，然后通过数据挖掘来发现模型的规律，从而得到相应的结果。在结果上，数据分析的结果是准确的统计量，需要人的智力活动来解释和应用；数据挖掘的结果是模糊的模型或规则，可以由机器自动地解释和应用。

简单来说，数据分析是分析一个群体中人们的生活习惯、作息等信息，从而进一步了解已知的规律，验证规律是否正确，数据挖掘则是基于已有的数据去主动寻找群体，挖掘群体内的规律以及群体间的差异。因此，数据分析和数据挖掘都是让数据产生价值的重要手段，两者相辅相成，数据分析的结果需要进行进一步数据挖掘才能指导决策，而数据挖掘在进行价值评估的过程中也需要调整先验约束后再进行数据分析。

拓展阅读

数据挖掘应用——尿不湿和啤酒

超市里经常会把婴儿的尿不湿和啤酒放在一起售卖，这样能够提高啤酒的销量。其背后的原理是什么呢？又是谁发现的这一看似无厘头的营销策略呢？

事实上，尿不湿和啤酒的关联购买行为最早是由美国零售连锁公司沃尔玛通过数据挖掘技术，由电脑自己"发现"的这个规律并告诉数据挖掘人员的。沃尔玛在海量的零售业务中积累了海量数据，拥有世界上最大的数据仓库系统之一，集合了所有门店详细的原始交易数据。在这些原始交易数据的基础上，沃尔玛采用数据挖掘技术去寻找数据之间的关联规则，关联规则中两个常见指标是支持度和置信度，支持度，表示 A 和 B 同时发生的概率，置信度则是在 A 发生的情况下 B 发生的概率。关联规则是数据挖掘的核心算法。沃尔玛发现，到超市去买尿不湿是一些年轻父亲下班后的日常工作，而他们中有 30%~40% 的人同时也会为自己买一些啤酒。因此沃尔玛在所有的门店里将尿不湿与啤酒并排摆放在一起，实现了尿不湿和啤酒这两个看似风马牛不相及的产品的销量双增长。

六、数据解释

数据解释是将计算机最终处理完成的数据呈现给客户的过程。设想一下，如果在进行完数据分析、数据挖掘以后，计算机给了一堆复杂的数据作为结果，对于一名大数据处理的工程师而言，这些数据或许便是现实世界的客观规律，而对于公司领导、业务人员及最终用户而言，这一串冷冰冰的数字和一堆废纸没有多大区别，因为他们不需要知道数据分析和挖掘的过程，而更想看到一个易理解的、直观的结论。数据解释的核心作用便在于此，将大数据分析与挖掘的结果通过界面化、图像化的方式展示出来，避免用户无法理解甚至误解数据分析的结果。优秀的数据解释一般都会使用到可视化技术，并且让用户能够通过界面操作参与到数据分析的过程。

数据可视化是将数据的含义用文字以及图形的形式展示出来的过程。其基本思想是将详细的数据转化为类似散点图、柱状图等图像，或者通过动画的形式展现某项数据随时间变化的过程，让用户可以从多个维度去观察数据。例如，将所有上市公司的年报、财务数据输入计算机中进行数据分析以后，可以通过词云图了解年报的信息变化，也可以用特定词的频次生成柱状图，以便看到不同企业对于同一内容的关注度的变化。

人机交互是指设计一个可交互的界面，将数据分析的结果以互动的形式展现出来，进而帮助用户更深刻理解数据分析的结果，同时还可以将数据分析的过程逐步展示给用户，用户不仅能知道结果是什么，还能了解结果是怎么得出的。与此同时，用户也可以主动提取特定数据生成的图形化结果。例如，ChatGPT 就是一种高级的数据解释工具，用户输入问题后，ChatGPT 能够对用户输入的语句进行分析解读，在后台借助自然语言处理、强化学习等技术对大数据进行分析并得到一定的结果，通过语言、图像等方式在界面反馈给用户。

总之，大数据与传统数据在数据特征、数据结构和数据存储上存在显著差异，这些差异使得大数据应用技术成为金融科技先行发展的核心技术。

（1）大数据分析是对整个数据全集直接进行存储和管理分析。这个数据全集的数据包含结构化数据与非结构化数据、关联性与非关联性数据，往往是一个场景的全部相关个体产生的全部数据。例如，网络购物平台的购物数据，这些数据不仅包含购买品种、数量、价格，还包括由用户 ID、商品 ID、商品类目 ID、行为类型和时间戳组成的消费行为数据全集，如购物浏览时长、点击率、客户定位、送货地址等海量数据。因此，大数据和以往单独的社会个体发生的社会行为和经济行为产生的数据相比，如面板数据、关联性数据或者结构性数据，有一个本质区别，那就是传统数据分析往往基于一个很小的数据集而对整个数据进行预测和判断。大数据分析则是对整个数据集进行分析和挖掘。

（2）数据特征完全不同。传统数据分析是小样本分析，往往用小样本预测整个数据全集的特性，这就决定了所采集的小样本必须具备高品质特征，因此其对于偏差的容忍度很低，要求越小越好。大数据分析则是对数据全集进行分析，所以对数据的一些偏差是有一定的包容性的，数据全集本身就包含不相关的数据，因而始终存在偏差。

（3）数据分析侧重点完全不同。传统数据分析是基于小样本数据对数据全集进行分析和预测。所以，在整个预测分析过程中往往采用因果关系推理。对于大数据分析而言，因果关系并不是其关注点，其关注的是整个数据全集的关联性和规律性。对企业来说，它们需要了解的是关联性和规律性特性。比如啤酒的销量往往跟尿不湿的销量同步上升，那么在大数据的分析下，我们不需要了解为什么啤酒和尿不湿的销量会同步增长，只需要知道尿不湿和啤酒的销量是同步上升的就可以了，基于这样的分析，企业可以快速、灵活地制定很多商业策略和采用相关营销手段。

（4）数据分析效率完全不同。大数据分析打破了传统数据先搜集、清洗、存储，然后再进行分析的滞后手段。大数据的采集、存储与分析是同步进行的，时效性高，没有严格的顺序，比传统数据分析的速度快得多。

总体而言，大数据价值的实现需要经历数据采集、预处理、存储、分析、挖掘、解释等多个步骤，每个步骤都涉及了复杂的技术。为了向用户提供更为全面、便捷的大数据处理手段，Apache 软件基金会开发了 Hadoop 大数据框架，提供了一个囊括大数据存储、分析、挖掘等多个功能在内的解决方案。对于金融行业而言，该行业经历了数十年的发展，已经累积了非常庞大的数据量，金融大数据在得到更多关注的同时也受到了更严厉的监管，金融科技从业者需要紧紧守住金融大数据使用底线，在合法合规的场景下发挥大数据的价值。

Hadoop 大数据框架

Hadoop 是一个由 Apache 软件基金会所开发的分布式系统基础框架，主要解决海量数据的存储和分析计算问题。Hadoop 核心功能是 HDFS 和 Map-Reduce。通俗来说，假设你面对 100TB 的数据时，如果你使用传统方法去处理，数据库大概率是提供不了如此庞大的存储空间的，并且即使数据库够用，那么在有限的 CPU 和内存资源下，能够处理的数据量也是极少的，处理数据的耗时也非常大。在 Hadoop 分布式系统基础框架下，HDFS 这个分布式文件系统会将 100TB 数据分块存储在不同服务器（节点）中，然后在每个服务器中处理相应文件。比如在 Hadoop 框架下设置了 1000 个服务器提供计算和存储资源，相当于有无数个服务器并行处理，并且每个服务器都不需要太高的配置。而这些处理任务是由 Map-Reduce 统筹分配的。也就是说，HDFS 负责将文件分布式存储在多个服务器（节点）上，Map-Reduce 则通过编写处理任务的代码，将文件进行切割，然后将文件以及任务资源（比如 JAR 软件包，涵盖你设置的处理逻辑）分发给多个服务器，每个服务器进行并行处理。

Hadoop 强大的功能有以下优点。

（1）高可靠性：Hadoop 按位存储和处理数据的能力值得人们信赖。

（2）高扩展性：Hadoop 是在可用的计算机集簇间分配数据并完成计算任务的，这些集簇可以更方便地扩展到数以千计的节点中。

（3）高效性：Hadoop 能够在节点之间动态地移动数据，并保证各个节点的动态平衡，因此处理速度非常快。

（4）高容错性：Hadoop 能够自动保存数据的多个副本，并且能够自动将失败的任务重新分配。

（5）低成本：与一体机、商用数据仓库以及 QlikView、Yonghong Z-Suite 等的数据集相比，Hadoop 是开源的，所有企业和个人均可免费下载使用，因此使用 Hadoop 将使软件开发成本大大降低。

（资料来源：汤少梁主编，《大数据管理与应用专业导论》，东南大学出版社，2021年版）

第三节　金融大数据的应用场景及应用方法

金融大数据是大数据中的一个子集，这些数据通常由金融机构、个人和政府机构，在支付结算、股票以及金融衍生品交易、资金拆借、货币发行、票据贴现与再贴现等与金融相关的行为中产生。金融大数据涵盖了交易记录、市场数据、个人信用信息等。金融大数据具有极大量、多维度、完备性、时效性等特征，人们根据金融大数据进行决策时，必须借助机器学习、物联网、区块链等人工智能技术对大数据进行甄别、判断和预测。金融大数据作为金融行业与信息技术相结合的产物，目前已经广泛应用于银行、保险、证券等多个领域，并且随着技术的进步和数据的开放，金融大数据预计将与实体经济更加深度融合，创造更多价值。金融服务将变得更加智能化，不断提升用户体验。本节详细介绍金融大数据在银行、保险、证券投资三大行业中的应用，便于大家更好理解大数据技术在金融行业的应用。

一、金融大数据在银行业的应用

对于银行而言，金融科技的冲击下催生出互联网金融模式，迫使银行改变传统以线下网点运营为核心的模式，将获取客户、服务客户、管理客户等业务围绕金融大数据进行升级和完善。目前国内也已经有许多银行围绕金融大数据来开展业务，例如，武汉众邦银行自主研发并打造了"天衍""司南""倚天""洞见""众目"一体化大数据风控系统，实现贷前、贷中、贷后全流程的风险监控；中信银行信用卡中心围绕消费场景产生的大数据打造了客户价值链，为客户提供了差异化的实时营销；光大银行围绕用户在社交媒体中的数据建立了社交网络信息数据库，等等。总体而言，金融大数据在银行业的应用可以分为以下三大方面。

(一) 精准营销

精准营销是在对用户进行精准定位的基础上，向用户建立个性化的沟通服务体系，从而实现在合适的时间、地点，以合适的价格、合适的营销渠道，为顾客提供最适合的产品。精准营销以对用户进行精准定位为前提，银行需要依托金融大数据构建客户画像。客户画像主要分为个人客户画像和企业客户画像。个人客户画像包括客户个人特征、消费能力、兴趣、风险偏好等；企业客户画像包括企业的生产、流通、运营、财务、销售和客户数据，相关产业链上下游情况等数据。客户数据的来源通常不仅是银行存量数据，因为很多时候银行拥有的客户信息并不全面，只考虑银行自身拥有的数据有时候难以得出理想的结果甚至可能得出错误的结论。比如，如果某位信用卡客户月均刷卡 8 次，平均每次刷卡金额为 800 元，平均每年打 4 次客服电话，从未有过投诉，按照传统数据分析，该客户是一位满意度较高、流失风险较低的客户。但如果查看该客户的微博，得到的真实情况是：该客户的工资卡和信用卡不在同一家银行，还款不方便，好几次打客服电话都没接通，客户多次在微博上抱怨，该客户流失风险较高。因此，银行在构建用户画像时，应该从多方面去采集、整合用户数据，从而构建出更全面的客户画像。客户数据来源有以下几种。

(1) 社交媒体中的客户行为数据。通过捕获社交媒体中客户发布的文本信息中的关键词，可以进一步了解客户对于某一产品的情绪倾向，获得更为完整的客户画像，便于进行精准营销和管理。

(2) 客户在电商网站或者各类供应链交易平台中的交易数据，如众邦银行围绕卓钢链、中农网等平台中的供应链交易数据，为小微企业提供信用贷款；阿里金融基于用户在阿里巴巴各大平台的历史交易数据，向高信用、有潜在融资需求的用户定向提供无抵押信用贷款。

(3) 企业客户的税务信息数据。通过对企业纳税额度、企业纳税行为和企业纳税信用等信息进行不同角度、不同维度的系统性分析，有效避免了财务数据不透明、不准确而导致的贷款风险，可以更好地了解企业的经营状况，识别企业的现金流状况，有利于更加精准地测算企业的融资需求和信用水平。

在客户画像的基础上，银行可以有效地开展精准营销，包括如下方面。

(1) 实时营销。实时营销是根据客户的实时状态来进行营销，比如客户当时的所在地、客户最近一次消费等信息，有针对性地进行营销。例如，某客户用信用卡采购孕妇用品时，可以通过数据建模，推测其怀孕的概率并为其推荐孕妇通常喜欢的产品和服务。也可以以改变客户生活状态的事件（换工作、改变婚姻状况、置办新房等）为契机，及时向其推荐信用卡办理业务。

(2) 交叉营销，交叉推荐不同业务或产品。例如招商银行通过对客户交易记录的分析，有效识别了小微企业客户及其目前持有的金融产品，从而对这些客户中仅持有本行借记卡的人群定向推荐信用卡。

(3) 个性化推荐。银行可以根据客户的偏好进行服务或者银行产品的个性化推荐，如根据客户的年龄、资产规模、理财偏好等，对客户群进行精准定位，分析出其潜在的金融服务需求，进而有针对性地进行营销推广。

(4) 客户生命周期管理。客户生命周期管理包括新客户获取、客户流失预测、流失客户特征分析和客户赢回等。如招商银行通过构建客户流失预警模型，对流失率等级排行前 20% 的客户发售高收益理财产品予以挽留，使得招商银行金卡和金葵花卡客户流失率显著降低。

(二) 风险管理与风险控制

金融大数据为银行的风控（风险控制）也带来了巨大改变。传统的风控做法更多依赖于专家经验，这种方式无法量化用户风险，同时对客户的风险控制能力较低，一般只能服务大额的贷款业务。在金融大数据的发展下，银行风险管理和风险控制也逐步从人工模式转变为标准化和数字化模式。

在风险管理上，金融大数据主要帮助银行通过企业的生产、流通、销售、财务等相关信息，结合金融大数据挖掘方法进行贷款风险分析，量化企业的信用额度并计算合适的贷款利率，从数据中明确客户信用水平，在降低客户的抵押贷款压力的同时提高信用贷款的可获得性，从庞大的中小微企业群体里识别出高信用、经营稳定的优质客户并提供金融服务。

在风险控制上，金融大数据帮助银行实现了对客户的欺诈行为的识别，并对反洗钱行为进行监控。银行可以利用持卡人的基本信息，交易历史，客户历史行为模式，正在发生的行为模式（如转账），其在税务、工商、征信中的个人基本信息和行为信息等，结合银行自主开发的智能规则引擎，进行实时的交易反欺诈行为分析。例如，众邦银行打造的大数据风控模型能够根据目标企业的股东信息情况以及对外投资情况，评估关联人的风险状况，全面解析企业关联关系，识别并评估出申贷客户可能存在的群体欺诈风险、个体欺诈风险以及信用风险，为其服务的中小企业及个体客户提供资金安全保障。

(三) 运营优化

运营优化方面主要包括如下内容。

(1) 市场和渠道分析优化。通过金融大数据，银行可以监控不同市场推广渠道，尤其是网络渠道推广的质量，从而进行合作渠道的调整和优化。同时，也可以分析哪些渠道更适合推广哪类银行产品或者服务，从而进行渠道推广策略的优化。

(2) 产品和服务优化。银行可以将客户行为转化为信息流，并从中分析客户的个性特征和风险偏好，更深层次地理解客户的习惯，智能化分析和预测客户需求，从而进行产品创新和服务优化。如兴业银行通过对还款数据的挖掘，比较和区分优质客户，根据客户还款数额的差别，提供了差异化的金融产品和服务。

(3) 舆情分析。银行可以通过网络爬虫技术，抓取社区、论坛等平台上关于银行以及银行产品和服务的相关信息，并通过自然语言处理技术进行正负面判断，尤其是及时掌握银行以及银行产品和服务的负面信息，及时发现和处理问题；对于正面信息，可以加以总结并继续强化。同时，银行也可以抓取同行业银行的正负面信息，及时了解同行做得好的方面，以便为自身业务优化提供借鉴。

众邦银行依托数智风控，护航小微企业行稳致远

众邦银行大数据平台支持分布式对象存储、分布式文件系统存储，支持元数据的高可用管理，具有可拓展、强一致性的特点，具备低成本的 TB 级别的数据存储能力，可提供近 300TB 的数据存储空间，提供基于 SparkSQL、HiveSQL、MR 的统一计算入口，支持千亿级别的数据计算，各个组件服务采用主从互备的部署方式，保证了组件服务的高可用性，能够适应高频计算、高频存储的业务场景，为众邦银行的数据仓库业务、数据跑批、数字众邦、风险集市等项目提供基础存储和计算平台。

大数据平台在数据分层上划分为数据分析层、计算引擎层、资源管理与服务协调层、数据存储层、数据收集层。其中数据分析层可直接与用户应用程序对接；计算引擎层具有批处理的高吞吐率，秒级交互处理，实时流处理的能力；资源管理与服务协调层能实现资源隔离、存储动态调整、多租户模式，资源利用率高、运维成本低；数据存储层可存储海量结构化和非结构化数据，可支持存储多种数据模型；数据收集层可在具有分布式、异构性、多样化、流式生产的数据源中进行准实时或实时数据收集，具备灵活的扩展性、可靠性、安全性、低延迟等特点。

众邦银行充分发挥大数据风控优势，以优质金融供给助力企业行稳致远。在建立传统的全面风险管理体系的同时，众邦银行引进人工智能、云计算等互联网技术，建成"天衍""司南""倚天""洞见""众目"一体化大数据风控系统，全面实现线上信贷业务的贷前审核、贷中管理、贷后监控等全流程的智能化与自动化。同时，持续打造自主数智化营销与服务体系，围绕用户全生命周期，搭建智能营销、公共服务管理、营销大数据分析平台，基本实现"业务数据化、数据业务化"的数字化转型目标，为金融服务提供数智支撑。

在风险识别难度大的小微企业风控方面，众邦银行持续提升模型效能，不断精研机器学习算法，提升精准量化和识别风险的能力。建立统一的反欺诈风控体系，利用生物雷达反欺诈、精准画像，有效进行防诈资金保护、风险账户查控、非法开户防范等；建立用户多维风险画像、生意社交关联图谱等数据模型，适配授信客户差异化的风控策略和管理方式；通过学习算法，搭建隐私平台，保护数据安全。

2023年8月,武汉金利恒不锈钢有限公司因订单增多导致流动资金不足,向众邦银行申请了一笔信用贷款。众邦银行运用大数据风控系统,对该企业各项经营数据进行分析,结合其可抵押资产有限的实际情况,众邦银行为其专项匹配了"众商贷"产品,经自动化审批向其授信200万元并完成放款,解决了该企业的资金周转难题。

"众商贷"是众邦银行打造的一款纯信用泛供应链金融贷款产品,运用大数据风控技术,结合企业纳税、产业链属性等数据,做到"纯信用、无抵押、全线上、随借随还"。截至2023年11月末,"众商贷"已累计服务小微企业客户42.5万户。

(资料来源:《众邦银行:数字化推动金融服务提质增效 做好金融"五篇大文章"》,载《人民日报》,2023-12-19)

二、金融大数据在保险业的应用

金融大数据技术在保险业的应用具有得天独厚的优势。首先,保险业在提供保险、理赔服务过程中本身就会产生大量数据。其次,保险经营的基础是大数法则,即在收集大量类似风险的数据后,预测和计算风险发生的概率和可能导致的损失,从而制定合理的保费,储备足够的赔付金。而金融大数据可以帮助保险公司从海量数据中提取有价值的信息,以支持更精确的风险评估和决策制定,对于概率评估的可信度和准确性有重要作用。金融大数据影响着保险行业的日常运作,在价值链的方方面面都有所体现,本节主要分析保险行业的金融大数据应用最主要的两大方面:客户市场细分和精准营销、风险管理和预防。

(一)客户市场细分和精准营销

通过分析大量的客户数据,保险公司能够更准确地理解客户需求和市场细分,从而实现精准营销。通过分析客户的基本身份信息、消费行为、偏好和社交媒体活动等,可以预测和了解客户需求,挖掘潜在客户,并推荐适合的产品。在对客户进行市场细分时,首先要构建客户画像,量化客户的风险偏好。风险喜好者、风险中立者和风险厌恶者有不同的保险需求。一般来讲,风险厌恶者有更大的保险需求。结合客户的风险偏好以及客户的需求进行客户分类,从而针对不同类型的客户提供不同的产品和服务策略。同时保险公司可以通过收集互联网用户的各类数据,如地域分布等属性数据,搜索关键词等即时数据,购物行为、浏览行为等行为数据,以及兴趣爱好、人脉关系等社交数据,可以在广告推送中实现地域定向、需求定向、偏好定向、关系定向等,实现精准营销。

对客户市场细分还有助于进行客户关联销售。保险公司可以通过关联规则找出最佳险种销售组合、利用时序规则找出顾客在生命周期中购买保险的时间顺序,从而把握保户(被保人),提高保额,建立向既有保户再销售的清单与规则,从而促进保单的销售。除了这些做法以外，借助金融大数据，保险业可以直接锁定客户需求。以淘宝运费退货险为例，据统计，淘宝用户运费险索赔率在50%以上，该产品对保险公司带来的利润只有5%左右，但是有很多保险公司都有意愿提供这种保险。因为客户购买运费险后保险公司就可以获得该客户的个人基本信息，包括手机号和银行账户信息等，并且能够了解该客户购买的产品信息，从而实现精准推送。假设某客户购买并退货的是旅行用品，保险公司得到这一数据后可以推测该客户近期是否有出行旅游计划，可以向其推荐旅游险等有较高利润的产品。

（二）风险管理和预防

金融大数据还可以提高保险业的风险管理能力，防止保险欺诈等行为的发生。从本质上看，欺诈是双方信息不对称所致，而金融大数据能够弱化部分信息的不对称，从而降低保险公司的赔付成本，保障保险公司的正当权益。在反欺诈方面，以往保险公司主要依靠一些固定的审核标准以及理赔人员积累的经验来判断是否存在保险欺诈。但这一方法高度依赖理赔人员的个人经验、公安机关的合作情况。大数据技术对欺诈行为分析的作用并不仅在于掌握大量数据信息，更重要的是能够对相应的信息进行专业化的分析和处理，从而迅速获得隐藏其后的有用信息，实时进行风险管理和预防，其中包括医疗保险欺诈风险和车险欺诈风险等。

在医疗保险欺诈方面，主要有非法骗取保险金风险和医疗保险滥用风险。非法骗取保险金即通过伪造虚假病例、篡改医疗记录和检查报告、虚构保险事故等行为非法获取保险理赔，从而导致保险公司利益受损。而医疗保险滥用即在理赔额度内重复就医、浮报理赔金额等。利用大数据技术，保险公司能够利用用户过去的理赔数据以及医院收费数据等，寻找影响保险欺诈最为显著的因素以及这些因素的取值区间，建立预测模型，并通过自动化计分功能，快速将理赔案件根据医疗保险欺诈的可能性进行分类处理。

在车险欺诈方面，保险人可能通过故意制造交通事故、夸大损失或与修车厂合谋套取保险金。在大数据的帮助下，保险公司可以基于过去的欺诈事件建立预测模型，将理赔申请分级处理，这在很大程度上可以解决车险欺诈问题，包括车险理赔申请欺诈侦测、业务员及修车厂勾结欺诈侦测等。

拓展阅读

保险公司正成为大数据公司

很长时间以来，数据都是保险公司经营的基础，但是由于数据的缺乏，数据分析能力的不足，经验判断在保险运营中仍起主要作用。但是在今天，移动互联网、物联网传感器、视频采集系统等的数据海量增长。在大数据的海洋中，数据存储、分析技术取得突破性进展，实现了商业智能突破，保险公司进入了大数据时代。

随着保险公司在线化与数字化的深入,从承保、理赔,到营销、精算,几乎所有的环节中,数据都是核心引擎。由此产生的智能化应用全面改造经营模式,形成对人工、人力与人脑越来越多的替代。

知名保险学者王和曾经说过,大数据的本质是解决预测问题,大数据的核心价值就在于预测,保险业经营的核心也是基于预测。大数据时代对于保险业来讲,既是机遇,更是挑战。

在大数据时代,保险业的背后一定是数据的驱动。要做到业务数据化,数据业务化。保险企业要先实现在线化,再实现数据化、智能化,打造底层的数据平台,才能为精细化经营插上数据翅膀。例如,我们做代理人管理,做新人的管理,你需要知道他所有的行为,要知道他每天到底有多少拜访,拜访的每个环节的内容是什么,最后成交量是多少,真正有这些数据之后才能知道每个步骤转化率是多少,才能精准地做营销的升级和转变。未来管理一定是精细化、精准化的,好数据会起到非常大的作用。

(资料来源:《保险公司正成为大数据公司》,中国银行保险报网)

三、金融大数据在证券投资业的应用

相对于银行和保险业,证券投资行业的金融大数据应用起步相对较晚,但大多数券商已经意识到金融大数据的重要性,并将金融大数据应用于量化投资和智能投顾中。

(一) 量化投资

量化投资是一种基于数学模型、统计分析和计算机技术的投资策略,它通过分析大量的历史和实时数据来识别潜在的投资机会,并自动执行交易。量化投资的核心在于数据分析和算法驱动的决策过程,这使得它在执行效率、减少情绪干扰、风险管理和发现复杂市场模式方面具有优势。而大数据在量化投资中扮演着至关重要的角色。随着信息技术的发展,投资者可以访问到前所未有的数据量,包括市场数据、财务报告、新闻事件和社交媒体情绪等。这些数据不仅增加了可用于构建投资模型的信息量,而且提高了模型的预测能力。大数据使得量化投资的技术人员能够从更多的数据中提取信号,发现市场趋势和异常模式,从而在市场中寻找投资机会。

量化投资策略的类型多样,包括但不限于市场中性策略、套利策略、动量策略和机器学习策略。这些策略利用大数据来识别和利用市场的统计特性,以实现超额收益。例如,市场中性策略可能会用大数据来识别并投资那些预期表现优于市场的股票,同时对冲掉系统性风险;套利策略则可能利用大数据来识别价格差异,通过同时买入、卖出相关资产来实现套利。

总的来说,大数据为量化投资提供了强大的支持,使得投资决策更加科学和精确。然而,需要注意的是,量化投资并非没有风险,市场的不确定性和模型的局限性都可能影响投资结果。因此,量化投资者需要不断地更新和优化其模型,以适应市场的变化。

(二) 智能投顾

智能投顾,一般也称为机器人投顾,是一种结合了现代资产组合理论、投资者个人财务状况、理财目标和风险偏好的金融科技应用。在了解智能投顾之前,我们先来解释一下"投顾",投顾即投资顾问。投资顾问指的是在询问了客户的资产情况和债务情况后,为客户做财务规划,告诉客户如何合理地分配收入、管理资产和债务,然后根据客户的风险偏好和投资目标,为客户评估风险等级,并根据风险等级提供投资建议,构建投资组合。而智能投顾则可以通过人工智能等技术完成整个财富管理流程,为理财投资需求相对简单的大众客户,尤其是长尾客户,提供一站式财富管理解决方案。

智能投顾的实现离不开大数据的支持。在进行智能投顾的过程中,第一步是要了解客户的风险偏好以及其偏好的变化规律。然而,客户的风险偏好在大部分情况下并不能直接通过问答方式得出,甚至客户自己也说不出其风险偏好,而是要基于用户的金融交易数据、行为数据去进行判断和预测。此外,客户的风险偏好也可能随着熊市和牛市的变化、参与投资的次数而变更,因此智能投顾需要在大数据中发现客户实时风险偏好,并以此为基础,结合算法模型定制个性化的资产配置方案。同时利用互联网对用户个性化的资产配置方案进行实时跟踪和调整,最终在用户可以承受的风险范围内实现收益最大化。

目前全球的智能投顾处于高速发展阶段。据 Statista 的统计,2016 年底,全球智能投顾管理资产规模约为 1262 亿美元,不足全球资产管理总规模的 1%;2017 年底,这一数字增长至 2264 亿美元,年同比增长率高达 79%;截至 2022 年底,全球智能投顾管理资产规模已达 2.45 万亿美元。我国智能投顾业务起步较晚,彼时国内银行、基金管理机构、券商以及第三方理财平台等相继上线智能投顾服务,配置的投资标的主要包括货币基金、固定收益、股票型基金和债券等类型。随着智能投顾的不断发展,其在理财领域一度受到热捧,平台数量和规模不断扩张,并且部分机构在智能投顾业务中引入了自然语言处理、智能聊天机器人、生成式 AI 等技术,加速了业务模型的升级。例如,星环科技推出的星环无涯金融大模型,在智能投顾业务方面可为用户提供智能选股、智能选基、智能舆情推理、智能组合优化、智能交易风控等服务。

拓展阅读

智能投顾替代了传统投顾吗?

中国证券业协会发布的《2021 年度证券公司投资者服务与保护报告》显示,我国股票市场中个人投资者数量已超 1.97 亿户,其中只有 36.6% 的投资者具备经济金融相关背景,并且个体投资者往往存在过度自信、羊群效应等非理性行为，在此背景下，寻求投资顾问的金融建议成为改善投资者金融投资决策更为简便的方法。但是在人工智能高速发展的大环境下，传统投顾的市场是否会被智能投顾挤占这一问题也得到了人们的广泛关注。一方面，传统投顾对投资者而言成本更高，集中服务于有较大资金规模的投资者，基于其自身的金融经验与从业水平为客户提供投资建议；而智能投顾的成本相对低廉，基于大数据和算法模型推荐投资产品，提出投资建议，能够服务广大的中小投资者，两者服务的人群可以互补。另一方面，两者都属于投资顾问业务，都能为投资者提供投资建议，其在功能上并没有本质区别。

为了回答这一问题，路晓蒙等人利用2018—2021年全国16家证券公司收集的96313名股票个人投资者的调查问卷数据，从客户资源和服务效果两个方面分析了智能投顾与传统投顾的"替代"或"互补"作用。在客户资源方面，二者存在逐步"替代"效应，即智能投顾和传统投顾覆盖的客户年龄分布逐渐重合。在服务效果方面，二者发挥着"互补"的作用，智能投顾在提高客观投资绩效上更胜一筹，但传统投顾服务能够满足投资者的主观心理需求，使投资者获得"内心的安逸"，这使得投资者对传统投顾的总体评价更高。

除此之外，作者还对未来的传统投顾和智能投顾的"互补"或"替代"做出两种可能的讨论：一是"长期互补"，二者可能因市场细分不同和消费者需求的多样性而长期共存、互为补充；二是"最终替代"，智能投顾因更先进的技术和更好的用户体验而逐渐取代传统投顾。新产品是否会取代旧产品要考虑多个因素，例如技术创新、效益、市场需求和市场定位等。

（资料来源：路晓蒙、王一冰、吴卫星，《传统投资顾问和智能投资顾问：替代还是互补？》，载《管理世界》，2023年第39期）

本章小结

本章主要围绕大数据技术这一概念，介绍了大数据的发展、来源、类型以及特征等基础知识，并阐述了大数据从获取到产生价值的过程中，涉及的核心流程及相关技术。本章分析了金融大数据当前在银行业、保险业、证券投资业中主要的应用场景及应用方法，旨在帮助读者更好地了解大数据技术及其应用业态。

思考题

1. 大数据的概念是什么？它有哪些主要特征？
2. 大数据的采集技术有哪些？它们之间的关系是什么？
3. 大数据处理包括哪些步骤及技术？这些步骤的目标是什么？
4. 离线计算与实时计算各自有什么优缺点？
5. 金融大数据有哪些应用场景？这些应用场景有哪些共同特征？
6. 你认为金融大数据在未来会面临哪些风险和挑战？

第四章
参考资料

第五章

区块链

  区块链作为比特币的底层技术，其伴随着比特币的出现而问世。但是，区块链的用途远不止于此，它不仅是加密货币的基础，更是一种兼具去中心化、安全透明、保障隐私等诸多优良性能的分布式账本。正因如此，区块链技术得以由小众研究走向大众市场，并引发了全球范围内的关注。在应用范围上，区块链已逐步超越加密货币的范畴，并开始在金融、供应链、医疗、物联网等众多领域中展现出巨大的潜力，成为各行各业的热门话题。近年来，区块链因其独具的"特色"与"魅力"，赢得了越来越多国家的支持，我国同样对区块链的发展给予了高度重视。2019年10月24日，习近平总书记在中央政治局第十八次集体学习时强调，把区块链作为核心技术自主创新重要突破口，加快推动区块链技术和产业创新发展。

  然而，当前区块链对于大多数人而言仍是一个新鲜而陌生的概念。本章分为五个小节，第一节介绍区块链的起源、定义、发展历程、基本特征；第二节介绍区块链的技术框架；第三节介绍区块链的主要类型，包括公有链、联盟链和私有链；第四节总结区块链目前所面临的风险、机遇和挑战、发展方向；第五节以商业银行与农地经营权抵押融资两大应用场景为例，让读者了解区块链在实际业务中是如何运作的。

■ 第一节 区块链概述

■ 一、区块链的起源

  区块链最初源于比特币的诞生。在此之前，有众多的先行者们在数字货币的道路上不断探索，在此过程中所积累的经验教训与相关技术的创新突破为比特币的成功推出及更具实用价值与推广意义的底层核心技术——区块链的诞生奠定了坚实的基础。

1990年,被誉为数字货币教父的戴维·乔姆(David Chaum)创立了数字现金公司(DigiCash),其中,电子货币为该公司的核心项目,其运用"盲签"技术,使用户可以匿名交易,保障了用户的隐私安全。然而,电子货币并未摆脱对一个中心化的可信中介机构的依赖,此外,电子货币仅支持用户同商家之间的交易,并不支持用户之间的交易。此后,该公司在1998年宣布破产,具有革命性意义的电子货币就此终结。

1997年,亚当·贝克(Adam Back)发明了哈希现金(Hashcash)。哈希现金是工作量证明(proof of work)的早期应用,通过要求计算机在获得发送信息的权限之前做一定的计算工作,进而筛选出进行非正常信息传播的计算机,这也为比特币共识机制的设计提供了基础思路。同年,哈伯(Haber)和斯托尼塔(Stornetta)则进一步提出了采用时间戳①的方式表达数字文件创建的先后顺序。文件创建后,时间戳便无法改动,从而降低了文件被篡改的可能性,保障了数字文件的安全。

1998年,戴伟首次提出了匿名的、分布式的电子加密货币系统——B-money,该电子加密货币系统强调了点对点的交易与不可更改的交易记录,且网络中的每一位交易者都能够保持对交易的跟踪。然而,B-money并未解决账本同步的问题,致使全体节点无法对"工作量证明"达成一致,继而导致"造币"过程难以实现。但是,B-money所提出的分布式思想具有里程碑式的意义,更是比特币中分布式技术的"启蒙者"。

先行者们在数字货币领域经过不断的失败、探索与突破后,2008年,一位化名为"中本聪"(Satoshi Nakamoto)的人,在其发表的《比特币:一种点对点的电子现金系统》一文中首次提出了比特币的概念,其汲取了数字货币发展历程的经验与教训,并提出希望构建一套完全通过点对点技术实现的电子现金系统,使得支付的双方能够不需要通过任何的第三方机构而直接对接,从而起到保障用户隐私安全的作用,并防止伪造货币及双重支付的问题。

2009年,比特币正式问世。2010年,为了证实比特币能否在现实世界交易,程序员Laszlo Hanyecz用一万枚比特币购买了两张披萨,比特币的货币职能由此开启。虽然全球范围内有多个国家允许比特币流通,但比特币在应用的过程中也暴露出大量的问题。2011年,比特币因其匿名性被用作各类罪恶交易的交易媒介。2013年,当时最大的比特币交易平台遭遇重大安全事件,其自有及用户账户中的比特币被盗,该平台于2014年决定暂时关闭其所有交易,比特币的价格也因此暴跌。此外,比特币的挖矿竞争机制也造成了巨大的电力资源损耗和环境污染。

虽然比特币存在诸多问题,但其技术思想——区块链,至今仍影响深远。区块链是一种具备去中心化、透明可信、高度自治、隐私保障、难以篡改等优良特性且能够显著降低信任风险、简化交易流程的底层技术。区块链技术逐步从比特币中剥离出来,并获得了广泛应用。

---

① 时间戳是计算机科学中常见的术语,是指一种记录时间的方式,通常用于记录某个事件的发生时间或者文件的创建、修改时间等信息。简单来说,时间戳就是一串数字,表示从某个固定时间点开始到现在的时间长度,通常以秒为单位计算。

■ 二、区块链的定义

区块链融合了密码学、数学、计算机、互联网等多门学科技术,《中国区块链技术和应用发展白皮书（2016）》将区块链定义为一种"利用块链式数据结构来验证与存储数据、利用分布式节点共识算法来生成和更新数据、利用密码学的方式保证数据传输和访问的安全、利用由自动化脚本代码组成的智能合约来编程和操作数据的一种全新的分布式基础架构与计算范式"。

通俗来讲，区块链是一种块链式存储、不可篡改、安全可信的去中心化分布式账本，它结合了分布式存储、点对点传输、共识机制、密码学等技术，通过不断增长的数据块链记录交易信息，确保数据的安全和透明性。本质上，区块链就是一种可供全民参与的记账方式，区块链系统给予每位用户参与记账的机会。每位参与记账的用户都拥有属于自己的数据库，并可对数据的变化进行记录。区块链系统能够自动识别出记账最快最准的参与者，并将其所记录的内容附加到其所拥有的数据库中，新的内容将按照记入数据库的时间先后顺序与数据库中已有的数据记录串联成数据链，从而形成一个可按时间顺序追溯数据记录的账本，并将相同的内容转发给系统中的每一个数据库，使系统中每一位用户的数据库中都记录下完整的数据，从而实现分布式共享记账。

■ 三、区块链的发展历程

目前，业界内普遍将区块链的发展分为以下三个阶段：2008—2013 年为区块链 1.0 阶段，该阶段是以比特币为代表的数字货币应用阶段，其应用场景包括支付、流通等，经济形态以比特币及其产业生态为主；2013 年至今，为以以太坊为代表的区块链 2.0 阶段，在该阶段，区块链应用加入了智能合约功能，使得区块链从最初的货币体系拓展到股权、债权和产权的登记、转让，证券和金融合约的交易、执行，以及防伪等领域。未来，区块链将进入 3.0 时代。伴随可扩展性和效率的提高，区块链应用范围将超越金融范畴，拓展到身份认证、仲裁、公证、审计、物流、医疗、能源、签证等领域。

（一）区块链 1.0 阶段

区块链的应用主要体现在数字货币上。比特币是区块链技术最早的应用场景。在区块链 1.0 阶段，交易记录以区块的形式连接在一起，通过去中心化的网络和密码学的加密算法实现了快速、低成本的点对点交易，从而维护了数字货币交易的隐私性、安全性，并提高了交易系统的可信度。尽管比特币存在币价不稳定、数量有限、能源浪费和监管限制等诸多问题，但其仍是区块链技术相对成功的应用之一。

(二) 区块链 2.0 阶段

区块链 2.0 阶段与 1.0 阶段最大的区别就在于，开发者在数字货币基础上引入了智能合约，从而能够在此基础上做其他的应用开发，其应用范围也从数字货币领域拓展至可编程金融领域，如股权众筹、证券交易、智能财产等。

智能合约的核心在于利用程序算法替代人执行合同，在智能合约应用平台上可以上传和执行各类智能合约，并且智能合约的签订能得到及时有效的监督和管理。应用平台可以利用智能合约与其他外部 IT 系统进行交互及信息处理。在区块链 2.0 时代，率先觉察到商业机会的是银行机构。2015 年 9 月，花旗银行、摩根大通、瑞士银行等共同组成了 R3 区块链联盟，其率先尝试将智能合约应用于资产清算领域，利用智能合约在区块链平台 Corda 上进行点对点清算，用以解决传统清算方式需要大量机构完成复杂审批和对账所导致的效率低下的问题。

(三) 区块链 3.0 阶段

在区块链 3.0 阶段，区块链技术能够对互联网中每一个代表价值的信息进行产权确认、计量和存储，从而使资产在区块链系统上可被追踪、控制和交易。基于此，区块链 3.0 阶段将进一步突破相关领域的应用，成为价值互联网的内核。

具体而言，在技术层面上，区块链 3.0 技术将作为最新一代的区块链技术，进一步突破区块链 2.0 技术的局限性，并更加注重实现跨链互操作性和可扩展性。

在跨链互操作性方面，区块链 3.0 技术能够实现不同区块链之间的连接和通信，使得不同区块链之间的数据和价值能够自由流通。跨链互操作性的实现将会加速区块链技术在各个领域的应用和发展。从商业应用的角度来看，跨链技术就相当于一个可信的第三方交易所，不同的用户均可通过该交易所进行跨链交易，并且在跨链过程中并不会改变任意区块链上的价值总额，只是完成了不同区块链用户之间的价值兑换。跨链技术将是推动区块链产业大范围快速落地的强力助推剂，更是区块链 3.0 时代的核心与关键技术。

在可扩展性上，区块链 3.0 技术通过引入多样化的共识机制和分片技术，解决区块链 2.0 技术在性能上的瓶颈问题。它将具有高吞吐量和高并发的交易处理能力，从而支持更多的应用场景和大规模的商业应用。区块链 3.0 技术将在社会治理领域，包括身份认证、仲裁、审计、物流、医疗等领域发挥重要作用，其应用范围将由金融领域扩展到整个社会。

目前，阿里巴巴、腾讯、京东、迅雷及平安集团等均已开展了突破数字货币及泛金融领域的区块链技术的应用。以阿里巴巴为例，其团队利用区块链服务和支付宝的蚂蚁区块链技术，打通了医院开具处方、药师审方、药品配送、药品支付、流程监管等多个环节。在未来，患者信息、处方信息、药品流通信息等均可通过区块链技术加密脱敏，确保个人健康数据安全可信、及时共享及流转，从而赋能医疗产业，保障民众健康。

阿里云、支付宝共同研发区块链医疗解决方案

2019年4月8日，首届世界大健康博览会在武汉国际博览中心开幕，阿里云宣布其联合支付宝共同研发的区块链医疗解决方案已经正式应用于武汉市中心医院的电子处方，武汉市中心医院成为首家应用该技术方案的"未来医院"。

武汉市中心医院副院长介绍，未来医院的项目融合了阿里健康、支付宝、阿里云三方的技术支持，"我们合作打造的'未来医院'的五大核心内容——就诊助手、区块链技术、全程刷脸就医、视频问诊、线上处方全流程应用，是合作的价值体现"。

该区块链医疗解决方案基于阿里云区块链服务和支付宝的蚂蚁区块链技术，支持电子处方与患者病情的精准匹配，能杜绝处方修改或滥用等问题。区块链电子处方的优势：分布式存储，处方账本不会丢失；账本写入记录易追溯，便于监管；确保处方的一次性配药效力等。

2019年初，弗雷斯特（Forrester）最新的区块链行业报告显示，阿里云区块链服务产品布局完善，并且在全球地域覆盖度上具备领先优势。阿里云区块链以联盟链、私有链等技术为主；除医疗领域，该技术已经逐步应用于零售、制造、金融、互联网、传媒等行业，在政府部门也有广泛运用。

据介绍，阿里云区块链服务致力于打造安全、稳定的企业级区块链基础设施，整合并对外输出业界优秀的区块链技术体系，如主流开源区块链技术Hyperledger Fabric、企业以太坊Quorum，以及具备自主可控技术的蚂蚁区块链，以满足不同的客户需求。

世界大健康博览会期间，阿里云、阿里健康还联合展示了免携带病历及身份证的刷脸就医、慢性病在线视频复诊和药品配送服务等数字医疗场景。未来，这些技术将在医疗机构逐步落地，改善民众的医疗就诊体验。

（资料来源：《阿里云、支付宝共同研发 区块链医疗解决方案落地应用》，环球网）

四、区块链的基本特征

（一）去中心化

区块链系统是一个由众多节点组成的端到端的网络。在共享数据库中存储信息打破了原来的中心化信息中介（如政府数据中心、银行数据库等）机制，区块链系统中

各个节点信息保持透明,没有了中心化的设备和管理机构,部分节点的故障不会对整体系统产生影响。去中心化的平等效应赋予了区块链透明、公开的特性。与传统的数据存储方式相比,区块链并不需要统一管理。因此,透明、公开、平等,以及低成本、高安全性等,是"去中心化"赋予区块链的最大优势。

(二)高安全性

区块链系统依赖加密技术保障数据安全,基于区块链进行匿名交易,区块链总账本由所有分布式网络节点共同管理,账本的修改需要全网节点达成共识。除非能够同时控制整个系统中超过51%的节点,否则单个节点出问题或被黑客攻击等情况是不会影响整个系统运行的,因此区块链系统的整体安全性高。

(三)高度自治

区块链系统通过共同算法技术建立节点之间的信任,实现高度自治。首先,用加密算法保证信息无法修改;其次,通过共识算法保证数据的安全、连续、完整以及节点的相互透明;最后,通过数字签名算法进行验证和构建联盟链,确保不同企业间可以相互信任。由此提高了交易效率,降低了成本。

(四)信息透明度高

区块链系统的数据生成、存储、修改机制决定了其与中心化的数据系统最大的不同是共享程度高,难以伪造和篡改,可追溯,彼此之间高度透明,容易建立信任关系。因此,它能够非常好地解决陌生人之间的信任难题,缓解信息不对称,消除信息孤岛带来的不良影响。

(五)信息完整且可信度高

区块链系统的每一个节点都含有最新的完整信息/部分信息,单节点甚至多节点的修改也无法改变信息,数据库始终保存了完整的信息,信息可查询,不可更改,相邻之间串联,可以追溯,为审计查账、物流追踪等提供可信度高的追踪途径。

■ 第二节 区块链技术框架

区块链技术框架是指在区块链系统中,用于实现各项功能和构建整体架构的技术和工具。它提供了一种用于构建去中心化应用程序的基础架构,可以实现去中心化的数据存储、交易验证和智能合约等功能。目前,业界内主要将区块链技术框架自下而上划分为数据层、网络层、共识层、激励层、合约层和应用层,如图5-1所示。其中,数据层、网络层和共识层是一个标准的区块链项目所必须包含的,而激励层、合约层和应用层则可视具体的应用场景需求被包含在区块链的技术框架内。

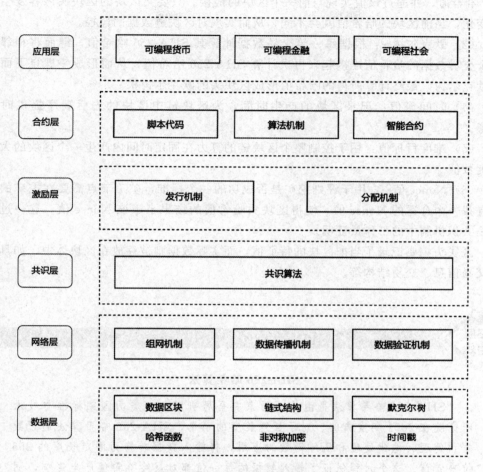

图 5-1 区块链技术框架

一、数据层

区块链技术框架的数据层是区块链的最底层,是区块链其他层次功能实现的基础。数据层既规定了包括数据区块、链式结构等在内的数据结构和存储形式等基本模块,也包括了关于用户身份、地址的密钥管理机制以及区块链所需的其他密码学组件等安全模块。

在数据结构方面,数据区块由区块头和区块体组成,具体而言,区块头主要包含了以下信息。

(1) 版本号:用来标识软件的版本信息并能跟踪和更新软件或者协议。

(2) 父区块哈希值:用来存储父区块的哈希①值,即为计算前一个区块的 SHA-

---

① 哈希即 Hash,一般翻译为散列、杂凑,或音译为哈希,是把任意长度的输入〔又叫作预映射(pre-image)〕通过哈希算法变换成固定长度的输出,该输出就是哈希值。这种转换是一种压缩映射,也就是说,哈希值的空间通常远小于输入的空间,不同的输入可能得到相同的输出。

256 哈希值,并通过该值实现与前一个区块的链接。只要父区块的区块头内容发生细微变化,当前区块的哈希值就会不同,从而实现对区块链数据的监控。

(3) 默克尔树①:根据每一笔交易数据计算其 SHA-256 哈希值,继而将相邻的两个交易数据的哈希值连接起来再次计算 SHA-256 哈希值,从而形成一棵自下而上的默克尔树,最终计算所得的哈希值形成区块头的默克尔树根。

(4) 时间戳值:记录区块的产生时间,为区块链中区块的先后顺序提供时间参考。

(5) 难度目标值:用于控制整个区块链的算力在固定时间内产生一个区块的大致难度数值。

(6) Nonce 值②:用于评判挖矿是否成功的一个标准,矿工节点需要在挖矿的过程寻找一个合适的 Nonce 值,使得区块头哈希值的结果小于该 Nonce 值,这一过程就是共识机制中的工作量证明。

区块头主要记录了当前区块的特征值,而实际数据则被存放在区块体中,如具体的交易信息、交易结构等。

拓展资料

SHA-256 哈希算法

SHA-256 哈希算法是由美国国家安全局研发,由美国国家标准与技术研究院在 2001 年发布的。对于任意长度的消息,SHA-256 哈希算法通过数据预处理、迭代处理和压缩函数的应用,将输入数据转换为固定长度的 256 位哈希值。这个过程保证了输入数据的每一位都对最终哈希值产生影响,同时提供了很高的安全性和抗碰撞能力。因此,SHA-256 哈希算法被广泛应用于数据完整性验证、数字签名和密码学安全协议等领域。

在加密技术方面,哈希算法和非对称加密是区块链所采用的两大重要加密技术。相比于传统的加密算法,哈希算法具备强抗碰撞性,无法逆向推导并对输入十分

---

① 默克尔树(Merkle tree)是一种基于哈希的数据结构,它是哈希列表的一种推广。默克尔树是一种树形结构,其中每个叶子节点是一个数据块的哈希值,每个非叶子节点是其子节点哈希值的哈希值。通常,默克尔树的分支因子为 2,也就是说,每个节点最多有 2 个子节点。默克尔树在计算机科学和密码学中有很多应用。在比特币和其他加密货币中,默克尔树常用于区块链数据编码,它们也被称为"二叉哈希树"。

② 在密码学和加密技术的背景下,Nonce 值是一个只被使用一次的任意或非重复的随机数值。它的目的是确保信息不会被重复使用,特别是在防止重放攻击方面起着关键作用。在区块链技术和挖矿过程中,Nonce 值用于计算满足特定要求的哈希值。这个值是从一个预设的起始值(通常是 0)开始递增的随机数。通过随机猜测 Nonce 值,直到找到一个经过处理的交易数据与区块链上已存在的最新交易数据的哈希值相匹配的 Nonce 值。这个过程被称为工作量证明,是比特币和其他许多加密货币共识机制的一部分。

敏感。强抗碰撞性使每一个区块都能够满足被特定的哈希值唯一标识。哈希算法无法逆向推导的特性，使得黑客即便掌握了哈希值，也无法获取原始数据，从而实现了对原始数据的保护。此外，哈希算法对于输入十分敏感的特性，使得区块链技术能够通过哈希值的变化识别出区块中任何已有记录是否被篡改，从而提高了区块链的安全性能。

在非对称加密算法的应用方面，区块链使用非对称加密的公钥、私钥来建立节点之间的信任。公钥与私钥是通过非对称加密得到的一个密钥对，公钥可以实现对信息的加密与验证，但无法实现对信息的解密，只有持有对应私钥的用户才能实现对信息的解密，从而为信息的传输提供安全保障。

■ 二、网络层

区块链技术框架的网络层用于各个节点的连接与通信，包括组网结构、传播机制和数据验证机制。

在组网结构方面，区块链采用 P2P 组网技术，具有去中心、动态变化的特点。网络中的节点是地理位置分散但关系平等的服务器，不存在中心节点，任何节点均可以自由加入或者退出网络。

在传播机制与数据验证机制方面，区块链网络数据由区块链中的每一个节点监控，当一个节点接收到邻居节点发来的新交易和新区块信息时，其会首先验证这些交易和区块是否有效，包括检验交易中的数字签名、区块中的工作量证明等，只有验证通过的交易和区块才会被处理（新的交易被加入正在构建的区块、新区块与已有区块链进行链接）和转发，从而防止无效数据的继续传播，克服了分叉、伪造、"双花"问题。

■ 三、共识层

区块链技术框架的共识层中封装的是共识算法。决策权越分散的系统达成共识的效率越低，但系统稳定性和满意度越高；而决策权越集中的系统更易达成共识，但同时更易出现专制和独裁。共识层的作用正是通过共识算法，实现在区块链这样一个决策权高度分散的去中心化系统中，高效地使得全网所有节点对交易数据达成一致。

目前，常见的共识机制有工作量证明（proof of work，PoW）机制、权益证明（proof of stake，PoS）机制、授权权益证明（delegated proof of stake，DPoS）机制、实用拜占庭容错协议（Practical Byzantine Fault Tolerance，PBFT）算法等。

工作量证明机制（即对于工作量的证明）是生成要加入区块链中的一笔新的交易信息（即新区块）时必须满足的要求。在基于工作量证明机制构建的区块链网络中，节点通过计算随机哈希值争夺记账权，求得正确的数值解以生成区块的能力是节点算力的具体表现。工作量证明机制具有完全去中心化的优点，在以工作量证明机制为共识的区块链中，节点可以自由进出。大家所熟知的比特币网络就应用工作量证明机制来生产新的货币。需要注意的是，工作量证明机制的挖矿行为造成了大量的资源浪费，达成共识所需要的周期也较长，因此该机制并不适合商业应用。

2012年，一位化名Sunny King的网友推出了点点币（Peercoin），该加密电子货币采用工作量证明机制发行新币，采用权益证明机制维护网络安全，这是权益证明机制在加密电子货币中的首次应用。权益证明机制要求证明人提供一定数量加密货币的所有权即可。权益证明机制的运作方式是，当创造一个新区块时，矿工需要创建一个"币权"交易，按照预先设定的比例把一些币发送给矿工本身。权益证明机制根据每个节点拥有代币的比例和时间，依据算法等比例地降低节点的挖矿难度，从而加快了寻找随机数的速度。这种机制可以缩短达成共识所需的时间，但本质上仍然需要网络中的节点进行挖矿运算。因此，权益证明机制并没有从根本上解决工作量证明机制难以应用于商业领域的问题。

授权权益证明机制是一种新的保障网络安全的共识机制。它在尝试解决传统的工作量证明机制和权益证明机制问题的同时，还能通过实施科技式的"民主"，以抵消中心化所带来的负面效应。授权权益证明机制与董事会投票类似，该机制拥有一个内置的实时股权人投票系统，就像系统随时都在召开一个永不散场的股东大会，所有股东都在这里投票决定公司决策。基于授权权益证明机制建立的区块链依赖一定数量的代表，而非全体用户。在这样的区块链中，全体节点投票选举出一定数量的节点代表，由它们来代理全体节点确认区块、维持系统有序运行。同时，区块链中的全体节点具有随时罢免和任命代表的权力。如有必要，全体节点可以通过投票让现任节点代表失去代表资格，重新选举新的代表，实现实时的"民主"。

实用拜占庭容错协议算法则是由麻省理工学院的米盖尔·卡斯通（Miguel Castro）和芭芭拉·利斯科夫（Barbara Liskov）于1999年提出的，其解决了原始拜占庭容错算法效率不高的问题，将算法复杂度由指数级降低到多项式级，使得原始拜占庭容错算法在实际系统应用中变得可行，并采用了密码学相关技术（RSA算法、消息验证编码等），确保消息在传递过程无法被篡改和破坏。

表5-1对上述常见的四种主流共识机制进行了详细的对比和总结。表中N表示系统中的总节点数，f表示允许出现故障的节点数，S表示每秒交易数。

表 5-1 主流共识机制对比

共识算法	PoW	PoS	PBFT	DPoS
应用范围	公有链	公有链	联盟链	联盟链、公有链
应用场景	比特币系统	以太坊、点点币	Hyperledger Fabric	EOS
拜占庭容错	$N>2f+1$	$N>2f+1$	$N>3f+1$	$N>2f+1$
带宽要求	低	低	高	低
可拓展性	强（节点数小于10万）	强	弱（节点数低于100）	弱
去中心化程度	高	高	低	低
能耗	高	低	低	低
吞吐量	$S\leqslant 10$	$S>1000$	$S\leqslant 3000$	$S>100$

续表

共识算法	PoW	PoS	PBFT	DPoS
算力需求	高	高	低	低
商业化程度	低	高	高	高

拜占庭将军问题

拜占庭帝国即东罗马帝国，它拥有巨大的财富，并对邻邦垂涎已久，为此派出了军队去包围敌人。拜占庭帝国军队的将军们必须全体一致决定是否攻击某一支敌军。可问题是这些将军在地理空间上是分隔开来的，并且可能存在叛徒。叛徒可以任意行动以达到以下目标：欺骗某些将军采取进攻行动；促成一个不是所有将军都同意的决定，如当将军们不希望进攻时促成进攻行动，或者迷惑某些将军使他们无法做出决定。如果叛徒达到了这些目的之一，则任何进攻行动的结果都是注定失败的，只有完全达成一致的努力才能获得胜利。在这种状态下，拜占庭的将军们能否找到一种分布式的协议来让他们远程协商，从而赢得胜利？这就是著名的拜占庭将军问题。

有很多的算法被提出来用于解决拜占庭将军问题。这类算法统称拜占庭容错算法（BFT）。事实上，拜占庭容错算法不是某一个具体算法，而是一种能够防止拜占庭将军问题导致的一系列失利后果的系统性特点。这意味着即使某些节点出现缺点或恶意行为，拜占庭容错系统也能够继续运转。从本质上来说，拜占庭容错算法就是少数服从多数。

四、激励层

区块链技术框架的激励层往往通过博弈的方式激励节点工作，降低成为恶意节点的可能性。其将经济因素集成到区块链技术体系中来，包括经济激励的发行机制和分配机制等，主要应用于公有链。在公有链中，必须激励遵守规则参与记账的节点，惩罚不遵守规则的节点，由此才能让整个系统朝着良性循环的方向发展。而在私有链中，则不一定需要激励，因为参与记账的节点往往在链外完成了博弈，自愿或强制参与记账。

五、合约层

区块链技术框架的合约层是实现区块链系统灵活编程和操作数据的基础，其极大地丰富了区块链的应用场景，使得区块链能够实现复杂的商业逻辑。合约层系统内封装了每一个技术框架层的脚本以及其他算法的实现机制，并生成了更为复杂的智能合约。智能合约是一种部署在区块链上的数字协议，能够处理、接收、储存和发送信息，其工作原理本质上同计算机程序中的"if-then"判断语句相类似，当合约中的某一事项发生时，智能合约就会触发并自动执行相应的合约条款，在这个过程中，任何人都无法修改或删除合约，也无法阻止智能合约的自动执行。智能合约使得人与人之间的交易可被自动执行，从而提高了交易的安全性，提升了交易效率。

> **拓展资料**
>
> ### 智能合约
>
> **1. 什么是智能合约？**
>
> 智能合约是采用计算机语言而非法律语言记录条款的一种合约，是区块链能够被运用到更为广泛的场景中的关键所在。与传统合约相比，智能合约最大的特点在于能够受无信任软件协议的安排和处理，而不需要受信任实体的批准，使得合约的执行去信任化。此外，智能合约使得规则和交易数据公开透明，避免了虚假及隐藏交易，从而建立了公平公正的游戏规则，并在一定程度上赋予了区块链技术"公开透明，不可篡改"的特性。
>
> **2. 智能合约的主要优势**
>
> （1）自动化。智能合约可以自动执行交易，无须人为干预。可以提高交易效率和速度，同时降低交易成本。
>
> （2）去中心化。智能合约是去中心化的，不依赖任何中央机构或第三方机构，从而提高了交易的安全性和可靠性。
>
> （3）透明性。智能合约的执行过程是公开的，所有交易都被记录在区块链上，可以随时查看，从而提高了交易的透明度。
>
> （4）程序化。智能合约是基于代码的协议，其中规定了各方在交易过程中必须满足的条件和规则。这可以减少交易争议和纠纷，并提高交易的可靠性和安全性。
>
> （5）可编程性。智能合约可以使用多种编程语言进行编写，实现各种复杂的逻辑和功能，从而提高交易的灵活性和可扩展性。
>
> **3. 智能合约的实际应用**
>
> 得益于智能合约安全可靠、高效透明的优良性能，其在实际中具有十分广阔的应用空间。智能合约在相关领域的一些具体应用列举如下。
>
> （1）供应链管理：通过智能合约跟踪监测供应链中的物品和交易，自动执行支付及合同条款，从而提高供应链交易数据的透明度和交易效率。

(2)保险行业:通过智能合约实现自动理赔,提高赔付效率,避免无效纠纷与欺诈行为,同时维护保险业与投保人双方的合法权益。

(3)遗产计划:运用智能合约登记当事人生前的遗嘱,在当事人过世并达到遗嘱的执行条件后,遗嘱的相关条款将被自动强制执行。

(资料来源:《一文详解:智能合约及其应用优势》,知乎;《智能合约的优势是什么》,腾讯云;《智能合约的实际应用》,百度文库)

六、应用层

区块链技术框架的应用层是用来实现区块链系统和应用系统互相交互的接口层。用户不必掌握区块链相关的专业知识,只需要直接调用该层所提供的一个标准接口,就可以正确地使用该应用层预先定义的各类应用。应用层主要封装各种应用场景及案例,用于搭建各类区块链应用,可为最终用户提供金融、供应链管理、医疗等领域的服务。同时,随着人们对区块链系统开发的不断深入,应用层所能实现的功能也在不断更新发展,可适用的场景也更为丰富全面。

总而言之,区块链技术框架是构建区块链系统的基础架构,它包含了数据层、网络层、共识层、激励层、合约层和应用层六大组成部分。其中,数据层、网络层、共识层是区块链技术架构的底层模块,其为区块链系统提供了密码学组件、分布式网络、共识算法等基础设施,确保了区块链系统的稳定性和安全性。激励层主要应用于公有链中,发挥着激励节点工作、降低其成为恶意节点的可能性的作用。合约层封装了智能合约平台,其实现了去中心化应用程序的业务逻辑,提供了编写、部署和执行智能合约的工具和环境。应用层框架主要为实现特定应用场景的技术框架提供了开发工具和组件,用于开发各种类型的去中心化应用程序。通过合理选择和使用区块链技术框架,开发者可以更高效地构建和部署去中心化应用程序,实现更为丰富的区块链技术的商业化应用。

第三节 公有链、联盟链与私有链

根据区块链的开放范围,区块链主要类型包括公有链、联盟链、私有链,这三种类型各有其鲜明的特点与各自适用的场景。

一、公有链

公有链通常也被称为非许可链,是一种完全去中心化的区块链网络。每一个节点都是独立的,任何人都可以加入该网络,共同参与它的管理和维护。在公有链中,每个节点都可以向区块链中添加交易记录,且均有权参与交易的验证和打包。在公有链中，交易被打包成区块，通过共识机制确定下一个出块节点，并"广播"给网络中的所有节点。如果网络中多个节点同时出现不同的区块，那么其他节点会以最长链为准，从而确保信息的正确性、一致性和不可篡改性。

目前，公有链的应用场景主要是数字货币交易，其中，比特币是最著名的公有链应用之一。当用户发送比特币时，用户会从其个人的数字钱包创建一笔交易。这笔交易包括了发送者的地址（公钥）、接收者的地址（公钥）、要发送的比特币数量，以及发送者愿意支付给矿工的交易费用。为了证明用户是其发送的比特币的所有人，交易必须使用该用户的私钥，通过加密过程进行签名，这就是所谓的数字签名。一旦完成签名，该笔交易便会被"广播"到比特币网络中，并进入内存池，就像是一个等候室，交易在其中等待被确认，矿工可以从内存池中选择交易形成新的区块。第一个完成一个复杂数学问题的矿工可以创建下一个区块。赢得比赛的矿工会"广播"其新区块，其他网络成员会陆续确认这个新区块，确认完毕后，新区块便会被添加到每个网络参与者的区块链副本中。通常的做法是至少等待六次确认（在包含该笔交易的区块之后再添加六个区块），以确保交易不会在区块链出现暂时分叉的情况下被逆转或双重支付。其中，六次确认并不是硬性规定。通常情况下，交易的确认次数越多，交易的安全性越高。一般认为，经六个区块确认后的比特币交易基本是不可篡改的。

公有链技术持续更新迭代，推动互联网技术实现更开放、更高效的绿色化发展。以以太坊为例，作为公有链的典型代表，其于2022年9月完成了合并升级。具体而言，以太坊合并意味着将以太坊原本的执行层（execution layer）与新的权益证明机制的共识层（即"信标链"）结合起来。合并完成后，以太坊的工作量证明机制由权益证明机制取代，此设计让区块链网络无须依赖需要消耗大量能源的工作量证明机制的"挖矿模式"，区块将由被称为"验证者"的节点铸造。区块链网络将定期随机指定单一节点来验证候选区块，完成任务的验证者将获得交易小费和质押奖励，节点无须相互竞争添加新区块。因此，权益证明机制的资源占用远小于工作量证明机制，其性能、安全性和可扩展性均得到了大幅提升，能耗降低达99.95%，并基于分片技术构建链上链下协同生态，解决了工作量证明机制长期以来交易性能有限、运行能耗高等问题。

二、联盟链

联盟链只针对特定群体的成员和有限的第三方开放。内部指定多个预选的节点为记账人，每个块的生成由所有的预选节点共同决定，其他接入节点可以参与交易，但不过问记账过程，其他第三方可以通过该区块链开放的API（应用程序接口）进行限定查询。联盟链的维护和治理，一般由联盟成员进行，通常采用选举制度设定记账人，这种"预选"的节点也被看作一种"中心化"的表现。

推动联盟链产生的主要群体是银行、保险公司、证券公司、商业协会等。区块链诞生于移动互联网时代，这些企业普遍IT化和互联网化，区块链对于进一步提升他们的产业链条中的公证、结算及清算业务和价值交换网络的效率很有帮助。但是，在尝试使用区块链技术时，人们发现公有链的处理性能、隐私保护、合规性等都不能满足他们的业务需求。由于公有链需要经过所有节点的同意才能添加新的区块，故公有链的交易速度相对较慢，这将导致其在实际商业化应用中的效率偏低；此外，公有链的交易数据均透明公开，且每人都具备访问数据和请求交易的权限，难以实现对商业数据及交易信息的保密。部分传统金融企业开始意识到，如果全面采用比特币的那一套公有链的设计理念，会颠覆现有的商业模式和固有利益，且存在很大的风险。于是它们开始打造适宜的区块链体系，联盟链由此应运而生。同时，联盟链中的分布式账本和分布式共识技术也很好地解决了联盟链使用群体中多个参与方交互和信任的核心问题。相较于公有链而言，联盟链更符合实际金融业务的需求，其交易效率高且容易监控，可以有效推动传统金融业务区块链化。目前，联盟链已被广泛应用于金融交易、保险理赔、供应链金融、医疗等诸多领域。

联盟链的应用：壹账链

壹账链是联盟链在实际场景中的典型代表之一，其由平安集团旗下金融科技公司金融壹账通自主创新构建并于 2018 年 2 月 6 日正式推出，属于一个拥有多项知识产权、性能卓越的区块链技术平台。该平台现已在金融、房产、汽车、医疗和智慧城市五大生态圈的多个应用场景中成功落地。壹账链通过全球独创的全加密区块链框架，以及重塑区块链隐私保护机制的 3D 零知识证明算法，助力机构及企业用户构建去中心化商业网络生态，并为各类机构提供标准化、可快速接入的区块链应用搭建服务。

壹账链的典型应用案例是 IFAB 智慧贸易融资网络，该网络利用区块链技术链接中小银行及企业，通过区块链技术实现贸易背景真实性校验。具体而言，IFAB 智慧贸易融资网络基于壹账链全加密区块链框架链接金融机构、核心企业、上下游企业等参与方并形成信息流，同时通过海关、物流仓储、税务等各参与方，对物流、资金流进行信息交叉验证，从而对贸易真实性的审核提供辅助，助力金融机构"零时差"检测贸易欺诈、重复融资及超额融资行为，有效降低业务风险。在 IFAB 智慧贸易融资网络中，来自不同资产方的资产或不同资金方的资金能够在精准的风控画像下流转和匹配，从而提高企业融资效率，帮助金融机构精准获得客户，提高中小银行风控能力并降低欺诈风险，助力解决中小企业融资难、融资贵等难题，从而在很大程度上优化了面向中小微企业的贷款流程。

三、私有链

私有链是一种由特定组织或企业进行管理和维护的区块链网络，其去中心化程度最低，只允许授权的节点参与其中。因为私有链中参与节点的数量较少且在更加密闭的环境中运作，所以相较于公有链和联盟链而言，私有链通常具有更高的性能和更强的隐私保护能力。

私有链的优势和价值在于其能够满足特定行业的需求，如医疗、金融、物流、供应链管理等。其特点主要包括保障数据隐私、提高数据安全性、加速交易处理和降低成本。私有链被主要应用于企业内部信息管理、数据共享和产业资产的数字化管理等场景中。例如，某企业基于私有链搭建其供应链管理系统，只有企业内部相关员工才能参与交易，从而确保了数据的安全性和保密性。

目前，不少企业都已实现对私有链技术的实际应用，以全球最大的零售商沃尔玛为例，其开发了一个区块链系统来追踪其产品的来源。区块链允许供应商将真实证书上传到分类账中，公司能够在几秒钟内追溯产品的来源。

拓展阅读

利用区块链技术应对供应链挑战

沃尔玛长期以来一直被称为供应链管理的领导者。然而，它仍面临一个困扰运输行业数十年的问题：货运承运人拿到的发票和付款流程中的数据存在巨大的差异。这需要进行成本高昂的对账工作，并会导致长时间的付款延迟。

对此，加拿大沃尔玛的一位技术负责人建议通过创建区块链网络来使对账流程自动化，这将帮助企业克服系统不兼容的问题，并为参与方提供可靠的数据来源。为了实现该技术人员的这一构想，加拿大沃尔玛向一家使用分布式账本技术开发和部署创新企业解决方案的公司求助。2021年3月，加拿大沃尔玛推出了DL Freight。

从承运人的提货单、交货证明，到付款许可，DL Freight能够实现对每一步货运信息的不断跟进，该信息将自动被实时捕获并同步至系统，并且仅限参与交易的各方可见。在使用DL Freight之前，沃尔玛超过70%的发票存在争议。而在使用DL Freight后，仅剩不到1%的发票存在争议，而这些争议很容易被标记并得到迅速解决。如今，沃尔玛需要数周或数月才能结项的日子已经一去不复返了，运营商能够按时获得报酬。

（资料来源：《一文解读加拿大沃尔玛如何利用区块链技术应对供应链挑战》，腾讯网）

相比于公有链，联盟链和私有链在效率和灵活性上更有优势，主要体现为以下几点：一是交易成本更低，交易只需被几个受信任的高算力节点验证就可以了，而无须全网确认；二是节点可以很好地连接，故障可以迅速通过人工干预来修复，并允许使用共识算法降低时间成本，从而更快地完成交易；三是如果读取权限受到限制，可以提供更好的隐私保护；四是更灵活，如有需要，运行私有链的共同体或公司可以很容易地修改该区块链的规则、还原交易、修改余额等。

但是，联盟链和私有链都存在不同程度上的中心化控制。区块链的防篡改性能需要让大量的公共资源参与到体系中来，可能发生参与的节点共同篡改数据的情况，从而对体系的良好运转产生威胁。

三种区块链的具体特性对比归纳如表 5-2 所示。

表 5-2　三种区块链的具体特性对比归纳

类型	公有链	私有链	联盟链
参与者	任何人	个体或者公司内部	联盟成员
共识机制	PoW、PoS、DPoS 等	PBFT 等	PBFT、DPoS 等
记账人	所有参与者	内部自定义	联盟成员协商定义
激励机制	需要	不需要	可选
中心化程度	去中心化	弱中心化	多中心化
承载能力	每秒 3~20 笔	每秒 1000~100000 笔	每秒 1000~10000 笔
应用场景	比特币、以太坊等	多链等	超级账本等

总体而言，因公有链、私有链和联盟链技术方案设计的差异，这三类区块链的主要应用场景也有所不同。其中，公有链主要被应用于数字货币、社会生活及现代商业领域。联盟链主要用于机构与机构之间的特定场景中，如供应链金融、电子取证等业务。私有链则主要用于企业数据库管理、审计等内部工作环节中，还可用于政务场景中。相较而言，这三类区块链各具优势和劣势，公有链的优势为去中心化程度高，但其对于硬件性能要求高、处理业务速度慢；私有链的速度快、效率高、成本低且抗恶意攻击能力强，但存在完全密闭和对私有节点的控制高度集权化的劣势；联盟链可被理解为介于公有链和私有链之间的一种折中方案，其兼顾了公有链的去中心化与私有链的高效，但也存在部分短板。

第四节　区块链的未来发展趋势

一、区块链技术的风险

区块链技术虽在快速发展，但目前其仍存在诸多技术缺陷及风险。区块链的技术风险主要包括以下几点。

（一）恶意攻击风险

去中心化运作模式的安全、平稳运行以"大部分的参与者都是道德的"为前提。

但是，区块链技术背后的巨大利润会导致一些不道德的交易者出于不良动机而占据大部分算力后与"道德矿工"赛跑，为控制最长链的诞生而更迅速地完成一个更长的、经过伪造的交易链。这是因为，PoW共识算法中存在一个"最长有效"原理，即不论什么时候，最长链都会被认为是拥有最多工作的主链。而区块链系统是允许多条分叉链同时存在的，不道德的交易者如果在某一交叉链条上拥有超过50%的算力，那么其挖矿的速度肯定会超过"道德矿工"，他便因此拥有了推翻原先已经被确认过的交易的能力。对这些被确认过的区块进行重新计算，不道德的交易者所在的交叉链条一定会超过初始最长链，"道德矿工"会来到新的最长链上继续挖矿。又因为受到分布式系统的限制，验证交易完成请求时必然存在一定程度的延时，这样，就有可能实现对比特币的"双花"攻击，即有可能出现"一笔钱花两次"的现象。有研究者发现，区块链除了存在"51%算力攻击"（图5-2）以外，还存在"自私挖矿"的可能。所谓"自私挖矿"，是相较于传统的、诚实的挖矿行为而言的，"自私矿工"在挖到新区块后，以自身利益最大化为出发点而将新区块秘密扣留，并且迅速发展自己的链条长度。

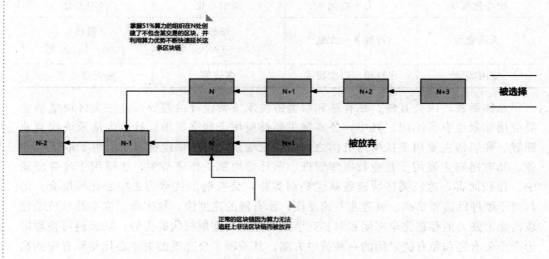

图 5-2　51%算力攻击

（二）智能合约风险

"智能合约"是在1994年提出来的，这一概念最初被定义为一种能够由服务者、合约参与方共同操作执行的承诺性数字协议。随着区块链技术的出现和快速发展，智能合约通过代码编程内置于区块链系统里任一数据库中，以此来控制区块链网络。智能合约的可编程特性使得签署方可以增加任意复杂的条款。交易双方签署智能合约之后，智能合约经过"P2P"网络传播和节点验证，按照双方的约定变成代码，附着于区块链系统中，并发布指令进行交易。相比于传统合约，智能合约能够事先预定、按约执行。但智能合约是不可逆的，内置到网络中后就再也无法进行升级修改。这也就导致未来即使发现安全漏洞也无法终止程序和修补漏洞，因而会引起三种主要风险，即程序过程风险、存储结构风险和交易顺序风险。

(1) 程序过程风险是由程序结构不完善、过程不合理,产生漏洞而形成的风险。事实上,目前所有的智能合约都存在开发语言不当、程序结构不完善的问题,这些漏洞常常会导致智能合约很容易受到攻击而无法达到预期的效果。例如,以太坊的众筹项目"The DAO"就因智能合约中的漏洞而遭黑客攻击,黑客将 DAO 代币转移到了自己的账户,并将以太币转移到了一个新的智能合约账户中。攻击者成功地从"The DAO"的智能合约中盗走了价值超过 5000 万美元的以太币,该事件之后,以太坊生态系统陷入了一段时间的停滞。虽然硬分叉成功地避免了被盗的以太币流入攻击者的手中,但它也导致了以太坊社区的分裂和不信任。

(2) 存储结构风险是指智能合约所依赖的轻量级虚拟机由编译问题导致程序运行不符合开发者的设计初衷而形成的风险。当前,存储结构风险主要源于短地址攻击,这是智能合约"ABI 标准"[①] 的技术短板,因为 ABI 标准规范的地址参数输入值必须满足 20 字节,当输入地址参数小于 20 字节时,虚拟机会自动以 0 补足以满足 ABI 标准,这将直接导致传输给智能合约的参数出现错误,并对区块链运行产生安全威胁。

(3) 交易顺序风险是指当区块链发生拥堵时,攻击者愿意支付高额的"GAS 费"[②] 来避开拥堵,而"GAS 费"较低的正常交易则因此受到阻滞,导致正常交易无法执行。

(三) 密钥丢失风险

密钥是用于加密或解密信息的一段参数。在区块链中,密钥由公钥和私钥两部分组成。其中,公钥是通过复杂的哈希运算生成的,用于接收比特币的地址。私钥则是由一串随机数字充当支付密码,用于比特币支付时的交易签名。相比于传统密码,区块链技术中的密钥起着更为重要的作用,用户的数字资产安全与否完全取决于自己的私钥。从技术理论角度来讲,多重签名和非对称加密技术能够在一定程度上保障私钥的安全;但从技术实操角度来看,多重签名要依赖更为专业、复杂的密钥管理系统,非对称加密技术也并非无懈可击,所以密钥同样可能因病毒和恶意软件的入侵而被盗。事实上,在区块链技术应用过程中,已经发生过多起因密钥被盗而导致财产重大损失的事件。因此,设计出一种既便利又安全的密钥保护和管理机制,是保障区块链技术长期稳定安全发展的关键所在。

与传统的社会风险相比,以区块链技术为主导的新数字技术的社会安全风险传播的速度、广度都呈指数级增长,破坏力空前。如果任由这些风险长期存在,必将影响区块链技术在大众心中的信任感,进而对技术信任产生负面影响。区块链信任关系的建构不仅需要核心技术的支持,而且要更加重视技术背后的人文性和社会性。

---

① ABI(Application Binary Interface)标准是开发接口标准之一。ABI 标准描述了应用程序与 OS(操作系统)之间的底层接口,允许编译好的目标代码在使用兼容 ABI 标准的系统中无须改动就能运行。

② GAS 费是一种付给矿工的手续费,在区块链的运作中,每笔交易都需要处理与验证,这部分工作由矿工负责,而 GAS 费就是矿工处理与验证交易的报酬。

二、区块链技术面临的机遇和挑战

2016 年 2 月，中国人民银行行长周小川在谈到人民银行数字货币相关问题时提及"区块链技术是一项可选的技术"，引发了金融界对区块链技术的讨论。同年 12 月，国务院印发了《"十三五"国家信息化规划》，鼓励针对区块链等战略性前沿技术进行提前布局，发挥先发主导优势。2017 年 6 月 27 日，中国人民银行印发了《中国金融业信息技术"十三五"发展规划》，也指出要加强区块链基础技术研究，开展区块链技术在金融领域的应用研究，积极推进区块链、人工智能等新技术应用研究，并组织国家数字货币的试点。2018 年以来，监管层对区块链发展的态度逐步转到服务实体经济方向上来。

"十四五"规划将区块链作为新兴数字产业之一。近年来，国家进一步明晰了区块链的建设方向，并陆续出台了系列政策，重点发展联盟链服务平台和金融科技、供应链金融、政策服务等领域应用方案等，进一步丰富区块链的应用场景及范围，引导各部委陆续对各领域如何利用区块链技术促进社会经济高质量发展做出战略部署。2021 年，工业和信息化部、中央网信办印发《关于加快推动区块链技术应用和产业发展的指导意见》，提出培养一批区块链"名品""名企""名园"，建立开源生态，完善产业链条。国家对区块链技术的积极态度，为区块链在我国的发展提供了肥沃的土壤。同时，区块链自身促进数据共享、优化业务流程、降低营运成本、提升服务效率、建设可信体系的优良属性更同当下我国"加快发展数字经济，促进数字经济和实体经济深度融合"的大环境高度契合，更多的场景布局亟待区块链人才与技术的引入，为区块链的建设提供了诸多机遇。

值得注意的是，区块链技术的发展之路并非只存在机遇，还充斥着各种挑战。

一是技术制约问题。当前，区块链技术自身的发展仍存在可拓展性弱、低效、储存成本高等切实问题，并面临诸如区块链结构设计不合理、程序代码不兼容以及外部攻击等各种风险，如何突破区块链技术的瓶颈，有效解决区块链技术尚存的问题，是推动区块链技术发展的关键。要不断优化、提升区块链技术水平及性能，才能使区块链技术安全高效地赋能更大规模的实际运用。

二是安全隐患问题。区块链架构的各个层次均存在安全隐患。其中，数据层可能面临来自穷举攻击、哈希碰撞、量子计算、密钥泄露等方面的安全威胁。网络层则可能面临 DDoS 攻击、女巫攻击和日食攻击等网络攻击风险。共识层面临攻击者通过 51％算力攻击、贿赂攻击、币龄累计攻击、女巫攻击、重放攻击等手段实现双重支付、回滚记录、获得网络控制权等的安全威胁。此外，近年来的区块链攻击事件主要发生在合约层（智能合约）和应用层。智能合约代码透明公开，任何用户都可以下载，黑客可以利用代码漏洞来控制网络中的节点，进行整数溢出攻击、拒绝服务攻击、变量覆盖等，操纵区块链中的虚拟货币进行交易。存在安全问题的智能合约一旦被部署在区块链上，便很难通过升级、打补丁等措施来补救。在应用层，第三方机构在区块链底层架构上所研发的交易所、钱包、支付处理器、区块链支付平台等均可能面临软件木马、应用程序安全漏洞、Web 渗透、信息泄露等风险。

三是法律法规滞后。区块链具有去中心化、匿名性的特点，其能够绕开第三方机构进行点对点交易，这些特点使其脱离了传统监管体系，给诸如反洗钱等法治工作的开展带来了严峻挑战。此外，近年来，区块链技术发展迅猛，而相关法律法规的制定往往落后于区块链技术的创新突破，致使大多涉及区块链技术的业务缺乏相关的法律法规约束，给相关业务的正常运转乃至社会的稳定带来隐患。同时，由于不同国家对加密货币和区块链技术的立法和监管不同，将区块链引入跨境业务也可能带来法律和监管风险。

三、区块链技术的发展方向

综合我国对区块链技术建设的规划指引与战略布局，以及区块链技术在我国近年来的实际发展现状，本书将区块链技术的发展方向总结为以下三点。

（一）强化区块链的安全性能，不断实现技术层面的提升与突破

目前，区块链仍存在着诸多技术风险与挑战，这在很大程度上制约了区块链技术在实际应用场景中的稳定运行与应用延伸。对此，要注重完善区块链基础设施建设，加强区块链底层技术研究，致力于在 TPS（系统吞吐量）、共识算法、数据存储、跨链技术、隐私保护等关键技术领域取得突破，进一步提高区块链的计算、存储、共识、安全等多方位的性能。此外，"人才是第一资源"，应注意加强对区块链专业技术人才的培养，从而更好地为提高区块链的技术与性能提供源源不竭的创新动力。

（二）提高区块链与实际应用场景配适度，提升区块链技术的应用价值

如何更好地将区块链的优势属性与实际场景相融合，是区块链技术实现其价值的落脚点及关键。因此，区块链的发展创新应从实际需求出发，围绕具体的应用场景进行布局。需要进一步加强区块链专业人士与各领域人员之间的沟通交流，明确相关业务开展过程中可借助区块链技术或区块链及其配套设施予以优化的地方，并提出具体的解决方案，综合考虑方案的可行性、安全性、适用性与便捷度，对区块链技术与方案设计做进一步的调整升级。在具体应用的过程中，要及时发现区块链技术在应用中出现的问题与可能存在的隐患，多方面提高区块链与实际应用场景的配适度，让区块链技术更好地服务社会。

（三）完善相关法律法规，维护区块链技术应用的安全稳定落地及运行

面对由区块链的快速创新发展而导致的相关法律法规滞后及缺失的问题，首先，监管层面需要定期就现有区块链技术在应用过程中已暴露出的问题做好跟踪监控工作，并且及时采取措施减小各类风险。其次，相关监管部门应加强彼此间的沟通协作，并对区块链具体应用情况进行实地调研，前瞻性地提出并完善关于区块链技术的法律、法规。最后，在涉及区块链技术应用于跨境业务（如跨境支付）的领域，各国

政府和相关机构应当加强合作和协调，并进一步就区块链技术应用于跨境业务中可能存在的问题达成法律层面的一致。

■ 第五节　区块链的应用场景

区块链已在全球范围内掀起了一股技术浪潮，并广泛地渗透到多个行业及领域。本节以商业银行与农地经营权抵押融资两大场景为例，详细介绍区块链技术在实际中的应用场景与应用流程。

■ 一、区块链技术在商业银行的应用场景概述

（一）金融交易的发起

与传统金融交易流程相比，区块链不需要手动发起金融交易或者人工干预金融交易，而是根据智能合约系统自动触发。例如，在代付业务场景下，通过引入以智能合约为主导的区块链技术，可以在完成工资的自主代发以及税务、社保自主代扣的情况下，实现代付流程透明可追溯，从而最大限度地回避可能存在的劳动纠纷风险以及资金挪用风险。

（二）交易前的验证与交易审批

传统流程需要人工对即将发起的金融交易进行审批，这不仅导致了较长的等待时间，更容易滋生欺诈行为。而区块链可以在没有第三方参与的情况下进行快速的实时验证与审批，具有信息透明、安全可靠的特点。

（三）合同签订

区块链采用了智能合约的形式，比如腾讯电子签平台就使用了多重安全技术来保证电子签名过程的安全。比如，在合同签署过程中，采用了 RSA（非对称加密）、AES（对称加密）等多种加密方式，加密传输签署信息，避免数据泄露风险。同时，腾讯电子签平台采用实名认证技术，确保了合同签署双方身份真实。采用区块链技术，对签署过程中合同内容数据上链，并利用哈希值固化原始电子文件数据，有效防止了文件内容数据被篡改的可能性，确保了电子数据的原始性、客观性。此外，腾讯电子签平台还提供配套的法律服务，全方位保障用户的合法权益。

（四）交易处理与账务处理

运用区块链进行交易处理，可以发挥其跨系统信息实时同步的特点，同时减少系统错误与人工处理的失误。区块链交易还可以实现账务处理，进一步赋能银行业务。

（五）交易完成

区块链技术的不可篡改性在资产交易中发挥了关键作用，提高了数据的完整性和

可靠性。通过维护一个准确且不可篡改的交易记录，交易所可以在面临监管调查时积极配合，这将有助于构建一个透明、公平的资产交易市场，防止合约的恶意篡改和纠纷的发生。例如，如果一个住房租赁合约在区块链平台上执行，那么租户和房东可以通过查看智能合约的执行结果，以确保合约中的条款得到履行。

拓展阅读

中国银行：基于区块链支付系统的跨境支付方法

2018年8月，中国银行通过区块链跨境支付系统，成功完成河北雄安与韩国首尔两地间客户的美元国际汇款，这是国内商业银行首笔应用自主研发区块链支付系统完成的国际汇款业务，标志中国银行运用区块链技术在国际支付领域取得重大进展。

在以往传统SWIFT（环球银行金融电信协会）跨境支付模式下，支付交易信息要在多家银行机构之间流转、处理，支付路径长，客户无法实时获知交易处理状态和资金动态，银行的对账、流动性管理等环节也推高了业务处理成本。

针对传统跨境支付存在的痛点，中国银行基于区块链技术研发了一套区块链跨境支付系统。该系统由区块链网络、区块链支付网关和区块链网络管理系统组成。其中，区块链网络中包含多个区块链节点。区块链支付网关负责连接区块链节点、区块链网络管理系统和参加行支付系统，接收并存取普通行支付系统提交的支付数据。区块链网络管理系统负责接收、审核参加行的开户请求，授权参加行，使其为普通行或账户管理行，开设区块链托管账户与区块链账户。

具体支付方法分为3个流程：注册交易流程、转账交易流程和取现交易流程。

（1）注册交易流程：普通行向账户管理行发送注资请求，账户管理行让注资行的实体账户向账户管理行的实体托管账户注入注资金额，并更新到区块链网络中；区块链网络根据注资结果让账户管理行的区块链托管账户向注资行区块链账户注入注资金额。

（2）转账交易流程：汇款行根据汇款客户发起的转账请求对客户账户及汇款行区块链账户进行记账，并将转账请求发送到区块链网络；区块链网络各节点通过共识算法对转账请求和转账结果进行表决，若表决通过则让汇款行区块链账户向收款行区块链账户转入金额，并将支付报文发给收款行。

（3）取现交易流程：账户管理行接收普通行发送的取现请求，让账户管理行的实体托管账户向取现行实体账户转入取现金额，并更新到区块链网络中。

中国银行自主研发的区块链跨境支付系统投入生产后,银行通过接入区块链跨境支付系统,在区块链平台上可快速完成参与方之间支付交易信息的可信共享,并在数秒内完成交易账户的解付,实时查询交易处理状态,实时追踪资金动态。同时,银行可以实时销账,实时获知交易账户头寸信息,提高流动性管理效率。新系统下的国际汇款具有速度快、客户体验好、免对账、有利于流动性管理等优点,该区块链支付系统的正式落地,使得国际支付的安全性和透明度均得到了进一步的提升。

(资料来源:《中国银行完成国内首笔区块链技术下国际汇款业务》,中国银行官方网站;《银行区块链应用与案例分析报告》,零壹智库)

拓展阅读

中国农业银行利用区块链电子合同构建银行借贷安全闭环

2019年10月,大型国有银行中国农业银行同国内专业区块链电子签约平台君子签达成合作。此次合作中,中国农业银行将全面引入君子签区块链电子合同服务,以解决目前银行借贷面临的业务效率低、存证举证难等困扰,实现银行在线借贷业务的电子合同签订、全流程存证举证服务及签约后的司法配套服务,从而构造更高效、智能、安全、放心的银行借贷服务。

通过君子签区块链电子签约平台,中国农业银行可以实现合同一键在线签署、合同在线智能化管理、各参与方实名认证等功能应用。其中,一键在线签署将从很大程度上帮助银行提升文件签署速度,提高文书送达效率,节省大量的人力、时间、费用等。合同在线智能化管理解决了银行纸质文件管理难、归档难、查询难、易丢失等管理难题,减少了银行相应的管理成本,实现了降本增效。各参与方实名认证则解决了银行线上签署电子合同面临的各参与方的真实身份核实难等问题,确保签署主体的真实意愿和真实身份,并运用时间戳、区块链等技术保障签署后文件无法篡改,提供可靠的追溯手段,在确保在平台上签署的电子合同具备法律效力的同时,保证用户信息、交易信息等的安全性、完整性和保密性。

此外,出于对当前电子数据易被删除和修改的特点以及互联网交易迅速发展的考虑,中国农业银行与君子签区块链电子签约平台达成的电子合同解决方案中还包含了一整套全业务流程存证举证服务:从用户注册到最终签约,保障银行所有线上借贷业务的每一步操作都有存证。同时打通互联网法院、公证处、司法鉴定中心、仲裁委等权威机构,为其提供完善的存证、固证、举证服务,如果银行在借贷过程中遇到用户质疑、抵赖等法律纠纷,即可一键在线申请司法出证,直接免了司法出证传统流程,并且可以在公证处官网同步查询相关内容，具备权威法律效力。利用区块链电子合同，中国农业银行在提高借贷业务办理效率的同时，亦保障了借贷双方的合法权益和借贷交易的安全性。

图 5-3 展示的是中国农业银行引入的签署全生态闭环服务。

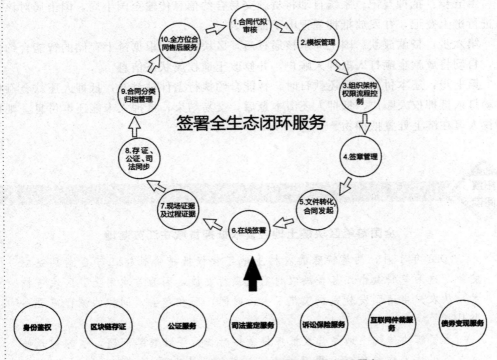

图 5-3　中国农业银行引入的签署全生态闭环服务

（资料来源：《中国农业银行与君子签达成合作，区块链电子合同构建银行借贷安全闭环》，牛透社微信公众号）

二、区块链技术在农地经营权抵押融资的应用场景概述

针对传统抵押贷款模式存在的评估机制不健全、信息不对称、交易成本及风险高等问题，可以建立基于区块链技术的农地经营权抵押融资系统，在不破坏原有流程的基础上，该系统嵌入区块链技术以提高交易效率。

第一步：信贷申请。抵押人登录农地经营权抵押融资系统，发出土地经营权抵押融资申请，并按照平台要求，上传土地权属等相关证明材料。

第二步：资格审查。系统自动将申请发送至抵押权人，其联合国土局审查核实权属等相关证明材料，并根据系统提供的抵押人相关信息，对抵押人进行信用评估，以确认申请人是否具有抵押资格。

第三步：农地价值评估。抵押权人发起土地价值评估申请，评估机构基于区块链上的土地数据，结合实地考察信息，对土地价值进行精确评估，评估结果登记上链，并实施动态跟踪评估。

第四步：签订智能合约。抵押双方根据土地价值评估结果商定贷款金额，并在链上签订双方拟订的智能合约，签订的合约将传入网络。

第五步：抵押登记。系统自动将贷款交易合约信息传输至国土局，国土局对该交易进行链上登记，并发放抵押登记电子证书。

第六步：贷款放款。国土局审核通过后，区块链系统根据链上存储的智能合约指令，自动将放款金额打入抵押人账户，并修改土地权属状态信息。

第七步：还本付息。到还款日时，智能合约执行条件被触发，抵押人还款金额将自动打入抵押权人账户，抵押人还清本息后，交易结束；抵押人未能还本付息，则抵押权人可在链上处置抵押物。

拓展阅读

全国首笔区块链土地经营权抵押贷款在江苏落地

2021年1月，两笔特殊的农村土地经营权抵押贷款在江苏金湖县完成发放。这两笔贷款由江苏金湖农村商业银行发放，因为首次用上了区块链技术，从农户申请到发放完成仅花了半天时间，而在过去，同样的流程需要一个月。

为了解决传统土地经营权抵押贷款耗时长、手续繁等问题，江苏省开始试点，用技术构筑信任，提升效率。江苏金湖县以农村产权交易市场为依托，把土地的经营流转信息搬上区块链，并通过银行机构进行链上助农贷款发放，打造了农村产权"区块链＋交易鉴证＋抵押登记＋他项权证"抵押融资链条，实现了农村金融服务的模式创新。这是国内首次将区块链技术用于农村土地经营权抵押贷款。

南京南大尚诚软件科技有限公司和蚂蚁链是该技术方案背后的提供者。区块链加入后，基于农村土地的农村金融服务有了新的技术解法。土地确权、流转等信息上链存证后不可篡改，保证了信息的真实性；江苏金湖县农村产权交易市场、江苏金湖农村商业银行、蚂蚁链等作为链上的主要节点，提供了信息的实时调取和可信验证方案；智能合约依据相关约定，自动执行存证、核验、抵押等行为。

通过将区块链技术用于农村土地经营权抵押贷款，贷款申请人仅须通过身份核验后，便可以在线发起贷款申请，从而大大提升了农户和经营主体获取贷款的便捷性和效率。

对于金融机构来说，其不再需要进村入户去核实土地经营权来源的合规性、合同真伪性、交易有效性，直接基于链上数据即可完成核验。作为首家接入农村金融服务平台的金融机构,江苏金湖农村商业银行信贷部总经理表示:"线上区块链贷款既可以快速通过平台获取客户,也降低了风险和成本。"

对于农业主管部门和金融监管部门来说,可以有效将农业经营主体、金融机构、保险机构、各级政府部门围绕土地经营权形成监管链条,形成穿透式监管能力,并且基于链上数据,为农村金融补贴发放、贷款贴息、风险补偿提供有效支撑。

(资料来源:《从申请到发放仅需半天!全国首笔区块链土地经营权抵押贷款在江苏落地》,中国科技网)

本章小结

本章主要向读者介绍了区块链技术,介绍了区块链的起源、定义、发展历程、基本特征、技术框架与主要类型等基础知识,并进一步总结了当前区块链技术尚存的风险、所面临的机遇与挑战以及未来的发展方向。最后本章以商业银行与农地经营权抵押融资两大场景为例,介绍了区块链技术的实际应用场景与应用流程,引导读者对区块链的实际应用现状与未来发展趋势进行更深入的思考。

思考题

1. 区块链的发展经历了哪些阶段?区块链在每个阶段中有什么进步?
2. 为什么区块链是一种值得信任的方法?区块链中的权益证明机制和工作量证明机制有什么区别?
3. 是否可以从区块链的网络中删除一个或多个块?说明原因。
4. 区块链有哪几种类型?每种区块链的特点是什么?据此阐述不同区块链适用于哪些应用场景。
5. 谈谈区块链面临哪些安全威胁及其未来发展趋势。

第五章
课后阅读

第五章
参考资料

第六章

人工智能基础

随着科技的飞速发展，人工智能已经成为金融科技领域的一大亮点和核心驱动力。本章将从人工智能的起源与发展谈起，探讨其与金融科技化的交融与共生关系，带领读者深入了解人工智能的定义、核心方法与技术，并分析其在金融科技领域的巨大潜力。通过对机器学习、深度学习、自然语言处理以及图像识别技术的介绍和探讨，读者将逐步领略人工智能在金融科技领域的无限可能。同时，本章将深入分析人工智能的优势与风险，并展望未来人工智能在金融科技领域的发展前景。本章旨在带领读者进行一次全方位的人工智能与金融科技的探索之旅，助力读者更好地理解并把握金融科技未来发展的机遇与挑战。

■ 第一节　人工智能概述

■ 一、人工智能的起源与发展

20世纪初，数学家和逻辑学家开始探讨机器能否模拟人类的思维，逻辑引擎概念随之涌现。其中阿兰·图灵（Alan Turing）提出的"图灵机"的概念，被认为是计算机科学和人工智能的奠基之一。1950年，阿兰·图灵又提出了图灵测试，据此来判定计算机是否智能。图灵测试即如果一台机器能够通过电传设备与人类展开对话而不被辨别出其机器身份，那么这台机器就被认为具有智能。1956年，人工智能（artificial intelligence，AI）这一术语在达特茅斯会议上首次被正式提出，标志着人工智能作为一门独立学科的诞生。

20世纪50—70年代，人工智能的发展处于"知识符号主义"时期，符号主义认为智能行为可以通过逻辑推理和符号操作来实现，这种方法的核心理念是将问题的知识以符号的形式表示，并通过逻辑规则进行推理和决策。"专家系统"是这一时期的代表性应用，它通过收集和表达专业知识，使用推理引擎进行问题求解。DENDRAL

和 MYCIN 是两个典型的早期专家系统，分别用于化学分析和医学诊断。

随着人工智能应用规模的不断扩大，专家系统存在的推理方法单一、缺乏常识性知识、缺乏分布式功能、难以与现有数据库兼容等问题逐渐暴露出来，因此在处理复杂问题时面临巨大的挑战。为解决知识符号主义的局限性，20 世纪 80 年代末，"连接主义"崛起，其强调通过模拟人脑神经网络的方式学习和处理信息。由此，机器学习成为人工智能的重要分支，决策树、支持向量机和神经网络等算法开始流行。连接主义为人工智能领域引入了一种新的学习和处理信息的思维方式，对于解决复杂问题和处理大规模数据具有重要意义。自 2006 年起，随着通过多层神经网络进行学习的深度学习方法的发展，AI 开始在图像识别、自然语言处理等领域取得显著进展，如 AlphaGo 证明了深度学习方法在某些领域超越人类的能力。

目前，人工智能已开始广泛应用于医疗、自动驾驶、金融等多个领域。随着技术的进步，人工智能将逐渐释放巨大潜力，迎来爆发式的增长。

> **拓展阅读**
>
> ### AlphaGo：开启人工智能新篇章
>
> AlphaGo 是一种强人工智能，主要应用于围棋游戏。2017 年 5 月，在中国乌镇围棋峰会上，它与世界围棋冠军柯洁对战，以 3∶0 的总分获得胜利。这场比赛被誉为围棋史上的一次里程碑，也是人工智能领域的一次重大突破。
>
> AlphaGo 的问世将深度强化学习的研究推到了新的高度。AlphaGo 创新性地结合深度强化学习和蒙特卡罗树搜索①，通过策略网络选择落子的位置，降低搜索宽度，使搜索效率得到大幅度提升，胜率估算也更为精确。与此同时，使用深度强化学习的自我博弈来对策略网络进行调整，改善策略网络的性能，使用自我对弈和快速走子结合形成的棋谱数据进一步训练价值网络。最终在在线博弈时，结合策略网络和价值网络的蒙特卡罗树搜索技术，会在当前局面下寻找最优的落子点。
>
> 围棋是一个庞大的搜索空间和高度复杂的决策树问题，AlphaGo 的胜利表明人工智能已经能够超越人类顶尖选手在某些领域的表现。但 AlphaGo 的胜利并不意味着人工智能可以取代人类，而是代表了人机协作的一个重要里程碑。人类与人工智能的合作，能够创造更多的可能性，带来更广阔的应用前景，如医疗诊断、智能交通、自然语言处理等领域。
>
> （资料来源：唐振韬、邵坤、赵冬斌等，《深度强化学习进展：从 AlphaGo 到 AlphaGo Zero》，载《控制理论与应用》，2017 年第 34 期）

---

① 蒙特卡罗树搜索，是一种启发式搜索算法，用于解决决策问题，特别是在没有完全信息或在复杂状态空间的情况下进行搜索。

二、人工智能的定义

美国斯坦福大学人工智能研究院的尼尔斯·约翰·尼尔森（Nils John Nilsson）教授认为，人工智能是关于知识的学科——怎样表示知识，以及怎样获得知识并使用知识的科学。而美国麻省理工学院的帕特里克·温斯顿（Patrick Winston）教授认为，人工智能就是研究如何使计算机去做过去只有人才能做的智能工作。这些说法虽然在表达上有所不同，但都反映了人工智能学科的基本思想和基本内容，即人工智能是研究、开发用于模拟、延伸和扩展人的智能的理论、方法、技术及应用系统的一门新的技术科学。具体而言，人工智能致力于使机器具备以下能力。

（1）像人一样能学习推理：通过机器学习、自动推理等方式从已知信息中学习并进行逻辑推断。

（2）像人一样能感知环境：通过计算机视觉、语音识别、自然语言处理等手段感知和理解环境中的信息，实现与人的自然交互。

（3）像人一样能自主行动：通过运动控制单元让机器能根据各种场景的需要自主运动，应对各种问题和任务。

总的来说，人工智能的发展旨在赋予机器像人一样完成过去只能依赖人类才能进行的智能任务的能力。因此，这要求人工智能是一个涉及面极广的技术体系，不仅紧密关联计算机科学，还涵盖信息论、控制论、自动化、机械工程、数学、物理、仿生学、生物学等多个学科领域，可谓是一门包罗万象的技术。

三、人工智能的核心方法与技术

人工智能的核心是数据驱动的机器学习（machine learning）算法。机器学习是AI的基础，并且是推动AI发展的最关键技术。机器学习是一种利用数据、算法和数学模型，让计算机从原始数据中自动地学习和提取知识的方法。例如，当在计算机中输入一些图像数据时，机器学习算法可以学习到这些图像的特征，并将其用于分类、识别等任务。同样，在计算机中输入一些文本数据时，机器学习算法也可以学习到文本的语言模式，并使计算机能够自动地执行文本检索和语音识别等任务。

深度学习（deep learning）是机器学习的一个分支，它基于多层的人工神经网络，可以从复杂的数据中挖掘出深层的规律，从而有效地完成机器学习任务。深度学习的核心原理是仿照人类神经网络的构造，通过大量的数据训练，不断学习和优化网络参数，从而实现机器学习的目的。相比基础的机器学习算法，深度学习在处理复杂数据和学习特征表示等方面具有显著优势，这主要归功于深度学习模型有着良好的自动化特征，即在训练过程中通过多层次的神经网络结构自动从原始数据中学到更加有效和抽象的特征，而无须手动设计或选择特征，在此基础上构建出高效的预测模型，从而减小了对人工特征工程的依赖，提高了模型的自动化程度和性能。

自然语言处理（natural language processing，NLP）和计算机视觉（computer vision，CV）是基于机器学习和深度学习等人工智能基础技术发展而来的重要应用技术。自然语言处理致力于使计算机能够理解、解释和生成自然语言，进而实现人与计算机之间的有效交互。它涉及文本分析、语义理解、机器翻译等任务，为语音助手、聊天机器人等应用提供支持。计算机视觉则研究如何使计算机系统具备对图像、视频或其他视觉数据进行感知、理解和处理的能力，旨在使计算机能够模拟人类视觉系统的功能，从而实现对视觉信息的有效分析和解释。它包括图像处理、模式识别、三维重建、物体检测与识别等技术，应用于人脸识别、图像检索、医学影像分析、自动驾驶等多个领域。

四、人工智能与金融科技化

人工智能在金融的科技化过程中扮演着关键的角色，为金融服务和业务带来了许多创新和改变。

在风险管理领域，伴随着大数据的高速发展，人工智能可以通过分析大量的数据，包括非传统数据源，来评估个人和企业的信用风险，使得信贷决策更加准确和及时；也可以通过机器学习和数据分析，帮助识别信贷的异常模式和行为，从而帮助银行及时发现并防范欺诈行为；利用深度学习算法，人工智能还可以帮助金融机构更好地理解和管理市场风险，优化投资组合。

客户服务和体验方面，随着自然语言处理和自动化技术的发展，使得语音识别准确度基本达到人类认知水平。人工智能可以提供 24 小时的虚拟客户服务，回答用户的问题，处理常见交易，并改善客户体验。此外，基于用户的交易历史和其他行为数据，人工智能可以生成个性化的金融产品和服务推荐，帮助客户制订更有效的投资计划。智能投顾的兴起将使每一位投资者能够拥有自己专属的投资顾问。

在交易与投资领域，利用机器学习和大数据分析，人工智能可以提供对市场走势的预测和分析，为投资决策提供支持。同时算法交易可以执行高频交易策略，优化交易执行，提高投资回报。

合规和监管方面，人工智能可以自动监测金融机构的交易活动，确保其符合法律法规，降低违规风险。利用人工智能技术，金融机构还可以更有效地检测洗钱行为和欺诈活动，保护金融系统的安全。

总的说来，人工智能在金融的科技化过程中不仅提高了金融服务的效率和准确性，还推动了金融行业的创新和数字化转型。随着技术的不断发展，人工智能在金融领域的应用将继续扩展和深化。

第二节 机器学习与深度学习

一、机器学习

（一）机器学习概述

机器学习是人工智能领域的重要分支，其核心目标是让计算机系统能够通过学习获取经验进而改进其性能。在传统的编程中,程序员需要明确规定计算机如何执行任务,编写详细的指令和规则。而在机器学习中,计算机系统通过分析大量的数据,自动识别其中存在的模式和规律,从而进行相应的预测、分类或决策。

机器学习的核心思想是利用数据训练模型,使其能够推广到新的数据上。比如根据过往已知或涨或跌的股票历史数据,我们可以学习股价变化规律,进而预测未来的股价变动趋势。为了实现这一目标,如图6-1所示,机器学习通常要经历数据收集与预处理、特征提取、模型选择与训练、模型评估等步骤。

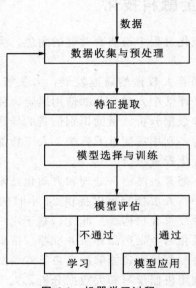

图6-1 机器学习过程

(1) 数据收集与预处理。机器学习的起点是大量的数据,这些数据可以是结构化数据,也可以是非结构化数据,这取决于所研究问题的性质。结构化数据适用于分类、回归、聚类等。结构化数据中的特征和标签之间存在明确的关系,如有统一格式的表格和数据库等。非结构化数据适用于自然语言处理、计算机视觉、语音识别等。非结构化数据的模型需要理解和处理复杂的数据形式,如没有明显规律的文本、图像和音频。在将数据输入机器学习模型之前,为了确保输入数据的质量和一致性以提高模型的性能和泛化能力[①],需要进行预处理,包括数据清洗、处理缺失值、标准化数据等。

(2) 特征提取。特征是模型用于学习的输入变量。在机器学习中,特征可以理解为影响结果的因素,提取关键特征有助于提高模型的性能。因此要选择最相关、最具代表性的特征,以减少冗余信息,提高模型的精准度和泛化能力。

(3) 模型选择与训练。选择适当的机器学习模型是关键的一步。不同任务可能需要不同类型的模型,首先要理解问题类型,确定是监督学习还是无监督学习,是分类问题、回归问题还是聚类问题,接着再根据问题选择适当的算法或模型,如决策树、

---

① 泛化能力是指机器学习算法对新鲜样本的适应能力。较高的泛化能力意味着模型不仅在训练数据上有很好的表现,而且在实际应用中也能继续保持较好的效果。

支持向量机、神经网络等。此外，还可以根据数据规模和问题复杂度调整模型的复杂度。选择模型后，需要使用数据集对模型进行训练。在训练过程中模型会不断调整参数，从而最佳地拟合数据。在此过程中，可以将数据集划分为训练集和测试集，以便在训练过程中评估模型的性能。同时，根据问题选择适当的损失函数（loss function）①，用于衡量模型在数据集上的拟合程度。

（4）模型评估。训练完成后，需要使用测试样本来评估模型的性能。衡量模型好坏的重要因素之一是"泛化误差"。模型的实际预测输出与样本的真实输出之间的差异称为"误差"，在训练集上的误差称为"训练误差"或"经验误差"，在测试样本上的误差称为"泛化误差"。泛化误差越小，模型泛化能力越强，模型性能越好。当模型把训练样本学得"太好"的时候，很可能把训练样本自身的一些特点当作所有潜在样本都具有的一般性质，这种现象称为"过拟合"（overfitting），此时模型在训练数据上表现良好，但在新数据上表现不佳，即模型过于复杂，过度拟合了训练集中的噪声和特定样本。与"过拟合"相对的是"欠拟合"（underfitting），指模型无法很好地捕捉数据中的复杂关系，导致模型在训练集和新数据集上都表现不佳，即模型过于简单，无法学习到数据的一般性规律。二者均会导致模型泛化能力下降。

经过训练并通过评估的模型便可用于实际任务。包括对未知数据的预测、分类、聚类等。

（二）机器学习分类

机器学习主要分为监督学习、无监督学习、强化学习等不同类型。

监督学习是机器学习中最常见的类型，它利用数据集学习一个模型，再用模型对测试样本集进行预测，具体包括预处理、学习、验证和预测几个步骤，如图 6-2 所示。由于在整个过程中需要标注数据集，而标注的数据集往往是人工给出的，所以称为监督学习。该过程就像一位老师教学生，告诉他们正确的答案，学生通过不断练习来提高自己。监督学习包括各种分类和回归算法，分类算法用于预测离散结果，常见的有支持向量机、k 最近邻域法、朴素贝叶斯分类器、决策树、随机森林等；回归算法如线性回归等，则用于预测连续结果。

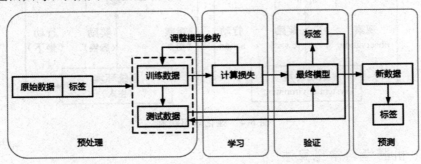

图 6-2 监督学习过程

---

① 损失函数是机器学习模型用来衡量预测值与真实值之间差异的函数。常用的损失函数包括均方误差（mean squared error, MSE）和平均绝对误差（mean absolute error, MAE）等。

无监督学习是一种通过给算法一堆未标记的数据，让其自行发现其中的结构和模式的机器学习类型，包括聚类算法和降维算法（图6-3），聚类算法用于探索内在的数据分组，如k均值聚类或层次聚类；降维算法用于减少数据的复杂性，如主成分分析（PCA）。无监督学习适用于我们不知道正确答案是什么，但希望找出数据中的一些隐藏规律。比如，通过聚类算法，我们可以将一组消费者分成不同的群体，而无须事先告诉算法每个群体的特征。

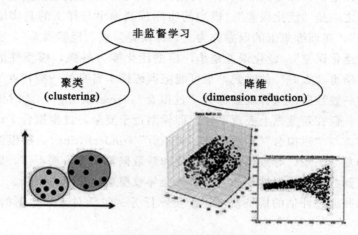

图6-3 无监督学习的两类常见算法

强化学习侧重于如何基于环境反馈采取行动以达到某种目标。不同于上述学习方法，强化学习的决策是序列性的，并且下一个决策取决于前一个输出。也就是说，机器在一个环境中执行动作，然后根据动作的结果获得奖励或惩罚。通过这种奖励或惩罚的反馈，机器逐渐学会了在特定环境中采取哪些动作以获得最大的奖励。这就好比培养一只小狗，当它做对指令时给予奖励，做错时进行惩罚，从而让它学会正确的行为。图6-4展示的就是强化学习机制。典型的强化学习算法包括Q学习、深度Q网络（DQN）等。

图6-4 强化学习机制

（三）机器学习常见算法

1. 支持向量机（support vector machine，SVM）

支持向量机是一种监督学习算法，其理念起源于Vladimir Vapnik和Alexey Chervonenkis在20世纪60年代末到70年代初做出的关于统计学习理论的研究。如

图 6-5 所示，在二维空间中，存在多个超平面，能够将两个类别的数据点分开，SVM 的核心思想就是找到一个超平面，使得不同类别的数据点离这个超平面的距离最大化，确保针对新的数据点有更好的分类性能和泛化能力。因此，SVM 的目标是最大化间隔，即支持向量到超平面的距离达到最大（图 6-6 中离超平面最近的数据点与超平面的距离最大化）。

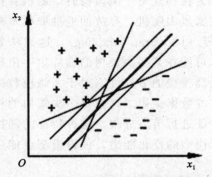

图 6-5 存在多个划分超平面将两类数据点分开

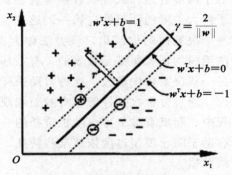

图 6-6 支持向量与间隔

SVM 可分为线性可分支持向量机、线性支持向量机和非线性支持向量机，广泛应用于文本和图像分类、手写体识别、生物信息学等领域。由于 SVM 在高维空间中的强大表现，其也被用于处理复杂的数据集分类问题。

2. k 最近邻域法（k-nearest neighbor）

k 最近邻域法是一种基于实例的学习算法，通过计算新样本与训练集中的样本的距离，选择离新样本最近的 k 个样本，根据它们的类别进行投票，以确定新样本的类别。通俗来讲就是"找邻居"。在特征空间中，如果一个样本附近的 k 个"邻居"（最近样本）大多数属于某一个类别，那么该样本也属于这个类别。该算法常用于模式识别、图像识别、医学诊断等领域。对于小型数据集而言，KNN 表现良好，但由于需要计算测试样本与所有训练样本之间的距离，因此对于大型数据集而言，其计算成本较大且计算复杂度较高。

3. 朴素贝叶斯分类器（naive Bayesian classifier）

朴素贝叶斯分类器基于贝叶斯定理[①]，"朴素"表示对每个特征之间的独立性做了简化的假设。通过计算给定类别的特征的条件概率，利用贝叶斯定理计算后验概率，选择具有最大后验概率的类别作为预测结果。主要用于文本分类、垃圾邮件过滤、情感分析等任务。由于该方法简单有效，因而适用于处理小规模数据集和特征独立性较好的问题。

4. 决策树（decision tree）

决策树的概念可以追溯到 20 世纪 50 年代，但其在机器学习中的广泛应用始于 20 世纪 80 年代。通过逐步选择最佳特征进行数据分割，构建一个树形结构，使得每

---

① 贝叶斯定理是指当分析样本大到接近总体数时，样本中事件发生的概率接近总体中事件发生的概率。贝叶斯定理是应用所观察到的现象对有关概率分布的主观判断（即先验概率）进行修正的标准方法。

个节点上都能最大限度地减小数据的不确定性（熵①）。该算法常用于分类和回归问题，如医学诊断、金融欺诈检测等，易于理解和解释，也可用于特征选择。

5. 随机森林（random forest）

随机森林是一种集成学习算法，通过构建多个决策树来进行分类或回归。该算法对于高维数据和大规模数据集表现良好，因为在构建每个决策树时，随机森林引入了两大关键的随机性：第一，通过从原始数据集中随机、有放回地抽取样本来构建每个决策树的训练集，该方法称为自助采样（bootstrap sampling），这意味着每个决策树的训练集都是独立的，有一部分样本可能在某些决策树的训练集中出现而在另一些决策树中缺失。这种自助采样能够提高模型的多样性，对于大规模数据集来说，通过分批次抽样能够有效处理规模庞大的数据。第二，在每个决策树的构建过程中，随机森林只考虑随机选择的一部分特征进行节点分裂。这种特征的随机选择有助于防止模型过度依赖某些特征，提高了模型的泛化能力，使得模型更能适应高维数据。

6. k 均值聚类（k-means clustering）

k 均值聚类是一种很早出现的聚类算法，由 James MacQueen 在 1967 年提出。其核心思想是通过迭代的方式将数据集中的样本划分为 k 个簇，每个簇以其质心为中心，样本被分配到距离其最近的质心所属的簇。该方法适用于大型数据集，被广泛用于图像压缩、文档分类等领域。

7. 谱聚类（spectral clustering）

谱聚类的思想源于图论中的拉普拉斯矩阵（Laplacian matrix）②，是一种基于图论的无监督聚类方法。该算法通过将数据的相似度矩阵转换为拉普拉斯矩阵，然后利用拉普拉斯矩阵的特征向量进行降维。在降维后的空间中，通过 k 均值聚类等算法进行聚类。相比单纯的 k 均值聚类算法，谱聚类算法对数据分布的适应性更强，聚类效果更优，适用于处理非凸形状的簇，例如社交网络分析、图像分割等。聚类算法就是要把一堆样本合理地分成 k 份。从图论的角度来说，聚类的问题就相当于一个图的分割问题。即给定一个图 $G=(V,E)$，顶点集 V 表示各个样本，带权的边 E 表示各个样本之间的相似度。谱聚类的目的便是要找到一种合理的分割图的方法，使得分割后形成若干个子图，连接不同子图的边的权重（相似度）尽可能小，同子图内的边的权重（相似度）尽可能大。"物以类聚，人以群分"，相似的在一块儿，不相似的彼此远离。

近年来，机器学习技术的快速发展已经广泛应用于各个领域，包括但不限于自然语言处理、计算机视觉、医疗诊断、金融风控、智能交通、个性化推荐等。其强大的模式识别和决策能力正在不断改变我们的生活和工作方式。此外，深度学习模型的崛起和机器学习工具的普及使得非专业人士也能轻松运用，从而推动了科技创新在人类生活和社会行为中的应用。

---

① 熵，起初是一个热力学函数，后发展为系统混乱程度的量度，是一个描述系统热力学状态的函数。
② 拉普拉斯矩阵是表示图的一种矩阵。

二、深度学习

（一）深度学习概述

深度学习是机器学习的一个分支，它通过模拟人脑神经网络的结构和功能，利用多层次的神经网络模型进行学习和决策。深度学习的关键在于深层次的神经网络结构，其中包含多个层次的神经元，每一层都负责提取数据的不同特征。这种分层结构使得模型能够学习到复杂的表示和抽象模式，从而更有效地解决各种复杂任务，如图像识别、语音识别、自然语言处理等。

神经网络是由大量的单元（或神经元）按不同层级组成的系统，每个单元都会处理输入信息，并将输出发送到下一层。基本的神经网络，也称为多层感知机（MLP）。神经网络包括三个主要层次：输入层、隐藏层和输出层。每层由多个神经元组成，神经元是这个系统的基本单位。神经元接收来自上一层的输入信息，这些输入信息通过加权、汇总后输出。接下来，汇总的值通过激活函数（如 ReLU、sigmoid①或 tanh②）来决定神经元的输出。在训练过程中，通过反向传播算法和梯度下降法，网络会调整权重和偏差，使预测结果与实际结果之间的差异最小化。

深度学习已经成为机器学习领域的一项重要技术，同时也推动着人工智能的快速发展。至今已有数种深度学习模型，如循环神经网络（RNN）、卷积神经网络（CNN）、长短期记忆网络（LSTM）和生成对抗网络（GAN）等。得益于大规模标记数据的可用性、强大的计算硬件和优化算法的不断改进，深度学习已经在许多领域取得了令人瞩目的成果，比如在金融领域，神经网络可以用于识别复杂的非线性关系，这在传统统计模型中是很难实现的。

深度学习在金融中的应用

在过去的十几年里，人工智能在金融领域已经成为学术界和金融业非常热门的话题。作为机器学习领域一个应用十分强大的分支，深度学习近年来得到越来越多的关注，主要原因在于它比经典的机器学习模型的性能更好、泛化和拟合能力更强。目前深度学习已经有许多性能较好的模型，如 MLP、CNN、LSTM 等，其广泛的研究和拓展还在继续。

---

① sigmoid 函数是常见的 S 形函数，也被称为 S 形生长曲线。由于其具有单调递增、反函数单调递增等性质，所以 sigmoid 函数常被用作神经网络的阈值函数，该函数可以将变量映射到 0～1 之间。

② 双曲正切函数（tanh）是双曲正弦函数（sinh）与双曲余弦函数（cosh）的比值，是一种在数学和统计学中常见的非线性函数，广泛应用于神经网络、信号处理、数据压缩等领域。

在金融领域，深度学习主要应用于算法交易、风险评估、欺诈检测等方面。

1. 算法交易（algorithmic trading）

算法交易指的是完全通过智能模型来进行买卖决策，这些决策可能基于一些简单规则、数学模型，或者是机器学习和深度学习。将深度学习与一些时间序列价格预测模型相结合，可以达到进行市场择时的目的，如通过 LSTM、RNN 等进行价格回归；或者对市场的趋势进行分类，以触发买卖信号，如用 CNN 进行因子选股或者趋势分类；一些算法交易模型通过优化买卖价差、限制订单、仓位大小等交易参数来关注交易本身的动态，如对高频交易、配对交易进行研究。

2. 风险评估（risk assessment）

深度学习在金融领域研究的另一个领域是风险评估，即识别资产、公司、个人产品、银行等的风险。具体的一些应用如破产预测、信用评估、债券评级、企业信用评级、财务困境预测、企业危机预测等。在这种情况下，正确识别风险状况是至关重要的，因为资产定价高度依赖于风险评估。

3. 欺诈检测（fraud detection）

金融欺诈是各国政府和机构努力寻找永久解决办法的领域之一，常见的金融欺诈有信用卡诈骗、洗钱、消费信贷诈骗、逃税、银行诈骗、保险索赔诈骗等。在深度学习中，这类研究大多可以看作一个异常检测问题，或者是一个分类问题。一些研究常用 MLP、LSTM 等模型做信用卡欺诈检测，通过自编码器（auto encoder，AE）做异常点检测。

（资料来源：《【金融量化】深度学习在金融中的研究热点以及应用》，CSDN 博客）

（二）循环神经网络（RNN）

循环神经网络（RNN）的概念最早出现在 20 世纪 80 年代，是一种具有循环连接的神经网络，能够捕捉序列数据中的上下文信息。其基本结构包括一个循环单元（RNN cell）和多个时间步（time step）①，如图 6-7 所示。在每个时间步内，RNN cell 接收当前输入 x_t 和前一个时间步的隐藏状态 h_{t-1}，然后产生新的隐藏状态。这样，RNN 就可以通过循环的方式在整个序列上共享权重，使其能够处理变长的输入序列。

---

① 时间步是数值模拟中使用的一个概念，它表示模拟系统在时间上的离散化。在数值模拟中，将问题的时间范围分割成连续的小时间间隔，每个时间间隔称为一个时间步。在每个时间步内，系统的状态会根据物理规律和计算方法进行更新和演化。时间步的大小可以根据需要进行调整，通常根据模拟系统的稳定性和精度要求来确定。较小的时间步可以提高模拟的准确性，但会增加计算的复杂度和时间成本。

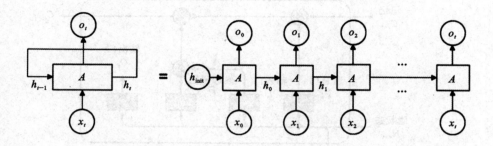

图 6-7 RNN 的基本结构

RNN 的前向传播公式如下：
$$h_t = f(W_{ih}x_t + W_{hh}h_{t-1} + b_h)$$
式中　h_t——时间步 t 的隐藏状态；
　　　x_t——时间步 t 的输入；
　　　W_{ih}、W_{hh}——输入到隐藏状态、隐藏状态到隐藏状态的权重矩阵；
　　　b_h——隐藏状态的偏置；
　　　f——激活函数，也叫挤压函数，这类函数是将大范围输入挤压到较小区间的函数，通常为 tanh 函数或 sigmoid 函数。

RNN 的输出既可以在每个时间步处产生，也可以仅在序列结束时产生输出。

RNN 能够捕捉时间序列数据的动态行为，因为它们在处理当前输入时会考虑过去的信息，弥补了传统的神经网络结构难以处理变长的输入序列的不足。因此，RNN 特别适用于股票价格预测、经济指标分析等金融应用。然而，它也存在梯度消失/梯度爆炸、短时记忆和计算效率低等问题。为了解决这些问题，后来出现了一些改进型的循环神经网络，如长短期记忆网络（LSTM）和门控循环单元（GRU），它们通过引入更复杂的结构，有效地提高了 RNN 在捕捉长期依赖关系方面的性能。

（三）长短期记忆网络（LSTM）

长短期记忆网络是由 Hochreiter 和 Schmidhuber 在 1997 年提出的，旨在解决传统 RNN 中的梯度消失问题。LSTM 的设计灵感来自人类的短时记忆和长时记忆机制，能够更好地捕捉和利用时间序列数据中的长期依赖关系，现在被广泛应用于自然语言处理、语音识别、时间序列分析等领域。

LSTM 是一种具有门控机制的循环神经网络，其中包含多个判断信息是否有用的 cell，每一个 cell 中有三个关键的门：遗忘门、输入门和输出门，如图 6-8 所示。遗忘门决定上一时刻的单元状态 C_{t-1} 有多少保留到当前时刻（C_t），它将上一个节点导入进来的输入进行选择性忘记，"忘记不重要的，记住重要的"，在长期记忆重要信息的同时防止过去的记忆信息对当前的决策产生过大的影响。输入门决定了当前时刻的输入 X_t 有多少保留到单元状态 C_t，通过控制新的记忆信息如何被添加到 cell 的状态中，以更新当前的记忆。输出门则决定了单元状态 C_t 有多少可以输出。

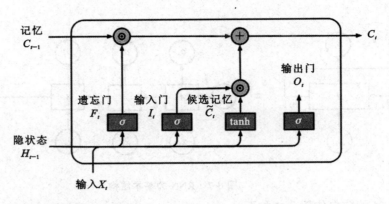

图 6-8 LSTM 的基本结构

遗忘门：
$$F_t = \sigma(W_f \cdot [H_{t-1}, X_t] + b_f)$$

输入门：
$$I_t = \sigma(W_i \cdot [H_{t-1}, X_t] + b_i)$$

输出门：
$$O_t = \sigma(W_o \cdot [H_{t-1}, X_t] + b_o)$$

更新 cell 状态：
$$\widetilde{C}_t = \tanh(W_C \cdot [H_{t-1}, X_t] + b_C)$$

最终 cell 状态：
$$C_t = F_t \times C_{t-1} + I_t \times \widetilde{C}_t$$

隐藏层：
$$H_t = O_t \cdot \tanh(C_t)$$

其中，$\sigma(x) = \dfrac{1}{1+e^{-x}}$，$\tanh(x) = \dfrac{\sinh(x)}{\cosh(x)} = \dfrac{e^x - e^{-x}}{e^x + e^{-x}}$，$X_t$ 表示 t 时刻的输入值，H_t 表示 t 时刻的隐藏状态值，W 是权重参数，b 为常数，W 和 b 可以通过模型训练得到。

作为经典的深度学习模型，以上这些神经网络在不同任务和领域中发挥着关键作用。然而，深度学习依旧面临过拟合、计算资源需求大、可解释性差等问题。为了应对这些问题，新的技术不断涌现。迁移学习技术通过在不同任务之间共享知识，以提高模型的泛化能力；神经网络剪枝方法通过减少模型中的参数和连接来降低计算复杂度，提高运行速度；除此之外，还有诸如自注意力模型在自然语言处理领域的成功、生成对抗网络在生成新颖内容方面的突破等。深度学习领域正在快速发展，新技术的涌现为解决实际问题提供了更多的可能性，推动了人工智能的不断进步。

三、机器学习与深度学习的区别

通过对机器学习和深度学习主流模型的了解,可以发现,尽管机器学习和深度学习都是人工智能的重要分支,并且都从数据输入中"学习",但二者之间存在一些关键差异。

(1)历史渊源。机器学习源自统计学和模式识别领域,重点在于利用数据和统计技术构建模型。而深度学习源自神经网络领域,特别是受到生物神经网络结构的启发,它专注于使用深层次的神经网络来学习数据的表示方法。

(2)数据建模。机器学习采用的数据建模方式是基于向量的表示法,其优点在于模型的效率和准确性,但是数据表示通常比较固定。而深度学习则更倾向于基于网络结构,它允许数据流经一系列可以学习的变换过程,从而实现更细致的表示,但是在这种情况下,计算会更加耗时。

(3)学习过程。机器学习的学习过程是先通过定义获得期望输出的模型,随后再优化这个模型以最小化损失函数。而深度学习则是让网络自己来学习其表示的结果,也就是说在深度学习中,网络会产生一系列的权重和参数,它们在学习过程中会不断地更新这些权重和参数。

(4)使用前提。机器学习可以在较少的标记数据上进行训练,并且在较短的时间内收敛至较好的结果。深度学习则需要大量标记数据来进行训练,并且对计算资源的要求更高,需要更多的时间来进行收敛。正是由于要处理的数据量和所用算法中涉及的数学计算的复杂性不同,深度学习系统需要比简单的机器学习系统更强大的硬件。用于深度学习的一种硬件是图形处理单元(GPU)。机器学习算法可以在没有那么多计算能力的低端机器上运行。

(5)算法实现。机器学习之所以收敛得快,在很大程度上是因为机器学习算法使用的参数相对较少,它们就像是一个片数有限的拼图,在尝试一定次数后就能拼出来。而深度学习则不同,它像画像,需要有很多参数,通过大量的训练才能让它画出来。

综上所述,机器学习和深度学习在历史渊源、数据建模、学习过程、使用前提和算法实现等方面有着明显的差异,各自适用于不同的应用场景和问题类型。从具体学习过程来看,经典的机器学习与深度学习的学习过程对比情况可参考图6-9。

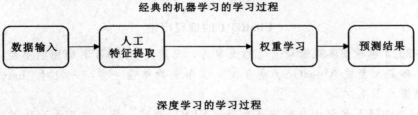

图6-9 经典的机器学习与深度学习的学习过程对比

第三节　自然语言处理

一、自然语言处理概述

自然语言处理（natural language processing，NLP）是一门交叉学科，融合了计算机科学、人工智能和语言学的理论和方法。其核心目标是使计算机能够理解、解释、生成人类语言，搭建起人与计算机之间的语言沟通桥梁。NLP 的发展源远流长，从早期的基于规则的语言处理到如今深度学习的崛起，自然语言处理不断演进。

在应用 NLP 的广阔领域中，涵盖了众多关键技术。分词与词性标注使计算机能够理解文本中的单词，并赋予每个单词语法和语义类别；语法分析深入解析句子结构，为计算机提供了更为全面的语法理解框架；在语义分析与实体识别方面，NLP 则专注于理解文本的意义和识别具体实体，如人名、地名等，从而提取有用的信息；情感分析则通过分析文本的情感色彩，更深入地洞察各个领域；机器翻译和语音识别展现了 NLP 在跨语言交流和语音处理方面的应用；词嵌入和表示学习则将单词映射到连续向量空间，帮助计算机更好地理解和处理语言信息；预训练模型，如 BERT 和 ChatGPT，则通过大规模语料库中的训练，使模型具备更强大的语言理解能力。

随着技术的不断发展，NLP 逐渐扩展其应用领域。除了传统的文本处理和语言理解，NLP 如今在机器翻译、情感分析、智能客服、信息抽取等方面发挥着关键作用。这些应用不仅提高了计算机对语言的处理能力，也为人们提供了更智能、更个性化的服务和体验。

总体而言，NLP 作为一项前沿技术，正在改变人们与计算机、人与信息之间的交互方式，推动着人工智能领域的不断进步。随着技术的不断演进和应用场景的不断拓展，NLP 必将在更多领域展现出其强大的潜力和价值。

ChatGPT 的横空出世

2023 年科技界最激动人心的大事件，无疑是 ChatGPT 的横空出世，就像几年前大家被 AlphaGo 点燃了对人工智能的热情一样，人们对 ChatGPT 的热情只多不少。

ChatGPT 起源于自然语言处理（NLP）领域，是一种基于互联网文本数据和生成预测训练转换器架构的大语言模型，它通过强化学习及人机对话的方式持续提供反馈，能够较好地执行各种自然语言处理任务。ChatGPT

的开发是在创建高度复杂和多功能 AI 语言模型愿景的背景下推动和实现的。它引入了 Transformer 架构，这是一种基于自注意力机制的模型架构，具有较强的表达能力和计算能力。并且，GPT 系列的开发，展示了 AI 语言模型在各种应用中的潜力，包括文本生成、翻译和数据分析。

ChatGPT 的发布是在前几代 GPT 产品的基础上，在准确性、上下文理解和多功能性方面进行了改进，让其更好地理解并处理复杂和细微的输入，有效地生成客观、平衡、准确的输出。因此，不同于以前的人工智能在很多情况下无法理解人提出的问题的情况，ChatGPT 不但能听懂、部分理解人的意思，而且通过它的生成模型，在某些领域甚至能回答出基本令人满意的答案。正是出于对 ChatGPT 等大模型的信任，Google 利用包括 ChatGPT 在内的 NLP 技术来改进其搜索引擎、语音助手和自然语言理解系统。例如，Google 的搜索引擎利用 NLP 技术来理解用户的查询意图，并提供相关的搜索结果。Facebook 开发了自然语言理解系统，以理解和分析用户在社交网络上发布的内容，并提供个性化的推荐服务。

以前的人工智能大都是"To B"的模式，ChatGPT 则是以"To C"的模式与大家直接进行交互，正因如此，ChatGPT 已经被许多金融机构用于沟通服务，它减少了客户服务的成本，并为客户提供了快速、准确的答案。例如在银行业，利用 ChatGPT 技术开发的聊天机器人可以有效地解决银行与客户之间信息不对称的问题，进而显著增强用户咨询体验并有效提升交互效率，促进银行和客户之间的良好合作。

ChatGPT 是一款现象级的互联网产品，为推动社会生产力提供了巨大的可能性。但不可否认的是，ChatGPT 或者说其所代表的生成式 AI 离真正成熟的应用还有一段距离，其背后隐含的网络和数据安全、法律和道德伦理风险问题同样不容忽视。

（资料来源：汪寿阳、李明琛、杨昆等，《ChatGPT＋金融：八个值得关注的研究方向与问题》，载《管理评论》，2023 年第 35 期）

二、分词与词性标注

分词与词性标注是自然语言处理中的关键任务，其目标是将连续的文本切分成有意义的词语，并为每个词语确定其在语法和语义上的词性。

在分词方面，早期的方法主要基于人工设计规则来判断词语的边界。然而，随着统计方法的兴起，出现了基于大量语料库的统计分词方法。这些方法通过统计每个词语的频率和搭配关系，采用最大匹配等算法，从而更自适应地确定词语边界。词性标注同样经历了规则和统计两个阶段。早期的方法依赖于语法规则和词汇表，通过规则判断每个词语的词性。在统计方法的推动下，机器学习算法如隐马尔可夫

笔记

模型①和条件随机场②被引入，基于大量标注好的语料库，从上下文中学习每个词语的词性。

中文分词具有一定的特殊性，需要处理语境中的歧义和新词的识别。分词算法需要考虑上下文信息，以解决在中文语境中存在的歧义问题。同时，对于未在词典中出现的新词，分词算法需要具备一定的新词识别能力，以适应不断演变的语言环境。

分词与词性标注技术通过规则、统计和机器学习方法，使计算机能够理解文本的基本语法结构。这为后续的自然语言处理任务提供了基础支持，为计算机更深入地理解人类语言打下了重要的基石。

中文分词方法

早期的中文分词方法主要包括机械分词法和统计分词法。机械分词法是中文分词中最基本的方法之一，它需预先构造一个足够大的中文词表，然后通过设置词表中的组合规则来对中文句子进行切分，从而实现分词的目的。词典可以手动构建，也可以利用现有的开源词典构建。统计分词方法是一种基于概率模型的中文分词方法，它根据相邻字之间的共现频率来计算它们构成词语的可信度，通过分析汉字上下文关系、词语的构成规则以及常见的词语搭配等，来判断是否需要进行分词，基于规则可以灵活地根据不同的领域和语言环境进行调整和优化，无须预先构建词表。

近年来，随着人工智能的发展，多种利用深度神经网络进行中文分词的方法被提出，这些方法基于深度神经网络的分词方法将中文分词当作序列标注任务，以人工标注的数据集来训练网络，在无须获取中文词表、无须人为构造规则、不需要人为构造特征模板的情况下，利用深度神经网络的强大建模能力，能获得更精准的结果，远高于传统方法的准确率。在医学领域，复杂多样的医学名词成为对医学病历进行智能分析的一大难点，但随着神经网络模型应用的不断成熟，基于深度学习分词技巧的循环神经网络等模型被成功应用于对电子病历进行识别的研究中。利用这些模型可以灵活地根据上下文对专有名词进行识别。

（资料来源：张军、赖志鹏、李学等，《基于新词发现的跨领域中文分词方法》，载《电子与信息学报》，2022年第44期）

---

① 隐马可夫模型通过给出可观察到的序列状态，推测未知序列状态，是一种用以探索看不到的世界/现象/事实的数学工具，也是机器学习领域中常常用到的理论模型。

② 条件随机场是一种鉴别式概率模型，是随机场的一种，常用于标注或分析序列资料，如自然语言文字或是生物序列。

三、语义分析与实体识别

语义分析旨在深度理解文本的语义结构。包括解决词义的多义性,分析句子的句法结构,以及标注语义角色,即词语在句子中的具体语义功能。比如,当我们说"苹果发布了新款 iPhone"时,语义分析需要理解"苹果"在这里指的是科技公司而非水果,同时构建出句子的语法树,标注出"苹果"为动作的执行者,"新款 iPhone"为动作作用的对象。

实体识别则旨在从文本中识别出命名实体,如人名、地名、组织机构等,同时分词、提取每个词语的特征,如词性和上下文信息,并通过机器学习算法进行实体分类。以"马克·扎克伯格是 Facebook 的创始人之一"为例,实体识别首先将文本分词,得到"马克""·""扎克伯格""是""Facebook""的""创始人""之一"。然后,通过提取每个词语的特征,进行实体分类。这个过程通过机器学习算法,可以判定"马克·扎克伯格"为人名,"Facebook"为组织机构,如图 6-10 所示。

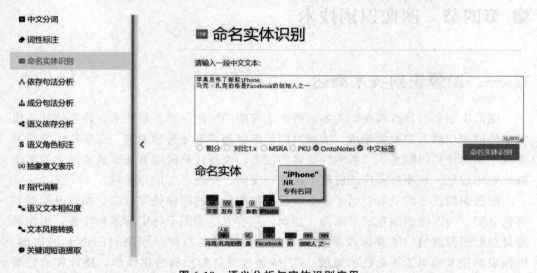

图 6-10　语义分析与实体识别应用

通过语义分析和实体识别,计算机被赋予了更高层次的语义理解能力,从而能够更准确地把握文本的意义,为各种自然语言处理应用(如智能搜索、情感分析等)提供了基础支持。

四、情感分析

情感分析即通过计算机技术来识别和理解文本中的情感色彩,是一项复杂而有趣的任务。它不仅可以简单地判断文本是正面的、负面的还是中性的,更可以通过深入理解每个词语在上下文中的含义,赋予计算机对人类情感更深刻理解的能力。这个过程首先涉及将文本分割成词语,并为每个词语赋予其在句子中的语法角色。这样的分词与词性标注过程有助于计算机更好地理解句子的结构和语法关系。

在情感分析中，上下文理解是至关重要的，同样的词语在不同的上下文中可能表达不同的情感，比如"精致"在正面语境中表示细致入微，而在负面语境中则表示过于烦琐。因此，情感分析算法需要考虑每个词语在特定上下文中的语境，并结合整体句子的情感两极性进行分析。这个过程依赖于机器学习模型，例如，支持向量机（SVM）、朴素贝叶斯分类器，以及深度学习模型，如循环神经网络（RNN）和长短期记忆网络（LSTM）。这些模型通过学习文本中的模式和关系，能够预测词语或句子的情感两极性。

以一句话为例："这部电影真是太精彩了，我笑得肚子疼！"我们首先对文本进行预处理，去除停用词、标点符号。接着，对文本进行分词与词性标注，识别出每个词语的语法角色。最后，使用训练好的情感分析模型，对每个词语的情感两极性进行预测。在这个例子中，关键词"笑得肚子疼"可能被模型预测为正面情感，因为它与电影"精彩"的语境相符。

第四节 图像识别技术

一、图像识别技术概述

图像识别是以计算机视觉为基础的人工智能领域的一项重要技术，旨在使计算机能够模拟和理解人类视觉系统，实现对图像内容的智能分析和理解。这项技术的重要性在于它为计算机赋予了"看懂"图像的能力，使得计算机能够从海量的视觉数据中提取有用信息。该项技术广泛应用于医疗、安防、交通、工业等领域。

图像识别技术的发展经历了多个阶段。早期传统的图像处理方法，如边缘检测和颜色分割，为图像识别奠定了基础。然而，这些方法受限于特定场景和任务，无法处理复杂的图像情境。随着深度学习的兴起，尤其是卷积神经网络（CNN）的提出，图像识别技术取得了革命性的突破。CNN通过层层卷积和池化操作，使计算机能够自动学习图像中的高级特征，从而实现更准确和智能的图像识别。

深度学习的崛起引领了图像识别技术的飞速发展。标注大量图像数据可用性的技术的出现、图像处理硬件的提升，以及算法的不断优化，共同推动了图像识别技术的广泛应用和深入研究。这个过程中，各种视觉网络模型相继涌现，为不同应用场景提供了高效的图像处理解决方案。

二、图像识别原理

计算机图像识别与人类对图像进行识别的原理基本类似，只是计算机不会受到任何感觉或视觉因素的影响。人类不只是结合储存在脑海中的图像记忆进行识别，还利用图像特征对其进行分类，再利用各类特征最终识别出图像。计算机也采用同样的图像识别原理，对图像的重要特征进行分类和提取，并有效排除无用的多余特征，进而使图像识别得以实现。

具体来讲，图像识别的基本原理涉及特征提取和模式识别。图像中的特征是指能够代表图像重要信息的一些局部性质，如边缘、颜色、纹理等。特征提取是图像识别的第一步，计算机通过卷积等操作从图像中提取这些特征。想象一张包含一只猫的图像，特征提取算法可能会捕捉到猫的眼睛、耳朵的形状，以及其身体的纹理。这些特征被认为是图像中最关键的信息，是计算机学会理解图像的基础。随后，这些提取到的特征被送入模式识别阶段。通过学习算法，计算机能够识别这些特征并将它们映射到预定义的类别，比如"猫"（图 6-11），进而完成图像的识别与分类。

图 6-11　图像识别过程实例

CNN 是一种成功应用到特征提取的深度学习结构，最早由 Yann LeCun 等人提出并用于手写数字的识别。CNN 的设计灵感来自生物学中的视觉系统，通过局部感知和权值共享①的方式有效地捕捉图像中的特征。CNN 的基本结构包括卷积层、池化层和全连接层。卷积层负责捕捉图像中的局部特征，就像是计算机在学习图像中的微小细节，比如猫眼睛的轮廓；池化层则对这些特征进行下采样，降低数据的维度，使得计算机能够更高效地处理信息；最终的全连接层会将这些抽象的特征映射到输出类别中。

CNN 凭借其局部感知和权值共享的特殊结构成为图像处理任务中最为常用且有效的神经网络结构之一，其布局更接近于实际的生物神经网络，权值共享降低了网络的复杂性，特别是多维输入向量的图像可以直接输入网络这一特点，降低了特征提取和分类过程中数据重建的复杂度。但 CNN 对物体的位置较为敏感，对位置变化较大的图像的分析可能不具有很好的泛化能力。并且随着网络深度增加，CNN 的参数量也会增加，导致训练和推理的计算成本增大。

三、图像识别的应用

目前，图像识别技术已在多个领域呈现出丰富的应用场景。在医疗领域，通过图

---

① 权值共享是指在卷积神经网络中，同一个卷积核在输入数据的不同位置上重复使用相同的权重值。

像识别技术，医生可以快速而准确地诊断病变，如通过扫描X光图像来检测肿瘤；零售业充分利用图像识别，通过自动结账系统实现商品的快速识别，提升了购物的便捷性；在交通领域，图像识别被广泛应用于智能交通监控系统，实现了车辆违章检测，提高了交通管理的效率；在金融领域，图像识别也同样发挥着重要作用。例如，银行可以利用图像识别技术对支票进行自动识别和处理，提高了处理效率。另外，金融交易中也应用了图像识别，通过识别用户的生物特征，如指纹或面部信息，增强了身份验证的安全性。

然而，图像识别面临一系列挑战。其中之一是对抗性攻击，攻击者可能通过微小的扰动欺骗模型，导致错误的输出。为了应对这一问题，研究人员提出了对抗性训练方法，通过引入对抗性样本提高模型的稳健性。

在未来的发展方向上，图像识别技术将更加注重多模态学习，即同时处理图像、文本、语音等多种信息。这一趋势将使计算机更全面地理解丰富的多媒体内容。同时，自监督学习、增强学习等新的学习范式也将推动图像识别技术的发展，使其更加智能、自适应。

拓展阅读

人脸识别面临的挑战

图像识别技术应用于人脸识别是近年来的一大热门话题，人脸识别技术为人们的生活带来了便利和安全，然而，该技术也涉及隐私问题。当人脸识别技术被滥用或未经授权就使用时，个人信息可能被泄露，这对个人的隐私和安全造成了威胁。

2021年11月，Facebook宣布关闭人脸识别系统，超过十亿用于人脸识别的模板数据将被删除。Facebook人工智能副总裁解释称，人们对人脸识别技术在社会中发挥的作用存在诸多担忧，监管机构也仍在探索一套明确的规则来管理人脸识别的使用。基于这种持续存在的不确定性，将人脸识别的使用限制在较窄的用例范围内是恰如其分的。这一举动体现了人们对于人脸识别可能会泄露个人隐私的担忧。此外，由于图像易受外界照明条件等影响，容易导致识别的准确率不高等问题。

为解决人脸识别中图像隐私泄露问题，交通银行同中国银联、华控清交、聚虹光电合作，将多方安全计算应用于金融场景的生物特征识别中，在不改变现有移动端验证流程，保障用户体验的前提下，提升用户生物特征信息的保护能力，强化了生物特征信息的安全，有效避免了大型机构集中化存储生物特征信息的风险。

此方案采用多方安全计算技术，将采集的特征信息进行随机切片、传输并存储至交通银行和中国银联两个独立的主体，避免由于独立主体单独存储用户的图像特征带来的数据泄露风险。身份验证时，通过将商户责任人和收银员身份验证时采集的图像特征进行随机切片，并与交通银行和中国银联存储的密文切片进行比对，在不泄露各切片的原始信息的基础上实现商户责任人和收银员身份的准确识别，有效保护了商户责任人和收银员隐私信息安全。

（资料来源：《交通银行：基于多方安全计算的图像隐私保护产品》，北京金融科技产业联盟）

■ 第五节　人工智能的优势分析

人工智能作为科技领域的巨大变革者，涵盖了诸多技术领域，其中包括机器学习、深度学习、自然语言处理和图像识别等。人工智能凭借其独特的优势，如今已然深入我们生活的每个角落。无论是医疗保健、汽车产业、农业、金融业、游戏产业、环境监测，还是安全领域，大量的人工智能应用正在改变我们的生活方式、工作习惯以及娱乐模式。相比于传统的计算机程序和传统的解决方案，人工智能的优势主要体现在以下方面。

■ 一、自动化与效率提升

人工智能的自动化和智能化特征使得其最显著的特征必然是提升效率。传统的工作方式往往需要大量的人力和时间投入，而人工智能的出现使得许多重复性、烦琐的工作可以被自动化完成，许多任务的执行更加高效，实时监测和响应的能力也使企业能够及时调整生产计划，以更灵活地应对复杂的市场环境。

在工业制造领域，生产线上的机器人能够持续、准确地执行重复性任务，提高了生产效率。正如创新奇智联合理想汽车将 AI 技术引入新能源汽车工厂自动化生产线，AI 技术、智能传感器、过程控制系统贯穿整个生产线，帮助客户提前发现潜在问题，降低设备故障率，降低损失。同时，创新奇智提供了覆盖三大车间的制造执行系统（MES），实现了全厂车辆跟踪以及生产调度，将整个工厂有效的技术工时缩短了 70%。

在金融行业，AI 可以通过大数据分析和智能算法，快速准确地进行风险评估和信用评价，从而提高银行的贷款审核效率。AI 还可以应用于各种行业的智能客服系统，通过语音识别和自然语言处理等技术，实现与顾客的快速沟通和问题解答，提高售后服务效率。

二、数据分析与决策支持

人工智能具备处理海量数据的能力，远超人类。通过强大的算法和学习模型，AI系统能够快速、准确地分析和处理庞大的数据集，为各行各业提供更高效的数据管理和决策支持。

在金融领域，人工智能被广泛应用于风险管理。通过对市场数据、客户交易记录等大量信息的分析，AI系统能够识别潜在的风险，并及时决策。例如，一些银行采用机器学习模型，通过对历史数据的深度学习，提高贷款违约预测的准确度，从而更有效地降低风险。

在医疗领域，人工智能被广泛应用于辅助医生进行诊断和治疗决策。基于深度学习的影像识别系统可以帮助医生更准确地识别医学影像中的异常，提高了癌症等疾病的早期检测率。此外，AI系统还能够根据患者的个体特征和病史信息，为医生提供个性化的治疗建议，从而改善治疗效果。

三、自适应和迭代学习

人工智能可以通过不断的学习和优化算法，自适应地改进自身的性能和准确性。它可以从错误中学习，并根据新的数据和情境进行迭代式的学习和改进。这使得人工智能系统能够适应不断变化的环境和需求，保持高度的适应性和灵活性。

机器翻译系统通过不断学习语言之间的关系和语言规则，根据用户的反馈和语境进行迭代学习，从而提高翻译的准确性和流畅度。谷歌翻译就采用了神经机器翻译模型，通过大量的双语数据和用户反馈不断改进翻译质量。智能推荐系统同样根据用户的历史行为和偏好，不断调整推荐结果，提供更符合用户兴趣的内容。正如 Netflix 的推荐系统可以根据用户的观看历史和评分，实时调整推荐的电影和电视剧。智能交通系统也是如此，它会根据实时交通数据和车辆行驶状态，自动调整交通信号灯的时长和配时方案，以优化交通流量、减少拥堵，从而适应不同时间段和交通情况的变化。

四、创新和个性化服务

人工智能为创新提供了新的可能性，通过不断学习和优化，AI系统能够创造新的解决方案，加速了各个行业的技术创新，推动科技和社会的发展。

自动驾驶技术是人工智能在交通领域的一项杰出应用。通过激光雷达、摄像头等，AI系统能够实时感知周围环境，并做出智能决策，从而实现车辆的自主驾驶。这一技术的推动不仅提高了交通安全性，还为城市交通管理带来了全新的可能，推动了整个汽车产业的创新和发展。

在商业领域，通过深度学习算法，企业可以开发个性化的产品和服务，比如智能助手、聊天机器人等，能够更好地理解用户需求，提供更个性化、贴合用户喜好的服务。这在社交媒体、电商平台等场景中得到了广泛应用。

当 AI 赋能金融：未来已来！

人工智能正逐步成为推动金融行业创新的重要力量。银行和金融机构通过运用 AI 技术，能够更好地防范风险、优化投资策略、加快新产品上市以及优化客户体验。AI 参与金融行业创新，开辟了更智能、更新颖的应用场景，譬如空间金融和一站式金融服务平台的兴起。此外，保障交易敏感信息的网络安全也是重要的 AI 应用场景，其中不乏一些具有代表性的应用。

1. 空间金融的 AI 应用

（1）估算风险、监测资产和分析理赔。

空间金融作为一个新兴领域，借助 AI 可以帮助银行、保险公司、投资公司和企业分析风险与机遇，推出新的服务和产品，衡量所持资产对环境的影响，并在危机发生后评估损失。

（2）财产保险——从评估风险到加速理赔。

位于旧金山湾区的 CrowdAI 公司使用深度学习工具，通过自动分析航空图像和视频，可以高效检测在自然灾害中受损或毁坏的资产，大大加快了保险理赔流程。

（3）预测企业的风险和机遇。

总部位于瑞士的 Picterra 公司通过其地理空间平台为可持续金融提供有力支持。此平台使银行、保险公司和金融咨询公司能够深度分析 ESG 指标，形成 AI 洞察，从而更好地制定投资决策、构建风险模型，并精准量化投资组合中的风险与机遇。

2. 金融科技公司借助 AI 开发超级应用：打造一站式金融服务

越南领先的金融科技公司 MoMo 打造了一个集支付和金融交易处理于一体的超级应用，并将其整合到在线商务平台中，为用户提供一站式金融服务，显著提升了其平台的运行效率和客户体验。从智能对话机器人到精准的信用评分，再到个性化推荐服务，MoMo 展现了 AI 在金融科技领域的广泛应用前景。

3. 基于 AI 的网络安全增强企业应变能力

针对数据泄露的风险，金融服务机构需要采取有效的措施保护自身和客户的数据安全。为此，越来越多的银行和金融机构开始利用 AI 技术来改进内部威胁检测工具、识别网络钓鱼和勒索软件，以确保敏感信息安全。

万事达卡和 Enel X 的合资企业 FinSec Innovation Lab 正在利用 AI 技术帮助客户抵御勒索软件的攻击。此前，一家信用卡处理客户遭受了 LockBit 勒索软件的攻击，导致短短 1.5 小时内 200 个企业服务器被感染。该公司被迫关闭服务器并暂停运营，造成了约 700 万美元的业务损失。FinSec Innovation Lab 在实验室中复现了这次攻击，通过整合 AI 和加速计算，其在不到 12 秒的时间内检测到了勒索软件攻击，随即快速隔离虚拟机，并恢复了受感染服务器中 80% 的数据。这种实时的安全响应不仅避免了服务停机和业务损失，而且维护了客户对公司的信任。

随着更多 AI 新技术的推出，金融服务业正经历一场重大变革。生成式 AI 更是让金融服务业变革的速度超乎想象。

（资料来源：《当 AI 赋能金融：未来已来！》，雪球网）

■ 第六节　人工智能的风险分析

人工智能技术的发展为社会带来了显著的优势，但也带来了一系列风险。在推动技术进步的同时，我们需要密切关注人工智能的失控、决策伦理、隐私和数据安全、就业和经济影响、偏见和不公平、恶意使用以及依赖性等方面的问题，以确保人工智能的可持续发展，并使其为人类社会带来更多实际利益。

■ 一、人工智能的失控

随着人工智能系统的复杂性和自主性增加，人工智能存在失控的风险。这意味着人工智能系统可能超出人类的控制范围，做出不可预测的决策或行为。这种失控可能导致严重的后果，甚至对人类社会造成威胁。

（1）人工智能系统的复杂性和自主性的增加可能导致其超出人类的理解和掌控能力。随着深度学习和强化学习等技术的发展，人工智能系统可以通过学习和自我适应改进自己的性能。然而，这也使得系统的决策和行为变得更加难以解释和预测。当人们无法理解人工智能系统为何做出特定的决策时，就很难控制和干预系统的运行，系统可能会选择自己的目标和行动，而不受人类的指导，从而产生失控的风险。

（2）人工智能系统可能受到输入数据的影响而失控。如果系统接收到错误或有偏见的数据，它可能会学习到错误的模式或做出不公正的决策。例如，如果自动驾驶汽车的训练数据中存在偏见，系统可能会对某些人群做出不公平的行为决策，如对于某一类性格比较"激进"的人群采取更危险的驾驶策略。这种失控可能对社会稳定性和公平性产生严重影响。

（3）人工智能系统可能出现对抗性行为，即通过对系统输入进行有意的扰动，以使系统做出错误的决策。例如，在图像识别系统中，通过对图像进行微小的修改，可以让系统将一只被扰动的猫误认为一辆汽车。这种对抗性行为可能被恶意利用，以干扰或破坏人工智能系统的正常运行。

二、人工智能决策伦理

人工智能系统在决策过程中可能产生伦理问题。例如，在自动驾驶汽车中，系统可能需要在紧急情况下做出选择，如避免撞击行人或保护乘客。这引发了道德和法律上的困境，需要解决如何权衡不同利益的难题，人工智能系统在决策过程中可能产生的伦理问题不只限于自动驾驶，还存在于其他领域。

（1）医疗决策。在医疗领域，人工智能系统可以用于帮助医生做出诊断和治疗决策。然而，当系统面临紧急情况或复杂的伦理抉择时，例如，在急救情况下选择救治哪个患者，系统可能需要权衡不同患者的利益和生命价值。这就引发了道德困境，需要让系统做出决策以最大限度地尊重人的生命和尊严。

（2）求职和招聘。人工智能系统在求职和招聘过程中可能面临种族、性别或其他个人特征的歧视问题。如果系统基于过去的数据做出决策，可能会重复和放大人类的偏见和歧视。这可能导致不公平的选拔过程，排除某些群体或强化社会不平等。因此，需要确保系统的决策过程公正和无歧视。

（3）犯罪预测和执法。人工智能系统在犯罪预测和执法方面的应用也可能引发伦理问题。系统可能根据历史数据和模式识别来预测犯罪发生的可能性，并帮助决策制定者分配资源和制定执法策略。然而，如果系统的预测结果受到不公正的数据和偏见的影响，可能导致对特定区域的过度监视或未能适当关注其他潜在犯罪区域。

（4）军事应用。人工智能在军事领域的应用也引发了伦理问题。例如，自主武器系统可能会在没有人类干预的情况下做出决策，包括选择攻击目标和使用武力。这种自主性可能导致无法预测的后果和不可控制的局面，同时也降低了道德责任追溯的可能性和决策的透明度。

三、隐私和数据安全

人工智能系统需要大量的数据来训练和改进，但很多数据涉及机密以及个人隐私问题，如客户信息、交易数据等。如果这些数据泄漏或被滥用，将对个人和机构的隐私和数据安全造成严重威胁。OpenAI 在发布 ChatGPT 模型前曾用了数月进行训练和测试，以保证数据安全，符合人类正常价值观的标准。

（1）人工智能系统需要收集和存储大量的个人数据，以便进行训练和学习。这些数据可能包含敏感信息，如个人身份、健康状况、金融交易记录等。如果这些数据泄露或被未经授权的人访问，个人隐私将受到严重侵犯。此外，如果人工智能系统被黑客攻击，攻击者可能获得这些数据，从而导致更大的隐私和安全风险。

（2）人工智能系统的训练数据可能存在偏见或不正确的信息，这可能导致系统在决策过程中出现误判或不公平。例如，如果招聘算法的训练数据偏向某个特定性别或种族，那么该算法在招聘过程中可能会歧视其他群体。在这种情况下，个人的隐私权和机会的公平性都可能受到损害。

（3）人工智能系统的数据使用和共享也涉及隐私和安全问题。当不同的组织或个人共享数据时,必须确保数据的安全性和隐私保护。例如,在医疗领域,医院和研究机构可能需要共享患者的医疗数据,以便进行研究和改进医疗诊断。然而,必须采取适当的保护措施,以确保数据不会被滥用或泄露,同时保护患者的隐私权。

四、就业和经济影响

人工智能的快速发展可能导致大量工作岗位的自动化,这将对就业市场造成巨大冲击。某些行业和职业可能会消失或减少,由此带来失业问题,造成社会经济不稳定。

(1)人工智能的发展使得许多重复性、规则性或机械性的工作实现自动化。例如,生产线上的装配工作、客服中心接听电话、某些行业的数据分析等。这些工作可以通过机器人、自动化系统或智能软件来执行,从而减少对人力资源的需求。

(2)人工智能的应用还可能导致某些专业领域的职业减少。例如,自然语言处理和机器翻译的发展可能减少对翻译人员和翻译工作的需求;自动驾驶技术的进步可能减少对驾驶员的需求;语音识别技术的成熟可能减少对文秘和口译员的需求等。这些技术的应用可能导致相关职业的就业机会减少。

(3)人工智能的发展也可能改变传统行业的组织和运营方式,从而影响就业市场。例如,自动化和机器人技术的应用可能导致制造业的工厂减少员工数量,而更多依赖机器人和自动化系统。这种变化可能对许多工人产生冲击,导致失业问题,造成社会经济不稳定。

(4)人工智能的发展还可能导致技能需求的改变。新的技术和工具的出现可能需要人们具备不同的知识和技能。这可能导致那些没有及时适应和学习新技能的人失去就业机会。因此,教育和培训体系需要及时调整,以培养适应人工智能时代人们所需的技能和能力。

五、偏见和不公平

人工智能系统的训练数据可能存在偏见,这可能导致系统在决策中对某些群体不公平。例如,在人才招聘中,招聘算法可能受到性别、种族或其他因素的影响,从而导致不公平的招聘决策。

(1)人工智能系统的训练数据可能存在偏见,这是因为数据的收集往往是基于现实世界已有的数据。例如,在招聘领域,历史上存在性别或种族偏见的招聘决策可能导致训练的数据集中存在偏见。如果算法在这些数据上进行训练,它可能会学习到这种偏见,并在决策中反映出来。

(2)数据样本选择的偏见也可能导致不公平。在训练的数据集中,可能存在对某些群体的欠代表或过代表。例如,在疾病诊断的数据集中,某个特定群体的样本数量可能较少,导致算法对该群体的判断不准确。这种样本偏差可能导致对某些群体的歧视或不公平。

（3）算法设计本身可能存在偏见。在人工智能系统的算法设计中，可能存在对某些特征或因素的偏重。例如，在自动决策系统中，算法可能更注重某些特定指标，而忽视其他重要的因素，导致对某些群体的不公平。这种算法设计的偏见可能会影响决策的公正性和准确性。

（4）人工智能系统的决策输出可能对某些群体造成不公平。如果算法在决策中存在偏见，例如在招聘中偏向某个性别或种族，那么该群体可能受到不公平的对待，无法获得应有的机会。这会加剧社会的不平等，并对个人的职业发展产生负面影响。

■ 六、恶意使用

人工智能技术可能被恶意使用，用于制造虚假信息、网络攻击、欺诈行为等。恶意使用人工智能技术可能对社会的安全性和稳定性带来影响。

（1）制造虚假信息。人工智能技术可以用于生成逼真的虚假信息，包括伪造图像、视频、音频和文本。这些虚假信息可以被用于欺骗、误导或操纵公众舆论。例如，一些恶意分子可以利用人工智能生成虚假的新闻报道、社交媒体帖子或评论，以实现政治目的、破坏公共安全或操纵市场行为。

（2）网络攻击。人工智能技术可以被用于进行更加高级和复杂的网络攻击。恶意使用人工智能技术的黑客可以利用机器学习算法和自适应系统来识别和利用网络系统的弱点。其可以使用人工智能进行网络钓鱼、传播恶意软件、用勒索软件攻击等。这些攻击可能导致个人信息泄漏、金融损失、系统瘫痪等严重后果。

（3）欺诈行为。人工智能技术可以用于自动化和精确化的欺诈行为。例如，欺诈者可以使用人工智能技术来伪装身份、冒充他人、操纵市场行为和交易，从而获得非法利益。这可能包括金融欺诈、网络诈骗、销售假冒产品等。

（4）信息操纵。恶意使用人工智能技术可以利用算法和数据分析来操控信息流。例如，一些恶意分子可以使用人工智能技术操纵搜索引擎，使特定信息得到更高的曝光率。这可能导致信息的不平衡和扭曲，削弱公众对真相的认知和判断能力。

（5）个人隐私泄露。人工智能技术的恶意使用可能导致个人隐私的泄露和滥用。恶意使用人工智能技术的黑客或犯罪分子可以通过入侵智能设备、网络系统或云存储来获取个人数据。这些数据包括个人身份信息、财务数据、健康记录等。个人隐私泄露可能导致身份盗窃、金融损失、个人声誉受损等。

■ 七、依赖性

我们对人工智能系统的过度依赖可能会使人类失去对某些关键能力的控制。如果人工智能系统出现故障或被攻击，我们可能无法有效应对，从而造成严重的后果。

（1）技术信任。随着人工智能系统的发展，我们可能过度信任这些系统的准确性和可靠性，从而依赖它们做出重要决策。例如，在医疗诊断领域，医生可能过度依赖人工智能系统的诊断结果，而忽视自身的专业知识和判断能力。如果人工智能系统出现错误或故障，医生可能无法及时发现和纠正，从而导致错误的诊断和治疗。

（2）系统故障。人工智能系统可能出现故障或错误，这可能是由算法缺陷、数据质量问题、硬件故障等引起的。如果过度依赖人工智能系统，而没有备用计划或手动操作的能力，一旦系统出现故障，我们就可能无法让其恢复正常的运作。这可能导致生产中断、服务停止、信息丢失等严重后果。

（3）数据偏见。人工智能系统训练的数据集可能存在偏见和不完整性，这可能导致系统做出错误的决策。如果过度依赖这些系统，而没有对数据进行适当的审查和验证，那么我们可能无法及时发现和纠正系统的偏见。这可能导致不公平的决策、歧视性行为或错误的预测。

（4）安全威胁。人工智能系统可能成为恶意攻击的目标，黑客或犯罪分子可以利用系统的漏洞或弱点进行攻击。如果过度依赖这些系统，而没有适当的安全措施和监控机制，我们可能无法及时发现和阻止这些攻击。这可能导致数据泄露、信息篡改、服务中断等安全风险。

拓展阅读

人工智能立法监管趋势

面对人工智能的一系列风险及挑战，人们对人工智能的担忧悄然累积。"它会不会误传假消息？""我们的工作还安全吗？""它会不会变得很聪明，甚至超越人类，成为地球上的新霸主？"如何给这位"超级英雄"制定规则，设定边界，确保它为人类服务而非反其道而行之，已经成为全球范围内的热门议题。

许多国家和地区在推动人工智能发展的同时，对数据隐私等多个方面提出了规范要求。欧盟作为首个对数据经济发布单独政策的地区，对人工智能的发展及数据使用也提出了较多要求。在历经多次起草修订后，欧盟发布了《人工智能法案》，以确保人工智能在欧盟市场中能够安全使用。此外，其他国家也陆续对人工智能监管做出回应。

为应对不断变化的技术发展和市场情况，我国相关监管机构也迅速做出回应。从2021年起，我国陆续发布三部重要的部门规章：《互联网信息服务算法推荐管理规定》《互联网信息服务深度合成管理规定》《生成式人工智能服务管理暂行办法》，从算法、深度合成、生成式人工智能等方面对相关技术的发布者提出监管要求。其中，2023年8月15日起正式施行的《生成式人工智能服务管理暂行办法》，作为中国针对人工智能生成内容（AIGC）的首份监管文件，为飞速发展的AIGC技术提供政策支持。综合多个国家与国际机构起草的AI治理文件来看，各方在AI监管原则上主要有五个方面的共同点：一是强调透明度、可追溯性与可解释性；二是强调数据保护、隐私与数据安全；三是强调挑战或纠正AI决策，识别并管理相关风险；四是禁止偏见或歧视，并追究人类责任；五是禁止滥用技术及非法活动，并保证人类知情权。

随着人工智能技术的深入渗透，我们共同认识到了其带来的巨大潜力与同样突出的风险，从人工智能视觉到深度合成，从隐私泄露到决策的透明性，这些都值得我们反思与警视。欣慰的是，全球对于强化人工智能的监管达成了共识。各国纷纷挥笔立法，以期为这一技术"巨兽"划定明确的边界，确保它为人类的未来发展提供助力，而不是成为威胁。

我们有理由相信，人类能够引导这场科技革命走向更加明亮、公正和有益的未来。正如人类曾成功地驾驭蒸汽机、电力和互联网，我们同样有能力确保人工智能成为下一个改变历史的、有益的工具。

（资料来源：《人工智能监管：全球进展、对比与展望》，腾讯网；《未来可期丨人工智能时代：为何强监管是关键？》，澎湃新闻）

本章小结

人工智能作为一项前沿技术，正在为金融行业带来革命性的变革，从传统的金融服务模式到风险管理和投资决策，无所不在。本章系统地介绍了人工智能的基本概念、起源与发展、核心技术以及实际应用等，深入剖析了人工智能的优势及其风险与挑战。

第一节从人工智能的起源与发展入手，概述了其演变历程与定义，并初步介绍了人工智能的核心方法与技术。第二节深入探讨了机器学习与深度学习两大核心技术和原理，并分析了它们之间的区别。第三节重点讨论了自然语言处理技术，介绍了分词与词性标注、语义分析与实体识别，以及情感分析等自然语言处理技术的基本内容，展示了它们在金融领域中的实际应用场景和效果。第四节介绍了图像识别技术的基本原理，包括特征提取和模式识别等，并介绍了图像识别技术在金融领域中的广泛应用，如身份验证、风险识别等方面。最后，本章对人工智能的优势与风险进行了全面的评估与分析，以便读者全面了解人工智能在金融科技领域的影响和挑战。

思考题

1. 什么是人工智能？它包含哪些核心方法和技术？
2. 人工智能在金融的科技化过程中扮演着什么样的角色？

3. 机器学习和深度学习分别有哪些常见算法？它们的原理是什么？各有什么优缺点？

4. 什么是自然语言处理？包括哪些关键技术？在金融科技领域有哪些实际应用场景？

5. 什么是图像识别技术？它的原理是什么？有哪些应用？

6. 相比于传统的计算机程序和传统的解决方案，人工智能有哪些优势？又存在哪些风险与挑战？

第六章
参考资料

第七章

人工智能大模型

随着信息技术的飞速发展，云计算、大数据、区块链以及人工智能技术深刻地改变了我们的生产和生活方式，为金融行业带来了前所未有的革新机会。继这些技术之后，人工智能大模型（简称大模型）作为新兴的技术力量，正逐渐在金融科技领域展示其独特的魅力。大数据、大算力和强算法的完美结合，大幅提升了大模型的预训练和生成能力，以及多模态多场景的应用能力，使得人工智能从"能听、会说、会看"的感知智能，逐步发展展为"能思考、能回答问题、能总结、做翻译、做创作"的认知智能，甚至走向"决策、推理"层面。本章聚焦人工智能大模型，通过介绍其基本概念、发展历程、技术原理、模型类型，以及其在金融领域中的应用案例，为读者提供一个较为全面的理解框架。特别是通过ChatGPT这一实际应用案例，探讨大模型如何与金融科技相融合，以及这一融合过程如何推动金融服务的创新和优化。

■ 第一节　大模型概述

■ 一、大模型的定义

近年来，随着硬件技术的进步和数据集的扩大，人工智能的发展已经从"大炼模型"逐步迈向了"炼大模型"的阶段。大模型是指具有大规模参数和复杂计算结构的机器学习模型。这些模型通常由深度神经网络构建而成，拥有数十亿甚至数千亿个参数。大模型通过训练海量数据来学习复杂的模式和特征，具有更强大的泛化能力，可以对未来数据做出预测。ChatGPT对大模型的解释更为通俗易懂，也更能体现出类似人类的归纳和思考能力，即大模型本质上是一个使用海量数据训练而成的深度神经网络模型，其巨大的数据和参数规模，实现了智能化，展现出类似人类的智能。

二、大模型的发展历程

大模型的发展可追溯至深度学习的兴起。具体而言，自2006年深度学习算法取得重大突破以来，人工智能进入了快速发展期。最初的突破包括卷积神经网络（CNN）在图像识别上的应用和循环神经网络（RNN）在序列处理上的成功。这些成就引发了研究者们对更深层次模型的研发，如长短期记忆网络（LSTM）的改进，以及后来的Transformer架构，它们是大多数现代大模型的基础。

语言大模型及其相关技术是当前的大模型热潮。语言大模型通过在海量无标注的数据上进行大规模预训练，让模型学习大量知识并进行指令微调，从而获得面向多任务的通用求解能力。2017年，Google提出基于自注意力机制的神经网络结构——Transformer架构，奠定了大模型预训练算法架构的基础。2018年，OpenAI和Google分别发布了GPT-1与BERT大模型，预训练大模型成为自然语言处理领域的主流。2022年，OpenAI推出ChatGPT，其拥有强大的自然语言交互与生成能力。2023年，OpenAI多模态预训练大模型GPT-4发布，其具备多模态理解与多类型内容生成能力。

2024年，OpenAI发布视频生成大模型Sora，提出时空碎片（spacetime latent patches）[1]和扩散Transformer技术[2]，大模型的多模态生成能力的进一步成熟。

第二节　大模型的技术原理

人工智能大模型是在参数和架构的基础上构建起来的一种结构，是人工智能迈向通用人工智能（artificial general intelligence，AGI）的里程碑技术。通用人工智能是通过预先在海量数据上进行大规模训练，而后通过微调以适应一系列下游任务的人工智能模型。可以说，大模型是"大数据＋大算力＋强算法"结合的产物。高质量的数据、算力和算法将引领新一轮的大模型发展浪潮。

其中，大数据是大模型能够有效学习和泛化的基础。大模型需要海量的数据来训练，通常为TB以上甚至PB级别的数据集。在训练前期，模型消化和理解多样化的数据集，通常包括文本、图像、音频等各种形式的数据。这些数据覆盖了广泛的话题和领域，使得大模型能够学习丰富的、复杂的人类语言和知识。例如，语言大模型可能需要从网页、书籍、文章等来源中，对数十亿甚至数万亿个单词进行预训练。这一过程中，它会学会语法结构、词义、语境相关性以及复杂的语言表达方式。

---

[1] 时空碎片是一个有效的视觉数据表征模型，且高度可扩展表征不同类型的视频和图像。
[2] 扩散Transformer技术将带噪声的图像嵌入分解为一系列标记，变换器学习和处理这些标记并用于估计噪声，然后使用这个估计的噪声来迭代精化图像生成过程。

要处理如此巨量的数据并训练参数众多的模型,需要强大的计算能力。现代大模型的训练往往依赖于高性能的 GPU(图形处理单元)或 TPU(张量处理单元)集群。这些计算资源能够并行处理大量数据,加速模型训练的过程。大算力不仅允许模型在合理的时间内完成训练,而且支持更复杂的模型架构的探索,包括更深的网络层次、更大的模型尺寸和更复杂的参数的更新算法。

此外,算法是 AI 解决问题的机制。大模型的算法基础通常是深度学习,尤其是 Transformer 架构,该架构因其自注意力机制能够捕捉输入数据中的长距离依赖关系而被广泛采用。强算法不仅指模型的架构,还包括优化算法、正则化技术、训练策略,这些都可以提高模型的学习效率和泛化能力。

在"大数据+大算力+强算法"的加持下,进一步通过"提示+指令微调+人类反馈"的方式,最终实现了一个模型在多个领域的应用。

一、大模型的主流架构——Transformer

Transformer 架构是目前语言大模型采用的主流架构,由 Google 于 2017 年提出。作为解锁大模型时代的钥匙,Transformer 架构最大的创新在于提出了自注意力机制。在 Transformer 出现之前,自然语言处理一般使用 RNN 或 CNN 为语义信息建模。但 RNN 和 CNN 均面临学习长距离依赖关系的困难:RNN 的序列处理结构使较早时刻的信息到后期逐渐衰减,而 CNN 的局部感知机制也限制了捕捉全局语义信息。这使 RNN 和 CNN 在处理长序列时,往往难以充分学习词语之间的长距离依赖关系。

Transformer 架构的自注意力机制则突破了 RNN 和 CNN 处理长序列的固有局限,使语言模型能基于大规模语料得到丰富的语言知识预训练。其模块化、可扩展的模型结构也便于通过增加模块数量来扩大模型规模和提升表达能力,为实现超大参数量提供可行路径。Transformer 架构解决了传统模型的长序列处理难题,并给出了可无限扩展的结构,为大模型技术奠定了基础。

Transformer 架构主要由输入部分、多层编码器、多层解码器以及输出部分组成。其中,输入部分包括源文本嵌入层、位置编码器;多层编码器由 n 个编码器层堆叠而成;多层解码器由 n 个解码器层堆叠而成;输出部分包括线性层和 Softmax 层[①]。

自注意力机制作为 Transformer 架构的核心组件,其允许模型在处理序列数据时,对每个词位置的输入进行加权求和,得到一个全局的上下文表示结果。在计算自注意力时,模型首先将输入序列进行线性变换,得到 Q(查询)、K(键)和 V(值)

---

① Softmax 层通常被用作神经网络输出层的激活函数,特别是在多类别分类问题中。它的作用是将原始的类别分数转化为概率分布,使得所有类别的概率之和为 1。这样,神经网络的输出就可以被解释为每个类别的概率。

三个向量。然后，通过计算 Q 和 K 的点积，并应用 Softmax 函数①，得到每个位置的权重。最后，将权重与 V 向量相乘，得到自注意力。

为提高模型的表达能力，Transformer 架构采用了多头自注意力机制，这意味着模型会在同一时间关注来自不同子空间的注意力信息。多头自注意力的实现方法是将输入序列分成多个组，每个组使用一个独立的权重矩阵进行线性变换后计算自注意力。最终，自注意力的输出被拼接起来，并通过一个线性层，得到最终的输出结果。在计算自注意力和多头自注意力之后，Transformer 架构使用前馈神经网络对输入序列进行变换。前馈神经网络由多个全连接层组成，每个全连接层都使用 ReLU 激活函数。前馈神经网络的作用是对输入序列进行非线性变换，以捕捉更复杂的特征。

二、大模型关键技术

大模型关键技术主要涉及人类反馈强化学习、指令微调、模型提示等相关技术。

（一）人类反馈强化学习

人类反馈强化学习（reinforcement learning from human feedback，RLHF），是指在将人类标注引入大模型的学习过程中，训练符合人类偏好的奖励模型，进而有效指导语言大模型的训练，使得模型能够更好地遵循用户意图，生成符合用户偏好的内容。

人类反馈强化学习具体包括以下步骤。

（1）训练监督策略模型：使用监督学习或无监督学习的方法，对一个预训练的语言模型进行训练，通过给予特定奖励或惩罚引导 AI 模型的行为，使其能够根据给定的输入预测输出或行为。

（2）训练奖励模型：让标记员提供有关模型输出结果的反馈，对模型生成的多个输出或行为的质量或正确性进行排名或评分，随后这些反馈会被转换为奖励信号，用于指导后续的强化学习过程。

（3）采用近端策略优化进行强化学习：先通过监督学习策略生成近端策略优化（PPO）模型②，经过奖励机制反馈最优结果后，再将结果用于优化和迭代 PPO 模型的参数。具体而言，在 PPO 模型训练过程中，智能系统通过尝试不同的行为，并根据每个行为获得的奖励来评估其质量，逐步优化其行为策略。

图 7-1 展示的是上述三个步骤的具体流程。

---

① Softmax 函数又称归一化指数函数，对于给定的原始分数向量 z，Softmax 函数的计算式如下：$\text{Softmax}(z_i) = \dfrac{e^{z_i}}{\sum_{c=1}^{C} e^{z_c}}$，$z_i$ 是向量 z 中的第 i 个元素，C 为输出节点数。

② 近端策略优化（PPO）模型通过限制策略更新的幅度，以便在更新策略时不会过度偏离原始策略。为了实现这一点，PPO 引入了一个名为"信任区域"的概念。信任区域是指策略更新后，新策略与旧策略之间差异允许的最大范围。在这个范围内，策略更新被认为是安全的，不会导致学习过程不稳定。

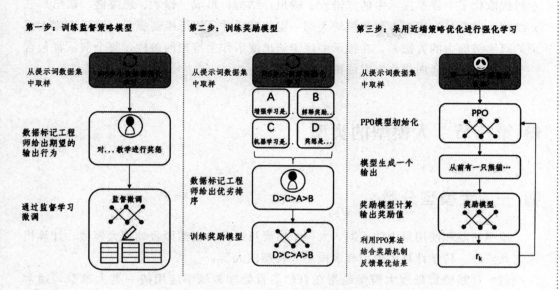

图 7-1　人类反馈强化学习

(二) 指令微调

指令微调（instruction tuning）旨在让大模型理解人类指令并按照指令要求完成任务，即在给定指令提示的情况下给出特定的回应。指令微调可被视为有监督微调（supervised fine-tuning，SFT）的一种特殊形式，但两者的目标有所差别。SFT 是一种使用标记数据对预训练模型进行微调的过程，以便模型能够更好地执行特定任务，而指令微调是一种通过指令或输出在数据集上进一步训练大模型的过程，其特殊之处在于数据集的结构，即由人类指令和期望的输出组成的配对结构，这种结构使得指令微调专注于让模型理解和遵循人类指令。

(三) 模型提示

通过大规模数据预训练之后的大模型具备作为通用任务求解器的潜在能力，这些能力在大模型执行特定任务时可能不会明显地展示出来，在大模型输入中设计合适的语言指令提示有助于激发这些能力，而这被称为模型提示技术。典型的模型提示技术包括指令提示（instruction prompt）和思维链提示（chain of thought，CoT）。

(1) 指令提示。OpenAI 在 GPT-3 中首次提出上下文提示，并发现 GPT-3 在特定领域小样本提示下能够达到人类水平，证明该技术在低资源场景下非常有效。指令提示的核心思想是通过精心设计的"提示"或"指令"来引导模型执行特定的下游任务，而不是直接通过微调整个模型来适应每个新任务。

(2) 思维链提示。思维链提示已被广泛用于激发语言大模型的多步推理能力，类似于人类通过深思熟虑来执行复杂的任务。在思维链提示中，中间的自然语言推理演示过程取代了小样本提示中的（输入、输出）结构，形成（输入、思维链、输出）三元结构。通常只有模型参数规模增大到一定程度后才采用思维链提示。激活语言大模型的思维链能力的方法是，在提示中逐步给出演示作为推理的条件，每个演示都包含一个问题和一个通向最终答案的推理链。

第三节 大模型的类型

一、大模型分类

按照功能和使用范围的不同，大模型主要可以分为自然语言处理大模型、计算机视觉大模型、科学计算大模型和多模态大模型四大类。

（1）自然语言处理大模型是指在自然语言处理领域中应用的一类大模型，通常用于处理文本数据和理解自然语言。这类大模型的主要特点是它们在大规模语料库上进行了训练，以学习自然语言的各种语法、语义和语境规则，如 OpenAI 的 GPT 系列、Google 的 Bard、百度的文心一言等。

（2）计算机视觉大模型是指在计算机视觉领域中使用的大模型，通常用于图像处理和分析。这类模型通过在大规模图像数据上进行训练，可以实现各种视觉任务，如图像分类、目标检测、图像分割、姿态估计、人脸识别等。这类大模型如 Google 的 ViT 系列大模型、百度的 Vimer-UFO 大模型、商汤科技的"书生"（INTERN）大模型等。

（3）科学计算大模型是指在科学计算领域中应用的大模型。这些模型通常具有大量的参数，需要在高性能计算平台上运行，利用并行计算技术来处理庞大的数据集和复杂的计算任务，从而提高科学计算的效率和准确性。科学计算大模型可以应用于多个领域，包括物理学、化学、生物信息学、气象学等。在这些领域中，科学计算大模型可以用于模拟复杂的物理过程、预测化学反应的结果、分析生物信息数据、预测气象变化等。如华为的盘古气象大模型等。

（4）多模态大模型是指能够处理多种不同类型数据的大模型，如文本、图像、音频等多模态数据。这类模型结合了自然语言处理和计算机视觉的能力，以实现对多模态信息的综合理解和分析，从而能够更全面地理解和处理复杂的数据。例如，九章云极（DataCanvas）研发的 DingoDB 多模向量数据库、OpenAI 研发的 Dall-E 模型、David Holz 创立的 Midjourney 绘画工具等。

图 7-2 展示了不同类型大模型的特征。其中自然语言处理大模型应用范围最广，在四类大模型中的应用占比最大。

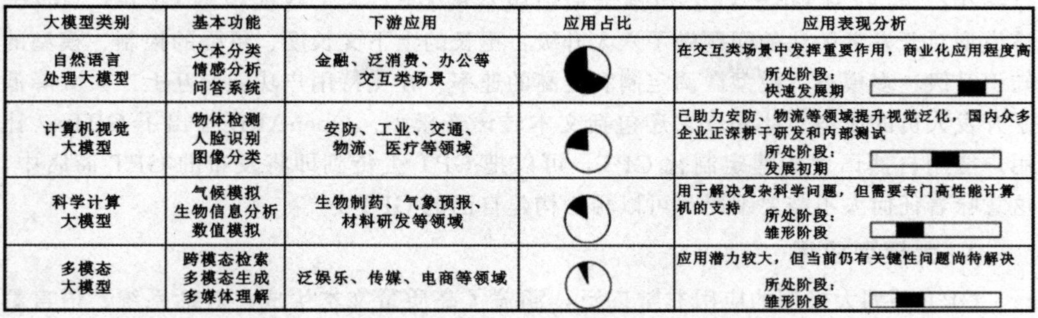

大模型类别	基本功能	下游应用	应用占比	应用表现分析
自然语言处理大模型	文本分类 情感分析 问答系统	金融、泛消费、办公等交互类场景		在交互类场景中发挥重要作用,商业化应用程度高 所处阶段: 快速发展期
计算机视觉大模型	物体检测 人脸识别 图像分类	安防、工业、交通、物流、医疗等领域		已助力安防、物流等领域提升视觉泛化,国内众多企业正深耕于研发和内部测试 所处阶段: 发展初期
科学计算大模型	气候模拟 生物信息分析 数值模拟	生物制药、气象预报、材料研发等领域		用于解决复杂科学问题,但需要专门高性能计算机的支持 所处阶段: 雏形阶段
多模态大模型	跨模态检索 多模态生成 多媒体理解	泛娱乐、传媒、电商等领域		应用潜力较大,但当前仍有关键性问题尚待解决 所处阶段: 雏形阶段

图 7-2 不同类型大模型的特征

二、国内外典型大模型介绍

（一）OpenAI 的 GPT 系列大模型

1. 大模型简介

GPT（generative pre-trained transformer）系列大模型是由 OpenAI 推出的一系列自然语言处理大模型，它利用深度学习和自注意力机制，通过在大规模文本数据上进行预训练，学习语言的统计规律和语义信息，从而完成文本生成、语言理解、翻译、问答等任务。GPT 系列从 GPT-1 开始，经过 GPT-2、GPT-3、GPT-4 等模型的迭代，不断提升模型的规模和性能。时至今日，GPT-4 已不仅仅是一个语言大模型，更是一个多模态大模型，接受图像和文本输入。相比上一代，GPT-4 可以更准确地解决难题，具有更广泛的理解常识和解决问题的能力，更具创造性和协作性。表 7-1 展示了 GPT 系列大模型的具体信息。

表 7-1 GPT 系列大模型详情

模型	发布时间	参数量	预训练数据量
GPT-1	2018 年 6 月	1.17 亿	约 5GB
GPT-2	2019 年 2 月	15 亿	40GB
GPT-3	2020 年 5 月	1750 亿	45TB
GPT-3.5	2022 年 11 月	数千亿	约 100TB
GPT-4	2023 年 3 月	数万亿	未公开

2. 大模型优势

GPT 系列大模型的优势主要在于其强大的文本生成和理解能力。模型能够根据给定的文本提示，生成连贯、自然的文本序列；能够理解复杂的语言表达，完成问答、摘要、分类等任务。同时，GPT 系列模型通过大规模预训练，能够掌握更广泛的知识，能够应对多领域的问答和分析需求。

2023年11月OpenAI公司推出最新版本的GPT人工智能模型GPT-4 Turbo，该模型对开发者关注的问题做了六大升级：更长的上下文长度、更强的控制、模型的知识升级、多模态、模型微调定制和更高的速率。在支持用户功能交互上，大大降低了开发人员的成本。此外，它还包括文本转语音模型。OpenAI还推出了GPTs，让用户能用自然语言构建定制化GPT，可以把GPT上传到即将发布的GPT商店中，这意味着任何人不需要编码都可以轻松构建自己的GPT。

3. 大模型应用

GPT系列大模型的应用非常广泛，涵盖了高质量文本生成、对话系统、语言翻译、文本摘要与分析、多模态交互、代码生成与自动编程等多个领域。高质量文本生成方面，GPT模型可以生成更加自然、连贯和多样化的文本，用于文章撰写、创意文案制定、对话等方面；对话系统方面，GPT模型可以驱动智能聊天机器人，提供自然流畅的对话体验；语言翻译方面，GPT模型能够实现高质量的机器翻译，促进语言间的交流和理解；文本摘要与分析方面，GPT模型能够更深入地理解文本含义，快速提取文章的主要观点和信息，用于提取文本摘要、进行情感分析等；多模态交互方面，GPT-4支持多模态输入（如文本和图片），可以应用于图文生成、视觉问答等；代码生成与自动编程方面，GPT模型可以根据自然语言描述自动生成代码，应用于软件开发、数据分析等领域。

（二）科大讯飞的讯飞星火认知大模型

1. 大模型简介

讯飞星火认知大模型是科大讯飞推出的新一代认知大模型，可实现基于自然对话方式的用户需求理解与任务执行。讯飞星火认知大模型从万物互联时代赋能人机交互、赋能知识学习与内容创作、提升数智化生产力三个方面展现其强大的应用能力。讯飞星火认知大模型具备七大核心能力：语言理解、文本生成、知识问答、逻辑推理、数学能力、代码能力和多模态交互。

2. 大模型优势

2024年1月，讯飞星火认知大模型V3.5发布，七大核心能力全面提升。科大讯飞宣称，该模型的数学、语言理解能力超GPT-4 Turbo，在代码能力方面已经达到GPT-4 Turbo的96%。另外，讯飞星火认知大模型在多模态理解方面达到GPT-4V的91%。

讯飞星火认知大模型V3.5从三个角度展示了模型能力的提升，在万物互联时代赋能人机交互、知识学习与内容创作、提升数智化生产力。人机交互方面，讯飞星火认知大模型V3.5在语义理解、指令跟随和多轮对话中展现优异能力，在情绪感知和拟人合成方面也有出色表现；知识学习与内容创作方面，该模型要素抽取、问题生成等底层能力的进步，能够帮助知识学习和内容创作领域产生更丰富更有用的智能体，能够结合外部知识进行合理拓展，做到"旁征博引"；数智化生产力方面，该模型的逻辑推理能力和时空推理能力并重，其代码能力用于生成各种工具连接虚拟和现实世界。讯飞星火认知大模型V3.5在这些关键技术领域取得显著进步。

3. 大模型应用

讯飞星火认知大模型七大能力的提升,实现了各类应用场景性能的升级。语言理解方面,可以提取文本情感色彩,更好地了解文本内容、观点和态度,总结简洁准确的摘要,快速理解文章的核心观点;文本生成方面,科大讯飞推出了可以一键快速自动生成文档和 PPT 的办公产品——讯飞智文,其主要功能有文档一键生成、AI 撰写助手、多语种文档生成、AI 自动配图、多种模板选择、演讲备注等;知识问答方面,讯飞星火认知大模型对生活常识问答、医学知识问答、政策问答等任务"信手拈来";逻辑推理方面,思维推理模块可以通过分析问题的前提条件和假设来推理出答案或解决方案,给出新的想法和见解,科学推理模块则使用已有的数据和信息进行推断、预测和验证科学研究中的基本任务;数学能力方面,讯飞星火认知大模型可以解决方程求解、立体几何、微积分、概率统计等数学问题;代码能力方面,讯飞星火认知大模型能根据注释、函数名智能生成代码,支持逐行代码注释,还可以精准定位代码语法、逻辑错误,甚至可以智能生成单元测试数据;多模态交互方面,讯飞星火认知大模型可根据用户上传的图片返回准确的图片描述,或完成针对图片素材的问答,还可以凭借用户描述,生成期望的音频和视频。

(三) 百度公司的文心一言

1. 大模型简介

文心一言是百度研发的人工智能大语言模型产品,具备跨模态、跨语言的深度语义理解能力与生成能力,在文学创作、文案创作、搜索问答、多模态生成、数理逻辑推算等众多领域都能为用户提供高质量服务。文心一言拥有四大基础能力:理解能力、生成能力、逻辑能力、记忆能力。

2. 大模型优势

2023 年 10 月发布的文心一言大模型 4.0,相比上一代文心一言大模型,四大基础能力显著升级,其中逻辑能力提升幅度是理解能力的 3 倍,记忆能力提升幅度是理解能力的 2 倍。理解能力方面,文心一言能听懂潜台词、复杂句式、专业术语、前后乱序、模糊意图等复杂提示词,也能胜任代码理解与调试任务;生成能力方面,文心一言能快速生成风格多样的文本、代码、图片、图表、视频,比如进行文案创作、制订生活计划、编写高质量代码;逻辑能力方面,文心一言能帮用户解决复杂的逻辑难题、困难的数学计算、重要的职业或生活决策、代码纠错、常识推理、逻辑校验、立体几何、辩论灵感等;记忆能力方面,经过多轮对话后,文心一言依然能记住对话的重点,轻松胜任复杂问题,让用户沉浸体验角色对话过程。

文心一言大模型 4.0 的能力提升源自相关举措:① 在万卡集群算力上,基于飞桨平台,通过集群基础设施和调度系统、飞桨框架的软件硬件协同优化,支持了大模型的稳定高效的训练;② 通过建设多维数据体系,数据挖掘、分析、合成、标注、评估各环节形成闭环,充分提高了数据的利用效率,大幅提升模型基础能力;③ 基于有监督微调、偏好学习、强化学习等技术,保证模型输出结果能够更好地与人类的判断和选择一致；④ 利用可再生训练技术通过增量式的参数调优，有效节省了训练资源和时间，加快了模型迭代速度。

3. 大模型应用

文心一言在文学创作、文案创作、搜索问答、多模态生成、数理逻辑推算等方面已有应用，面向用户开放。文学创作方面，文心一言可以清晰地表达观点、传递情感，因此可以应用于小说、散文、诗歌等文学作品的创作中；文案创作方面，在商业领域，文心一言可以撰写商业计划、市场分析报告等，提供有力的文字支持，激发创意思维，为广告行业提供新的灵感和想法；搜索问答方面，基于文心一言的聊天机器人可以与用户进行自然语言交互，理解用户的意图和需求，并提供相应的回答和建议，广泛应用于生活服务、教育辅导、客服等领域；多模态生成方面，文心一言支持图像生成和处理，可以根据用户需求生成图像或者对已有图像进行处理编辑，支持语音合成、语音识别、音频分类、处理视频数据、将文本转化为动态图像序列、完成视频分类及目标检测等任务；数理逻辑推算方面，文心一言可以解决复杂的数学问题，也可以成为代码编写助手，比如百度基于文心一言研制了智能代码助手 Comate，提供智能推荐、智能生成、智能问答等多种功能，支持多种编程语言和集成开发环境。

■ 第四节　大模型与金融的交融——以 ChatGPT 为例

■ 一、股市投资

股票市场是投资人和投资机构进行博弈的重要场所。为了赢得竞争优势，投资者和从业人员要不断收集更多信息以帮助其做出决策。在信息化时代，先进的信息技术被视为重要的赋能者。ChatGPT 自被创立以来，在股票市场中的应用层出不穷。

ChatGPT 作为一种先进的自然语言处理技术，可以让计算机更好地理解自然语言。它是基于大量数据和复杂学习算法建立的，通过学习文本形成一套基于变换权重的编码和解码机制。在股票市场中，ChatGPT 可以通过时间序列分析股市，甚至可以对金融新闻和社交媒体上的消息进行情感分析。

ChatGPT 还为资产配置提供了强有力的工具。通过给出的不同类型的资产、提出的不同类型的问题，它可以选择适合用户需求的最佳资产组合方案。对投资组合绩效的研究表明，使用 ChatGPT 选择构建的投资组合优于使用随机选择构建的投资组合。

然而，ChatGPT 也并非金融领域的"先知"，而只能作为投资者的"助手"或"副驾驶员"。在投资组合管理中，人类的作用仍然至关重要，他们必须熟练掌握投资理论，以确保从 ChatGPT 中获得的信息能够得到理性和可靠的验证。

二、风险管理

随着金融行业数字化转型的发展,投资者越来越需要一种自动化的方式来管理金融风险。ChatGPT 作为一种高效的自然语言处理工具,已被应用于金融风险管理中,如自动实时生成对投资组合风险的评估,从而在收益、流动性和多样化等目标下降低投资组合策略的风险并提高回报率。ChatGPT 还可以结合其他技术,持续学习和优化风险管理过程,不断提升整个投资组合管理平台的效率和质量。

ChatGPT 可以通过分析客户交互模式来检测欺诈行为,从而减小金融机构的损失和风险。通过对客户交互的检查和异常行为的检测,ChatGPT 可以用来揭露欺诈活动。

基于自然语言处理能力,ChatGPT 可以根据客户的信息和信用记录创建信用评级,提供贷款建议,帮助金融机构做出更明智的贷款决策,提高金融机构的客户服务能力。

金融机构可以通过分析行业、市场波动和借款人的信用记录,使用 ChatGPT 识别与投资或贷款相关的风险水平,并帮助机构遵守相关法规和标准,避免违法违规行为。因此,ChatGPT 可以帮助金融机构降低风险、减小损失,并提高客户服务能力。

三、金融知识传输与服务

ChatGPT 作为一种智能交互工具,具有非常高的可塑性和适配性。ChatGPT 通过对话界面,为投资者解释金融知识,解决信息不对称问题,创造公平的投资环境。此外,ChatGPT 通过机器学习技术不断优化自身性能和准确度,使得其成为易于操作的学习平台,是大众学习金融知识等的有效而便利的学习工具。

ChatGPT 有潜力发展为向广大受众解释复杂金融概念的重要工具,其优势在于能够高效地将高深的金融知识转化为非金融专业人士易于理解的语言。专业的投资组合经理可以在 ChatGPT 的帮助下,有效筛选各类资产,形成更为优质的投资组合方案。ChatGPT 也可以作为缺乏经验的投资者或缺乏金融知识的个人的教育工具。

人工智能在金融教育领域的应用,可能颠覆许多金融课程的结构和教学方法。基于 ChatGPT 内部丰富的语料与极高的互动性,它可以设计全新的交互式课程,创建教学大纲和内容,实现科学的教学过程,从而帮助学生更好地理解金融知识和前沿进展。需要指出的是,ChatGPT 也可能带来诸如偏见和剽窃等问题。人工智能系统正在改变教育模式,教师和学生都应该为使用它做好准备,并通过不断适应,找到最佳的使用方式。事实上,ChatGPT 并不会取代课堂教学,它能作为一个有价值的工具,让教师和学生更好地开展金融理论的学习和应用。

ChatGPT 也已经被金融机构用于沟通服务。它减少了客户服务的成本,并为客户提供了快速、准确的答案。通过自动与客户对话,银行工作人员可以避免一些重复性的工作从而节省时间,比如回答简单的问题或检查账户信息。另外,ChatGPT

是由机器学习算法驱动的,通过不断的模型训练,收集新的数据集,会不断改进算法。这意味着即使在回答以前从未见过的新类型问题时,ChatGPT 的准确率也会保持在很高的水平,确保无论出现什么类型的问题,银行客户都能快速获得可信的答案。

四、金融研究

ChatGPT 作为基于文本的智能交互式工具,能够通过自然语言处理对用户输入做出响应,其高适配性和可塑性使其具有广泛的应用场景,能够以更加灵活的方式进行思考和生成文本。

ChatGPT 可以帮助使用者撰写文章;可以根据各种期刊或报告的风格进行研究;可以翻译或修改不同语言的文字。需要注意的是,使用者要避免抄袭已有的研究思路与研究框架,尊重他人知识产权。

ChatGPT 可以帮助使用者完成重复或烦琐的任务(如纠正语法错误),还可以基于已有文章评审报告的可用性。

ChatGPT 可以创建更好的元数据、索引和研究结果摘要,并且能够将研究成果转化为普通公众更易理解的语言,从而更好地支持新的研究思想的传播和扩散。此外,ChatGPT 可以作为推荐系统来辅助用户寻找相关的研究领域。

ChatGPT 作为一种自然语言处理和生成工具,不仅可以帮助金融领域研究人员在实验、论文和报告撰写、编辑和翻译等方面提高效率,同时还可以通过元数据、索引和研究结果摘要等支持新的研究思想的传播和扩散。需要注意的是,使用ChatGPT 须遵守学术诚信原则,避免出现抄袭以及其他伦理问题。在未来,ChatGPT 的应用将有望为学术界和整个社会带来更积极的影响。

第五节 大模型的优势与发展限制

一、大模型的优势

相比于传统模型,人工智能大模型主要具有泛化性(知识迁移到新领域)、通用性(不局限于特定领域)以及涌现性(产生预料之外的新能力)三大特征(图 7-3),其优势主要表现在如下方面。

首先,大模型包含数十亿个参数,模型大小可达数百 GB 甚至更大。在泛化性方面,巨大的规模使大模型具有更强大的学习能力和泛化能力,能够在各种任务上出色表现,包括自然语言处理、图像识别、语音识别等。其次,在通用性方面,大模型可以通过自监督学习,在大规模未标记的数据上进行训练,从而减少对标记数据的依赖,提高模型的效能,之后能够在特定任务上进行微调,从而提高模型在新任务上的性能。同时,大模型可以从多个领域的数据中学习知识,并在不同领域中进行应用,

图 7-3　大模型的三大特征

促进跨领域的创新。最后，所谓涌现性则是指当模型的训练数据突破一定规模时，模型突然涌现出之前小模型所没有的、意料之外的、能够综合分析和解决更深层次问题的复杂能力和特性，展现出类似人类的思维和智能。涌现能力也是大模型最显著的特点之一。

二、大模型的发展限制

凭借着独有的特征优势，大模型掀起了当下人工智能发展的大热潮，但大模型在快速发展、更新的同时也存在一定的限制。例如，大模型需要海量的数据来训练，只有大量的数据才能发挥大模型的参数的规模优势；训练大模型通常需要数百甚至上千个 GPU，以及大量的时间，通常需要几周或几个月。此外，大模型的训练和部署需要大量的计算资源和人力资源，成本非常高昂。而且从效果来看，由于大模型会编造词句，因此无法保障其生成内容的真实可信。当前使用者只能根据自己的需求和经验去验证生成的内容是否真实可信，因而大模型所得的结论很难具有权威说服力。

由此可见，大模型依然有很大空间值得改进，需要进一步研究和探索新的技术和方法。比如可以通过改进模型架构、优化训练算法、利用分布式计算等方式来提高大模型的效率和性能；通过开源和共享模型资源来降低成本，促进大模型的普及和应用。

本章小结

本章全面探讨了人工智能大模型的概念、技术原理、类型以及其在金融科技领域的具体应用场景。通过本章的学习，读者可以发现人工智能大模型不仅在技术上具有突破性的进展，如 Transformer 架构的广泛应用、人类反馈强化学习等，同时其在金融领域的应用也展现出巨大的潜力。从自然语言处理到视觉识别，再到复杂的科学计算和多模态交互，大模型的多样化类型使其能够在不同的应用领域发挥重要作用。特别是以 ChatGPT 为例，大家可以看到大模型如何在股市投资、风险管理、金融知识传输与服务、金融研究等众多金融场景中提供支持。

最后本章总结了大模型带来的优势，重点介绍了其三大特征——泛化性、通用性和涌现性，同时也指出了当今大模型面临的数据、算力、成本等限制，提出了未来可以改进和提升的方向。

展望未来，大模型的发展前景无疑是光明的，并且大模型技术的持续进步将为金融科技带来更多创新的可能，推动整个行业向更高效、更智能的方向发展。

思考题

1. 大模型的"大"体现在哪里？它具有哪些特征？
2. 简述大模型的核心技术。
3. 大模型可分为哪几种类型？每种模型当今发展现状和前景如何？
4. 大模型在金融领域有哪些应用场景？
5. 大模型当前的发展面临哪些限制？

第七章
参考资料

第八章

精准营销

　　精准营销是一种以精准定位为目标的高度个性化和效率化的营销策略。作为现代营销的新趋势，它随着金融科技的飞速发展而不断深化。金融科技中大数据、人工智能等技术为精准营销提供了强大支持，从海量数据中洞察消费者需求，优化产品设计，并增强与消费者的深度互动，高效匹配用户需求，使营销活动得以提升效果并降低成本。本章详细介绍了金融科技如何帮助营销活动实现"精准"营销，介绍了精准营销模型、精准营销的问题与消费者权益保护，同时引入了丰富的案例，旨在帮助读者理解并应用相关知识。

　　本章第一节从精准营销概念的演变出发，分析了金融科技的使用对营销活动产生的影响，继而详细介绍了精准营销的特征以及金融科技在精准营销中的具体应用，以帮助读者更好地理解金融科技的优势。

　　第二节主要介绍精准营销的模型及应用，通过介绍 RFM、AARRR、AISAS、SICAS 和腾讯 STAR 五大模型及其在实际场景中的应用案例，阐述精准营销策略是通过哪些环节来制定的。

　　第三节深入剖析精准营销策略被广泛应用之后给用户带来的隐私泄露、信息茧房等问题。在此基础上，本节还介绍了政府是如何保护消费者权益、制定市场秩序的，以帮助读者辩证地看待金融科技的作用。

　　第四节通过对两个精准营销案例的分析，揭示金融科技的实际应用，总结成功经验。

　　通过本章的学习，读者将更深入地了解金融科技在精准营销层面的实际应用，加深对金融科技领域的思考与理解。

■ 第一节 精准营销概述

■ 一、概念

精准营销（precision marketing）是现代营销理论大师菲利普·科特勒教授于2005年提出的。他认为，精准营销指公司需要的更精准、可衡量和高投资回报的营销沟通，更注重结果和行动的营销传播计划，以及越来越注重直接销售的投资行为。目前，精准营销还没有一个权威的定义。国内较为权威的说法是著名精准营销学者徐海亮提出的：精准营销就是在精准定位的基础上，依托现代信息技术手段，建立个性化的顾客沟通体系，实现企业可度量的低成本扩张。当然也有学者对精准营销做了更为详细的说明，有研究者认为，精准营销包含三个层面的含义：一是精准的营销思想，营销的终极追求就是无营销的营销，到达终极追求的过渡过程是逐步精准；二是实施精准的体系保证和手段，而这种手段是可衡量的；三是达到低成本可持续发展的企业目标。

时代的变化为精准营销增加了新的内涵。现阶段的精准营销概念，是在现代信息技术的推动下，特别是在金融科技领域的快速发展条件下，形成的一种高度个性化和效率化的营销策略。精准营销以精准定位为目标，借助大数据、人工智能、区块链、云计算等金融科技手段，深入挖掘和分析消费者行为、需求和偏好，从而建立个性化的顾客沟通体系，实现企业与目标顾客之间的精准匹配和高效互动。它不仅提高了营销活动的针对性和效果，也为企业实现低成本、可持续发展的目标提供了有力支持。

具体而言，数字化时代的到来使金融科技在营销领域产生了深远的影响。过去，营销活动主要依赖于市场调研、消费者反馈和经验判断来对消费者需求进行分析，而现在则运用包含大数据、人工智能、区块链和云计算等在内的金融科技，让营销活动的信息从获取到应用都更加精准和有效。大数据技术的出现使得企业能够收集和处理大量的数据，包括消费者的个人信息、网络行为、社交媒体活动等。通过分析这些数据可以动态揭示出消费者的行为模式、偏好及其变化趋势等信息，为企业提供更深入的市场信息。人工智能和大数据分析技术的应用让企业能够构建出更为准确和全面的用户画像。通过对海量数据的分析，可以识别出目标受众的特征、兴趣爱好、购买偏好等信息，为企业提供有力的营销依据。同时，云计算和区块链的发展，为人工智能和大数据分析提供了坚实的数据保障。海量数据的云端分布和区块链的去中心化、不可篡改和透明性等特点，为企业实现精准营销提供了数据存储和传输的新渠道。金融科技已经极大地提升了营销数据的获取维度、渠道和分析的能力，使得营销策略变得更加个性化和精准化。企业正在运用金融科技的各项技术，根据用户的行为和偏好实时调整营销内容和渠道，提高营销的针对性和效果。

大数据精准营销的出现，不仅改变了市场的运作方式，更是重塑了企业与消费者之间的关系。在广告领域，精准营销使广告投放模式从过去的"广撒网"转变为"精准捕鱼"。通过大数据分析、人工智能用户画像、区块链去中心化数据管理等技术手段，能够深入挖掘消费者的行为模式、购物偏好和潜在需求，从而制定更具针对性的广告策略。这种策略不仅提高了广告的点击率和转化率，还降低了广告成本，实现了广告投放效益的最大化。

对于顾客而言，精准营销在金融科技的赋能下，为他们带来了更加个性化的消费体验。在过去，消费者往往被淹没在大量的无差别广告信息的轰炸中，难以找到真正符合自己需求的产品。而借助大数据分析和人工智能算法，企业能够通过精准推送、个性化推荐等方式，将最符合消费者需求的产品信息直接展现在他们面前。这种基于大数据和人工智能的个性化服务，不仅提高了消费者的购物满意度，还进一步加深了他们对品牌的忠诚度和信任感。

同时，精准营销也促进了企业与消费者之间的深度互动。如云计算和区块链等金融科技在其中发挥了关键作用。云计算提供了高效的数据处理能力和弹性扩展的存储资源，使得企业能够实时收集、分析和应用消费者的反馈意见。而区块链技术则确保了数据的完整性和可信度，为双方提供了安全、透明的沟通环境。这种深度互动不仅增强了企业的市场感知能力，还促进了产品的持续优化和服务的不断完善。

在产品层面，精准营销为企业提供了更多的创新机会。利用大数据挖掘技术和人工智能技术对市场进行精准分析和对消费者进行深入了解，企业可以发现市场中的机会，从而推出更具创新性和竞争力的产品。同时，利用人工智能技术进行产品设计和模拟，可以快速验证产品的可行性和效果，降低研发成本。区块链技术也可以用于产品的溯源和防伪，确保产品的质量和安全性，提升消费者的购买信心。

此外，精准营销进一步促进了市场的细分和专业化。通过应用自然语言处理技术，企业可以深度解析消费者在社交媒体、在线评论等渠道中的言论，了解他们的真实想法和需求。同时利用图像识别等先进技术，企业可以分析消费者所购之物的照片、社交媒体分享的图片等，获取关于消费者喜好、生活方式的直观信息。这些信息为企业提供了更加丰富的数据，帮助他们更全面地理解消费者，制定更加精准的营销策略。因此，企业能够更准确地识别和理解消费者的需求和喜好，从而实现对市场的精准划分和深度挖掘。这不仅提升了企业的市场竞争力，还推动了整个行业的精细化和专业化发展。

■ 二、特征

（一）目标对象的选择性

在过去，营销者往往采用"广撒网"的方式，将广告和信息投向大众，但这种方式往往效率不高，且容易造成资源浪费。而精准营销则通过深入的数据分析和市场研究，尽可能准确地筛选出目标消费者，排除那些非目标受众。这样，企业就可以针对特定的目标群体制定更具针对性的营销策略，从而提高营销效果。这种目标选择准确性的增强不仅使得营销活动更加精准，也为企业节省了大量的资源和成本。

（二）沟通策略的有效性

有效的沟通策略是精准营销成功的关键。企业需要根据目标受众的特点和需求，制定能够触动他们的沟通策略。这些策略不仅包括广告内容的设计，还包括传播渠道的选择、沟通方式的创新等。通过有效的沟通策略，企业可以更好地与目标受众建立联系，传递品牌价值和产品优势，从而提高他们的购买意愿和忠诚度。

（三）沟通行为的经济性

精准营销强调与目标受众的沟通要实现高投资回报，减少不必要的浪费。通过精准定位和有效沟通，企业可以确保每一分钱都花在刀刃上，实现营销活动的最大效益。这不仅有助于企业提高盈利能力，也为其在激烈的市场竞争中保持领先地位提供了有力支持。

（四）沟通结果的可衡量性

传统的营销方式往往难以准确衡量营销效果，而精准营销则通过数据分析和量化指标，对营销活动的结果进行精确评估。这使得企业能够更清晰地了解营销活动的投入产出比，为未来制定营销策略提供有力依据。

（五）精准程度的动态性

随着技术的不断进步和市场的不断变化，精准营销的方法和手段也在不断更新和升级。相对于过去的营销方法，现在的精准营销已经实现了更高的精准度。展望未来，随着技术的进一步发展，精准营销将会更加精准和高效。这种动态性使得精准营销始终保持着与时俱进的特点，为企业的营销活动提供了源源不断的创新动力。

三、金融科技在精准营销的应用

（一）海量数据实现客户定位精准化

面对资源有限而消费者众多的市场现状，企业必须精准确定其目标客户群体，以最大化资源利用率。在精准营销中，金融科技的运用显得尤为重要。

大数据技术是企业洞察市场的关键工具。通过对海量数据的深度挖掘与分析，企业能够深入了解消费者行为、购买偏好以及潜在需求。结合互联网技术，企业可以实时跟踪市场动态，捕捉消费者对产品和服务的反馈，为营销策略的制定提供有力支持。

在确定目标客户群体后，企业需要进一步细分目标消费群体。通过运用人工智能技术，企业可以构建精细化的用户画像，深入研究目标消费群体的特征，如年龄、性别、职业、收入等。基于这些用户画像，企业可以区分高价值消费者和一般消费者，制定更有针对性的营销策略，达到效率更高、成本更低的精准营销。

(二) 人工智能助推个性化广告

虽然精准营销的概念由来已久，但由于缺乏相应的技术，精准营销并没有被很多企业成功运用，真正在具体营销应用中实现精准营销效益的企业更是少之又少。在金融科技的推动下，个性化广告推送已成为现代营销的核心策略。传统的广告模式往往缺乏针对性，导致广告成本高昂且效果不佳。然而，随着大数据和人工智能技术的发展，企业现在可以更精准地推送个性化广告。

具体而言，金融机构通过收集和分析客户的金融行为数据，如交易记录、投资偏好、信用评分等，能够深入了解每个客户的金融需求和风险偏好。基于这些数据，金融机构可以为客户创建个性化的金融兴趣标签，如"高净值投资者""风险偏好型客户"等。随后，借助人工智能技术，金融机构可以根据这些标签向目标客户推送高度个性化的广告内容。例如，对于一位高净值投资者，金融机构可以向其推送与其投资偏好相匹配的私募基金或高端理财产品广告；对于一位风险偏好较低的客户，则可以向其推送稳健型投资产品或保险产品广告。这种个性化的广告推送不仅提高了广告的点击率和转化率，还为客户提供了更符合其需求的金融产品和服务信息。

通过个性化广告推送，金融机构能够更精准地触达潜在客户，提高营销效果，同时降低营销成本。这种精准营销方式不仅提升了金融机构的品牌形象，还为客户带来了更优质的金融体验。

(三) 沟通系统构建智能化与敏捷化

金融科技还能助力金融机构构建一对一沟通系统，使得与客户的互动更加精准和高效。对广告产品感兴趣的用户会尝试用自己喜欢或熟悉的方式获取相关信息。通过大数据分析，金融机构可以洞察客户的沟通习惯和喜好，如他们倾向于使用电话、邮件沟通，或者更倾向于用在线聊天工具进行沟通。

以一家在线银行为例，大数据发现大部分年轻客户更喜欢通过在线聊天工具进行沟通和咨询。于是，该银行便可以利用人工智能技术在官方网站和移动应用上设立在线客服系统，配备专业的客服团队。客户可以通过在线聊天工具与智能客服或人工客服进行实时沟通，询问账户问题、贷款申请、理财产品等金融事宜。客服团队则能够迅速响应并提供专业的解答和建议，确保客户的需求得到及时满足。通过一对一沟通系统，金融机构不仅可以及时解答客户的问题，还能根据客户的反馈和需求，不断优化金融产品和服务。这种个性化的沟通方式不仅增强了客户的满意度和忠诚度，还提高了金融机构的客户留存率和业务增长率。

(四) 个性化产品推荐

个性化产品推荐由以下两部分组成：一是产品满足消费者的个性化需求；二是产品的销售渠道。例如，有些人喜欢在电子商务平台上购买，而有些人则喜欢在实体店购买。因此，不同的消费者偏好要求企业选择合适的销售渠道，以更好地满足他们的需求。通过将消费者的个性化需求与合适的销售渠道相结合，企业可以在市场上获得竞争优势，提高产品的销售量和市场份额。

通过对客户的金融行为、交易历史、风险偏好和投资目标进行深入的数据挖掘和分析，金融机构可以精准地了解客户的需求和偏好。例如，当一位客户经常查询和购买低风险的理财产品时，金融机构的推荐系统可以基于这些数据，为客户推荐更多类似的低风险、稳定收益的理财产品。同时，如果客户的投资偏好发生变化，如开始关注高风险、高收益的产品，推荐系统也会相应地调整推荐内容。此外，利用自然语言处理技术，金融机构还可以通过与客户的在线聊天或语音交互，更深入地了解客户的需求，并实时推荐适合的金融产品。

（五）用户体验提升

用户体验是用户在购买和使用产品时的主观感受。通过提供良好的用户体验，企业可以增加用户的满意度和忠诚度，并获得更多的口碑推荐。用户体验不仅能影响用户的购买决策，还能在竞争激烈的市场中提高企业的竞争优势。因此，企业应该重视用户体验，根据用户的建议不断地完善产品和服务，以满足用户的需求和期望。为了改善用户体验，提高客户满意度，企业需要实时监控用户对其产品的使用情况，并实时收集反馈信息。

人工智能技术在用户体验中起到了关键作用。智能语音助手通过自然语言处理技术，能够理解并回应用户的查询和问题，为用户提供即时的金融信息和建议。同时，基于 AI 的个性化推荐系统能够根据用户的交易记录、浏览行为和兴趣偏好，为用户推送高度相关的金融产品和服务，使服务更加贴心和精准。另外，区块链技术的运用进一步提升了金融服务的透明度和安全性。通过区块链的去中心化特性，金融机构能够确保交易数据的安全可靠，减小欺诈风险。同时，区块链技术还提供了快速结算和清算的能力，使用户能够更快地完成交易，增强了用户体验的流畅性。

第二节　精准营销模型及应用

一、RFM 模型

RFM 模型是一种被广泛使用的营销模型，也被称为客户价值模型。它通过三个关键指标——R（recency，最近消费时间）、F（frequency，消费频率）和 M（monetary，消费金额），来对客户进行分群，衡量客户价值及创收能力。RFM 模型是一个强大的客户分析工具，用于识别客户群体的差异和优先级，从而为企业制定更有效的营销策略提供依据。该模型通过分析客户的购买行为数据，帮助企业了解客户的消费习惯、忠诚度以及潜在价值，进而实现精细化运营和资源的最优配置。

三个指标的具体定义如下。

R：指客户最近一次消费时间与截止时间的间隔。这个指标反映了客户对商品或服务感兴趣的程度。理论上，最近一次消费时间越近的顾客，对即时提供的商品或服务也越有可能产生反应。

F：指客户在某段时间内所消费的次数。这个指标反映了客户的忠诚度和满意度。消费次数越高的客户，其忠诚度越高，客户价值也越大。

M：指客户在某段时间内所消费的金额。这个指标衡量了客户的消费能力和潜在价值。消费金额越大的客户，其消费能力自然也越大。

金融行业使用这个模型时，往往会补充一个"R"（repayment），代表还款情况。考虑到金融行业的特殊性，并不是所有的客户都属于价值用户。金融企业为用户提供金融信贷服务后，首先需要考虑用户的质量。用户需要有还款能力和还款意愿，而用户的还款情况是需要重点考虑的因素。通常来说，已经正常还款三期以上或者已经结清的用户，都是相对较优质的用户。

在具体的应用中，可以针对上述几个指标的标准化得分，按聚类结果进行加权计算，然后进行综合得分排名，识别各个类别的客户价值水平。通过将客户按照不同指标进行分组，可以得到不同的 RFM 等级，如高价值客户、潜在流失客户、新客户等。根据不同价值水平，可以将客户划分为重要价值客户、重要保持客户、重要发展客户、重要挽留客户、一般价值客户、一般保持客户、一般发展客户和一般挽留客户。

RFM 模型可以用于新客户开发。通过 RFM 模型可以分析新客户的购买行为，了解其购买习惯和购买动机，从而制订有针对性的营销计划，如发送欢迎邮件、提供首次购买折扣等，以促使新客户尽快再次购买。同时，在休眠客户唤醒方面，RFM 模型还有助于识别休眠客户，即那些最近一次购买时间较长、购买频率较低、购买金额不高的客户。通过有针对性的营销活动，如发送个性化的优惠券、提供定制化的产品或服务等，可以唤醒这些休眠客户，重新激发其购买兴趣。此外，还可以根据 RFM 模型进行产品推荐。根据客户的购买历史和 RFM 指标，商家可以进行个性化的产品推荐。

一般来说，通过 RFM 模型细分客户群体，企业能够精准定位目标市场，制定个性化的营销策略，从而提高销售转化率和客户满意度。在实际应用中，许多企业已经成功利用 RFM 模型优化了营销策略，不仅提升了业绩，还增强了客户的忠诚度和品牌认同感。

拓展阅读

客户关系管理系统

金融机构可通过 RFM 模型，基于客户关系管理系统中的客户历史购买记录数据，分析客户的购买能力和购买需求。以方正证券为例，其客户关系管理系统的客户信息包括年龄、开户日期、手机号码、风险等级、服务关系、投资年限、投资类别、总资产、普通资金余额等，同时还可从系统中获取该客户的历史金融产品购买记录、当前资产配置情况。

通过对客户历史购买行为数据的统计分析，可得到每个客户的 R 分值、F 分值、M 分值（见表 8-1）。根据分值将目标客户细分为高价值客户、重点发展客户、重点保持客户、重点挽留客户，等等。

表 8-1 目标客户细分表

R 分值	F 分值	M 分值	客户类型
高	高	高	高价值
高	高	低	一般价值
高	低	高	重点发展
高	低	低	一般发展
低	高	高	重点保持
低	高	低	一般保持
低	低	高	重点挽留
低	低	低	一般挽留

高价值客户是指金融产品到期时间近、最近购买金融产品时间近、金融产品购买频次和购买金额都很高的客户；重点发展客户是指金融产品到期时间较近、最近购买金融产品时间较近、金融产品购买金额高但频次不高的客户；重点保持客户是指金融产品到期时间较远、最近购买金融产品时间较远，但金融产品购买频次和金额都较高的客户；重点挽留客户是指没有持有任何金融产品、最近购买金融产品时间较远、购买频次不高，但购买金额高的用户。

二、AARRR 模型

AARRR 模型，也被称为海盗模型，是由 Dave McClure 在 2007 年提出的客户生命周期模型。它旨在帮助企业更好地理解和优化用户在使用产品前后的整个生命周期中的五个关键环节，从而实现用户增长。这五个环节分别是：获取用户（acquisition）、提高用户活跃度（activation）、提高用户留存率（retention）、获取收入（revenue）以及用户自传播（referral）。

五个环节的具体构成如下。

（1）获取用户。这一阶段关注如何吸引潜在用户，让他们使用产品或服务。这通常涉及营销策略、社交媒体推广和搜索引擎优化等手段。

（2）提高用户活跃度。此阶段的目标是促使用户积极使用产品或享受服务，例如通过提供优惠券、礼品或其他奖励来鼓励用户注册或订阅服务。

（3）提高用户留存率。该阶段涉及通过个性化服务、增加社交互动和改进用户体验等手段，使用户连续性地使用产品或服务。

(4) 获取收入。此阶段关注如何让用户对产品或服务产生付费行为，包括销售产品、获取广告收入和会员费等。

(5) 用户自传播。这一阶段的目标是鼓励用户向他人推荐产品或服务，通过口碑传播扩大用户基数。

AARRR 模型适用于各种产品和服务，特别是数字营销和在线业务。无论是电商网站、社交媒体平台还是移动应用程序，都可以利用这个模型来优化用户获取、留存和转化。

借助 AARRR 模型，企业可以显著提高用户增长和留存率，优化用户体验，增加付费转化率，并通过用户自传播扩大品牌影响力。这将有助于提升企业的市场份额和盈利能力，实现可持续的业务增长。同时，AARRR 模型还可以帮助企业更好地了解用户需求和行为，为产品改进和创新提供有力支持。

三、AISAS 模型

AISAS 模型是一种描述互联网时代下消费者心理变迁的营销模型，由电通公司针对互联网与无线应用时代消费者生活形态的变化而提出的。该模型强调各个环节的切入，紧扣用户体验，帮助企业更好地理解和引导消费者的购买决策过程。AISAS 模型是由关注（attention）、兴趣（interest）、搜索（search）、行动（action）和分享（share）这五个阶段组成的消费者行为分析模型，如图 8-1 所示。

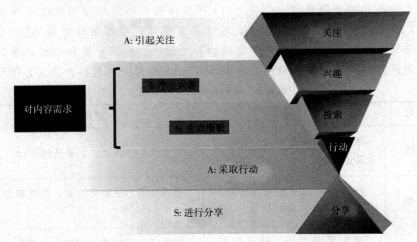

图 8-1　AISAS 模型

(1) 关注。消费者通过各种渠道（如广告、社交媒体、口碑传播等）接触到产品或服务的信息，从而产生初步认知和了解。

(2) 兴趣。在了解产品或服务的基本信息后，消费者可能对其产生兴趣，并想要进一步了解产品的详细信息和特点。

(3) 搜索。消费者通过搜索引擎、社交媒体、电子商务平台等工具进行产品搜索，比较不同品牌或型号的产品，以做出更明智的购买决策。

(4) 行动。在充分了解和比较后，消费者决定购买产品或服务，并完成交易。

(5) 分享：消费者在使用产品或享受服务后，对产品或服务的满意度进行评价，分享给其他人。这种满意度将影响他们未来的购买决策和口碑传播。

上述五个阶段反映了在互联网时代，消费者从接触产品或服务，到产生购买意愿，再到完成购买并产生分享意愿的整个心理过程。

AISAS模型特别适用于流量获取型的业务，如公域电商、直播电视、品牌电商等。利用公域的内容展示，企业可以逐步引导用户完成私域化的沉淀，提高用户的黏性和转化率。这一模型可以帮助企业更精准地把握消费者的心理变化和行为特征，从而制定更有效的营销策略。选择、购买金融产品或服务，也同样可以看作一种消费行为。例如，企业可以通过优化广告内容和投放渠道，吸引消费者的关注；通过提供有趣、有用的内容，激发消费者的兴趣；通过优化搜索引擎和电子商务平台的功能，方便消费者进行搜索；通过优化购物流程和售后服务，激励消费者产生行动和分享意愿。这样不仅可以提高销售业绩，还可以增强品牌形象和口碑传播效果。

AISAS 模型应用实例

为分析平安产险贵州分公司"518平安保险节"网络营销策略中存在的问题，提出有针对性的改进建议，可以将该活动的营销策略对应 AISAS 模型细分为五大环节，寻找各环节营销的影响因素，进而分析其网络营销策略存在的问题，从而实现更精准的营销。AISAS 模型分解策略如表 8-2 所示。

表 8-2　AISAS 模型分解策略

阶段	问题	建议
关注	活动设计缺乏新意；传播平台陈旧固化	为老活动立新意；扩展传播平台
兴趣	低价促销没有创意；促销频繁弊大于利	更具吸引力的宣传内容；提高稀缺产品价值
搜索	销售页面花哨、缺乏引导；销售人员素质参差不齐	增加信息获取的便利性及丰富度；提高线下销售人员综合素质
行动	销售过程追踪有断点；售中服务不够完善	完善线上追踪手段；整合线下渠道
分享	分享策略效果不佳；欠缺优质的售后服务	搭建分享平台；强化客户分享意愿

四、SICAS 模型

SICAS 模型是 2011 年提出的,它是对传统 AIDMA 模型和 AISAS 模型的升级与重构,更加符合数字营销时代消费者的行为特点。该模型通过追踪和分析消费者的在线行为,帮助企业更好地理解和把握消费者需求,从而制定更加精准的营销策略。SICAS 模型包括五个核心阶段。

(1) 品牌-用户互相感知。在这一阶段,品牌和消费者开始互相接触和感知。品牌通过各种渠道向消费者传递信息,而消费者则通过搜索、浏览等方式了解品牌。

(2) 兴趣-互动。在此阶段,品牌和消费者深入互动。品牌通过有趣、有价值的内容吸引消费者的兴趣,而消费者则通过评论、分享等方式与品牌进行互动。

(3) 连接-沟通。在连接-沟通阶段,品牌和消费者建立更为紧密的联系。品牌通过社交媒体、邮件等方式与消费者进行实时沟通,解答消费者的问题和疑虑。

(4) 行动-购买。在行动-购买阶段,消费者根据之前与品牌的互动和沟通,做出购买决策并完成交易。

(5) 体验-分享。在体验-分享阶段,消费者在购买和使用产品后,会将自己的体验分享给其他人,从而进一步扩大品牌的影响力。

SICAS 模型适用于各种线上营销场景,特别是在移动互联全数字时代。无论是电商平台、社交媒体平台还是品牌官方网站,都可以利用 SICAS 模型来分析和优化消费者的购买路径。此外,该模型也适用于跨渠道营销,帮助企业整合线上线下资源,改善营销效果。

SICAS 模型在营销中的应用显著改善了企业的整体营销效果。通过精准把握消费者在各个阶段的行为和需求,企业能够制定更加符合市场趋势和消费者心理的营销策略,从而增强品牌影响力,提高销售转化率,并建立起长期稳定的客户关系。此外,通过消费者的积极分享和口碑传播,企业还能进一步扩大市场份额,实现持续增长。总体而言,SICAS 模型为企业在数字时代开展营销活动提供了有力的支持,助力企业实现营销目标并取得商业成功。

拓展阅读

SICAS 模型应用实例

以某家人寿保险分公司 A 产品促销为例,可以运用 SICAS 模型来设计调查问卷,并据此分析调查数据与结果。通过借鉴 SICAS 模型,问卷将消费者对 A 产品促销的接受过程分解为感知、产生兴趣、互动交流、完成购买和分享体验五个阶段。问卷中包含了一套借鉴 SICAS 模型构建的量表评价表，涵盖消费者对产品促销的感知、兴趣、互动交流、购买和分享体验五个维度的相关变量，旨在深入剖析各个环节对 A 产品促销策略效果的影响程度。

经过综合分析，可以认为 A 产品的促销策略还需要进一步改进以达到预期的效果。在量表评价表中，问卷从 A 产品宣传渠道、媒体曝光、官方账号传播等方面设置了问题。消费者对 A 产品在"互动交流"方面的综合得分为 3.50 分，这表明消费者普遍认为 A 产品在宣传方面存在不足之处，特别是在媒体曝光和官方账号传播方面。消费者对 A 产品的"购买"行动综合得分为 3.45 分，反映出消费者对 A 产品的购买满意度和回购率不高。另外，消费者对 A 产品的"分享体验"意愿综合得分为 3.38 分。总的来看，虽然消费者对 A 产品持有一定的认可度，但其分享动力并不强烈，推荐意愿较弱。

五、腾讯 STAR 模型

腾讯 STAR 模型是基于腾讯智慧零售的《全域用户运营白皮书》而提出的，该模型基于 5R 人群资产模型，从用户与品牌关系的深浅程度出发，将用户群体分为触达、互动、触动、转化和忠诚五个阶段。通过四个维度——品牌人群资产（scaling）、结构健康度（triangulating）、交互活跃度（activating）和价值创造度（returning），腾讯 STAR 模型帮助企业全面评估用户资产情况，从而制定精细化的运营策略，具体内容见图 8-2。

scaling	triangulating	activating	returning
品牌人群资产	结构健康度	交互活跃度	价值创造度
资产总量	分层占比	各层流转效率	GMV 占比
资产增速	分层增速	各层向下流转	转化率
资产结构	分层流失	反向流转比例	投入产出比

图 8-2　腾讯 STAR 模型

（1）品牌人群资产。衡量品牌在不同渠道和触点上的新老用户数量，反映品牌的全域用户资产积累情况，包括资产总量、资产增速、资产结构三个方面。

（2）结构健康度。分析各层级用户群体数量及占比、增长情况与流失情况，评估品牌用户资产结构的健康度。

（3）交互活跃度。关注用户与品牌的互动程度，通过用户行为数据来衡量用户对品牌的兴趣和参与度，包括各层流转效率、各层向下流转情况、反向流转比例等方面。

（4）价值创造度。评估各层级用户群体及整体用户群体的价值贡献，如 GMV 占比、转化率、投入产出比、客单价及复购率等，以衡量用户对品牌的贡献价值。

腾讯 STAR 模型适用于多种营销场景，包括但不限于全域用户拉新、会员深度运营、商品推广策略、营销节点大促和全域用户增长等。在每个场景中，企业都可以通过识别关键指标、诊断问题、制定策略并落地运营，来实现各自的营销目标。

例如，在全域用户拉新场景中，企业可以利用 STAR 模型提升品牌人群资产规模，通过大数据、人工智能精准的人群画像分析，制定个性化的货品推荐策略，并结合最佳营销触点投放，实现更多的用户拉新和转化。

本节详尽地介绍了 RFM、AARRR、AISAS、SICAS 以及腾讯 STAR 这五个精准营销模型。这些模型虽各有特色，却都指向一个共同目标：更精准地识别、吸引、留存并转化目标用户。它们通过不同的维度和视角，帮助企业深入理解用户行为、需求和价值，从而制定更加精准的营销策略。无论是基于交易数据的 RFM 模型，还是关注用户生命周期的 AARRR 模型，或是强调互联网时代消费者行为变化的 AISAS 和 SICAS 模型，以及利用大数据和人工智能的腾讯 STAR 模型，它们都为企业在复杂多变的市场环境中提供了有力的营销工具。在实际应用中，企业可以根据自身需求和市场环境，灵活运用这些模型，以实现营销效果的最大化。

第三节 精准营销的问题与消费者权益保护

一、精准营销的问题

（一）隐私泄露

现阶段，精准营销是一把双刃剑，在助推消费者购买决策的同时，也引发了诸多对客户隐私问题的关注，大大削弱了营销的效果。互联网的快速发展使得消费者行为数据的获取变得轻而易举，无论是通过淘宝、京东等购物平台的注册和登录，还是微博、微信、QQ 等社交工具的使用，甚至是搜索、浏览、评分、支付等日常操作，都会产生大量与消费者行为相关的数据。这些数据的收集和处理虽然为精准营销提供了可能，但同时也对用户的隐私权益提出了新的挑战。大数据在助力企业分析消费者需求、优化产品和服务的同时，也增加了消费者隐私信息泄露的风险。部分企业为了追求营销效果，可能过度挖掘用户数据，甚至将用户信息进行非法交易，进一步侵犯消费者的隐私权益。随着广告的泛滥和个性化推荐的盛行，消费者开始意识到自己的数据被用于精准营销，并因此采取一系列措施保护自己的隐私。例如，部分消费者可能选择不在网络平台上披露过多的个人信息，对精准投放的广告持负面态度甚至产生抵触情绪。有些消费者甚至会避免点击网络广告，以减少个人网络行为痕迹的留存。当越来越多的消费者意识到公司正在收集他们的个人数据时，精准投放广告的点击率便会大幅下降，精准营销的效果自然也会受到显著影响。

拓展阅读

大数据时代，我们还能拥有真正的隐私吗？

中国电商市场的整体流量红利衰退，在当今已经成为摆在企业面前的一种现实困境。阿里巴巴2021财年年报显示，2021年3月，有9.25亿移动月活跃用户通过阿里巴巴旗下的各种移动App进入中国零售市场。截至2021年3月31日，阿里巴巴的中国零售市场共有8.11亿年度活跃消费者。可见传统电商"吸流"优势逐渐减小，增量市场趋近天花板。

流量寒冬下，电商行业转向用户存量的竞争，用户的精细化运营成为各大企业积蓄动能的重要发力点。通过跨平台搜集和清洗用户数据，再经过算法加工形成用户画像，企业据此可以针对用户需求精准推送广告和商品，这种精准营销的方式在"双十一"这样的大型网络购物节期间更是得到普遍应用。

北京大学国家发展研究院副教授马京晶老师指出，精准营销能够显著提高广告的点击率和商品的购买率，精准营销兴起前，消费者需要自行搜索商品并挑选，而精准营销能在很大程度上帮助消费者节省搜索时间，这为网络购物提供了极大便利，也利于企业扩大销售。

可是，当人们发现，上一秒还在社交平台上搜索的产品，随即便出现在购物软件的推荐界面上；被朋友"种草"的好物，不久便能在购物平台刷到相关的广告……大数据仿若一双无所不在的眼睛，时刻关注着你的一言一行，乃至"比你更懂你"。由此，用户"被窥视"的不适感油然而生，进而对这种精准营销方式也产生了抵触情绪。同时，铺天盖地的商家营销短信令消费者不堪其扰。大量重复的商品推荐与无孔不入的广告推销让用户无时无刻不暴露在营销的环境之下。2021年10月25日，工业和信息化部信息通信管理局就曾针对"双十一"扰民问题召开行政指导会，规范电商短信营销行为。

有人认为："这一现象符合精准营销正常的发展曲线。在当前阶段，人们已经由享受这种营销方式的便利转向对隐私泄露的担忧，以及对重复推荐购买过的商品的厌烦。"

如今，大数据的"用户画像"功能在电商消费领域日益发展。我们也不免合理地担忧：随着对用户数据更深入的挖掘与收集，未来的平台是否不仅能够实现精准推荐，更可能精准推断我们每时每刻脑子里的所思所想？大数据时代，我们还能拥有真正的隐私吗？精准营销如何再成长？这些是买卖双方未来还要继续探索的难题。

（资料来源：《"双十一"到了，你的心里都在想些什么》，新华网）

(二)信息茧房

当下,随着大数据技术的快速进步,众多网络平台正在逐步提供更为个性化、精准的服务,以迎合用户的需求和偏好。然而,这一趋势也带来了一个显著的问题,即个人对信息的接受逐渐被"缩小化",而群体之间的观念和偏好则变得更加极端化,形成了所谓的"信息茧房"现象。

这种现象反映了当今社会在信息获取和消化方面的一种趋势。精准营销产生的精准定位和推送使用户更容易接触到符合自己兴趣的信息,提高了信息获取的效率和便捷性。然而,与此同时,这种个性化服务也带来了一定的副作用。因为用户更多地暴露于与自己观点相符的信息之中,其信息范围变得越来越狭窄,很少接触到与自己观点相左的信息。这样一来,用户对不同观点和信息的接受能力逐渐下降,形成了一种"信息茧房"的现象。由于长期接触到与自己兴趣相符的信息,个人可能对新观点和新信息产生排斥,导致思维僵化和创新能力下降。这不仅影响了个人的学习和进步,也阻碍了社会的创新和发展。

信息茧房的出现,也加剧了社会的极端化趋势。不同群体因为接触到的信息有所偏好和差异,导致了思维方式和价值观念的极端化。这加剧了社会中的对立和分歧,使得沟通和理解变得更加困难。因此,尽管精准营销带来的个性化服务能够提高用户体验和满意度,但也需要注意避免信息茧房的出现。

(三)价格歧视

精准营销所带来的价格歧视策略,更是给消费者带来了不好的体验。这种现象常常表现为企业根据消费者的个人信息、购买习惯等数据进行差异化定价,使得部分消费者在毫不知情的情况下支付了远高于市场平均水平的价格。这不仅直接损害了消费者的经济利益,导致他们支付了不必要的额外费用,更在一定程度上破坏了市场的公平竞争环境。具体来说,一些电商平台会根据用户的浏览记录、购买历史等信息,对同一商品设置不同的价格。对于经常购买或表现出较高购买意愿的消费者,平台可能会故意提高价格,从而获取更高的利润。这种行为不仅让消费者感到被欺骗,也让他们对市场的公平性产生了怀疑。更为严重的是,一些企业还会利用价格歧视对弱势群体进行不公平的定价。例如,对于年龄较大、收入偏低、缺乏足够消费知识和议价能力的消费者,企业可能会故意提高价格,以获取更高的利润。这种行为不仅加剧了社会不公,也损害了这些弱势群体的基本权益。

(四)非理性消费

随着精准营销技术的不断发展,企业能够更准确地了解客户的需求和偏好,从而实现个性化的营销推荐。然而,这种个性化推荐也可能导致客户的不理性消费行为。首先,精准营销通过分析客户的个人信息和行为数据,以及预测其购买倾向,定制化地向客户推送产品和服务。然而,这种个性化推荐可能会强化客户已有的偏好,导致他们忽视理性消费,盲目追求自己感兴趣的产品,甚至购买不必要的商品或服务。其次,精准营销也可能加剧客户的消费焦虑。频繁的个性化推送和促销活动可能使客户担心错过优惠或错过满足自己需求的产品而增加其购买决策的焦虑感,导致过度消费和不必要的购买行为。因此,消费者应培养理性消费的习惯,应避免从众、趋时、虚荣或求廉。在做出购买决策时,要结合自己的实际需求和经济状况进行综合考虑,不被短期内的优惠或促销所左右。要学会制订合理的消费计划,坚持量入为出的原则,避免陷入债务困境。

二、消费者权益保护

国家高度重视消费者权益保护,尤其是针对金融科技发展带来的新问题,出台了一系列法律法规来加强消费者权益的保护。

首先,针对消费者隐私保护,第十三届全国人民代表大会常务委员会第三十次会议于2021年8月20日通过了《中华人民共和国个人信息保护法》(简称《个人信息保护法》),该法律明确规定了个人信息的收集、使用、处理和保护的规则,要求企业在进行精准营销时必须遵守相关法律法规,确保用户数据的合法性和安全性。同时,该法还规定了严格的法律责任,对违法违规行为进行严厉打击。此外,《中华人民共和国消费者权益保护法》(简称《消费者权益保护法》)也针对精准营销中的隐私问题进行了补充和完善,赋予了消费者更多的权益保护措施。消费者有权要求企业透明地披露其隐私政策,并有权选择是否接受个人信息被用于精准营销。如果消费者的隐私权益受到侵害,他们可以通过法律途径寻求救济,要求企业承担相应的法律责任。

《个人信息保护法》的出台,不仅为消费者在精准营销中的隐私权益提供了有力的保障,也为企业合规经营提供了明确的指引。在法律的约束下,企业应该更加注重用户数据的合法性和安全性,避免侵犯消费者隐私。在个性化推送过程中,企业须谨慎权衡用户体验和隐私保护之间的平衡,以建立可信赖的用户关系。同时,消费者也应仔细阅读并理解隐私政策,如果发现自己的隐私权益受到侵害,应积极采取维权措施,可以向相关部门投诉举报,要求企业停止侵害行为并赔偿损失。同时,消费者还可以寻求法律援助,通过法律途径维护自己的合法权益。

其次,针对信息茧房问题,政府也通过法规条例来规范算法的应用,国家互联网信息办公室、工业和信息化部、公安部、国家市场监督管理总局联合发布了《互联网信息服务算法推荐管理规定》,该规定于2022年3月1日起施行。其中第二章第十四条规定,"算法推荐服务提供者不得利用算法虚假注册账号、非法交易账号、操纵用户账号或者虚假点赞、评论、转发,不得利用算法屏蔽信息、过度推荐、操纵榜单或者检索结果排序、控制热搜或者精选等干预信息呈现,实施影响网络舆论或者规避监督管理行为";第二章第十五条规定,"算法推荐服务提供者不得利用算法对其他互联网信息服务提供者进行不合理限制,或者妨碍、破坏其合法提供的互联网信息服务正常运行,实施垄断和不正当竞争行为"。对于违反规定的网络平台,政府将依法进行处罚,并公开曝光,以儆效尤。此外,政府还积极推动公共信息服务平台的建设,为公众提供权威、准确、全面的信息。例如,建立国家级的公共信息数据库,整合各类信息资源,方便公众查询和获取。因此,网络平台应该通过多样化的内容推荐和信息引导，帮助用户接触到更广泛、多元的信息，促进信息的交流和共享，从而缓解信息茧房现象带来的负面影响。

再次，针对价格歧视问题，有关法规和条例都对"价格歧视"现象做出了明确规定。《个人信息保护法》第二章第二十四条规定"个人信息处理者利用个人信息进行自动化决策，应当保证决策的透明度和结果公平、公正，不得对个人在交易价格等交易条件上实行不合理的差别待遇"。而《互联网信息服务算法推荐管理规定》的第三章第二十一条规定："算法推荐服务提供者向消费者销售商品或者提供服务的，应当保护消费者公平交易的权利，不得根据消费者的偏好、交易习惯等特征，利用算法在交易价格等交易条件上实施不合理的差别待遇等违法行为。" 2024年2月23日国务院第26次常务会议通过的《中华人民共和国消费者权益保护法实施条例》中第二章第九条规定："经营者不得在消费者不知情的情况下，对同一商品或者服务在同等交易条件下设置不同的价格或者收费标准。"

总之，在金融科技迅猛发展的背景下，精准营销策略的使用给市场纪律和消费者权益都带来了挑战，而政府也通过制定和实施一系列法律法规，不仅为消费者的隐私安全筑起了一道坚固的防线，也为市场的公平竞争和健康发展提供了有力保障。展望未来，随着技术的不断进步和市场的持续发展，虽然精准营销策略确实帮助企业降本增效，但保护消费者权益仍然重要。政府、企业和消费者三方应共同努力，形成合力，共同推动消费者权益保护工作的深入发展。

第四节　典型案例分析

一、轻松集团：以科技赋能精准营销，领跑数字保险第一阵营

2022年12月16日，由财视传媒主办的"2022—2023未来发布峰会——暨'数智赋能 脱虚向实'论坛"在北京举行，会上公布了2022年度创新传播奖，轻松集团凭借其品牌影响力及创新营销模式荣获年度品牌价值奖。

作为有3000万家庭参与的健康保障科技平台，轻松集团深耕保险科技领域多年，在持续的创新发展中，以人民健康为中心，以科技为手段，链接保险公司、医疗机构等相关方，为人群匹配保险和健康资源。各业务覆盖超过3.6亿健康用户和240万患者。

轻松集团旗下的轻松保严选，作为互联网保险的重要参与方和国内优秀的互联网保险平台，是以科技推动保险发展的典范。轻松保严选利用大数据和人工智能技术建立用户全生命周期模型，输出定制化保险产品，匹配高效的线上诊疗方案。利用区块链与大数据技术，轻松保严选帮助保险公司有针对性地销售产品，并在产品设计阶段更精准地计算风险。

（一）社交平台与保险场景跨界融合，大数据打造获客增长新引擎

在获客方面，轻松集团自身向上下游进行布局，尤其是将大众常用的社交平台与

自身保险产品的推广宣传相结合,形成多场景跨界融合生态。比如其旗下的朵尔互联网医院和中联肝健康促进中心成立了中联朵尔互联网肝病中心,集合了一批一线肝病感染科医生。对肝病专科能力的打磨,让轻松集团能更精准地为肝病患者提供医疗、保险服务。同时,轻松集团与外部平台积极展开合作,建立轻松筹平台,为患者提供大病救助服务。

轻松筹是一个主打社交和轻量化的全民众筹平台。从传播渠道上来说,轻松筹上的众筹项目主要是通过发起人自己的社交圈子进行传播,如微信朋友圈、社群等。即用户在轻松筹发起众筹之后,可以分享出去。轻松筹表示:"从现实来讲,基于熟人社交进行传播,是缓解信用机制缺乏所造成的普遍性信任危机的好办法。轻松筹希望给众筹更多的信任环境和实现空间。"目前,轻松筹的业务板块主要包括尝鲜预售(农产品众筹)、梦想清单(梦想众筹,如电影、音乐、旅行、家居等,寻求社会支持)和微爱通道(传递社会正能量,包括大病救助、灾难救助、动物保护、扶贫助学等),不同的模式满足不同人群的众筹需求。

轻松保严选与企业微信营销服务平台微盛达成战略合作,双方将以 SaaS 技术(软件即服务,一种基于云技术的软件交付模式)为抓手,基于微信平台的用户需求、数据、产品解决方案,为保险公司提供定制化开发、用户运营管理等全方位的服务,共同开拓用户增长创新路径。轻松集团开发了涵盖智能营销、智能风控、智能顾问、电子病历四大板块的智能数据中台 AICare,整合互联网保险、多元行销、轻松筹业务、健康商城、朵尔互联网医院、朵尔大药房、轻松公益、会员服务八大前端业务群,为其用户提供支持和服务;同时,依托业务数据中心、公共数据中心、源数据中心等平台,强化对其底层基础设施或数据资源的优化和管理。该系统在实现数据的有效管理和存储的同时,明确了数据来源路径,为监管提供了便利。

2022 年 9 月,轻松集团发布了银河 3.0 智能服务系统,以技术为钥匙打开科技赋能保险行业的大门,携手保险企业共同探索更多互联网保险的可能,助力多层次保障体系建设。这是轻松集团在科技创新方面的又一杰出成果,该服务体系的推出,将进一步提升服务的水平和触达率。银河 3.0 智能服务系统贯穿用户交互的全生命周期,前端系统覆盖了从公域到私域的整个用户运营过程,以及线上线下的全渠道运营过程;中后台系统则提供了底层支撑。银河 3.0 智能服务体系包含企微运营、智能匹配、转化系统、AI 大数据等方面。银河 3.0 智能服务平台包括用户体验平台、风控平台、理赔平台、营销平台,已成为为企业级用户提供领先生产力的重要工具。

(二)深挖场景与大数据,构建大健康生态闭环

为了提高用户的活跃度和留存率,轻松集团运用金融科技深挖大数据,洞悉消费者结构变化和活动场景,匹配相应的保险和健康资源。轻松集团旗下轻松保严选曾发布有关年轻人保险消费的报告。报告显示,1990 年之后出生的年轻人保险需求越来越旺盛,同时对便捷、有趣、场景化强的互联网保险产品更为青睐。轻松保严选的投保用户中,1990 年后出生的用户已占 52.5%。为了拉近与年轻用户的距离,轻松保严选结合运动、游戏等潮流元素,推出运动减保费的"年轻保"产品,运动越多,保

费越低,成为年轻人的"健康督促官"。轻松保严选用年轻人较易接受的方式融入年轻群体,并顺利抢占年轻用户市场。在年轻化产品打磨方面,轻松保严选坚持"严选标准",以年轻用户核心需求为基点,牢牢抓住年轻人的注意力。为了让年轻用户获得更高质量、高性价比的保险产品,轻松保严选对保险产品的合作保险公司、价格指数、保障范围、增值服务、续保条件五大维度进行评审,满足年轻用户的"挑剔"特性。

不仅如此,为了更好地满足用户的个性化需求,做到用户需求与健康保险之间的资源匹配,轻松集团打造了智能数据中台 AICare,包含智能营销、智能风控、智能顾问、电子病历四大板块。通过智能平台推出的产品可以更灵活地为用户匹配保障范围和保障额度,衍生出适配各种用户需求的矩阵式产品清单,并结合历史投保数据和用户标签,精准匹配供需,最大限度挖掘流量的价值。动态调整保险责任,满足不同用户在不同人生阶段下的不同保障需求。从用户健康保障需求出发,轻松集团不断探索边界、整合线上线下资源。目前,轻松集团已构建起"检+医+药+康+险"的大健康生态闭环,涉及检查检验、问诊诊疗、药品服务、健康管理、保险保障五大方面。

(三)深度融合保险科技,为行业发展贡献力量

传统保险代理人模式目前在我国正遭遇发展瓶颈,人员队伍不稳定、服务水平不高,且只聚焦中高收入人群,难以匹配如今的保障需求。正是在这样的背景之下,Oscar Health、轻松集团等一批勇于破局的企业将互联网和科技的概念引入保险市场,推出了"互联网+健康险"的新模式,将年轻用户、下沉市场纳入目标客户,而这部分群体在传统市场中往往被忽略。

作为国内优秀的互联网保险平台,轻松集团的轻松保严选在金融科技尤其是细分的保险科技领域,始终坚持将科技与保险进行全流程的深度融合,用科技赋能保险价值链,最大化释放生态协同价值,为行业贡献自身的经验。

如今,轻松集团依托已有广大用户群,充分利用大数据和区块链等技术手段,不断细分人群提供单病种保险服务。不仅如此,轻松集团还提供精准医药服务和创新支付方案。未来,在大数据、人工智能等技术与医疗日益深度融合的背景下,轻松集团的大健康管理也将迎来突破。

通过在保险领域的扎实积累,轻松集团旗下的轻松保严选已经逐渐打造出合规合法、公司保障、产品自查、科技指导、定制保障、理赔高效、全周期的七维一体式运营模式。在规范互联网保险的同时,严格保障用户权益,与保险公司、社会机构等第三方合作伙伴一起共建健康生态。

多年的深耕也让轻松集团得到了行业的肯定。由国家市场监督管理总局主管、中国质量报刊社主办的《产品可靠性报告》杂志发布的"2022年最受用户信赖的四大互联网保险科技平台"调研报告中,轻松保严选、微保、圆心惠保、慧择保险成功入选,这正是轻松集团多年通过科技持续赋能互联网保险市场的结果。

在互联网、大数据、人工智能等前沿技术的驱动下,保险科技已全面渗透到各个保险环节,大大优化了客户体验。轻松集团轻松保严选以保险科技重塑保险行业生态,提高保险风险控制的能力,促进行业转向高质量、透明化发展。

二、恒丰银行：金融科技为精准营销智慧赋能

2022年4月2日，恒丰银行发布2021年年报。从2019年到2021年，恒丰银行总资产增幅达18.32%，贷款增幅46.27%，净利润复合增长率在全国性股份行中排名第一。年报显示，2021年恒丰银行发布了"建设一流数字化敏捷银行"的新战略，明确了未来5年直到2035年全面推进数字化转型的时间表与路线图。恒丰银行2021年在科技领域投入达21.11亿元，占营业收入的8.85%，这一数据超过了大多数同行。恒丰银行充分发挥技术优势，将数字化与精准营销相结合，迎来破旧立新的发展征程。

（一）大数据分析的实现基础

恒丰银行建立了基于大数据的客户关系管理系统，该系统分析并整合了大量的行业内外数据，综合运用知识图谱、机器学习、智能推理引擎、自动规划等技术，充分挖掘行业内外结构化与非结构化数据信息价值，减少客户数据采集成本，实现更全面清晰的客户视图，并通过自动化工作提醒、优化组合产品解决方案、智能客户推荐等多种业务功能，提升一线业务团队的工作效率。

另外，恒丰银行还建设了客户行为实时分析系统。该系统将整体逻辑架构划分为数据源层、平台层、流计算层、分布式实时数据总线服务层、应用层五个逻辑层次。全渠道运营方面，渠道业务人员能够随时了解渠道系统客户的地域分布、访问时段分布、交易类型分布、关注的产品分布、终端使用分布等信息，从而判断产品运营情况，提高产品运营水平。精准营销方面，渠道业务人员能够随时了解单一客户的理财产品偏好、基金产品偏好、地域偏好、功能偏好、访问时段偏好等行为画像信息，从而为后续精准营销、个性化定制应用、反欺诈等打下坚实的数据基础。

多云的生态体系为精准营销提供底层支撑。在宣传方面，恒丰银行建立了行员自媒体系统，以H5为承载体，业务员通过维护个人信息，可将电子名片、资讯、热门活动、热销产品、海报、视频等内容分享给微信好友或微信朋友圈，实现了跨域宣传推广，增强了业务员与客户黏度；通过推广行内营销活动，吸引客户办卡与购买产品，协助业务员完成拓客、活客的目标，最终实现销售业务转化。

恒丰银行明确提出，金融科技需要打造先进、可靠的基础技术体系，形成安全稳定运行的能力；要求建设一体化、自助化、自动化、智能化、安全可控、成本精细化管理的软件定义数据中心运营管理体系，持续提高软件定义数据中心能力，构建多云生态体系，提供开放、弹性、灵活的集中式与分布式相融合的金融云服务，支撑敏捷研发、灰度发布、安全稳定的业务系统的运行。

（二）大数据赋能精准营销

恒丰银行注重应用基于大数据的精准营销模型，根据零售业务营销要求，运用

多种数据源分析客户行为,洞察客户需求,实现精准营销与服务,提高银行客户满意度和忠诚度。针对不同的客户特征、产品特征和渠道特征,制定不同市场推广策略。主要从"用户画像、精准推荐系统、需求预测和客户价值"等方面构建精准营销系统。

恒丰银行基于智能风控的"人才贷"项目,精准营销效果显著。人才贷项目面向两院院士、国家高端科创人才,以及高层次人才等客群,提供线上申请、"智能+"人工审批、自动提款、随借随还的个人经营性贷款。以大数据、机器学习等技术为驱动,以人才的可变现价值为重要依据,同步关注相关的个人和所控股的企业经营信息;根据人才客户的账户、现金流,及其未来的成长,对人才融资产品进行综合定价;通过生物识别鉴权、海量数据和多维数据验证,建立"人才+"的综合授信体系,实现高效、便捷、准确的线上审批机制。

对公客户贷后违约预测模型则为恒丰银行的精准营销进行了严格把关。该模型案例基于 TDH(transwarp data hub)平台①的 Discover 开发技术,在此引擎上通过综合使用多种机器学习算法,建立对公客户贷后违约预测模型,实现了对客户行为分析、客户标签画像、客户流失预警、风险分析、智能推荐等模型的开发。

(三) 助力精准营销成效显著

客群规模是一家商业银行在市场竞争中取胜的立身之本。恒丰银行将客群建设视为"做实基础"的重中之重,利用数字技术和自身优势,大力推动客群"扩容、巩固、优化、提质",实现客群规模快速增长,业务基础不断优化。恒丰银行 2021 年年报显示,公司有效客户增幅为 18.19%,零售有效客户增幅为 16.70%。

在做大零售客群方面,恒丰银行围绕"外拓场景、内建平台、流量经营",加快构建数字化、智能化客户拓展经营体系,实现客户规模跨越式增长。2021 年,恒丰银行个人客户金融资产管理(AUM)余额同比增长 15.77%。

伴随零售基础的不断夯实,恒丰银行积极推动基础零售业务向财富管理转型升级。围绕客户多元化的财富规划需求,不断丰富产品品类,财富管理业务实现加速发展。恒丰银行理财子公司、私行专营机构接连获批开业,标志着财富管理转型步入快车道。截至 2021 年末,恒丰银行存续的各类理财产品规模达 1273.83 亿元,同比增长 15.09%,新产品规模占比同比增长 27.42%。

总的来说,作为全国性股份制银行之一,恒丰银行近年来围绕"做实基础、做优主业、做大零售、做强本土、做细成本"深耕细作,持续提升企业价值创造力。截至 2022 年 6 月底,恒丰银行资产、存款等增量超过 2021 年全年,存贷款增长率、营业收入、负债成本管控水平等指标名列前茅,不良贷款率已连续 14 个季度下降,发展成为全国成长性最好的股份制商业银行。由此可见其金融科技智慧赋能精准营销成效显著。

---

① TDH 平台是国内一流的大数据平台。

本章小结

　　精准营销是以精准定位为目标而形成的一种高度个性化和效率化的营销策略。本章主要介绍了精准营销的概念、特征与应用，同时还介绍了精准营销的模型及实际应用案例，从精准营销的问题和消费者权益保护角度分析了精准营销的现状和发展，旨在引导读者进行更深层次的思考。

思考题

1. 精准营销的概念和特征是什么？
2. 精准营销模型主要有哪几种？
3. 精准营销在提高企业效率的同时给客户带来了哪些困扰？

第八章
参考资料

第九章

智能投顾

智能投顾作为金融科技的重要分支，通过利用先进的算法和大数据分析，为投资者提供个性化的投资建议和解决方案。本章将为读者揭开智能投顾的神秘面纱，带领读者深入了解这一领域的最新发展动向及其面临的挑战。

本章一共分为四节。第一节为智能投顾的概述部分，从智能投顾的基本概念入手，追溯其发展的历史脉络，解析其运作的流程，并展望其未来的发展方向。第二节介绍智能投顾的主要服务形式，将探讨智能投顾在传统金融机构和互联网金融机构中的应用，分析两者在提供的服务上的差异和优势。第三节介绍智能投顾的风险分析，着重讨论智能投顾可能面临的法律定位风险、市场风险、技术风险，并提出相应的风险防控建议，帮助读者建立风险管理意识。第四节进行典型案例分析，通过典型案例深入分析智能投顾的业务模式，总结经验。

■ 第一节 智能投顾的概述

■ 一、智能投顾的概念

智能投资顾问，简称智能投顾，也称为机器人顾问（robo-advisor），是一种基于复杂算法的数字化服务，旨在为用户提供长期的投资选择和管理服务。它通过一系列投资取向问卷来了解用户的财务目标、风险偏好和期望的回报，从而提供个性化的投资建议。

目前世界各国及金融监管机构并未对智能投顾做统一的界定。下面对主要国家及机构关于智能投顾的定义进行简要介绍。

2016年3月，美国金融业监管局（Financial Industry Regulatory Authority，FINRA）发表了数字化投资顾问研究报告，提出了智能投顾业务的概念，并对相关展业机构的合规运营提出了监管建议。美国证券交易委员会（United States

Securities and Exchange Commission，SEC）在 2017 年发布的两份智能投顾有关文件中明确规定智能投顾是在金融科技背景下，利用大数据算法，在线为投资者提供全面的资产投资建议及服务的数字化投资顾问。在大多数情况下，智能投顾会通过你完成的一份在线问卷，收集有关你的财务目标、投资期限、收入和其他资产，以及风险承受能力等信息。基于这些信息，它会为你创建并管理一个投资组合。智能投顾通常寻求以比传统投资顾问更低的成本和费用的投资建议，在某些情况下，它们要求的最低开户金额也低于传统投资顾问。①

国际证监会组织（International Organization of Securities Commissions，IOSCO）于 2017 年发布的金融科技报告中指出，在过去的二十多年中，在线投资和交易平台发生了巨大的变化，迫使传统的经纪公司和资产管理公司通过多种分销渠道向客户提供产品和服务。这也导致了成本竞争日益激烈，促进了自动化技术的运用，增加了产品的广度和深度。智能投顾属于零售交易投资平台（retail trading and investment platforms），该报告将智能投顾定义为根据投资者提交的个人资料，运用算法的自动化手段为其提供符合其风险偏好的、多元化的、流动性的投资组合管理建议金融服务。同时，金融机构要想经营此项业务，也必须取得注册或者许可资格。②

2018 年，中国人民银行、中国银行保险监督管理委员会、中国证券监督管理委员会、国家外汇管理局联合印发了《关于规范金融机构资产管理业务的指导意见》（银发〔2018〕106 号，以下简称《意见》），《意见》的第二十三条首次对我国智能投顾业务的资质做出了规定：运用人工智能技术开展投资顾问业务应当取得投资顾问资质，非金融机构不得借助智能投资顾问超范围经营或者变相开展资产管理业务。

综上所述，本书对智能投顾的定义如下：智能投顾是指运用云计算、大数据、人工智能算法和大模型等高新技术，依据现代资产组合理论和资产配置逻辑，根据投资者的风险偏好、财产状况和理财目标，提供个性化资产配置建议和资产管理服务的金融科技应用。

没有金融科技的高度发展，智能投顾是无法开展工作的。因此金融科技对智能投顾的影响可以从以下方面来理解。

（1）智能投顾是金融服务创新的代表。智能投顾是金融科技创新的重要组成部分，它结合了人工智能和大数据分析，为投资者提供个性化的资产配置建议和自动化的投资组合管理服务。这种服务模式在海外市场迅速发展，尤其是在华尔街，已经成为金融科技领域的一项创新技术。

（2）人工智能的发展是智能投顾强力的技术支撑。云计算、大数据、智能算法和深度学习等技术的进步，使得智能投顾能够有效处理海量复杂的金融数据，提供更加精准的投资建议。

---

① 更多信息可参见 SEC 官网信息：https：//www.sec.gov/oiea/investor-alerts-bulletins/ib_robo-advisers。

② 更多信息可参见 IOSCO 发布的金融科技报告：https：//www.iosco.org/library/pubdocs/pdf/IOSCOPD554.pdf。

(3) 金融科技改变了传统的投资顾问服务模式，通过智能投顾降低了服务成本，提高了服务效率。智能投顾通过自动化平台为广大投资者，尤其是中低端市场的投资者提供专业的理财服务，填补了市场上优质投顾资源的缺口。

从长远来看，随着人工智能、区块链、大数据、云计算等先进技术的发展，智能投顾有望取代传统的人工投资顾问。随着技术的进步和投资者教育水平的不断提高，智能投顾将成为金融服务领域的主流模式。

二、投资顾问的发展历程

（一）第一阶段：传统投资顾问萌芽

早在两三百年前，瑞士银行就已经开始为高净值客户提供独特的投资咨询、资产管理、信用托管等服务。随着资本市场的快速发展，尤其是美国资本市场的发展，大量未经监管机构认证、自命为"投资顾问"的从业者以卖方角度提供投资咨询和资产管理等类型的服务，这在一定程度上助长了证券欺诈行为发生，进一步加速了金融泡沫的形成。"大萧条"之后美国股市一蹶不振，使得资本市场各参与方，尤其是政府和投资者意识到一个专业又规范的金融市场至关重要。所以，在此期间，美国证券市场开始进入规范化阶段。美国第一部证券法在 1933 年推出，1934 年美国证券交易委员会（SEC）成立，1940 年颁布了《投资公司法》，同年，进一步颁布了《投资顾问法》。

《投资顾问法》(1940)（Investment Advisers Act of 1940）是一项关键的美国联邦法律，旨在规范和定义投资顾问的角色和责任。该法案为监督向个人和机构提供投资建议的顾问服务提供了法律基础。该文件规定，投资顾问业务是为获取报酬，直接或间接向他人提供有关证券价值的意见，或者建议他人投资、买入或卖出金融产品。该法案强调了"最大诚信"的原则与义务，以及对重要事实的充分、公平披露。诚信与信息披露是履行对客户忠诚和关怀最重要的部分。随后，规范的投资顾问业务在 20 世纪 40 年代正式出现。

上述有关法律奠定了美国现代资本市场的运行机制和法律监管的根基，同时也奠定了美国资本市场的基本运作逻辑和体系。

这一阶段的投资顾问业务，由投资顾问经理提供面对面的个性化财务规划和投资建议，重视与客户的直接互动，强调投资顾问作为投资咨询业务受托人对于委托人的义务，包括忠实义务（a duty of loyalty）与审慎义务（a duty of care）。禁止一切形式的风险收费，即规定客户向投资顾问支付的报酬不能基于客户资金的资本利得，这主要是避免投资顾问为了获得高收益分成，盲目向客户推荐高风险产品。这个时期的投资顾问经理的工作主要是向客户推荐金融产品，收入主要为产品代销收入，属于卖方投顾。

（二）第二阶段：财富管理需求推动买方投顾模式发展

在 20 世纪 40 年代后，整个投顾行业进入规范发展阶段，但是美国投顾行业真正大规模发展时间是在20世纪70年代。为了鼓励养老储蓄,美国快速推进了多支柱养老保险体系的建设,这时大量的养老金资产投向了资本市场,资本市场愈发活跃,同时也催生了大量的投顾需求。

经过战后的高速发展,美国家庭开始积累财富,大众富裕阶层形成。伴随着婴儿潮一代(第二次世界大战之后一直到20世纪60年代早期出生的人)的成长,以及人口老龄化的逐渐显现,财富管理需求也迅速攀升。根据美国1974年《雇员退休收入保障法案》推出的IRA账户和1978年《国内税收法》推出的401(k)条款,养老金成为财富管理市场的重要资金来源。以IRA与401(k)计划为代表的养老金成为共同基金的重要资金来源,促使美国共同基金快速发展,基金发行数量从1940年的68只跃升至1980年的564只。20世纪70年代美国养老金增长路径如图9-1所示。

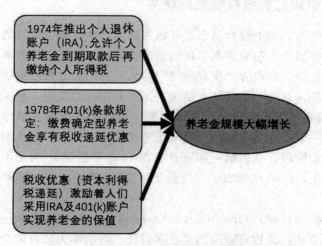

图9-1　20世纪70年代美国养老金增长路径

与此同时,尤其是1975年,美国对证券法进行修订,废除固定佣金制度,实行佣金协商制度。在此背景下,为降低对佣金收费的依赖,众多经纪商选择重点发展投顾业务,通过固定费用管理账户(fee-based)和基于资产规模的管理账户(asset-based)扩大收入来源。依靠金融产品销售的佣金收入的投资顾问服务模式被渐渐改变。

1977年先锋基金推出了首个免佣基金,此后美国免佣基金的数量迅速增长,资产规模占比由1979年的30%上升至1999年的67%,进一步推动了投顾服务模式由以产品为核心的卖方投顾模式转向以顾问咨询为核心的买方投顾模式。卖方投顾模式与买方投顾模式的对比情况如表9-1所示。

表9-1　卖方投顾模式与买方投顾模式对比

类型	卖方投顾	买方投顾
角色定位	卖方投顾是基金销售机构的投资顾问,接受客户委托,向客户提供产品投资建议服务,辅助客户做出投资决策	买方投顾是投资顾问站在客户立场为客户提供理财咨询、理财规划、产品诊断和投资建议的理财模式

续表

类型	卖方投顾	买方投顾
服务内容	卖方投顾推荐的产品标的不限于公募基金，还可以包括私募基金、信托计划、保险产品等。通常推荐的是单只产品，而非产品组合	买方投顾更多地站在投资者角度，以满足客户的理财需求为核心。通常提供个性化基金组合方案、代理投资交易
收费方式	卖方投顾的收入主要来自产品代销收入，包括申购费、销售服务费、部分管理费和赎回费	买方投顾的投资顾问费直接来自投资者，与客户联系在一起，共同参与产品销售环节

（三）第三阶段：在线资产配置工具开始运用

随着计算机技术的飞速发展，特别是投资分析工具和人工智能算法在金融行业的应用，智能投顾的雏形开始显现。美国金融行业开始利用数字化投顾工具，为投资者提供投资顾问增值服务，但最初仅面向金融机构或金融专业人士使用。如为投资者提供投资组合创建及投资组合再平衡、抵税等方面的建议。

从20世纪90年代末起，部分机构陆续推出直接面向投资者使用的在线资产配置工具，该业务模式在美国金融业监管局（FINRA）关于允许证券经纪公司向客户提供"投资分析工具"（investment analysis tools）的解释文件生效后，得以广泛推广。投资分析工具是指一种交互式技术工具，它可以进行模拟和统计分析，说明若进行某些投资或采取某些投资策略或方法，有可能产生的各种投资结果。

（四）第四阶段：智能投顾逐渐发展

2008年美国金融危机后，一些金融机构或科技公司开始推出面向投资者直接使用的数字化投顾程序，向其提供以往仅对金融专业人士开放的功能。

2008年，美国硅谷成立Betterment和Wealthfront，这两家金融科技企业主要面向中产及长尾客户。Wealthfront的目标客户是20~30岁从事科技行业的、具有一定经济实力的中产阶级，如Facebook和Twitter等公司的职员。Betterment的目标客户是收入在20万美元以上的人群，其核心客户大部分是拥有高学历的美国职场人士。当前，美国智能投顾行业依托低成本、自动化、个性化和高透明度等优势得到快速发展，包括Personal Capital、Future Advisor、SigFig等在内的一批新兴公司正逐步发展壮大。

从2015年开始，传统金融机构加入智能投顾行业浪潮，纷纷推出智能投顾产品或收购相关业务平台。2015年3月，Charles Schwab（嘉信理财）推出了智能投顾产品Schwab Intelligent Portfolios；5月，Vanguard（先锋领航）开展智能投顾业务Vanguard Personal Advisor Services；8月，全球最大的资产管理公司BlackRock（贝莱德）宣布收购理财服务公司Future Advisor。2016年，高盛集团收购线上退休账户理财平台Honest Dollar，加入投顾行业竞争队伍中。

随着智能投顾的深入发展,其在许多方面的表现都优于传统投资顾问。智能投顾与传统投资顾问在服务人群、投资门槛、服务模式等方面都表现出了较大差异,具体差异见表9-2所示。

表9-2 传统投资顾问与智能投资顾问的差异

区别	传统投资顾问	智能投资顾问
服务人群	仅针对高净值人群	更广泛的大众投资者
投资门槛	较高,国内外平均投资水平在100万美元以上	极低,甚至可能实现零门槛
服务模式	一对一形式的VIP服务	以线上服务为主,提供有限的人工服务,甚至无人工服务
服务内容	为投资者量身打造的资产配置方案	提供智能资产配置及自动化、多样化投资建议
资产配置	涵盖大部分资产类别	以ETF(交易所交易基金)为主的多种资产类别
投资依据	公司及投顾经理的经验和理论水平	借助高新技术自动构建投资组合
管理费率	较高,平均费率为1%~3%	较低,平均费率为0.25%~0.5%
时效性	存在延时性,无法实时监控,难以动态调整	实时监控市场变化并及时响应
风险控制	存在道德风险,受投顾经理主观判断影响	严格遵循现代投资组合理论
投资结果	依据投顾经理的目标而定	最小化投资组合风险,赚取收益
用户体验	流程较烦琐,所需时间较长	流程简单,可快速给出投资建议并执行交易

智能投顾在中国的兴起可以追溯至2014年左右,当时国内外市场对金融科技的关注度逐渐升温。中国的金融科技公司和券商企业开始探索智能投顾服务,试图通过技术手段提供更加个性化和低成本的财富管理服务。"胜算在握"是中国较早期的智能投顾平台之一,被认为是我国首个智能投顾平台。该平台利用量化投资的核心技术,结合互联网、现代投资组合理论和金融大数据,为普通投资者提供个性化、开放、持续的智能投顾服务。

之后不久,华泰证券收购美国资产管理软件公司AssetMark,广发证券推出"贝塔牛",招商银行上线"摩羯智投"……传统金融机构开始广泛布局智能投顾业务。2019年,中国证监会发布了《关于做好公开募集证券投资基金投资顾问业务试点工作的通知》,行业期待已久的公募基金投资顾问业务试点正式落地,推动了投顾服务类业务的增长。2021年11月,证监会下发《公开募集证券投资基金投资顾问服务业绩及客户资产展示指引（征求意见稿）》，对投顾机构的业绩和资产展示做出规定，推动试点工作转入常规状态。长期来看，会有更多机构进入该领域，进一步加强投顾业务竞争力度。买方投顾服务迅速发展，将带动智能投顾行业快速增长。

三、运作流程

依据美国金融业监管局（FINRA）于 2016 年 3 月发布的报告 *Report on Digital Investment Advice*，理想的智能投顾包括七个步骤：客户分析、大类资产配置、投资组合选择、交易执行、组合再平衡、税负管理和组合分析。具体内容见表 9-3。

表 9-3　智能投顾服务步骤

序号	步骤	内容
1	客户分析	在客户分析阶段，智能投顾会收集客户的个人信息，包括风险承受能力、投资目标、时间周期等。这有助于了解客户的需求和风险偏好。通过问卷调查、交互式界面或其他方式，智能投顾会评估客户的投资知识、财务状况和其他相关因素
2	大类资产配置	在大类资产配置阶段，智能投顾会将资产划分为不同的大类，如股票、债券、存款等。根据客户的风险承受能力和投资目标，智能投顾会确定每个资产类别的权重，投资者也可自行调整
3	投资组合选择	投资组合选择阶段，智能投顾会根据客户的风险偏好和目标，在大类资产中选择合适的投资标的，构建合适的投资组合。这可能涉及具体的股票、基金、债券等资产的选择
4	交易执行	一旦投资组合确定，智能投顾会执行实际的交易操作，购买或卖出相应的资产，构成实际上的资产组合。这可能涉及股票交易、基金购买或债券交易等
5	组合再平衡	市场波动会导致投资组合的权重发生变化。智能投顾会定期检查投资组合，并根据需要进行再平衡，以确保资产配置仍然符合客户的目标。例如，如果股票的权重超过了预设比例，智能投顾会建议卖出一部分股票，重新分配资金
6	税负管理	智能投顾会考虑税务因素，例如资本利得税。它可能会提供有关如何最优化税务的建议，例如在何时卖出资产以减少税务负担
7	组合分析	智能投顾会定期分析投资组合的表现，包括收益、风险等指标。这将有助于客户了解其投资的状况，并做出相应的调整

智能投顾可以通过强大的计算能力和大数据分析技术，对海量的金融数据进行准确的分析和预测。它能够从多个维度、多个角度进行数据挖掘，找出隐藏在数据背后的规律和趋势，为客户进行资产配置和投资组合提供科学、可靠的依据。

智能投顾可以快速地获取和分析市场信息，通过机器学习算法和人工智能模型进行实时决策。相比传统的投资决策过程，它能够更加迅速地反映市场变化，对交易执行和组合分析做出相应的调整和优化。

智能投顾还能够根据投资者的风险承受能力、投资目标和时间偏好等因素，提供个性化的投资建议和服务。它能够根据投资者的需求，为其量身定制投资组合，平衡税负管理，实现个性化的投资规划。

四、未来展望

未来，智能投顾将在如下方面持续发展。

（1）监管政策不断完善。中国证监会对投顾业务的监管支持，表明了国家对于金融科技创新的积极态度。从试点工作到常规管理，投顾业务得到了逐步规范和推广。监管框架的完善，为智能投顾的健康发展提供了良好的外部环境。

（2）资产管理规模快速增长。随着买方投顾服务的迅猛发展，智能投顾管理的资产规模也在快速增长。这一趋势预示着智能投顾在资产管理领域的影响力将进一步扩大，为更多的投资者提供服务。

（3）不同机构入局，行业竞争加剧。证监会的政策导向和市场需求的增长，将吸引更多的机构进入智能投顾领域。这不仅增加了行业的竞争程度，也促进了服务质量的提升和创新能力的增强。

（4）个人财富管理市场潜力巨大。根据招商银行与贝恩资本公司联合发布的《2023中国私人财富报告》，2022年中国个人可投资资产总规模达278万亿元，2020—2022年年均复合增长率为7%，到2024年底可投资资产总规模将突破300万亿元。这为智能投顾创造了广阔的市场空间和发展潜力。

（5）技术的不断进步将使智能投顾服务更加精准和高效。同时，服务创新将满足投资者多样化的财富管理需求，提供更加个性化的投资建议和解决方案。

综上所述，智能投顾的未来是光明的。随着监管政策的支持、技术的发展和市场需求的增长，智能投顾将在中国财富管理市场中扮演越来越重要的角色，为投资者带来更加专业和便捷的服务体验。智能投顾的发展不仅有助于提升整个行业的服务水平，也将推动财富管理服务向更广泛的用户群体普及。随着市场的不断成熟，智能投顾有望成为财富管理领域的重要力量，为投资者创造更多价值。

第二节　智能投顾的主要服务形式

本节将分别介绍传统金融机构、互联网金融机构提供的智能投顾服务。

在服务流程方面，传统金融机构通常提供更为标准化的智能投顾服务，包括客户分析、构建投资组合、自动执行交易、动态调整组合和投资组合分析等。智能金融机构利用大数据和人工智能技术，结合用户行为和金融交易数据，提供个性化的投资建议。相较于专业投资顾问服务，智能投顾降低了服务门槛和费率，使得更多的长尾市场客户能够接触到投顾服务。投资组合和服务流程的透明化，以及服务的标准化和简化，是传统金融机构智能投顾的显著特点。

互联网金融机构的智能投顾服务通常更加具有灵活性和创新性，能够快速适应市场变化和客户需求。其平台能够提供更加个性化的服务，包括从财务规划、理财投资建议到自动化投资的一站式服务。互联网金融机构的智能投顾服务通常是技术驱动的，利用先进的算法和计算能力为客户实现最优资产配置。互联网金融机构的智能投顾服务旨在为广大用户提供便捷、低成本的财富管理服务，实现普惠金融。

一、传统金融机构

（一）广发证券"贝塔牛"

"贝塔牛"是广发证券推出的智能投顾产品，它结合了最新的金融科技，为客户提供个性化的投资理财服务。图 9-2 展示的是广发证券"贝塔牛"的特色功能。

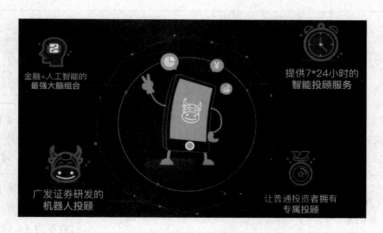

图 9-2　广发证券"贝塔牛"

"贝塔牛"能够根据客户的不同投资目标及风险承受能力，给出相应的投资理财建议。它通过多样化的策略，如现金理财、固收增强、稳健成长、热点挖掘等，覆盖股票和配置类别，为客户提供多元化的选择。

"贝塔牛"操作便捷，通过 App 及微信公众号向大众推送操作策略，操作指令包括买卖品种、价格、数量建议，即使是投资新手也能轻松上手。此外，用户可以一键跟单，体验更连贯、操作更简便。表 9-4 展示的是 2016—2024 年部分"贝塔牛"策略与收益的示例。

表 9-4　2016—2024 年部分"贝塔牛"策略与收益

策略分类	策略名称	特点	收益率
现金理财	灵活宝	灵活宝成份基金为场内申赎型货币基金	截至 2024 年 5 月 10 日，七日年化收益率为 1.30%
现金理财	小白理财	小白理财每日优选货币基金，推荐七日年化收益率较高的低风险理财产品	截至 2024 年 5 月 10 日，七日年化收益率为 2.10%
现金理财	月盈宝	推荐多种不同类型货币基金，风险略高于灵活宝和小白理财	2023 年 5 月至 2024 年 5 月，累计收益率为 3.00%
固收增强	日薪月益	通过科学的定量和定性分析，精选业绩优异的明星基金进行组合配置。通过低相关品种来严格控制下行风险，追求资金的平稳增值	自 2020 年 2 月 21 日上线至 2024 年 5 月 10 日，累计收益率为 33.97%
固收增强	天秤均衡	风险策略，主要配置债券型基金和少量股票型基金，通过配比来均分组合资产的风险，平滑掉单一资产的巨大波动，从而让持有人长期持有	自 2018 年 1 月 1 日上线至 2024 年 5 月 10 日，累计收益率为 37.45%
固收增强	步步为营	以低风险稳步增值为目标，以债券基金为主，并配置一定的股票和商品基金争取超额收益。采用风险平价模型做资产组合的基础配置，实现较好的收益风险比	自 2019 年 6 月 3 日上线至 2024 年 5 月 10 日，累计收益率为 35.85%
稳健成长	成长先锋	该组合策略追求长期回报，主要配置权益型基金，并辅以适当比例的债券型基金以提高整个组合的收益风险表现，适合长线投资	自 2020 年 2 月 21 日上线至 2024 年 5 月 10 日，累计收益率为 53.52%
稳健成长	中欧全明星		自 2020 年 7 月 31 日上线至 2024 年 5 月 10 日，累计收益率为 46.42%
稳健成长	全球猎手	该策略运用相关模型，寻找理性人的最优选择，力求在收益最高的情况下，风险最小。该策略可利用全球大类资产配置，适合需要全球配置、分散投资风险的投资者	自 2016 年 6 月 20 日至 2024 年 5 月 10 日，累计收益率为 3.05%
稳健成长	嘉实带飞	该策略采用的是多因子风格分析模型优选基金，以"核心卫星"策略为主，六成仓位重点把握并长期持有绩优基金，配合四成可变动仓位进行风险分散，增强收益，力争在市场中获取长期、稳健的增值	自 2018 年 6 月 25 日上线至 2024 年 5 月 10 日，累计收益率为 62.70%

续表

策略分类	策略名称	特点	收益率
热点挖掘	主题选基	基于择时模型捕捉市场热门主题，精选具有长期阿尔法收益的优秀基金	自 2021 年 2 月 4 日上线至 2024 年 5 月 10 日，累计收益率为 80.37%
	风格轮动	基于经济周期、行业景气度、业绩与估值比价等重要影响因素，对市场风格、行业择时做短期战术配置，围绕阿尔法收益做长期战略性配置	自 2020 年 9 月 18 日上线至 2024 年 5 月 10 日，累计收益率为 34.24%

"贝塔牛"展示了智能投顾利用金融科技为客户提供低成本、低门槛的基金组合投资体验，同时兼顾个性化服务和风险控制。这种模式为金融投资领域带来了新的服务方式和投资体验。

（二）华泰证券"省心投"

华泰证券是首批获得基金投顾试点资格的机构之一。"省心投"是华泰证券在 2021 年 10 月基金投顾业务上线满一周年之际，通过涨乐财富通 App 直播发布的全面升级的基金投顾业务品牌。

"省心投"以"让基金理财更省心"为核心理念，旨在通过升级策略和服务，提升客户的盈利体验，并逐渐改变客户的投资理念。它强调与客户利益绑定，从传统的产品销售模式转变为以客户需求为中心的配置服务模式。

华泰证券的"省心投"业务模式主要包括策略定投、目标盈策略和管家式服务。这些服务旨在解决投资者的买入择时问题，提供定制化的投资组合，并在投资后的每个阶段提供持续的资产配置服务。

在技术层面，"省心投"利用了华泰证券旗下美国统包资产管理平台 AssetMark（图 9-3）的经验，结合大数据分析和专业化的投顾工作云平台，为客户匹配专属的基金投资组合方案，实现精细化管理。

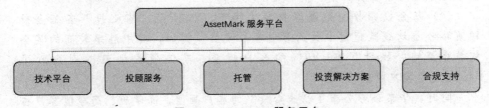

图 9-3 AssetMark 服务平台

"省心投"利用智能算法，对基金产品、基金公司、基金经理的百余项指标进行自动分析，结合量化归因模型检验，形成基金的初选池、备选池、组合池等递进式基金池管理架构，实现智能筛选优质稳定的投资标的。同时依托华泰证券强大的研发平台，开展主动管理、量化对冲组合策略的技术研发。

基金投顾业务正在提升客户的盈利体验

2021年10月27日,华泰证券基金投顾业务上线满一周年,通过涨乐财富通App直播发布全新基金投顾业务品牌"省心投",围绕"让基金理财更省心"的理念,升级多项策略和服务,同时公布一年来的运作数据。可以看出,基金投顾业务正在提升客户的盈利体验,并悄然改变客户的投资理念。

基金投顾作为买方投顾业务,在业务开展初期面临投资者信任度培养的难题。而投资者普遍的疑问在于,基金投顾的投资能力能否优于个人投资。对此,华泰证券公布了多项数据,显示基金投顾在改善基民盈利体验、优化投资行为等方面效果明显。

(1) 投资者持有期拉长,持仓分散。华泰证券比较了客户开通"省心投"前后,自主购买公募基金产品的平均持有期和产品配置的数据。结果显示,开通前平均持有基金为309天,平均持仓基金3.3只;开通后平均持有基金355天,平均持仓基金4.2只。此外,权益类策略客户留存率在80%以上,客户平均复投金额是初始参与金额的2.3倍。相关数据说明客户的持有期明显变长,持有基金的分散度也有所提高。客户开始接受长期持有和分散配置的投资理念。

(2) 持有越久越赚钱。"省心投"的客户中,持有期超过3个月的客户约有88%实现盈利,且持有3个月以上的客户平均年化收益率是持有3个月以下的客户平均年化收益率的4倍,数据显示客户平均收益随着持有期的拉长而增长,这样的结果离不开强有力的投研能力的支撑。

(3) 改善了"基金赚钱,基民不赚钱"的现象。2021年3月31日至8月31日,"省心投"某权益型策略年化收益率与客户实际年化收益率之间的差距,较同期市场缩小了20%。换言之,在基金投顾服务的影响下,基民能更好地避免非理智操作,获取更多收益。

(4) 基金投顾收益跑赢客户自主决策。2021年"省心投"各基金投顾策略收益均战胜超过半数的普通客户收益。例如,其中胜率较高的某全权益型策略,战胜了66.48%的客户收益;某偏债券型策略则战胜了64.19%的客户收益。

同时,华泰证券公布了"省心投"的客户画像,高学历、高净值客户占比较大。其中,学历在本科及以上的占比为45%,高净值客户的占比为44%,女性客户占比为52%。

(资料来源:《华泰证券基金投顾业务全新升级"省心投",公布试点一周年运行数据》,新浪财经网)

拓展
阅读

华泰证券成绩斐然

截至 2021 年 12 月末,"省心投"客户参与数量超过 70 万,资产管理规模达到 195 亿元。2022 年 6 月 8 日,第一届新华财经"金谘奖"基金投顾评选结果揭晓,华泰证券荣获"基金投顾金谘奖",以及"顾问服务金谘榜"第一名、"系统营运金谘榜"第一名、"投资研究金谘榜"第三名(券商第一),同时入选"行业贡献金谘榜"。本次"金谘奖"评选旨在为投资者选择基金投顾服务机构提供有价值的参考,在促进投资者教育、推动资产管理行业长期健康发展等方面发挥积极作用。

二、互联网金融机构

(一)蚂蚁集团"帮你投"

2019 年 6 月初,蚂蚁集团与世界上最大的共同基金——美国的先锋领航集团(Vanguard)在上海的子公司,共同成立了先锋领航投顾(上海)投资咨询有限公司。2020 年 4 月初,"帮你投"在支付宝内上线,提供智能投顾服务,以门槛低、简单、自动化为特色。"帮你投"有着简洁高效的操作流程,为意向用户进行风险测评后,系统以不同的风险偏好为用户推荐不同的投顾策略。

"帮你投"以"全委托,免打理"为宣传口号,强调为用户提供便捷的投资体验。它的目标是通过智能算法简化投资流程,使投资更加普惠和易于理解。用户进入"帮你投",平台会根据用户的风险偏好信息生成个性化的投资策略组合。这个过程省去了填写风险问卷的步骤,简化了用户操作。

"帮你投"利用蚂蚁金服的技术优势,通过大数据分析和算法优选,为用户推荐基金组合。它的投资组合包括股票基金、债券基金和货币型基金,其中股票基金的比例会根据用户的风险偏好进行调整。"帮你投"将投资策略分为"灵活取现""稳健理财""稳中求进""进阶理财"四大类(见表 9-5),每类投资策略提供更加灵活的资产配置方案。这些投资策略覆盖超短期低风险投资方案及长期高风险投资方案。"帮你投"会收取一定的年化投顾费,通常是 0.5%。此外,每支基金的申购费和赎回费是另外收取的。这个费率通常是行业的正常平均水平。

表 9-5 "帮你投"部分策略

策略分类	策略名称	特点	年化收益率
灵活取现	活钱理财+	85%配置货币类基金,15%配置债券类基金	2.4%~2.8%,建议持有 7 天以上

续表

策略分类	策略名称	特点	年化收益率
稳健理财	稳步增利	全部配置固收类基金,其中77%为信用债基金、23%为"固收+"基金	2.5%~3.5%,建议持有半年以上。自2020年3月26日成立以来累计收益率为13.83%
	7日理财+	20%配置货币类基金,80%配置信用债基金。该策略动态调整两种基金比例,在严控回撤风险的情况下,追求长期超越货币类基金的回报	2.8%~3.2%,建议持有7天
	安稳理财6个月	全部配置固收类基金,其中77%为信用债基金、23%为"固收+"基金。当收益率达标时,自动调仓至货币类基金,锁定收益	3%~4%,建议持有6个月
	安稳理财12个月	97%配置固收类基金,3%配置股票类基金。追求长期稳健回报	4%~5%,建议持有12个月
稳中求进	安稳回报	86%配置固收类基金,14%配置股票类基金。兼顾收益与波动	4.5%~5.5%,建议持有2年以上
进阶理财	股票基金精选50	50%配置固收类基金,50%配置股票类基金。全程监控,自动调仓	7%~10%,建议持有3年以上
	股票基金精选70	30%配置固收类基金,70%配置股票类基金。追求长期高收益,降低波动,动态优化配置比例	9%~13%,建议持有3年以上
	全球精选策略	全部配置海外股票类基金,其中美国的股票类基金占70%、欧洲的占18%、日本的占8%、其他新兴市场的占4%	10%~15%,建议持有3年以上
	股票基金精选	全部配置股票类基金,其中偏均衡型基金占59%、偏成长型基金占30%、偏价值型基金占11%	11%~16%,建议持有3年以上

(注:数据收集日期为2024年10月23日,通过"蚂蚁财富"App收集)

2023年11月,先锋领航宣布退出中国业务。随着先锋领航退出,"帮你投"背后的主体公司名称已从"先锋领航投顾(上海)投资咨询有限公司"变更为"蚂蚁投顾(上海)投资咨询有限公司"。蚂蚁集团将继续运营"帮你投",但这次变化可能会影响其未来发展。

（二）盈米基金"且慢"

盈米基金是中国领先的智能投顾服务供应商之一，以其独特的"买方投顾"模式和数智化营销中台而闻名。

盈米基金坚持"买方投顾"的初心，提出"三分投七分顾"的投顾服务理念，强调持续的投顾陪伴，以建立客户信任关系。其核心是帮助投资者规划资产属性，真正从客户需求出发，而非单纯追求客户净值的增长。

盈米基金通过"四笔钱"投顾框架为投资者规划资产，提供个性化的解决方案。"四笔钱"投顾框架是一种创新的资产管理理念，旨在帮助投资者更精细地规划不同用途和时间周期的资金，分别为"活钱""稳钱""长钱""保险保障"，如表9-6所示。

表 9-6 "且慢""四笔钱"部分投资策略

"四笔钱"投顾框架	策略名称	特点	收益率
活钱（活钱管理，随时要用的钱）	盈米宝	全部配置货币基金，无封闭期，随时存取	七日年化收益率为1.8333%
	货币三佳	通过优选货币基金组合，略微提升收益，严控风险，无封闭期	七日年化收益率为1.8683%
稳钱（短期稳健，3个月以上或者1~2年内可能用到的资金）	我要稳稳的幸福	应对各类市场环境变化，追求稳健收益。权益类资产配置占比为5%~15%，固定收益类资产配置占比为85%~95%，根据市场情况动态调整	历史年化收益率为4.90%，建议持有1年以上
	超级理财加	固定收益类资产配置占比为87%~97%，权益类资产配置占比为3%~13%，根据市场情况动态调整。兼顾收益与风险，追求稳健回报	自2021年8月上线至2024年6月，累计收益率为4.72%，建议持有1年以上
	花好月圆	优选货币类基金和债券类基金，动态调仓，控制波动，追求稳定	历史年化收益率为2.75%，建议持有3个月以上

续表

"四笔钱"投顾框架	策略名称	特点	收益率
长钱（长期投资，3年及以上长期不使用的资金，是闲钱资金，追求长期收益）	长赢指数投资计划（150份）	将长期闲钱分为150份，根据市场情况分批投入，每月提醒投资者分批买卖基金。投资标的为指数基金	与指数基金类似
	长赢指数投资计划-S定投	投入资金为每月结余且3年及以上不用的闲钱，按照每月结余提供买入建议，根据市场情况提供止盈卖出建议。投资标的为指数基金	与指数基金类似
	周周同行	主要投资于权益类基金，通过每周定投，积少成多，复利滚动，实现资产保值增值	适合投资期限3年及以上，收益率随市场情况波动
保险保障（用于应对意外风险的资金）	多种类型保险	提供不同种类保险，覆盖多年龄段人群，提供保险保障	暂无

（注：数据收集日期为2024年10月23日，通过"且慢"App收集）

"活钱"是随时需要用的资金。这部分资金通常放在货币基金或类似的低风险产品中，以确保随时可以取出并使用。"稳钱"是指3个月以上或者1~2年内需要用的资金。这部分资金的风险收益特征较为明确，通常放在一些稳健的理财产品中。"长钱"是指3年及以上长期不使用的资金，用于长期投资。这部分资金可以放在股票基金、债券基金等长期投资产品中。"保险保障"中的资金用于应对意外风险，例如购买保险产品，是为生活托底的资金，以确保在紧急情况下有足够的资金支持。

通过"四笔钱"投顾框架，盈米基金帮助投资者更好地管理资产，根据不同的用途和时间需求，为每笔资金匹配合适的投资策略，从而建立一个更有效的个人理财系统。

盈米基金利用大数据和AI技术，对客户投资全生命周期进行深度挖掘，实现更精准的客户洞察。它还协助资产管理机构提升互联网化的营销能力，通过线上营销工具推动资产管理机构的数字化转型。

2021年7月，盈米基金旗下"且慢"投顾业务签约规模突破100亿元，是国内首家签约规模破百亿的基金投顾业务试点机构。

传统金融机构通过提供一系列从保守到积极的投资组合，满足不同风险偏好的客户需求。此外，传统机构能够为客户提供更多面对面的服务和教育，帮助他们理解智能投顾的工作方式。互联网金融机构则通过在线平台，为广大客户群体提供低成本、高效率的服务。它们通常为年轻或技术娴熟的客户群体提供更多自助服务和教育资源。

第三节 智能投顾的风险分析

一、法律定位风险

智能投顾是通过将各种类型的 ETF（交易所交易基金）进行动态配置的分散投资组合方式，以期降低投资组合的非系统性风险。相比于传统投资，其已被消费者看作最低风险的投资工具。但是智能投顾具有人工智能机器人属性，而人工智能机器人在我国法律体系中的定位尚不明确，当智能投顾发生技术性错误时，侵权责任由谁来承担存在争议。人工智能机器人能否单独作为民事主体，是否具有独立从事民事活动的资格，学术界各家说法不一。有学者认为，智能投顾只能充当连接投资运营商与投资者之间的一种金融工具，不具有独立的民事主体资格，智能投顾发生系统错误造成的损失应该由投资运营商承担。也有学者提出，人工智能机器人也可算作民事法律关系的主体，可以享有有限的法律人格。有国外学者认为，当智能机器人发展到能够独立做出决策和表达意见的时候，建议在法律上将智能机器人视为一种具有智慧工具特征和独立意见表达能力的特殊民事主体。

在现实金融业，只有尽快明确智能投顾的法律定位，才能及时对投资者的权利予以保障，智能投顾的金融业务才能在法律的框架下顺利进行。

二、市场风险

（一）市场准入风险

我国《证券投资顾问业务暂行规定》指出，证券投资顾问业务是证券公司、证券投资咨询机构接受客户委托，按照约定，向客户提供涉及证券及证券相关产品的投资建议服务，辅助客户做出投资决策，并直接或者间接获取经济利益的经营活动。向客户提供证券投资顾问服务的人员，应具有证券投资咨询执业资格，并在中国证券业协会注册登记为证券投资顾问。智能投顾在市场中预期研发的应用目的不仅限于提供投资建议，还包括自动为客户资金进行资产配置，而后者与现行法律相冲突，在市场准入资质上存在潜在风险。在智能投顾无法理支撑的运行过程中，若产生侵权纠纷，势必导致义务主体虚无化问题，影响金融市场秩序稳定。

（二）市场运营风险

基于全权委托的业务模式，智能投顾服务进入市场后在运营阶段存在信义义务风险和算法的非透明性风险。

（1）信义义务风险。信义义务是私募基金行业发展的基石。信义义务一方面需要私募基金管理人将自身利益置于投资者利益之下，一切从维护投资者利益的角度出发,尽到忠实义务;另一方面要求私募基金管理人具备高于普通投资者的风险管理意识和专业规范的投资运营能力,对基金财产的安全和稳定收益尽到注意义务。智能投顾以大数据算法为基础分析投资者的收入、投资偏好、行为规律等信息,智能化地提供个性化金融产品和服务。但是智能投顾服务尚处于"弱智能化"阶段,它虽然能为投资者自动化配置资产,但其实际操控者仍然是智能投顾背后的运营商。这就无法确定传统投顾中的信义义务在智能化时代能否适用,即投资者是应该相信机器人还是投资运营商?同时,运营商可能会利用投资者个人信息对投资者的心理信息和行为规律进行预测,进而恶意利用信息对投资者实施侵权行为。

(2)算法的非透明性风险。智能投顾是借助大数据发展的智能科技,它在通过调查问卷明确客户的个人基本信息后,主要依赖算法来评估风险等级和推荐投资组合,而算法信息较为隐秘,一般属于运营商的商业秘密,算法在分析客户信息的基础上自动生成一套投资组合,中间没有人工监督,可能导致黑箱风险,威胁用户的财产安全。算法不透明、不公开的特点也会导致第三方在用户不知情的情况下侵入系统窃取个人财产信息。同时,人工智能算法的设计理念往往体现着其开发者的主观因素,意味着人工智能可能存在某些偏见观念,当投资运营商与投资者出现利益冲突时,智能投顾能否考虑到投资者的利益为其最优化地配置资产,这一点有待进一步考察。

(三)市场监管风险

智能投顾作为一种金融创新工具,在我国的应用过程中仍存在市场监管风险。

(1)智能投顾业务范围受限。智能投顾,特别是混合推荐型的智能投顾的功能定位是以 ETF 为基本资产,通过算法技术为投资者提供投资决策、推荐投资组合、进行资产管理、自动配置金融产品的服务。也就是说,智能投顾业务不仅包括为理财用户提供建议,还包括根据用户的需求和其以往的社交、行为数据自动配置金融产品。证监会发布的《证券投资顾问业务暂行规定》的第十二条规定,投资决策由客户做出,投资风险由客户承担,即监管机构规定证券投资咨询公司只能为用户提供投资建议,不能代用户理财,禁止为用户提供资产配置等资产管理服务。由此可见,智能投顾业务范围目前仍然受到一定限制。

(2)智能投顾缺乏明确的监管制度。智能投顾在法律规定上没有统一的制度依据和衡量标准,即在法律上难以对智能投顾的管控做出明确的规范。另外,智能投顾容易引发法律争议。我国在金融市场的资产管理制度中虽然对智能投顾做出了规定,但是缺乏关于智能投顾监管制度的相关法律规定,使智能投顾在金融市场的监管中没有具体的制度依据,当发生法律纠纷时,法院的判定和市场监督管理机构的意见极易出现相矛盾的情形。

(3)智能投顾的准入资质没有统一的标准。结合各国情况来看,智能投顾的市场准入方式按业务的范围分成两种模式:一是业务包括资产管理和投资咨询,实行投资咨询广义上的"单牌照"准入模式;二是仅提供投资咨询服务或仅提供资产管理服务,实行两项业务分设的"双牌照"模式。随着我国智能化产业越来越成熟,智能投顾的应用范围愈加广泛,可能面临准入限制和监管模式不能适应多样化的业务需求的问题，对开展综合性业务的智能投顾的准入监管来说是一个巨大的挑战。另外，当前国内智能投顾面临法律风险，当多样化、综合化的业务模式和分业、分机构、分准入的监管模式相冲突时，若不及时优化智能投顾的准入监管制度，会对金融市场的秩序稳定造成影响。

智能投顾业务"暂停键"

早在2021年12月，多家银行就已按下智能投顾业务"暂停键"。

多家银行提及，进行智能投顾业务调整的原因主要是监管的要求。2021年11月，相关监管部门向多家基金公司下发《关于规范基金投资建议活动的通知》，要求基金投顾业务不得就提供基金投资建议与客户单独签订合同；不得就提供基金投资建议服务单独收取费用；不具有基金投资顾问业务资格的机构不得提供基金投资组合策略投资建议，不得提供基金投资组合中具体基金构成比例建议，不得展示基金组合的业绩，不得提供调仓建议。

还有部分银行选择终止智能投顾业务。同年11月16日，第一财经记者登录多家银行App发现，工商银行"AI投"、招商银行"摩羯智投"均由此前暂停相关服务变为停止相关服务；浦发银行"极客智投"已变更为"原极客智投"，全面终止相关业务。

某金融发展实验室负责人称，智能投顾本质上是一个技术黑箱，产品处于相当不透明的状态，存在巨大的监管风险。随着智能投顾技术所管理的资金规模的增加，其背后隐藏的风险会不断累积，一旦出现剧烈市场波动，很有可能出现恐慌性的资金抛售等系统性风险，甚至可能会引发巨额亏损。依赖过往技术的智能投顾产品其实并不真正"智能"，其与针对服务对象提供定制化、全方位服务的投资机器人相比仍有较大距离，只能算是类智能产品，并非真正的人工智能。

三、技术风险

智能投顾依据计算机算法和量化模型为客户提供投资组合和资产配置建议，并基于各项数据、依靠计算机系统为客户提供账户管理服务。由于智能投顾与计算机网络关系密切，所以智能投顾也面临与其他互联网理财平台同样的问题，即技术风险。这类风险主要体现在以下两个方面：一是网络内部风险，即计算机网络自身固有的缺陷所带来的风险。比较典型的是算法缺陷带来的损失。算法缺陷是指因编程设计错误或因网络维护不周全等非客户原因，造成智能投顾不能按照原有的算法原理及程序为客户提供正常、持续服务的计算机漏洞。除了算法缺陷外，智能投顾还存在实际风险偏好与投资组合风险不一致、策略模型的有效性因市场因素而减弱等网络内部风险。二是网络外部风险。这也是金融科技领域共同面临的风险，主要包括病毒侵入、黑客攻击、网络异常或瘫痪、交易迟延等风险。这类风险与算法缺陷的不同之处在于，网络外部风险针对的是使用该系统的全部投资者，算法缺陷只针对使用该模型的个人或者较小部分的投资者。

四、风险防控建议

（一）完善法律法规

智能投顾作为一种金融创新产品，一经推出就深受金融市场各证券公司和商业银行的欢迎，并逐步在金融市场站稳脚跟。由此可见，我国传统投顾模式出现了急迫转型的需求。对此，监管部门应积极鼓励、引导，促进智能投顾的发展，加强监管制度的跟进，为其设计有针对性的监管规则，明确具体监管范围，划分各主体责任。在立法方面，应利用现有法律对智能投顾的监管进行制度补充，让制度跟上智能投顾的成长步伐；在监管方面，应保持开放的态度，接纳金融创新工具，根据市场变化及时调整监管方式和手段。同时，建议相关部门尽快制定统一的准入制度和标准，为传统投资顾问机构的转型提供参照。

（二）加强信息监管

算法信息一般是投资运营商的商业机密，不对外公开。因此，基于算法的隐蔽性和大部分投资者自身对金融科技了解程度的局限性的特点，投资运营商与投资者之间存在明显的信息不对称问题。运营商掌握大量的信息，在用户不知情的情况下可能会利用信息不对称来转嫁法律风险。同时，智能投顾运营机构的算法信息不公开、不透明，双方的信息不对称，会使投资机构和投资者处于不平等的法律地位，无法做到市场交易规定的平等、自愿要求。所以，金融监管机构应当严格要求智能投顾平台披露算法信息，建立具体的追责机制，对不披露信息的平台按违规程度予以通报、批评、处罚，并要求赔偿不进行信息披露而引起的相关损失，超过3次未披露信息而造成投资者损失的运营机构，可列入不诚信企业名单。通过这种方式可以增加金融监管的威慑力，减少金融运营企业的违法行为。

（三）完善准入机制

牌照管理是提高金融监管效率、完善市场准入机制的重要措施。在现行法律框架下，"牌照问题"和"咨询和资管是否分业管理"是对智能投顾监管的两大限制因素。我国智能化转型发展较慢，智能投顾的应用还仅限于发展投资咨询业务，而对于资产管理业务方面还有很多未涉及的地方，因政策跟进较慢，只有少数的运营商利用智能投顾开展资产管理业务。法律不仅要对相关机构的现行行为进行规制，还应对其未来行为有预测指导作用。综合对未来市场发展的考虑，实行广义上的"单牌照"模式更加符合规则的制定目的，以单一牌照囊括投资咨询和资产管理业务，不仅能减少监管成本，还能有效应对智能投顾未来开展综合性业务时与监管制度相冲突的问题。因此，在智能投顾的准入监管层面，相关部门应尽快明确智能投顾的监管主体，制定统一的"单牌照"准入标准，还要审查智能投顾运营商是否具有投资咨询和资产管理的资质，严厉把控金融市场的准入监管机制。

第四节 典型案例分析

一、案例一：Wealthfront

（一）Wealthfront 的发展历史和现状

Wealthfront 是一家为投资者提供专业智能投顾服务的在线财富管理公司，其前身是美国投资顾问公司 Kaching，于 2011 年实现了转型，同时改名为 Wealthfront。公司的智能投顾业务是通过将大数据、人工智能、云计算等前沿技术与现代投资组合理论相结合而实现的。公司利用硅谷地区的区位优势，专注为 20～30 岁无暇理财的硅谷科技人才提供投资理财代理服务。

2012 年 12 月，国际投资界著名人物、《漫步华尔街》一书的作者、普林斯顿大学经济学教授马尔基尔加盟 Wealthfront，成为首席投资官。马尔基尔教授认同有效市场理论，促使 Wealthfront 完全采用指数化的被动投资方式，利用多样化的 ETF 来达到风险充分分散化的效果。

之后亚当·纳什成为公司的第三任 CEO。亚当·纳什是一个非常善于利用大数据进行个人理财业务分析的人，这一点非常契合当时 Wealthfront 公司的需求。另外，由于亚当·纳什早年分别在苹果、EBAY、LinkedIn 工作过，累积了非常广的人脉关系。因此，他的加盟还使得 Wealthfront 获得了许多人的支持。

随后 Wealthfront 的资产管理规模实现高速增长。2014 年 6 月，25 人的团队管理的资产规模超过 10 亿美元，平均每个客户投资 10 万美元，同时没有最低门槛，最大的投资规模超过 500 万美元。2015 年 1 月，Wealthfront 资产管理规模就达到 18.3 亿美元，截至 2016 年 2 月底，Wealthfront 的资产管理规模近 30 亿美元。当时，Wealthfront 已经成为规模最大、发展最快的基于软件的在线理财咨询公司。

2022 年，全球规模最大的财富管理公司之一的瑞银集团（UBS）宣布以 14 亿美元的价格收购智能投顾公司 Wealthfront。

（二）业务模式

1. 主要产品

智能投顾改变了传统的理财顾问的销售模式，利用互联网大数据，对用户行为、市场、产品等进行详细的分析，系统为客户推荐多元化的投资组合，既能避免客户与理财顾问之间可能发生的利益冲突，也能减少用户的投资理财成本支出，使投资人获得更多的收益。Wealthfront 提供的主要产品和服务是自动化的投资组合理财咨询服务，包括为用户开设、管理账户，并对投资组合进行评估等。用户能够通过 Wealthfront 平台进行投资，标的为 ETF 基金。

2. 客户定位

Wealthfront 的客户定位明确。与侧重于服务美国"婴儿潮一代"的美国最大的金融服务公司之一的嘉信理财集团（Charles Schwab）不同，Wealthfront 将服务对象定位于"千禧一代"高科技行业的年轻人。由于 Wealthfront 提供的在线理财模式是一种全新的方式，对于高科技行业的年轻人来说更容易接受。并且就人口数量而言，"千禧一代"的年轻人的数量已经比"婴儿潮一代"多得多了。另外，Wealthfront 的低投资门槛以及低费率让它更容易获得美国中产阶级的欢迎。

3. 操作流程

Wealthfront 为用户提供基于 PC 端和移动端的服务。具体投资流程如下：要求用户在注册之前填写问卷调查，平台根据问卷了解用户的风险偏好，然后推荐量身定制的投资计划。整个操作流程包括 6 个主要的步骤。

（1）风险容忍度评估。用户需要回答一些问题，如表 9-7 所示。

表 9-7　Wealthfront 公司风险容忍度评估表

问题	选项
您投资的主要原因？	A. 储蓄　B. 为了退休金　C. 其他
您期望什么样的理财顾问？	A. 我喜欢多样化的投资组合 B. 我希望在税收上省钱 C. 我希望有人来完全管理我的投资 D. 我希望获得跟上或超越市场投资表现的收益
您目前的年龄是多少？	略
您每年的税前收入是多少？	略
您目前的家庭状况？	A. 单收入家庭，没有抚养人 B. 单收入家庭，至少一个抚养人 C. 双份收入家庭，无抚养人 D. 双收入家庭，至少一个抚养人 E. 退休，财务独立
您的现金和短期投资总额是多少？	略
当决定投资时，您最关心的是什么？	A. 收益最大化 B. 损失最小化 C. 收益和风险兼顾

续表

问题	选项
您投资的主要原因？	A. 储蓄　B. 为了退休金　C. 其他
全球股市经常波动，如果一个月在某个市场您的投资组合价值损失为10%，您将如何应对？	A. 清仓 B. 出售一部分 C. 继续持有全部投资 D. 买入更多

（2）系统推荐投资计划。投资组合包括两大类：需要纳税的投资组合（适用个人账户、联合账户、信托账户）和退休金投资组合［适用传统 IRA 账户、401（k）Rollovers 账户、Roth IRA 账户、SEP IRA 账户］。资产类别有十一大类：美股、海外股票、新兴市场股票、股利股票、美国国债、新兴市场债券、美国通货膨胀指数化证券、自然资源债券、房产债券、公司债券、市政债券。投资组合的载体为指数基金，依据风险容忍度的不同，向投资者推荐的投资计划可能只包括部分类别的资产。

（3）开户。首先要求用户选择所开账户类型、是否选择避税的工具和方式，然后填写基本信息、个人信息（如雇佣情况、每年净收入）、排除的股票清单、资金支付方式，最后检查并核对。

（4）平台代替客户向证券经纪公司 Apex Clearing 发送交易指令，买卖 ETF。

（5）用户评估、检查自己的投资组合，如果需要变更投资组合，平台会根据用户的需求更新投资组合。

（6）平台获得佣金，自用户开户之日起的下一个月，每月第一个工作日收取账户余额扣除 10000 美元之后的 0.25% 的佣金。

（三）特点总结

Wealthfront 能获得快速发展，主要是基于七个方面的原因。

（1）目标客户定位于中产阶级细分市场，避开与传统理财市场直接竞争。Wealthfront 的目标客户群是从事科技行业的、具有一定经济实力的中产阶级。Wealthfront 作为一家在线财富管理公司，其提供的服务相对于传统银行信托等财富管理企业来说，不仅仅是一种方式的转变，更是对人们传统思维的挑战。而从事科技行业人员的生活方式和工作方式与互联网关系紧密，对于在线财富管理的风险和收益有较深的了解，思想上对互联网财富管理更容易接受。Wealthfront 的目标受众是 20~30 岁的高科技专业人才，这些人手中握有很多初创公司的股票，需要获得一些如何处理这些股票的意见，在线财富管理咨询迎合了这些人的需求。在财富管理行业，传统的银行信托等金融机构的财富管理业务占领了富人市场，新兴的在线财富管理公司把目标客户锁定在中产阶级，对每个客户的需求量身定制财富投资方案，并针对客户需求的变化调整投资方案，避开了与传统财富管理业务的直接竞争，利用互联网低边际成本的优势扩展中产阶级细分市场，有效地提高了企业的核心竞争力。

（2）提供的服务质优价廉。Wealthfront 能从多种资产中为用户推荐个性化的投资理财服务、多样化的资产配置，而且费用很低，其背后的核心是平台雄厚的技术实力。

（3）采用推广奖励机制。每位在 Wealthfront 投资的用户，如果邀请朋友在 Wealthfront 开户成功，则可以和朋友分别享受优惠福利。这种模式实现了用户和公司的双赢。既为用户带来了实惠，又为网站做了免费的宣传。

（4）强大的管理和投资团队。Wealthfront 的管理团队基本上都是来自全球顶级的金融机构或互联网公司，比如 Vanguard、Benchmark Capital、EBAY、LinkedIn、Facebook、Twitter、EMC、Microsoft 等。投资团队经验丰富，在商界、学界、政界均有较丰富的资源。

（5）投资工具丰富。美国的 ETF 种类繁多，据不完全统计，有一千多种。这为 Wealthfront 智能投顾产品提供了非常丰富的投资工具，以满足不同类型用户的需求。

（6）信息披露比较充分，容易获得用户的信任。Wealthfront 官网上的信息分五大部分：我们是谁（who we are）；我们是做什么业务的（what we do）；博客（blogs）；平台新闻、研讨会等资源（resources）；法律文件（legal）。Wealthfront 从用户的角度披露大量的信息，不仅告诉用户如何使用其产品和服务，而且进行风险提示，其信息的表现形式也是多样化的。

（7）美国证券交易委员会（SEC）的监管较为完善，有利于持牌机构提供理财服务和资产管理服务。美国智能投顾与传统投资顾问一样，遵守《投资顾问法》（1940）的规定，接受 SEC 的监管。该法规定，仅通过网络开展业务的投资顾问公司，无论管理资产规模的大小，都必须成为 SEC 的注册投资顾问。在美国、英国等国家，获得金融顾问牌照就可以开展投资顾问和资产管理服务。美国 SEC 的下设机构投资管理部，对投资管理机构进行监管，负责授予投资顾问资格。像 Wealthfront 这样的持牌公司就能合法地提供投资顾问和资产管理服务。

二、案例二：同花顺问财大模型（HithinkGPT）

（一）同花顺公司简介

同花顺公司是国内领先的互联网金融信息服务供应商，其产品及服务覆盖产业链上下游各层次参与主体，包括证券公司、银行、保险、政府、研究机构、其他上市公司等机构客户，以及广大个人投资者。同花顺的主要业务是为各类机构客户提供软件产品和系统维护服务、金融数据服务、智能推广服务，为个人投资者提供金融资讯和投资理财分析工具。同时，同花顺公司基于现有的业务、技术、用户、数据等多方面优势，积极探索和开发基于人工智能、大数据、云计算等前沿技术的产品和应用，以形成新的业务模式和增长点。

（二）智能投顾产品——同花顺问财大模型（HithinkGPT）

同花顺作为国内互联网金融平台的龙头企业，多年来深耕于人工智能与金融服务领域，抓住 AIGC 技术革命的浪潮，推出了同花顺问财大模型（HithinkGPT）及面向 C 端用户的全新智能投顾产品——问财。

1. 产品简介

同花顺问财大模型（HithinkGPT）是国内金融领域首个应用大模型技术的智能投顾产品，该大模型基于 Transformer 架构的 Decoder-only 框架，提供多种版本选择，并支持 API 接口调用、网页嵌入、共建、私有化部署等多种能力。它还提供一站式标注和评测服务，能够实时获取全球数百万个实时更新的金融数据指标，以及每天产生的数十万条金融相关资讯。

2. 卓越能力

HithinkGPT 在分析、推理和预测三个维度上的卓越能力，使其能够生成有理有据的结论。这一模型融合了同花顺 iFinD 数据终端、同花顺资讯和企洞察等平台资源，有效提升了内容生成的时效性和金融数据的可靠性。

在官方公布的数据中，HithinkGPT 在通用领域和金融领域的测评结果皆表现出不凡的能力。在通用领域方面，HithinkGPT 大模型在多个主流测评集上的表现全面超越了主流开源模型 Llama 2，评测维度涵盖数学、抽取、代码、推理、常识等。在金融领域方面，HithinkGPT 顺利通过 17 个金融行业考试，且成绩均超过开源模型。同花顺自建了 Hithink FinEval 数据集，数据集内容涉及证券从业考试、基金从业考试、会计师资格考试、CPA、CFA 等 17 个金融行业考试。在这些考试中，HithinkGPT-70B 大模型以平均 75.9 分的优异成绩通过考试，并且 HithinkGPT 在所有考试科目中都比其他开源模型更加优秀。

在合规性和安全性方面，同花顺大模型团队建立了规范的语料清洗流水线，确保去除敏感数据、低质量数据和重复内容，同时结合人工审查保证训练语料的质量。模型训练过程中，通过使用大量安全语料并结合 RLHF 技术，与人类价值观保持一致，以增强模型回复内容的安全性。在线上使用时，模型经过三层安全合规审查，包括模型判断、敏感词检测和人工审查，以确保其合规性和安全性。

3. 全新智能投顾产品——问财

广受投资者喜爱的投顾对话机器人——问财，基于 HithinkGPT 成功升级，成为国内金融领域首个应用大模型技术的智能投顾产品。大模型版本的问财涵盖 A 股、基金、ETF、港股、美股、债券、宏观经济等 15 个业务矩阵，包括各大投资环节的查询、分析、对比、解读、预测、建议、回测等在内的 50 余项技能，可以为用户提供全面精准、稳定可控的投资决策支持。

大模型版本的问财与传统模式的问财相比，具有以下五大特色优势，致力于成为用户的全能金融顾问。

（1）更全面的实时数据。问财可以实时获取全球数百万个实时更新的金融数据指标以及每天产生的金融相关资讯。这些数据涵盖了股票、债券、期货、外汇、商品价格、宏观经济指标、行业数据等各个方面，确保用户始终能够获取到最新、最全的信息。

(2) 更强大的语义理解。问财在十多年前就已经涉足金融人机交互领域，积累了数十亿条完整、专业、高质量的结构化金融数据，其对语义及用户个性化的理解能力具有先天优势；同时每天持续产生千万条金融数据，结合大模型的自我"进化"能力，使得大模型能够更准确地理解用户意图和需求。

(3) 更专业的投顾建议。围绕用户的投资目标，基于"用户的五大 KYC 标签体系、投资分析的六大维度，以及投资过程的七大步骤"，模拟了真人投顾服务逻辑，给用户最科学合理的投资建议，让投资变得更简单。

(4) 更生动的表达形式。问财已经打破了行业常用的文本格式限制，具有丰富的可视化工具，并支持用户自定义，覆盖了投顾建议、宏观经济、资讯等核心业务领域，利用多模态技术让信息传递更高效、更人性化。

(5) 更可控的内容生成。安全性上通过内置的智能风险识别系统，能够实时监测5大类31种潜在风险，通过系统对抗性训练和稳健性评估，风险召回率超过 99.5%。

(三) 战略和发展

同花顺作为金融信息服务行业的领军企业，其战略发展重点之一就是金融科技的创新与应用。在智能投顾领域，同花顺展现了其对于技术革新和产品优化的持续投入和承诺。其成功经验主要体现在以下方面。

(1) 技术研发投入。同花顺不断加大在技术研发上的投入，特别是在人工智能、大数据分析、云计算等前沿技术领域。公司建立了强大的研发团队，专注于金融科技的创新，以确保公司在技术上的领先地位。

(2) 产品优化和创新。同花顺通过不断地进行产品迭代和优化，提升智能投顾产品的用户体验和服务质量。例如，同花顺问财大模型集成了多种技能，能够提供全面的投资顾问服务，体现了公司在产品创新上的不懈努力。

(3) 数据和算法优势。同花顺利用其在金融数据领域的积累，结合先进的算法，为用户提供精准的投资建议和风险管理。公司的大数据平台能够处理和分析海量金融数据，为模型的训练和应用提供坚实的基础。

(4) 合作与开放生态。同花顺还积极与其他科技公司和研究机构合作，构建开放的金融科技生态系统。这种合作不仅促进了技术的交流与共享，还推动了行业标准的制定和智能投顾服务的普及。

(5) 用户教育和市场培育。同花顺重视投资者教育，通过线上线下活动、专业培训等方式，提升用户对智能投顾的理解和接受度。这种市场培育策略有助于公司产品的市场推广和用户黏性的增强。

通过这些战略举措，同花顺不仅巩固了其在智能投顾领域的市场地位，还为整个金融行业的数字化转型做出了重要贡献。同花顺的成功经验表明，技术创新和产品优化是金融科技公司持续发展的关键动力。

(四) 挑战与启示

尽管同花顺在智能投顾领域取得了显著成就，但仍面临诸多挑战。例如，如何在保护用户隐私的同时，提供更加个性化的服务；如何在日益激烈的市场竞争中保持领先地位等。然而，随着中国金融市场的不断开放和金融科技的快速发展，智能投顾行业的前景广阔，同花顺无疑站在了新的历史起点。

同花顺的发展历程揭示了金融科技创新的重要性。在科技日新月异的今天，金融企业需要不断探索新技术，以满足市场和客户的变化需求。同时，公司还需要在保护用户隐私、确保数据安全的前提下，提供更加个性化、专业化的服务，以赢得客户的信任和市场的认可。

本章小结

本章第一节首先介绍了不同国家和机构对智能投顾的定义，分析了金融科技对智能投顾的影响；回顾了智能投顾从兴起到成熟的历程，强调了技术进步和监管政策对其发展的影响；解析了智能投顾的运作流程，包括客户分析、大类资产配置、投资组合选择等步骤；对智能投顾的发展前景进行展望，技术革新和市场需求将推动智能投顾进一步发展。

第二节从传统金融机构和互联网金融机构两方面介绍了智能投顾的服务形式；讨论了传统金融机构如何结合其深厚的行业经验和客户资源，提供标准化且可靠的智能投顾服务；分析了互联网金融机构如何利用其技术优势和创新能力，为客户提供更灵活、低成本且高度个性化的智能投顾服务。

第三节探讨了智能投顾可能面临的法律定位风险、市场风险和技术风险，并提出相应的风险防控建议，如完善法律法规、加强信息监管、完善准入机制等。

第四节通过两个典型案例的分析，深入探讨了智能投顾的业务模式。Wealthfront通过结合大数据、人工智能等技术，为投资者提供自动化投资组合管理服务；同花顺问财大模型是国内首个应用大模型技术的智能投顾产品，能够提供全面、精准的投资决策支持。这些案例展示了智能投顾在实践中的成功经验，帮助读者深入理解智能投顾。

思考题

1. 智能投顾如何结合现代投资理论和技术来提供个性化的投资建议？
2. 描述智能投顾的发展历程，并讨论技术进步在其中扮演的角色。
3. 你认为未来智能投顾会如何发展？哪些因素可能会影响它的发展？
4. 从服务质量和客户满意度的角度分析，传统金融机构和互联网金融机构的智能投顾服务有何不同？
5. 思考并讨论传统金融机构和互联网金融机构在未来可能如何合作或竞争，以提供更优质的智能投顾服务。

6. 智能投顾可能面临的主要风险有哪些？这些风险会带来什么不良后果？

7. 为了降低风险，监管部门和智能投顾公司可以采取哪些有效措施？

8. Wealthfront 公司的智能投顾服务有哪些特色？它成功吸引客户的原因是什么？

9. 同花顺在智能投顾领域取得成功的关键因素有哪些？其对其他金融科技公司有哪些启示？

第九章
参考资料

第十章

智能风控

过去,传统风控模式受限于对人工的依赖,风险识别的响应速度和风险预测的精准度存在一定局限性。如今,随着以云计算、大数据、区块链和人工智能为代表的金融科技的日益成熟,越来越多的金融机构正在通过智能风控手段,实现自动化和智能化风险识别和风控决策。智能风控是利用大数据、人工智能技术和科学决策方法,通过自动化预测、评级和决策等方式,显著提高风控效果、效率和降低成本的一套综合体系。本章从智能风控概述、第三方征信平台与智能风控、智能反欺诈、智能催收四个部分介绍智能风控在金融科技领域的应用。

第一节主要介绍智能风控的概念,智能风控的优势与特点等,帮助读者对智能风控的技术框架有一定的基本了解。

第二节主要介绍第三方征信平台与智能风控,重点分析智能风控如何通过规范使用第三方征信平台实现合作共赢。

第三节介绍智能反欺诈,分析智能反欺诈的关键技术与其在金融领域的具体应用,同时介绍智能反欺诈的发展前景。

第四节介绍智能催收,探讨了金融行业传统的催收流程如何实现智能化,同时分享了业内先进的智能催收案例。

■ 第一节 智能风控概述

■ 一、智能风控的概念

顾名思义,智能风控即通过智能化的方式,将风险有效控制在目标区间范围内。其中,"智能"与"风控"是智能风控的两大核心要素,"智能"是实施手段,"风控"是实施目的。

在金融科技领域,智能风控的概念可以进一步具体为:利用大数据、人工智能等技术和科学决策方法,通过自动化预测、评级、决策等方式,代替传统风控中的人工操作和经验评定,提高风险控制决策的精度和效率,降低风控成本,最终提高风控能力,并进一步赋能信用评级、智能反欺诈、智能催收等多项业务场景。

■ 二、智能风控优势与特点

近年来,互联网、大数据、人工智能等新兴科技的迅猛发展,为智能风控创造了条件,并推动智能风控体系不断完善与成熟。相较于传统风控而言,智能风控最突出的优势与特点便在于其人性化的风控模式和先进的风控手段。

在风控模式方面,传统风控通常要求风控审核人员实地收集客户的申请信息,要现场调研其所具备的资质材料的真实性与实际质量,客户通常还需要在相关机构线下网点进行资质审核及合同签订。而智能风控则一改传统风控效率低、手续繁多、耗时长等弊端,利用智能化手段在线实施风险控制,在提升风控负责人的工作效率的同时实现无感风控,从而进一步提高客户的服务体验。

在风控手段方面,智能风控的优势与特点主要体现在以下四个方面。

(1)数据来源多元化,智能风控能够将传统风控中难以搜集、观测的客户行为信息进行监测统计并加以利用,其应用的基础数据不仅包含了传统风控需要的客户自填信息,还涉及了客户征信信息、客户行为信息等重要特征数据,数据维度较传统风控更为全面,使其从更加多元化的视角进行风险评估。

(2)广泛的特征维度,智能风控引入了大数据处理技术和人工智能算法等技术,使其能够轻松统计并处理几千乃至几万条维度的风控特征,远高于只能考察几个到几十个维度的风控特征的传统风控。

(3)实时精准的风险监察,智能风控涉及大数据处理、机器学习、深度学习、自然语言处理等多种技术,相较于传统风控中的采用人工经验进行风险判别的方法以及评分卡技术而言,智能风控系统能够通过人工智能及数据挖掘技术处理海量数据,对潜在风险进行实时跟踪监测,并进一步自动、客观地评估各类风险。相较于传统风控而言,智能风控通常具备更高的效率与精准度,并在很大程度上提升了风险控制的实时性。

(4)自动高效的决策方法,智能风控以模型自动决策为主,相较于传统风控的人工决策,或人工决策与模型自动决策并重的模式,智能风控有效节省了相应的人力资源,避免了重复、低效率的业务模式。

表10-1展示的是更细致的不同风控的特征对比。

表10-1 不同风控的特征对比

对比维度	基于人工经验的风控	传统统计量化的风控	智能风控
决策方法	人工决策	人工决策和模型自动决策并重	模型自动决策为主
风控模型	有限指标控制模型	传统评分卡技术	人工智能仿真算法、深度学习、自然语言处理、关系网络

续表

对比维度	基于人工经验的风控	传统统计量化的风控	智能风控
特征维度	较少维度	几个到几十个维度	几千到几万个维度
数据来源	客户自填信息为主、线下资料收集为辅	客户自填信息为主、征信信息为辅	客户自填信息为辅、征信信息与行为信息等为主

三、智能风控的技术框架与实施步骤

智能风控的技术框架自下而上主要包含了数据采集层、数据存储层、数据处理层、风控服务层与风控应用层，如图10-1所示。

具体而言，数据采集层的功能为搜集风控所需的各类数据。数据存储层将对所采集的数据进行储存，用以随时调用。数据处理层则对所采集的数据的异常值、缺失值进行处理，并将其转化为符合后续操作要求的格式。风控服务层则封装了针对不同的风控场景所设计的风控评价指标（如企业注册资金、客户信用等级、违约次数等）与风控模型（如财务风险预警模型、供应商评级模型、客户分类模型等），为风控应用层提供可利用性更强的底层数据。风控应用层则是智能风控得以实际落地的具体应用场景，涵盖了各类应用场景的风险控制活动，包括统计分析、风险预警、风控报告输出、业务决策等多项功能。

就智能风控的具体实施步骤而言，智能风控主要围绕数据收集、数据处理以及风控模型构建展开，主要包含以下四个步骤。

第一步，数据采集。数据采集是智能风控有效性的基础保障，因此，数据质量对于智能风控的安全落地尤为重要。在数据采集环节，首先需要结合实际业务场景，明确数据的搜集方向与渠道，在取得相关数据后需进行数据清洗，排除无效数据的干扰。

第二步，数据建模。数据建模是智能风控的核心环节。数据建模需要专业业务人员、技术人员与管理人员的协同合作，结合大数据、机器学习、深度学习等技术，研究并制定相应的风险评估规则、风险评估指标与风险评估模型，这样才能更好地构建满足实际业务需求的风控模型。

第三步，模型测试。在智能风控模型正式部署之前，需要对风控模型做模型测试，模型测试的目的是对风控模型的可靠性、准确度和稳定性进行检测，初步排查智能风控模型可能存在的隐患与漏洞，为风控模型正式运行后的安全性与可靠性提供支持。

第四步，模型优化与迭代。在智能风控模型正式运行过程中，须基于实际的最新业务数据与已发生的风险事件，对模型予以及时的纠偏与处理，持续优化、迭代风控模型，从而最大化智能风控的效用与安全性。

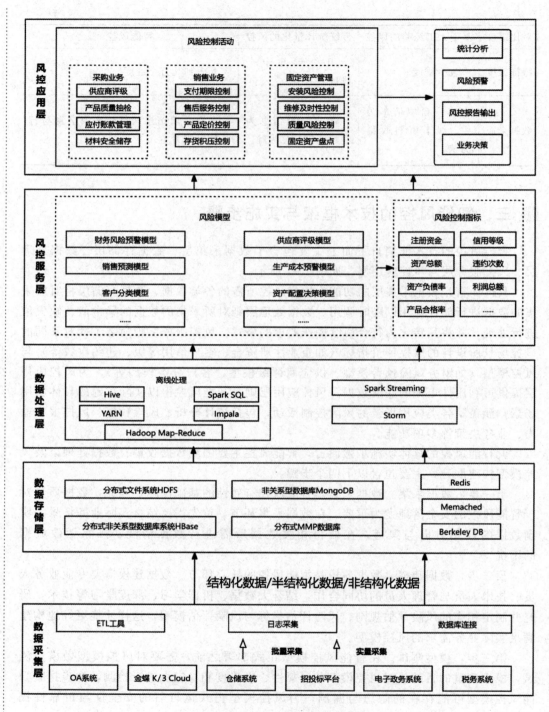

图 10-1 智能风控技术框架①

① 资料来源：参见程平《大数据智能风控》，东北财经大学出版社，2022 年版。

第二节 第三方征信平台与智能风控

一、第三方征信机构概述

(一) 第三方征信机构的概念

第三方征信是指由独立的征信机构对个人或者企业的信用信息进行收集、整理、分析和评估,形成信用报告并向金融机构、企业等提供信用评估、信用咨询、风险预警、征信查询等服务的行为。第三方征信机构是相对于银行、担保公司等金融机构而言的,其不具有吸收公众存款、发放贷款等业务职能,而是专注于征信服务,帮助金融机构和企业降低风险。

(二) 第三方征信机构的主要作用

第三方征信对金融机构、企业等客户的风险控制和信用评估均发挥了关键的作用,尤其是在当下金融市场日益复杂和金融风险不断上升的情况下,第三方征信机构能够更加专业、准确地评估个人和企业的信用风险,为金融机构和企业提供更加精准的信用信息,从而有效帮助金融机构及企业避免信用风险和资产损失。

(三) 第三方征信的优势和挑战

第三方征信机构相对于银行等金融机构而言,其独立性和专业性的优势更为凸显,这些特性使得第三方征信机构可以更加客观和准确地评估个人和企业的信用状况。但是,第三方征信机构日常必须处理和管理大量的个人敏感信息,而在科技水平快速迭代的现实背景下,这些数据也存在着被窃取或泄露的风险,因此,第三方征信机构也面临数据安全、合规性等方面的巨大挑战,需要其加强信息安全保护,严格实施监管,同时也需要第三方征信机构不断提升技术和服务水平,从而为客户提供更加专业、高效的信用服务。

二、第三方征信平台与智能风控

(一) 第三方征信平台为智能风控提供多维度的动态安全数据支持

高质量数据的获取是智能风控得以顺利开展的基础,第三方征信平台则为智能风控提供了多元化的原始数据。目前,我国的第三方征信机构包括中国人民银行征信中心、上海资信有限公司、腾讯征信有限公司等,它们为智能风控的研究和开发提供了丰富的数据资料。截至 2023 年,我国已经形成了以央行征信为核心,辅以 2 家个人征信机构（百行征信、朴道征信）、149家已备案企业征信机构和52家已备案信用评级机构的多元化、互补性征信格局（如图10-2所示）。

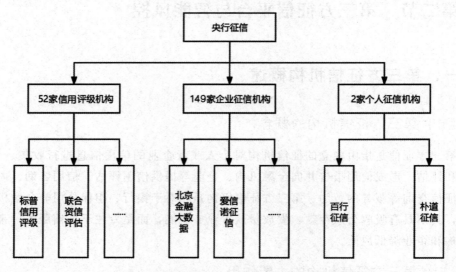

图10-2　我国征信市场格局（截至2023年底）

以中国人民银行征信中心为例，其是中国人民银行直属的事业法人单位，现已拥有世界规模最大、收录人数最多、收集信息全面、覆盖范围和使用广泛的信用信息基础数据库。中国人民银行征信中心基本上实现了为国内每位具备信用活动的企业和个人建立信用档案，其内容主要以传统银行信贷信息为核心，还包括社保、公积金、欠税、民事裁决与执行等公共信息，并已接入商业银行、农村信用社、信托公司、财务公司、汽车金融公司、小额贷款公司等各类放贷机构，对相关信息进行实时追踪、统计、更新，从而为智能风控提供了大量实用且丰富的基础数据。

（二）第三方征信打破数据孤岛，推动数据合规共享

智能风控尚处于发展阶段，数据孤岛仍是很多企业所面临的一大问题，部分企业用于智能风控的数据仅源于其自身积累的已有客户的消费、信贷、社交等方面的数据，数据信息较为单一、局限。同时，由于数据孤岛的存在，部分企业可能为了获取更充足、维度更广泛的数据而进行数据违规共享，这不利于智能风控行业的健康发展。

为解决数据孤岛、数据违规共享问题，由政府引导开设成立的第三方征信机构成为破题的关键。从链接金融机构与第三方数据平台的征信机构层面来看，截至2023年，已有百行征信和朴道征信两家个人征信机构获批牌照并进行市场化运营。

其中，百行征信作为我国第一家市场化个人征信机构，在数据库建设方面，百行征信截至2021年9月底，累计拓展法人金融机构2251家，百行征信个人征信系统收录个人信息主体超过3.2亿人，企业征信库收录企业主体767万户，接入替代数据源渠道数达35个，基本实现个人征信和企业征信业务中，公安、司法、工商、电力、税务、电信运营商、银联、航旅等基础数据源的广泛覆盖。与此同时，在产品研发方面，百行征信累计面向市场推出个人信用报告、特别关注名单、信息核验系列、反欺

诈系列（欺诈规则报告、反欺诈评分、反欺诈风险画像）、百行征信 App、场景定制评分等 30 余款产品，另有多款产品正在研发中，所有征信产品日调用量峰值超过 1000 万笔，累计调用量超过 14 亿笔。截至 2024 年 4 月底，百行征信累计签约金融机构超 1600 家，基本实现全国性银行产品服务全覆盖。在产品调用量方面，个人征信产品累计调用量 350 亿笔，企业征信产品累计调用量 24 亿笔，所有产品累计调用量超 374 亿笔。

朴道征信则是由国有地方金融控股企业和民营大型互联网企业联合发起的一家市场化个人征信机构。其股东既包括北京金融控股集团，也包括京东、小米以及旷视科技等民营企业。2020 年 12 月 25 日，中国人民银行批准朴道征信有限公司个人征信业务许可。这是第二家拿到牌照的个人征信机构。截至 2023 年一季度，朴道征信的产品累计调用已超 100 亿次。其"个人征信＋企业征信＋科技征信"产品线，已服务近 400 家金融机构，日均调用超 4000 万笔；其自主研发的多头产品，已服务 200 余家金融机构，日均调用超 2000 万笔。

总体来看，中国人民银行征信中心、百行征信、朴道征信都是为金融机构识别和判断客户的信用状况提供征信服务。中国人民银行征信中心主要是共享持牌金融机构掌握的个人和企业的借贷信息。百行征信主要从事互联网金融领域借贷信息的共享，为互联网金融机构及持牌金融机构提供征信服务。朴道征信力图通过市场化机制，采集个人信贷信息以外的信用替代数据，通过对这些数据进行分析、整理、加工，提供信息帮助金融机构触达客户、识别客户、判断客户，使得缺乏信贷记录或只有少量借贷记录的人群能享受普惠金融服务。三者功能互为补充、分工合作、互相促进、错位发展，共同为金融机构提供多样化的征信产品和服务，实现金融机构对个人信用状况的全面掌握，从而为智能风控行业的蓬勃发展提供有力支持。

拓展阅读

央行征信系统

由央行主导建设的央行征信系统，立足全国范围内个人和企业信贷信息全面共享应用，已成为世界上规模最大、覆盖人口最多、收集信贷信息种类最全的征信系统。截至 2022 年 8 月末，个人征信系统接入金融机构 4081 家，收录 11.5 亿自然人信息，日均提供查询 1084.4 万次；企业征信系统接入金融机构 3811 家，收录 9874.6 万户企业和其他组织信息，日均提供查询服务 27.3 万次。向央行征信系统查询信用报告已成为金融机构信贷业务的必要环节。在世界银行《营商环境报告》信用信息指数评估中，数据库为主要的考评对象，我国在此项上已连续五年获得满分，位居世界前列。

下一步，中国人民银行将坚持以习近平新时代中国特色社会主义思想为指导，进一步建设完善覆盖全社会的征信体系，为经济社会发展提供高质量征信服务。

一是坚持征信全覆盖的建设目标。推动不同领域、不同平台的个人和企业信用信息共享应用，不同征信系统互联互通，为每一个经济主体建立"信用档案"，满足经济社会多层次多样化的征信服务需求。

二是坚持"征信为民"理念，保护信息主体合法权益。推动相关法律法规进一步完善，平衡好信用信息合规使用和有效保护的关系，加强行业监管，严肃查处滥采、滥用个人信息等违规行为。

三是坚持征信业市场化、法治化、国际化的发展方向。构建多样化征信市场、多维度征信产品、多渠道征信服务。推动跨境征信合作，培育具有国际竞争力的征信机构和信用评级机构，服务国家对外开放基本国策。

（资料来源：《建设覆盖全社会的征信体系》，中国人民银行官方网站）

三、第三方征信案例

目前我国的第三方征信机构主要包括百行征信、朴道征信等，这些机构不仅支持个人的信用评估、征信查询等服务，也为企业提供商业信用评估、信用报告、风险预警等服务。此外，第三方征信机构还可以提供个人和企业的反欺诈服务，从而为其客户提供更加全面的信用服务。

本书以我国第一家市场化个人征信机构——百行征信为例进行简要介绍。

2018年，在中国人民银行的监督指导下，由中国互联网金融协会联合芝麻信用管理有限公司、腾讯征信有限公司、深圳前海征信中心股份有限公司、考拉征信服务有限公司、鹏元征信有限公司、中诚信征信有限公司、中智诚征信有限公司、北京华道征信有限公司等8家机构共同发起，组建了百行征信有限公司。百行征信是我国第一家市场化个人征信机构，企业通过制定共享数据、确保应用数据质量和可信度、建立标准化个人征信数据平台，降低行业门槛，从而为包括智能风控行业在内的多个领域建立良好的数据共享生态环境。

具体而言，百行征信的应用及功能可归纳为以下四个方面。

（一）合理合规运用信用信息

2021年9月，中国人民银行发布《征信业务管理办法》，对信用信息的范围进行了划定，具体是指依法采集，为金融等活动提供服务，用于识别判断企业和个人信用状况的基本信息、借贷信息、其他相关信息，以及基于前述信息形成的分析评价信息。该定义强调以信息用途而非信息本身的内容来定义信用信息，在一定程度上拓宽了信用信息的范围。中国人民银行金融研究所所长针对小微金融曾指出，信用信息数据更多是通信缴费记录、水电气等市政公用设施支付信息、车险等周期性支付数据，以及经营流水、工资发放、税收和社保缴纳等与小规模经营者、个体工商户经营活动高度相关的数据。这些数据对于金融机构评估和预测借款者的信用状况、经营稳定性起到一定帮助。

《征信业管理条例》明确规定,"未经国务院征信业监督管理部门批准,任何单位和个人不得经营个人征信业务"。2021年,中国人民银行、银保监会等部门提出要打破信息垄断,严格通过持牌征信机构依法合规开展个人征信业务。无论是信贷信息还是替代信息,开展个人征信业务必须持牌经营,并纳入征信监管。持牌个人征信机构在监管趋严的形势下,将面临更多机遇和挑战,同时也需要尽快提升自身数据治理、数据合规能力。

为了在信用贷款场景中更多地辅助"小微"获得融资,百行征信与重庆富民银行等机构合作开展相关课题研究,从收单数据入手,建立了基于个人征信的小微企业、个体工商户信用风控模型和评价体系,探索出一条"收单数据—征信报告—信用审批"的业务发展道路。通过收单数据,金融机构可以较为全面地掌握商户的交易行为、行业内排名、稳定交易程度,以及客群特征等。征信机构可以以此切入,开发基于收单数据的小微企业、个体工商户的信用报告,帮助银行降低小微金融的风控成本,同时也使得小微商户获得更低利率的贷款,支付机构也可以通过该模式促进数据的合规使用。同时,一些个体工商户的信贷需求往往需要同时满足经营和生活两方面,征信机构需要综合考量小微企业、个体工商户的不同身份,探索开发以个体工商户为主体的个人信用报告,全面记录其在不同时期的个体经营情况或者从业的经历以及综合信贷情况,使信用记录更加完整。

(二) 金融科技强化风控产品开发

征信机构主要通过数据和金融科技两个方面支持金融机构为信用白户提供信用支持,替代信息填补了信用白户的"准"信用记录,金融科技辅助金融机构对信用白户实现合理的信用评估。

百行征信深入挖掘替代信息价值,构建专门评估信用白户还款意愿和还款能力的数据资源体系,提供覆盖信用白户贷前、贷中及贷后管理的信贷全生命周期的信用白户征信服务综合解决方案。

基于还款意愿,开发反欺诈类产品和特别关注名单等。反欺诈类产品为各类金融机构提供查询服务,主要解决机构面临的多头申请、团伙欺诈等问题。特别关注名单整合具有金融风控价值的独立数据源,整合失信被执行人的第一手信息和P2P恶意逃废债借款人信息等,筛选出优质客群,为市场上各类金融机构提供查询服务。同时,随着业务的发展和替代信息数据源的不断接入,名单内容将逐渐增加,这将对潜在的恶意借贷人群起到强力的威慑作用。

基于还款能力,开发信用白户普惠评分和客群分等评分类产品。信用白户普惠评分对多家信贷机构的标签数据以及丰富海量的预测数据进行模型训练。在保障数据可用、不可见的同时,全面精准洞察未来的信用风险,可实现"毫秒级"实时返回评分分数。

此外,百行征信开发了信息核验类产品,接入三大电信运营商、银联和公安等信息源,提供信息核验服务,进一步核验征信报告提供的身份信息,规避身份造假、冒名顶替等风险。

金融科技丰富了征信机构和金融机构信用评估的手段,优化了相应的工作流程,降低了信贷风控成本,在对信用白户进行合理、必要的信用支持后,形成首贷、续贷数据,以更好地回溯、优化金融风控模型。对信用白户的支持是一项长期的探索实践过程。

(三) 积极推动政务数据共享

政务数据主要来自政府和部分国有公共事业单位,具体涵盖行政处罚信息、工商信息、教育信息、税务信息、公积金参缴记录、社保缴纳记录和民事判决信息等。政务数据具备高权威性、高准确率以及高可信度,市场化个人征信机构可以充分利用政务数据为信用白户开发征信产品,为银行放贷提供可靠的参考依据。

良好的社保、公积金参缴水平,以及受教育程度等较为正面的政务数据,可以侧面印证信用白户的还款意愿及还款能力,依托这些数据,辅以市场化个人征信机构专业的信用报告,金融机构可以衍生出多样化的贷款产品。负面的政务数据,诸如涉刑、涉赌、恶意欠费和行政拘留等社会负面数据,由于其造假成本高,真实性和有效性有较高的保障,可以在征信机构建立反欺诈模型、研发相关风控产品时,提供较高的数据应用价值。

百行征信正积极参与"长三角征信链"和"珠三角征信链"建设,并与中国人民银行成都分行共同建设四川省"天府信用通"平台。截至2021年6月底,"长三角征信链"上链企业已突破1000万户,上链信用信息近亿条;截至2021年8月底,"珠三角征信链"已上链征信机构、数据源单位、监管部门等节点共11个,累计促成小微企业融资7209笔,金额117.83亿元;天府信用通平台已形成包含产品、服务、讲座、调研在内的初步共享生态。截至2021年9月底,平台已接入共享超14亿条信用信息,注册企业约17万户,促成企业融资对接约5万笔。同时,百行征信为深圳市福田区政府定制的政务信用产品"百行征信信用普惠服务",在深圳市福田区政务服务信用审批系统上线,借助机器学习、大数据等多种新兴信息技术,把信用信息嵌入政务服务审批流程,通过"信用+秒批""信用+容缺""信用+承诺"三种模式,提升了各项事项的办理效率。该项目是深圳市首批入选中国人民银行金融科技创新监管试点"监管沙盒"的项目,并于2021年9月28日由深圳金融科技创新监管工作组公示,成功完成测试,成为全国首批、深圳首个"出盒"的创新应用。另外,百行征信还在研究通过联盟链的方式促进政务数据、商务数据的共享。

(四) 合作开发小微企业征信产品

在小微金融支持方面,百行征信开发了丰富的征信数据类产品,同时也提供相应的咨询分析解决方案类服务。

征信数据类产品主要分为关联信息、风险信息和经营信息三个模块。关联信息模块方面,"关联方探查"可通过个人唯一标识进行精准关联,提供自然人所担任法定代表人、股东和高管等信息的工商数据集,帮助客户高效精准核查目标人员身份及关联信息;风险信息模块方面,"小微企业多头监测"可通过申请主体的行为数据,实现(小微)企业多头借贷信息查询监测,并融合企业关联方个人多头申请等数据进行关联分析,预防共债风险;经营信息模块方面,开发企业税票、电力类征信产品,可返回企业主营商品情况、业务分析、采购分析和用电状态等多维度数据，辅助诊断企业经营风险。

另外，百行征信也针对小微企业，为金融机构提供相应的咨询解决方案类服务。对于科创类小微企业，基于专利数据测度技术布局情况、技术影响力、技术迭代速度和研发效率等，首创科创类小微企业征信指数，为金融机构提供科创类小微企业能力水平、未来发展前景等咨询服务。

总体而言，百行征信通过其高效、创新式获取并整合海量信息的优势，推动了信息的安全流通和共享，推出了各类风控产品与小微企业征信产品，极大地赋能了信贷、信用评级、反欺诈、政务合作等诸多现实业务场景。

第三节　智能反欺诈

一、智能反欺诈概述

数字技术与金融的融合正成为一种不可逆转的潮流，金融新模式、新业态不断涌现。然而，技术在创造便利的同时，也带来了威胁。数字技术与金融行业融合发展，衍生出涵盖第三方支付、网络保险、网络借贷、供应链金融、消费金融、传统金融创新业务等数字金融的新模式、新业态。伴随而来的新型金融欺诈亦是如影随形，各种新手段层出不穷，数字金融欺诈的专业化、产业化、隐蔽化、场景化等特征也愈发凸显。

在此背景下，如今诸多新型欺诈案件层出不穷，传统反欺诈手段因受限于其考核维度单一、效率低下、范围局限，已无法满足保障资金安全的需求，为克服传统反欺诈手段现存的问题，智能反欺诈应运而生。智能反欺诈是指利用大数据、人工智能技术及算法等，预测、识别和防止各类欺诈行为的一种手段。智能反欺诈通过运用机器学习、深度学习、图谱学习等技术，构建反欺诈规则和模型，对潜在的欺诈行为进行监控与检测，极大地提高了欺诈识别的准确度和效率，实现了对各类欺诈行为进行高效拦截。

二、智能反欺诈的关键技术

（一）数据采集

数据采集技术主要是应用于从客户端或网络获取客户相关数据的技术方法。值得强调的是，数据采集技术的使用，应当严格遵循法律法规和监管要求，在获取用户授权的情况下对用户数据进行采集。目前，数据采集技术充分发展，包括设备指纹、网络爬虫、生物识别、地理位置识别、活体检测等。数据采集技术可以实现对用户信息的自动识别和提取、公共信息批量采集和自动更新。

金融反洗钱中的数据采集

金融反洗钱工作一直是维护国家金融安全、打击经济犯罪的重要一环。随着金融科技的快速发展，金融机构面临的洗钱风险也日益复杂和隐蔽。因此，数据采集在反洗钱工作中显得尤为重要，它能够帮助金融机构精准识别与追踪可疑交易，从而有效遏制洗钱行为的发生。

数据采集的来源多种多样，主要包括以下方面。

（1）客户直接提供的信息：金融机构在与客户建立业务关系时，通常会要求客户提供必要的身份证明和财务信息。这些信息包括客户的姓名、地址、联系方式、职业、收入等。此外，金融机构还可能要求客户提供交易记录、账户活动和资金来源等详细信息。这些信息是金融机构了解客户的基础，也是反洗钱风险评估的重要依据。

（2）第三方机构提供的信息：金融机构还可以通过与政府部门、公共机构、征信机构等第三方机构合作，获取客户的背景信息、信用记录和其他相关的财务数据。这些第三方机构拥有丰富的数据资源，能够为金融机构提供更全面、准确的客户信息，提高反洗钱工作的效率和准确性。

（3）公共数据源：金融机构还可以利用公共数据源，如社交媒体、新闻报道等，获取客户的相关信息。这些数据源虽然可能不够准确和全面，但可以为金融机构提供额外的参考信息，有助于识别潜在的可疑交易。

在数据采集方式上，金融机构可以采用人工收集、自动化抓取和系统对接等多种方式。人工收集方式虽然较为烦琐，但能够确保数据的准确性和完整性；自动化抓取方式则能够大大提高数据采集的效率，但需要对抓取工具进行定期维护和更新；系统对接方式可以实现数据的实时共享和交换，但需要金融机构与第三方机构建立良好的合作关系。

（资料来源：《金融反洗钱中的数据采集》，数环通网）

（二）数据分析

数据分析技术是指运用数据分析工具从数据中梳理、提炼新信息的应用方法。其中，机器学习技术是当前最为重要的数据分析技术，它通过对数据的整理分析训练出合适的模型，再利用模型进行预测，达到反欺诈的效果。当前数据分析技术应用的主要模式为监督机器学习模式、无监督机器学习模式和半监督机器学习模式。

（三）反欺诈决策引擎

反欺诈决策引擎是数字反欺诈体系的大脑和核心，是将信誉库、专家规则和反欺诈模型等各类信息和决策标准有效结合在一起的一个功能强大的决策引擎，是反欺诈技术和人工经验的有效整合。反欺诈决策引擎还可以为反欺诈人员提供一个操作高效、功能丰富的人机交互界面，大幅降低反欺诈运营成本和响应速度。对于决策引擎好坏的判断，可从引擎处理能力、响应速度、UI 设计[①]等多个维度进行综合判断。

三、智能反欺诈的典型案例

（一）网络借贷智能反欺诈

我国网络借贷行业出现早、发展快。网络借贷行业快速发展的同时，欺诈行为也层出不穷，移动终端是众多消费信贷业务的流量入口。有关数据显示，全球每年针对移动端的诈骗攻击增长率约为 24%。消费金融的坏账损失超 50% 源于金融欺诈。由于线上造假成本低廉、诈骗技术不断更新、代办公司迅速崛起、社会个人征信体系不完善等原因，网贷行业成为诈骗者竞相追逐的"蛋糕"。网络借贷的欺诈行为主要有中介代办、团伙作案、机器行为、账户盗用、身份冒用和串联交易等。其中，身份冒用是比较常见的欺诈行为，它是指贷款人对提供的个人身份、财产证明等材料进行造假，甚至采用欺骗等违法手段获取他人信息，进而冒充他人身份骗贷。

针对身份冒用的欺诈行为，网络借贷智能反欺诈主要使用人脸识别、用户画像等技术进行预防。一方面，利用人脸识别技术识别是否是贷款人自己发起的申请。反欺诈系统利用视频画面截取申请人不同的脸部特征，与身份证照片进行比对验证，以防申请人通过化妆或者利用照片等方式进行人脸欺诈。另一方面，系统可以通过文本语义分析、用户行为分析、终端分析等方法，刻画客户个人的特征，并用于网络贷款交易事前、事中、事后全过程的欺诈识别。例如，通过大数据分析申请者的行为轨迹，测算出正常投资者在申请的每个节点都会停留几秒，完成整个贷款申请流程至少需要 5 分钟。当某个申请者不到 10 秒钟就走完所有流程，且该用户的申请时间是凌晨左右时，反欺诈系统就会根据对用户申请速度、申请时间的分析，自动判定这个人是欺诈者，于是平台就会立即在事前拒绝其贷款申请。

（二）供应链金融智能反欺诈

供应链金融是指金融机构将核心企业和上下游企业联系在一起提供灵活运用的金融产品和服务的一种融资模式，它在为中小企业拓宽融资渠道、为银行等金融机构开拓市场等方面取得了显著的成效。2014 年以来，受益于应收账款、商业票据及融资租赁市场的不断发展，供应链金融在我国发展较为迅速。同时，由于供应链金融参与

[①] UI 设计（或称界面设计）是指对软件的人机交互、操作逻辑、界面美观的整体设计。UI 设计分为实体 UI 和虚拟 UI，互联网常用的 UI 设计是虚拟 UI。

企业主体众多，企业业务数据繁杂，其欺诈风险也愈发难以识别和控制，严重桎梏供应链金融长期健康发展。以金融科技为基础的供应链金融智能反欺诈系统基于数据识别优势，在促进供应链金融健康发展中发挥了重要作用。

在识别企业的经营欺诈行为方面，供应链金融智能反欺诈系统利用机器学习、关系图谱和设备指纹识别等技术，实现了对企业经营欺诈行为的精准识别。例如某上市公司 A 企业在接受尽职调查时，提供给会计师事务所和券商的财务报表中，只有银行贷款信息是真实的，A 企业隐瞒了应收账款、销售利润、民间借款、对外担保等信息存在造假的事实。而此时，B 企业作为 A 企业的关联公司，向某线上平台提出了贷款申请（但 B 企业并没有告知平台其为 A 企业的关联公司）。针对这一情况，供应链金融智能反欺诈系统则提供了很好的解决方案，该系统的具体运作流程见图 10-3。

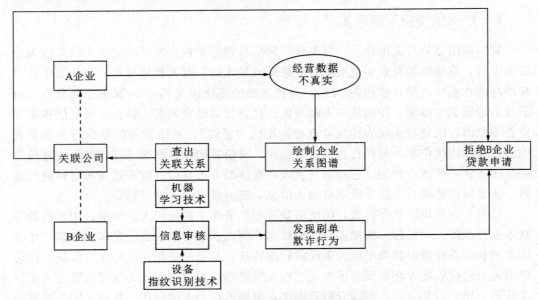

图 10-3　供应链金融智能反欺诈流程

第一步，供应链金融智能反欺诈系统运用机器学习等技术对 A 企业的公开信息进行自动化审计后发现，其企业经营数据不真实。第二步，在发现 A 企业存在经营欺诈行为后，该线上平台已有的企业图谱及舆情系统利用公开的上市公司报告信息，能够描绘出包括注册地址、股东结构、经营范围、组织形态等信息在内的数千家企业关系图谱，关联出 B 企业是 A 企业的关联公司。第三步，由于 B 企业对线上平台提出了贷款申请，因此需要利用机器学习技术对 B 企业的经营数据等信息进行全方位审核。与此同时，利用设备指纹识别技术和机器学习技术发现 B 企业存在刷单欺诈行为。第四步，综合 B 企业与 A 企业的关联关系事实和 B 企业刷单欺诈的行为，该线上平台拒绝了 B 企业的贷款申请。

四、智能反欺诈的未来发展展望

"反欺诈之战"不是某一种技术或方法的单打独斗，而是一场集数据、技术和机制于一体的综合防御战。其中,数据是反欺诈体系建设的核心和前提,技术是打赢反欺诈之战的重要支撑,机制是优化反欺诈效果、提升反欺诈能力的重要保障,这三者的关系是相辅相成、相互促进的。未来数字金融反欺诈之路应该从数据、技术和机制三个方面均衡发力。

(一)数据是基础

数据是反欺诈的根本前提,无序且不受监管的数据使用却是欺诈产业得以"壮大"的重要原因。因此,个人数据在使用过程中的保护问题对于反欺诈体系的建立具有至关重要的作用。一方面,需要从国家立法层面厘清公民个人数据的使用权限和范围,明确一切未经用户授权的二次使用均属非法行为,进而从源头上掐断欺诈产业的数据来源。另一方面,企业要加强数据保护的技术研发,使所有数据能够按需利用不至于外泄,特别是在和第三方的合作中,也应该通过相关机制来保障数据的安全使用。

2012年12月26日,国务院发布《征信业管理条例》,明确规定禁止征信机构采集个人的宗教信仰、基因、指纹、血型、疾病和病史信息以及法律、行政法规规定禁止采集的其他个人信息;征信机构不得采集个人的收入、存款、有价证券、商业保险、不动产的信息和纳税数额信息,但征信机构明确告知信息主体提供该信息可能产生的不利后果,并取得其书面同意的除外。2019年11月26日,中国人民银行、国家发展和改革委员会、财政部、证监会联合发布《信用评级业管理暂行办法》,指出在加强外部监管、提高市场透明度、促进行业公平竞争、强化责任追究等方面对接国际标准,发挥信用评级在风险揭示和风险定价等方面的作用。2021年9月17日,中国人民银行发布《征信业务管理办法》,明确征信业务边界,加强信息主体权益保护,依法将个人征信业务新业态纳入征信监管,切实保障征信市场主体的合法权益和信息安全,促进征信业规范有序发展。采集个人信用信息遵循"最小、必要"的原则,与个人信用无关的行为并不纳入征信系统。保障信息主体的知情权、同意权、异议投诉权,查询个人信用信息须取得信息主体的同意。公众可以通过人民银行柜台、自助查询设备、互联网、网银、手机银行等多个渠道查询央行征信系统的个人信用报告。对于错误信息和征信机构违规行为,信息主体有权提出异议和投诉。

> **拓展阅读**
>
> **金融数据界定**
>
> 目前,我国在立法上对金融数据没有做出明确的概念界定,一般认为金融数据是指金融机构收集、使用的数据。对于个人金融数据,《中国人民银行金融消费者权益保护实施办法》第二十八条规定,消费者金融信息,是指银行、支付机构通过开展业务或者其他合法渠道处理的消费者信息,包括个人身份信息、财产信息、账户信息、信用信息、金融交易信息及其他与特定

消费者购买、使用金融产品或者服务相关的信息。中国人民银行于2020年2月13日发布的《个人金融信息保护技术规范》规定个人金融信息指金融业机构通过提供金融产品和服务或者其他渠道获取、加工和保存的个人信息，主要包括账户信息、鉴别信息、金融交易信息、个人身份信息、财产信息、借贷信息及其他反映特定个人某些情况的信息。

按照数据监管的关注点，金融数据可以分为个人金融数据、重要金融数据与其他金融数据三个部分，其中个人金融数据和重要金融数据受特别立法规制，适用特别的监管要求，其他金融数据则主要适用一般性的数据监管法律规定。个人金融数据是个人数据的一部分，是金融数据中最为敏感的部分，因为其涉及各种个人的敏感信息。个人金融数据源于证券、银行、保险等方面的诸多金融活动，包括金融机构对其在交易过程中获得的静态的客户个人基本信息和动态的交易数据。金融数据中的重要数据对国家金融安全和风险防范具有重要意义，需要给予高度关注和重视，尽快明确其范围和保护方式。

（资料来源：《中国金融数据保护的立法与监管研究》，澎湃新闻网）

（二）技术是支撑

欺诈和反欺诈是对立的两面，中性的技术决定了其既可以被不法分子利用行诈骗之事，也可以服务于"匡扶正义"的反欺诈事业。为了更好利用技术手段打击诈骗行为，一方面，我们要不断优化反欺诈模型，完善系统架构，综合运用多种技术手段对欺诈行为进行精准打击；另一方面，要将先进的技术在行业内共享，鼓励优秀企业的技术输出。

反欺诈模型和系统架构是构建反欺诈方案的核心要素。反欺诈模型是核心竞争力，特别是基于机器学习技术构建的反欺诈模型是重要的发展趋势，它能够分析各类用户的行为特征，并计算出金融业务不同环节中的风险概率，从而有效识别风险。此外，系统架构直接影响欺诈行为的识别效果，这对系统的处理速度和稳定性提出了更高的要求。

随着欺诈手段逐渐升级，反欺诈技术也需要升维。一方面，需要将多种技术手段组合运用，构筑多维度的反欺诈模型，比如将数据采集、数据分析、机器学习等技术结合，进行多维度整合并分析数据信息，有效治理欺诈行为；另一方面，从跨行业的视角出发，对欺诈行为进行打击。行业之间跨界融合发展是大势所趋，只有从跨行业角度出发，多维度地甄别、审查，才能实现对欺诈行为的精准打击。

（三）机制是保障

要从根本上弱化欺诈的动力源，需要我们不断优化机制。其一，要提高金融科技企业的门槛，做到扶优限劣。其二，需要多方共同合作，构建由监管部门、行业协会、金融机构、科技企业共同参与的反欺诈联盟。

行业内提供服务的企业良莠不齐，导致数字金融的欺诈乱象频生。因此，提高金融科技企业的门槛成为优化行业生态的关键之举。这需要监管部门建立一套详细的指标体系，对金融科技企业进行评价认定，同时在政策上对真正的金融科技企业进行引导和扶持，让优秀的企业有快速成长的空间，做到扶优限劣，促进行业高质量发展。

第四节 智能催收

一、智能催收的概述

催收作为风险管理的终末环节，构筑了保障银行资产质量的最终防线。传统观点认为，催收是一项"接地气"的业务，高度依赖人工作业，大型机构的催收员甚至多达数千人。中国银行业金融机构调查报告显示，截至2022年末，我国银行业金融机构总资产近380万亿元，其中不良资产近3万亿元。传统的催收行业在执行机械式重复流程中存在费用高、效率低的问题。为解决不良贷后资产的处置问题，依托"AI＋互联网"的智能催收模式得以问世。

智能催收是应用人工智能、大数据、云计算等技术手段，提高催收效率、降低成本、提升催收成功率的一种新型催收模式。智能催收不仅能够帮助金融机构实现高效、准确、无误催收，同时也能够保护债务人合法权益，防止不当催收行为的发生。人工智能技术可以实现对债务人的自动识别、情感分类、行为描述等；大数据技术可以对催收数据进行大规模处理和分析，深入了解债务人的催收需求；云计算技术可以实现催收数据的实时传输和共享，为加快催收流程提供支持。

二、智能催收的优势

智能催收的主要优势包括以下方面。

（一）自动化

智能催收系统可以自动识别欠款人、自动发送还款提醒、自动跟踪欠款行为等，根据客户的风险等级和还款意愿，系统可以自动调整催收策略，如发送提醒短信、邮件，或者电话催收。自动化流程大大提升了催收工作的效率，缩短了资金回笼周期。

（二）数据驱动

利用大数据和人工智能技术，智能催收系统可以分析欠款人的历史还款记录、信用评分、财务状况等信息，制定更科学的催收策略。

(三) 个性化

智能催收系统可以根据欠款人的不同情况，采取不同的催收策略，如发送语音、短信、邮件或者通过人工智能聊天机器人与欠款人进行互动等。智能催收机器人可以实现对用户意图的精准识别，并在充分理解用户意图基础上与用户进行多轮对话，识别借款人的还款意愿，引导客户进行还款，从而切实提高催收作业效率和质量，有效弥补人工催收的不足。

(四) 效率高

智能催收系统可以大大提高催收效率，节省人力成本，减少欠款损失。对于需要进行电话还款提醒的客户，智能催收机器人可以有效分担人工催收压力，用智能催收机器人先行催收，之后再人工跟进未能有效处理的案件，由此实现资源优化配置。同时，智能催收机器人服务价格本身具有很大的优势，能极大降低催收成本。

与传统的催收模式相比，智能催收在成本、产能、灵活、管理方面均具有显著优势（图10-4）。

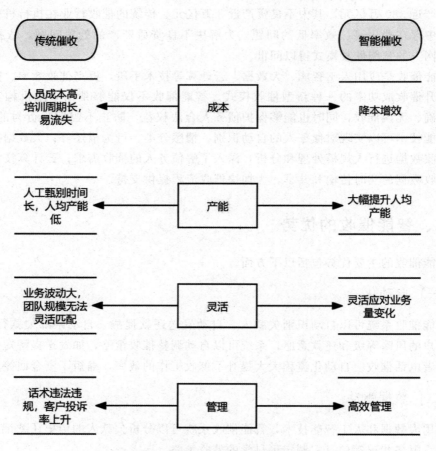

图10-4 智能催收与传统催收的对比

三、智能催收的典型案例

（一）招联金融智能催收系统

招联金融成立于 2015 年 3 月，是经中国银保监会批准，由招商银行和中国联通共同组建的持牌消费金融公司。招联金融创立初期便坚定数字化方向，持续在大数据、云计算、人工智能等金融科技前沿领域探索，致力于科技创新赋能和应用。2020年公司研发人员占比超过 50%，拥有软件著作权 69 件、申请发明专利 62 件（公开或实审阶段），从数字化进一步向数智化升级，有力提升了普惠金融服务水平。如今"数智化"能力已成为招联金融的核心竞争力。经过多年持续创新和攻关，通过深入场景业务将目标逐层向下分解，在催生相应的智能产品功能的同时，构建起了一套高度智能化的贷后管理全流程解决方案。招联金融在消费金融行业综合实力排行中名列前茅，2023 年末招联金融的资产总额为 1764.21 亿元，全年实现营业收入 196.02 亿元、净利润 36 亿元。由于智能方案需要海量数据作为训练基础，招联金融凭借自身已有的业务规模及数据积累，在构建智能催收模型体系时拥有得天独厚的先发优势。

有调查显示，在信贷行业每年逾期未还款用户中，70% 左右的用户是忘记还款，经人工提醒后，大部分人才会完成还款。但人工作业提醒占用大量人力资源，极大消耗单位成本。因此，前期使用智能催收机器人应用效果更为理想，可通过语音、短信、电子邮件等方式与用户沟通。

与此同时，在人机对话过程中，智能催收机器人会在经过训练的复合语境下应答，智能应对客户的不同回复，实现提醒、核查、沟通等，直至完成交互过程。在这一过程中，AI 机器人不会情绪失控或违规应答，这从源头上规避了催收作业的违规风险。

此外，基于设置的催收策略，智能催收机器人还能够与坐席人员完美配合、无缝衔接。比如，在实际操作中，可由智能催收机器人先行作业，再由人工跟进未能有效完成的案件。招联金融已将智能催收机器人的应用推广到逾期 6 个月以内的资产，并不断加强人机协作，创新应用多角色机器人。

在催收质检方面，通常而言，传统质检大多采用人工质检方法，以抽检为主。但抽检比例仅能达到 1%～5%，漏检率极高。如果人工坐席在通话过程中出现不良话语，也只能通过事后质检发现问题，再对当事坐席人员进行事后处理。伴随着科技在催收管理上应用，智能质检和智能坐席助理作为实时监控和辅助坐席人员办公的系统工具，可以有效辅助坐席人员提升工作效率，进一步减小风险。

招联金融认为，在引入智能质检后，通过自然语言处理等一系列技术手段，将海量录音或实时通话数据进行智能化监测，使得事后检查转变为了实时检查，有效解决了传统质检的滞后性问题。当智能质检系统检测到催收违规话语、情绪失控等不规范行为，会立即提醒坐席人员调整对话状态。管理员也可通过实时监控系统即时了解坐席人员工作情况，如发现违规操作，可第一时间介入处理，有效降低违规风险。

从科技提升效果看，招联金融自主研发的智能催收系统，可以针对不同风险级别的客群和不同的催收业务类型设定差异化的作业场景，并将更多精力放在处理较难的案件上，其低账龄阶段（逾期1~10天）的催收作业已基本全部实现由AI替代人工催收。按照逾期60天纳入"不良"信用评级的标准计算，招联金融2020—2022年的贷款不良率分别为1.78%、1.83%、2.22%。渤海银行的个人消费贷款不良率从2022年底的4.63%上涨至2023年的5.09%。可见招联金融的贷款不良率低于行业其他同级别企业的贷款不良率，充分显示出了招联金融在智能催收系统的加持下更好地实现了智能风控的目标。

（二）美国的债务催收行业

美国拥有发展成熟的金融体系和信用体系，消费市场已实现规范化。在催收方面，美国在1977年就颁布了《公平债务催收作业法》。美国的债务催收是一个劳动密度低、科技含量高的行业。美国债务催收行业中，True Accord是一家成功运用新算法进行催收业务的创新型智能催收公司，服务全美20多家大银行。

企业会在True Accord的在线平台注册个人账号，并提交希望帮助追讨的债务信息。之后True Accord便会围绕债务人建立档案，根据相关信息猜测是什么原因导致了债务人支付逾期，并选择最适宜的通信渠道联系债务人。同时允许债务人通过True Accord平台进行还款或抗辩。True Accord目前已与主要银行、信用卡公司、电子商务公司等合作，为数十万人解决债务问题。True Accord还开创了机器学习引擎，完善消费者体验。该引擎可以根据每位消费者的情况创建个性化的还款计划，并通过电子邮件、短信和社交媒体等渠道与消费者联系。True Accord提供的清算和回收率比行业基准高50%~80%，能够提供完整的账户使用自助服务，用户仅在手机上就可以完成全部的手续。

在True Accord看来，债务催收是债权人与债务人关系恢复与和解的过程，而非对抗。运用算法创新，公司能巧妙创造机会，一方面帮助债权人保护自己的权益，提高债务回报，留住客户；另一方面帮助债务人制定合理的还款计划，债务人可以获得愉快的还款体验。

本章小结

本章主要围绕智能风控这一主题，向读者说明了智能风控的概念、优势、特点及其技术框架与实施步骤，阐述了第三方征信平台的发展现状与其在智能风控领域的具体应用，并重点针对智能风控的两大关键环节——智能反欺诈与智能催收的关键技术、主要优势、实际应用与未来发展等进行了详细的介绍，旨在帮助读者更好地了解智能风控，领略智能风控在风险管理中的强大功能。

思考题

1. 谈谈智能风控相比于传统风控的特点与优势。
2. 试分析我国的征信体系的构成与特点，并指出第三方征信平台能够为智能风控行业的建设提供怎样的帮助。
3. 智能反欺诈具体能够应用于哪些业务场景中？其又是如何发挥作用的？谈谈你对智能反欺诈未来发展的看法。
4. 智能催收的优势有哪些？其在实际业务中有怎样的具体体现？

第十章
参考资料

第十一章

金融科技应用案例

本章通过两个精选案例，深入剖析金融科技在银行业和小微企业融资领域的实际应用，展现其推动金融行业创新、服务实体经济的巨大潜力。

第一节首先聚焦银行数字化转型的成功案例。不仅展示了银行如何通过科技手段提升服务效率、优化客户体验，还揭示了金融科技如何重塑银行业务模式，助力银行在激烈的市场竞争中脱颖而出。

第二节的案例讲述金融科技破解小微企业融资困境的机制与路径。小微企业作为我国国民经济不可或缺的主力军，一直面临着融资难、融资贵、融资慢的困境。金融科技的出现，为这一难题提供了全新的解决方案。本节通过具体案例，展示金融科技如何运用人工智能、大数据、区块链、云计算等先进技术，帮助小微企业突破融资瓶颈，激发其创新活力。

本章旨在通过案例的生动阐述，帮助读者深入了解金融科技在解决实际问题中的应用实践，认识到金融科技在推动金融行业创新、服务实体经济中的关键作用，启发读者对金融科技未来发展趋势的深入思考，积极探索金融科技的创新应用。

■ 第一节　银行数字化转型案例

2022年末，众邦银行总资产迈上了千亿台阶，达1078亿元，服务客户总数超过4000万户，累计净利润超数亿元，经营实力稳居民营银行前茅。作为一家致力于服务小微企业的互联网交易银行，众邦银行在金融科技高速发展的浪潮中以大数据为桨，扬帆远航，建立智慧金融，提升其金融服务的敏捷性，实现了金融产品的智慧定制，极大地满足了客户的个性化金融需求。

在银行数字化赛道，竞争可谓空前激烈。金融产品的同质化、金融科技的相似性、客户信用风险差异化使得这片金融"蓝海"迷雾重重、危机四伏。回望众邦银行的发展历程，"差异化和特色化"是众邦银行在成立之初就制定好的战略方向。"智慧金融"是众邦银行金融服务差异化的关键，也是"数字化转型"过程中最难啃的"硬骨头"。

从 2017 年起，众邦银行不断深耕智慧金融领域，探索大数据助力实现银行数字化转型的路径。众邦银行成立以来，每年投入在智慧金融、大数据应用研发方面的资金占营业收入的 5% 以上，从事研发和大数据应用的员工超过 60%。大数据技术已经渗透在众邦银行各项业务当中，构建起众邦银行的技术壁垒，助力其解决小微企业的金融难题。前沿的金融科技成为众邦银行深度挖掘金融大数据的助手，从解决小微企业融资慢入手，众邦银行陆续开发了一系列智慧金融产品，从可以实现抵押贷款 1 分钟到账的"众微贷"，再到围绕交易场景、交易数据构建的信用贷款产品"众链贷"和"众商贷"。这一系列的智慧金融产品按照小微企业的金融需求定制，实现了敏捷高效的金融服务，有效地解决了小微企业在融资方面的难题。

那么，众邦银行是如何"逆流而上"，在海量的交易场景中挖掘金融大数据的呢？众邦银行又是如何发现广大小微企业及个体的金融需求的呢？众邦银行发现客户金融需求以后，怎样为其提供敏捷的金融服务，并量身定制产品呢？基于这些问题，本节重点分析众邦银行从发现金融需求到满足金融需求的过程，简要分析其产生的效果，以期对我国各大银行及金融机构发展智慧金融并进行数字化转型有所启迪。

> **拓展阅读**
>
> **众邦银行简介**
>
> 众邦银行由卓尔控股主要发起，并联合其他多家湖北民营企业设立，是银保监会批准成立的全国第 11 家民营银行，也是湖北省首家民营银行，于 2017 年 5 月 18 日正式开业，初始注册资本为 20 亿元，于 2020 年 1 月 16 日完成增资扩股，注册资本达到 40 亿元。众邦银行是国内首家互联网交易银行，其以金融科技人才为核心，科技团队占总员工比例 60% 以上，硕士及以上学历员工超过 1/3，于 2019 年获得国家高新技术企业认定，2020 年其互联网金融服务平台通过 DevOps 持续交付标准 3 级评估。众邦银行自成立以来，始终秉承"专注产业生态圈，帮扶小微企业、助力大众创业"的使命，以交易场景为依托，以线上业务为引领，以供应链金融为主体，以大数据风控为支撑，着力打造"三个银行"——打通交易与场景的互联网交易银行、致力于产融深度融合的供应链金融银行、数字化驱动科技赋能的开放型数字银行。
>
> （资料来源：众邦银行百度百科）

一、以产业链智慧金融为特色，立足互联网赛道快速奔跑

2017 年 5 月，由卓尔控股主要发起，联合其他多家湖北民营企业设立的众邦银行正式开业，成为银保监会批准成立的全国第 11 家民营银行。众邦银行深知，

作为民营银行，在传统的银行经营领域中没有任何优势，一开始就必须寻求差异化、特色化发展，才能在市场中争得一席之地。走互联网银行赛道，形成差异化竞争是众邦银行的战略导向。因此，众邦银行立足于互联网，运用金融科技，开展产业链智慧金融服务。众邦银行的客户就是国内海量中小微企业客户，它提出要用心满足每一个看起来微不足道的金融需求，让民营企业拥有及时、普惠的金融助力，众邦银行要成为最具影响力的中小微金融机构和专业交易银行，链接天下生意，成就百年银行。

传统银行通常采取垂直式"总行-分行"的经营管理模式，通过一个个银行网点服务各个地区的用户，此种模式高度依赖线下银行网点获客并提供金融服务，服务时间、服务的客户都受制于实体网点，并且中间业务单一，金融产品种类少且以贷款业务为主，金融服务同质化的经营特征已不能满足海量小微企业客户日益发展的复杂金融需求。

相较于商业银行对于企业抵押担保、征信记录、财务报表的"三要求"，广大小微企业却存在无抵押担保、无央行征信信贷记录、无规范财务报表的"三无"窘境，如图11-1所示。众邦银行在成立之初就决定了要利用大数据技术找到小微企业在各种交易场景、交易记录中的有效信息，以此来识别风险，避免了小微企业的"三无"窘境，运用金融科技实现精准和快速的金融服务。该服务既满足广大小微企业的金融需求，又缓解了广大小微企业遭遇的融资难、融资贵和融资慢等问题，让客户满意，实现了银行规模和利润的快速增长。

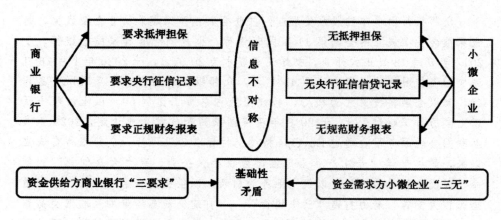

图 11-1　商业银行"三要求"与小微企业"三无"的基础性矛盾

二、慧眼识金，多层次智慧获取金融需求与建立金融智能数据库

作为一家互联网银行，众邦银行行长意识到，众邦银行一没有传统银行的网点优势带来的便宜储蓄资金，二没有多年经营优势带来的忠诚大客户，只能强化自己的技术优势，以金融科技创新建立自己的数据资源。他很坚定地对技术部门提出了要求和目标。为了及时响应金融消费者的个性化需求，众邦银行依托大数据建立了自己的金

融智能数据库,其中包括消费者金融智能数据库、供应链金融智能数据库和社会信用智能数据库等,用大数据技术从海量的数据中找到金融需求,从而为支持实体经济和小微企业高质量发展更好赋能。根据《2021年中国小微企业发展指数报告》,我国小微企业金融需求高且多样化。如果能够准确识别小微企业的金融需求,这将为银行进行智慧金融产品设计创造条件,为让顾客获得满意的金融服务打下坚实基础。

那么具体如何完成金融需求数据的敏捷获取呢?这是大数据时代的新命题。众邦银行金融创新部的总经理表示,大数据技术驱动才是完成任务的关键。对内要做好海量数据库的技术框架设计,用大数据模型完善自动收集和归类工作,数据要可以自动分类与入库,系统要实现动态更新。对外则搭建大数据连接通道,分别对接不同的互联网平台,获取大数据。

首先,众邦银行与互联网消费平台合作,获取碎片化、需求差异大和高频的消费者金融需求,构建消费者金融智能数据库。众邦银行通过调查发现,个体金融需求往往来自消费和生活等具体消费场景。于是众邦银行和京东、携程、58同城等超过100家互联网头部消费平台展开合作,以多场景融合的方式将金融服务融入消费、生活场景中,让消费者在其消费及生活场景中轻松获取便捷的智慧融资服务体验。目前,当用户在各种消费场景中有金融需求时,只须登录众邦银行App或合作的互联网平台,经本人授权后,就能运用人工智能自动完成在线身份认证,确认消费者个体金融信息,提供其他数据授权,最快1秒钟内即可在线实时完成风险评估、额度授信和贷款发放。在此过程中,银行凭借经客户本人充分授权后获取的数据信息,将这些数据通过大数据分析技术自动输入消费者金融智能数据库,利用机器学习模型,在线丰富个性标签信息并进行消费行为特征整理,不断完善用户画像,逐步构建消费者金融智能数据库。在这一金融服务形式下,众邦银行能够在不同的消费场景中,全天候在线获取消费者的金融需求。

其次,众邦银行与多层次产业互联网平台合作,获取供应链金融需求信息,构建供应链智能数据库。除了面向消费者提供金融服务外,众邦银行不仅与卓钢链、化塑汇、中农网等50多家国内产业互联网平台进行支付、结算的合作,还与100多家互联网消费平台进行合作。这些平台链接了超过4000万户企业,众邦银行通过与平台合作,获取了大量的信息资源,以海量交易数据为基础建立起自己的供应链金融智能数据库。通过大数据技术分析链上企业的申贷难点以及潜在金融需求,为处在供应链上下游、存在高频突发性资金需求的小微企业提供金融支持。以中农网为例,该平台服务上下游客户超过10万家,该网站为农产品相关产业的上下游企业提供安全快捷的供应链服务,与此同时获取了海量的平台企业交易、物流、仓储等多维度交易数据。众邦银行通过与该平台合作和授权,获取数百万条农业相关产业的企业交易数据,采用以大数据为基础的金融科技对海量数据进行清洗,提取每个企业的基础特征。同时将物联网中的仓储信息与物流信息搜集起来,通过将电子围栏、智能标签、云仓、生物识别等多种技术结合,实现了对货物出入库信息以及在库状态的捕捉,基于这些信息将贷款资金和在途货物一一对应,在大数据的加持下,众邦银行能够对每个企业的订单、资金、物流、仓储等数据进行在线采集并验证,通过物流信息与资金流信息的比对来核实企业的交易融资需求,最终向企业提供贷款,同时最小化欺诈风险。与互联网产业交易平台的合作不仅让广大中小微企业得到了融资服务，解决了限制企业在平台中进行交易的资金问题，同时也让众邦银行从平台高效运营和开放延展的交易中汇集大量真实的交易数据，以海量的交易数据建立起自己的供应链金融智能数据库。

最后，众邦银行积极推进金融业与政府社会服务部门对接，合法、合规地获取海量的社会公共信息。在智慧政务的背景下，众邦银行与政府合作，获取政府的授权，通过云平台自动获取大众的政务数据，以此为基础构建包含电费、税费和社保等信息的公共信息智能数据库，这将有利于银行建立社会信用智能数据库。

三、谋定后动，把握融资风险，为智慧金融保驾护航

在2022年中国品牌论坛上，众邦银行行长再次强调，银行是经营风险和信誉的企业，必须练就火眼金睛识别融资风险。依托科技和风控能力，众邦银行打造"金融需求—数据衍生—风险评估—产品设计—服务供给""五位一体"的全流程大数据风控体系，构建了千人千面的智慧金融服务。

发现金融需求是银行开展业务的前提，而实现融资风险控制则是银行能否进行智慧金融敏捷供给的关键。它涉及银行资产定价的合理性、资产的盈利能力以及安全性。众邦银行在成立之初便开始设计和构建自己的大数据风控体系，要发挥大数据技术在银行实现数字化智能风控中的精准识别风险、资产合理定价，以及保障资产安全等的决定性作用。众邦银行在大数据风控平台贯通了贷前、贷中和贷后全流程。运用"天衍""司南""倚天""洞见""众目"五大风控平台（图11-2），实现从获客到贷后催收全流程的风险动态跟踪。

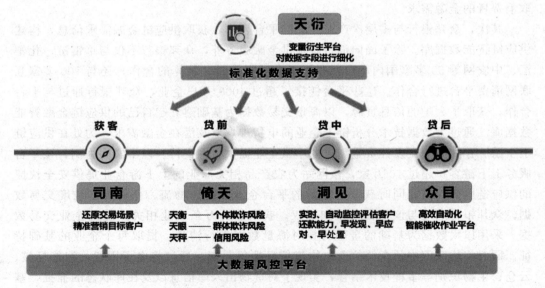

图 11-2　众邦银行全流程大数据风控体系一览图

天衍是众邦银行基于其智能数据库的数据处理平台，能够对原始数据进行衍生，构造出更多维度的用户信息，同时将数据规范化。天衍平台去除冗余、重复的信息，

同时对复杂信息进行拆分、标准化，从而为后续跟踪用户风险信息、打造用户画像提供更多维度、精细化的数据。为大数据风控提供标准化的数据支持。

司南则是众邦银行获客阶段的风险筛选平台，它通过调用供应链智能数据库，对处在供应链中的企业交易行为数据进行分析，还原企业间交易场景，进而挖掘出生产经营状况良好、可能存在融资需求的小微企业作为潜在用户进行精准营销，在获客阶段便对小微企业进行初步筛选，将可能存在伪造交易信息、交易数据不完整的，交易信用不全、高风险的企业排除在外。

倚天是众邦银行贷前的风险评估平台。它通过天衡、天眼、天秤三大子模块识别个体、群体欺诈风险及信用风险。首先，天衡模块以生物识别技术及大数据技术为基础，对于用户申贷时的页面浏览时间、是否为模拟器登录等行为进行识别，从而判断申贷行为是否由申贷本人亲自完成，同时对设备是否在欺诈库、申贷客户是否在黑名单等信息进行侦测，根据个性标签信息和消费行为关联关系，全方位识别、评估个体欺诈风险，即刻在线给出个体信用审核。其次，天眼模块基于人工智能技术，从申贷人的身份证、手机号、室内背景相似度、设备 IP 地址等多维度信息动态分析客户群体间的关联关系，实时评估群体串联的欺诈风险，避免群体互相担保、恶意骗贷的风险。最后，确定无欺诈风险以后，由天秤模块通过公共信息智能数据库中的个人纳税和社会行为特征等信息构建评分模型，量化客户风险，预测客户的社交信用。构建用户画像并进行数字信用评分，从而为金融产品定制、风险利率计算提供依据。

洞见则是众邦银行的贷中监控平台。它依靠互联网信用模型进行逻辑回归和机器学习，评估用户还款能力，同时对于用户后续的交易行为进行跟进，全天候监控企业信息，涵盖企业工商变更、异常经营、新增负债、企业主个人是否跨平台逾期还款、是否多次申请授信等可能存在显著风险信号的信息，实时更新数字信用评分。当信用评分低于阈值时平台会自动报警，将该企业纳入"众目"催收平台，真正做到贷款风险"早发现、早应对、早处置"。

众目是众邦银行的智能贷后管理平台。它依托大数据技术搭建，具备逾期客户分层、差异化催收作业和机器人语音外呼催收等功能，对于高风险群体则人工对接了解情况并催收，有效节约了成本、提升了管理效率。

对于有金融需求的消费者，众邦银行的大数据风控体系显得更加灵活，其完全根据消费者的个性偏好和个体风险承受能力，提供千人千面的智慧金融产品和高效敏捷的金融服务。有金融需求的消费者只需在相关场景平台在线提交金融申请、进行实名认证和相关信息录入，其个人数据就会立即通过互联网导入众邦银行智能数据库，让"天衍""司南""倚天""洞见""众目"进行自动甄别。五大节点不仅可以对消费者金融需求进行风险评估，还能够进行专属个体消费者的金融风险定价并推出相应风险的金融产品小模块。消费者根据个人偏好，组合这些模块，获得一人一品、千人千面的智慧金融产品和敏捷金融服务。在风险可控的情况下，消费者最快在 1 分钟之内即可完成申贷流程，系统可在零人工干预下识别风险，最快 1 秒钟完成放贷，快速满足消费者的个性化金融需求。

至于面向供应链端有金融需求的企业，众邦银行依靠以大数据为基础的金融科技，实现了经营信用动态实时的精准评估、量身定制和敏捷服务。由于小微企业大多存在经营风险和市场风险，如供应链和经营不稳定、资金需求波动大等，众邦银行对其经营信用的评估不仅在放贷前，还需要在后续的经营活动中持续跟踪并进行实时、精准的评估，实现了放贷前到回款全过程的风险可控。从企业需要融资服务开始，只需在众邦银行合作的平台上在线完成身份认证，确认企业信息，提供税务数据和其他数据的查询授权，最快1秒钟即可在线实时获得授信额度和贷款发放。在这样一个过程背后，供应链金融智能数据库以区块链技术为底层架构，多方采集企业的经营行为，这些数据经过"天衍"平台验证，可以成为企业真实可信的、不可篡改的数字交易信用证明。"司南"平台自动挖掘目标企业的股东信息及对外投资信息，检测并评估关联人的风险状况，进而还原出企业关联方的关系网。"倚天"平台通过天衡、天眼和天秤模块，识别出企业申请的相关个体的欺诈风险，对企业的信用风险进行精准评估和基本定价。"洞见"平台对后续企业的交易数据进行实时监控，将预警信号及时传递到"众目"平台。"众目"平台对于产生预警信号的客户单独进行人工调查，及时催收，确保了银行资金安全，也提升了管理效率。图11-3展示的就是众邦银行供应链金融风险管理流程示意图。

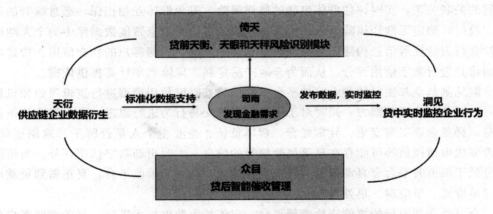

图11-3 众邦银行供应链金融风险管理流程

四、模块化设计，铸就个性化金融产品

如果说用户的金融需求是一张乐高图纸，那么众邦银行的智慧金融产品就是由一块块乐高积木按照图纸的要求拼出来的乐高模型。银行的金融产品服务于广大客户的金融需求，组成金融产品的乐高积木是通过大数据分析处理，从发生的事件、广大用户的金融需求数据中凝聚出有效信息，自动进行比对和分类，进而形成一个个具有基本特征的智慧金融产品小模块。每一个小模块都具有开放性、标准性和兼容性特征，多个模块之间可以任意组合，驱动产品设计平台制定产品，提升设计效率，模块化是银行智慧金融产品设计的基本原则。众邦银行金融产品定制流程如图11-4所示。

众邦银行通过模块化设计，实现了智慧金融产品定制。众邦银行以模块化设计思维，从其智能数据库中挖掘和甄别真实、有效、可控的优质交易行为特征和资产特征，由产品设计平台有针对性地设计具有开放性、标准性和兼容性的系列智慧金融产

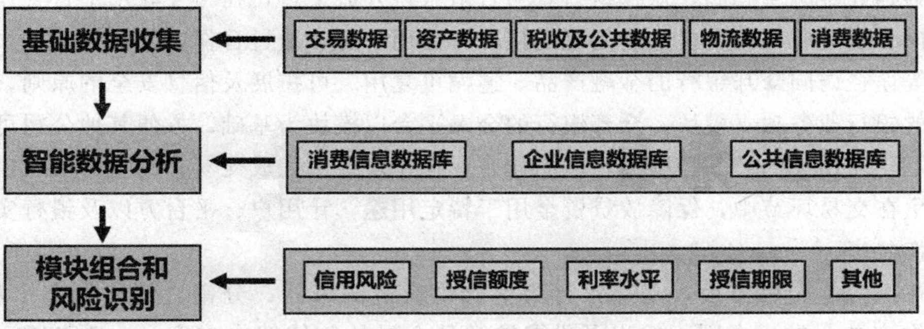

```
基础数据收集  ← 交易数据 | 资产数据 | 税收及公共数据 | 物流数据 | 消费数据
        ↓
智能数据分析  ← 消费信息数据库 | 企业信息数据库 | 公共信息数据库
        ↓
模块组合和
风险识别     ← 信用风险 | 授信额度 | 利率水平 | 授信期限 | 其他
```

图 11-4 众邦银行金融产品定制流程

品小模块。对于消费者金融需求，消费者的多维信息，如个人特征、履约历史和消费行为等不同维度信息都可以与众邦银行智能数据库、风险识别系统直接对接，从而分别获取相应的智慧金融产品小模块，最后叠加成一个专属消费者的金融产品，在线实时提供给消费者。客户的发票、订单、货物、应收、担保、抵押等信息都有对应的模块。只要客户提供有关信息和资料，就能在线一键完成产品定制，最高贷款额度可达 1000 万元。智慧金融产品还可以在消费和交易环节发掘客户隐性、潜在且高频的金融需求，主动为消费者提供衍生金融服务。只要消费者授权相应信息的查阅权限给银行，银行系统便会立刻根据其信息特征，结合其智能数据库自动计算其贷款额度并予以发放，整个授信到放贷过程不超过一分钟。众邦银行通过多维度数据的获取和应用，构建顾客的"数字信用"，进而实现对其金融风险的精准识别、量身定制金融产品、敏捷实施金融服务，完成了智慧金融的"五位一体"。

以入选首届 NIFD-DCITS 全球金融科技创新案例库的"众链贷"的服务为例。"众链贷"由供应链信用贷模块和税务贷模块组合而成。该产品根据企业结构化数据为客户计算信用水平，自动核定出客户的信用基础额度（50 万元以内）。除此之外，该产品还支持客户主动上传企业发票、历史订单及货物、应收账款、抵押等各个维度的数据，针对客户上传的数据反推顾客经营行为以及风险状况，更新客户画像并相应地增加信用额度。该产品在纯线上授信模式下信用额度最高可达 1000 万元，全程无须资产抵押，能很好地满足中小微企业的资金需求，同时在考虑风险的基础上灵活调整额度和贷款利率，实现了风险与业务的良好平衡。

五、合作共赢，打造开放式金融生态圈

对于一个智慧金融产品，其不仅需要能够量身定制，还要能够无处不在，能够便捷使用。对银行而言，专款专用的资金需要能够快速跟踪，避免企业投资在高风险领域，使资金风险失控；对于客户而言，互联网银行的贷款过程不仅仅是将融资服务从线下转移到了线上，还使贷款场景、贷款生态发生了改变。最理想的金融服务应该是不需要专门去银行办理的，能够让用户在生产、消费活动资金不足时随借随还。用户的金融需求来自多产品、多渠道、多平台，只有让金融信息在内部相互传递，才能在最短时间内服务用户，增强用户的黏性，形成良好的生态圈。

为构建金融生态圈，众邦银行着力打造银行开放平台，在与互联网平台合作过程中，向各个互联网平台提供定制化的接口，让用户能够通过合作方的 App、网页、小程序等途径访问众邦银行的金融产品，遵循可复用、可扩展及信息安全的原则，建设开放的银行业务独立模块。众邦银行的金融平台以模块为基础，方便其他公司可以在模块上建立相关的产品和服务，从而让企业在特定渠道完成交易，资金的供给也可直接发生在交易环节中，保障放贷资金用于特定用途，让用户、平台方以及银行实现多方合作共赢。

在供应链金融方面，众邦银行为整合供应链的采购、分销、销售等多个场景，打造供应链金融生态圈，推出了供应链智慧金融的整体解决方案——E账通。该产品通过线上开户、账户管理、收付款、融资等一揽子金融服务，无缝触达平台交易场景下的企业端（B段）、客户端（C端）用户，实现资金流、信息流的闭环。该方案包含融资、结算和交易模块，通过调整模块可以提供个性化的运营服务，从而提升企业业务场景中B端、C端的客户体验。E账通把结算业务和交易场景连接起来，并整合理财、信贷等产品，形成标准化可输出的智慧金融产品，高效切入合作企业及其产业链上下游，打通整条产业链上的金融服务功能，将银行"开在"经营场景中。目前，众邦银行已与汇付天下等超过60家平台和金融科技公司达成合作，涵盖农业、医疗、旅游、教育、电子商务、供应链、物流等10多个不同行业的应用场景。

由于E账通还具有高度的可调整性，众邦银行将其应用于供应链行业，取得了良好的应用效果。对供应链平台上下游企业而言，通过使用E账通，一方面他们无须开立实体账户，省去了异地临柜开户的麻烦，可面向更广大区域的企业，增加交易量；另一方面上下游交易资金直接汇入E账通账户，账户实现封闭管理和信贷资金受托支付，企业资金和银行融资风险可视可控。

以供应链平台化塑汇为例，众邦银行调用组合交易、结算、融资等功能模块，为每个供应链中的企业定制E账通账户和金融产品，提供个性化的金融解决方案。在具体实施时，化塑汇先在众邦银行开立存管账户，众邦银行E账通在存管账户下为化塑汇平台上下游的企业建立电子账户，上下游企业在进行交易时直接使用E账通电子账户进行收付款，银行帮助企业处理烦琐的资金清、结算工作；在为上下游企业提供便捷资金结算服务的同时，众邦银行可获取业务场景中的资金流、信息流和金融需求，并将其导入智能数据库，进行信息比对和分析，确定不同主体的风险状况和信用水平，进而提供不同的信贷额度，在一个应用内满足上下游企业的融资需求、支付结算需求和查询需求。因此，在化塑汇平台业务场景中，上下游企业可以在E账通体系中解决所有交易节点中的金融问题，使交易变得通畅顺利。2022年化塑汇平台平均每月的交易量超过50000笔，交易额达到了12.24亿元；众邦银行也因此拓展业务，月均贷款196笔，每家企业平均放款金额16630元，还款金额14320元。E账通帮助众邦银行实现与客户合作，产融共赢，其具体实现机制如图11-5所示。

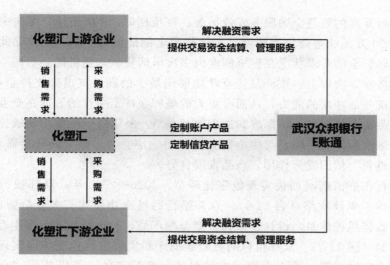

图 11-5 E 账通赋能化塑汇服务机制

六、智慧金融"疫"不容辞,数字化转型"贷"动企业

在新冠疫情期间,人们形成了保持安全社交距离和减少外出的生活方式。金融业作为原本需要与客户面对面接触的服务业,这种行为模式直接影响到了其业务开展的效果。智慧金融和互联网无接触服务的需求变得越发重要,由此推动了众邦银行实现数字化转型。

众邦银行通过建设智慧金融,保持金融敏捷服务,不仅向小微企业提供了复工复产的资金需求,银行的信贷规模、负债规模、服务客户数都保持着持续增长(图11-6)。

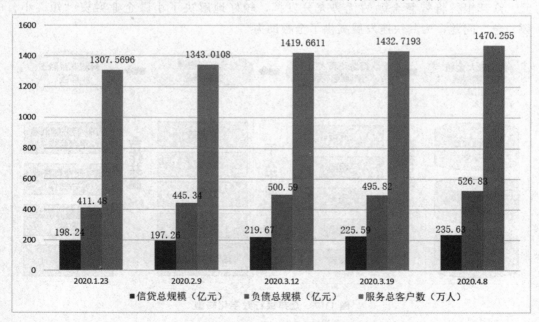

图 11-6 众邦银行疫情期间经营状况

众邦银行开展的智慧金融服务成效显著。疫情期间,"众链贷"可向中小微企业提供最高 1000 万元的融资信用额度,实际贷款金额最低为 74750 元。除此之外,客户可根据实际资金的需求状况在融资额度内多次申请贷款,随贷随还,同一客户每年平均贷款次数在 3 次以上。该产品让企业能够用最少的利息支出来支持企业的运营,提高企业抵抗外部冲击的能力,从而有更大的概率在冲击中存活。而在企业的风险控制中,该产品也表现优异,坏账率和逾期率都是 0。众邦银行所使用的敏捷、精准且多样化的金融产品定制策略,与中小微企业"短、小、频、急"的资金需求相契合,疫情后"众链贷"依旧发挥作用,产品发展良好。

众邦银行在疫情期间加快实现数字化转型。2020—2023 年,众邦银行在数字化转型方面取得了丰硕成果(表 11-1)。众邦银行通过成功构建三大金融智能数据库,开发动态大数据风控体系,设计全系列智慧金融产品,打造开放式金融生态圈,实现了数字化转型(图 11-7)。众邦银行的智能数据库和大数据风控完美地实现了为企业融资需求量身定制方案,千人千面,按需供给。有资产的,可以使用"众微贷"48 小时之内快速获得抵押贷款;没有资产,有税收等公共信用的,可以使用"众税贷"3 分钟之内获得信用贷款;没有资产,税收信用不足的小微企业,可以凭借自己的社交信用(使用众商贷)、经营信用(使用众链贷)获取信用贷款。所有的产品都只需要客户提供直接的原始凭证,估值和测评都是线上平台自动完成的。"众微贷""众商贷"和"众链贷"三大类智慧金融产品不仅全面覆盖了小微企业健康经营的融资需求,还化解了小微企业的"三无"困境。众邦银行数字化转型获得了市场充分的认可与丰硕的回报。2019—2022 年,众邦银行贷款总数经历两次高速增长后平稳在 199 亿元左右,服务的客户增长规模连续三年都在保持在 3 倍以上,2021 年的客户数量是 2020 年的近七倍,最高贷款额度也从 2020 年的 1000 万元增至 2022 年的 4000 万元。众邦银行将智慧金融的优势充分发挥,较好地解决了小微企业融资"短、小、频、急"问题,为其快速发展提供了金融助力。

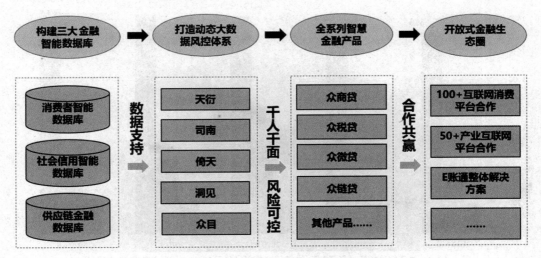

图 11-7 众邦银行数字化转型

表 11-1　众邦银行智慧金融产品一览表

产品名称与类型	产品特点
众链贷（企业类）	① 信用类：授信额度大、循环使用；授信期限长；线上操作即可办理。 ② 预付类：授信额度大且可循环使用；线上签约、线上提款、线上还款、线上提货；先款后货，解决采购资金压力。 ③ 应收类：授信额度大且可循环使用；线上签约、线上提款、线上还款、线上提货；先货后款，解决货物变现难的问题
众微贷（企业类）	最快 48 小时内完成审批及放款，还款灵活，授信额度最高可达 1000 万元。随时办理提前还款，不收取提前还款手续费。特点为额度高、期限长、时效快、受众广
众商贷（企业类）	众邦银行为湖北省/武汉市工商联、青年企业家协会的会员企业量身定制的一款金融服务产品。众邦银行首期为会员企业提供 20 亿元资金，约有 1000 家企业获益。特点为易申请、高额度、免抵押
众税贷（企业类）	① 覆盖广：正常缴纳增值税、所得税的客户即可申请，免担保、免抵押。 ② 效率高：客户自助申请，3 分钟完成申请，系统自动审批，全程无人工干预。 ③ 申办易：在手机端快速申请，仅需提供身份证、营业执照即可
众赢通（企业类）	众邦银行面向金融机构、产业互联网和消费互联网等各参与方构建的数智金融服务平台，基于开放、连接、共建、共赢的理念，为合作伙伴提供稳定资金、优质资产、交易流量服务、账户服务、支付结算、存款理财、大数据风控、投融资等一体化的金融服务，实现平台一点接入、生态全程响应
E 账通（企业类）	E 账通是众邦银行针对行业业态、深度定制化的支付账户体系。针对供应链平台、集中采购平台、分销平台和电商平台的不同特性，为平台提供专业化的账户管理服务；为平台上的中小企业、个人用户提供便捷的在线开通、在线融资、在线支付、在线理财等服务
众易贷（个人类）	① 借易：线上申请、纯信用贷款、无须抵押。 ② 还易：按日计息、万元日息 2.5 元起，隔日可还；循环额度、最高可借 20 万、最长借款期限 1 年
邦卡（个人类）	2019 年底众邦银行推出的电子银行卡，是拥有特色精美卡面的众邦银行二类账户卡

课堂阅读：我国银行业发展的现实背景

课堂阅读：我国互联网银行情况及其与传统银行的区别

第二节　金融科技与小微企业融资案例

小微企业是我国国民经济的基础，其税收贡献超过50%，GDP贡献超过60%，技术创新贡献超过70%，城镇劳动力就业贡献超过80%，企业数量占比超过90%，为经济和社会发展提供了源源不断的动力。小微企业的生存与发展对于保居民就业、保基本民生、保市场主体和保产业链供应链稳定至关重要。然而，对于经济贡献如此之大的小微企业却没有得到相应的金融支持，小微企业仍是资金需求的长尾群体。

中国人民银行统计数据显示，我国小微企业的平均寿命仅为三年，而小微企业获得第一笔贷款的平均时间却是在其成立的第四年之后，其面临的融资困境已经成为限制小微企业发展的"卡脖子"难题。《中国小微企业金融服务报告》指出，在全部的企业贷款余额中，小微企业贷款余额占比只有三成，大部分融资需求难以得到满足，尤其是受疫情冲击，小微企业经历了更险峻的"死亡期"。有学者经研究发现，在疫情期间，小微企业的存活率降低了11.81%，且经营年限越短、规模越小的企业，其存活率下降幅度越大。尽管政府和金融机构纷纷推出了信贷优惠等一系列助力小微企业发展的政策，但依旧没能完全纾解小微企业的融资困境。小微企业融资难、融资贵和融资慢这三大痛点已成为世界性难题。

融资难、融资贵问题的关键在于小微企业与银行间存在严重的信息不对称，导致信用风险识别成本和融资交易成本过高，银行不愿贷、不敢贷，而这些都源于小微企业缺乏信息和信用的自证机制。财务信息不规范、外部增信不足、融资风险高、发展不健全等问题使得小微企业成为金融排斥的对象。为化解这一难点，学术界从改善外部环境、核心企业增信等方面展开了多方面的研究与分析。这些研究的实践应用缓解了我国小微企业与银行的信息不对称，有效地帮助传统金融解决了一部分小微企业的信用和融资难题，但是对于从根本上改善小微企业自身的信用评估，甚至是帮助其完善多维度信用评估少有涉及。而融资慢的问题在于银行因为小微企业信用不足，个体经营风险高，难以对其进行金融风险评估与产品定价。这个问题目前仍和小微企业总体信用建设不足有关，传统金融难以解决这个问题。那么，面对小微企业迫切的贷款需求，商业银行能否运用金融科技这类新兴技术手段对传统信贷模式进行创新，从而切实地缓解小微企业的融资困境呢？

随着现代信息技术的进步，金融科技创新为我国数字普惠金融的发展开拓了具有实践性的新路径，助力解决小微企业融资难题。中国人民银行发布的《金融科技发展规划（2022—2025年）》提出运用"数据＋技术"，实现全价值链、全要素优化配置，构建以用户、场景为中心的金融服务体系。金融业发展正在经历动能转换。传统经济向数字经济转型已成为学界和业界的共识。

当下，方兴未艾的金融科技是人工智能、大数据、云计算、区块链等创新技术与金融业务融合的产物，其本质是利用现代信息技术对传统金融体系进行改造和创新，打造数字化、智能化的转型路径，进而提高资金配置的效率。那么，这些创新能否缓解银行与企业之间的信息不对称问题？以大数据为基础的金融科技在本质上就拥有海量信息，这些信息数据不再是独立的信息"孤岛"，而是来自万物互联的物联网，包含企业多种行为和特征的动态海量数据集合。这些数据集合如何缓解银行与企业，尤其是与小微企业之间的信息不对称问题是业界和学界亟待解决的难题。

本案例基于小微企业融资"难、贵、慢"问题的具体形成原因，根据金融科技对银行的赋能，从破解小微企业信用困境出发，针对融资难、融资贵、融资慢三个痛点问题分析人工智能、大数据、云计算、区块链等手段的协同应用，从而清晰地展现其在金融科技驱动下的实现机理和路径，即商业银行通过海量数据的收集、处理与更新，实现风险管理能力的提升，评估小微企业信用水平、降低信息不对称性，缓解小微企业融资"难"；通过自动精准营销、风险量化模型、自动信息审核、智能催缴等技术和方法，降低金融服务成本，缓解小微企业融资"贵"；通过申贷流程全线上化、生物识别技术、多维数据共享、人工智能审核等技术和方法，提升业务办理效率，缓解小微企业融资"慢"，搭建全流程数字化的小微企业金融科技服务体系。

基于金融科技驱动数字金融，研究商业银行如何运用金融科技针对小微企业构建和衡量数字信用，分析其解除小微企业信用困境的作用机理，不仅有助于启发商业银行的数字化转型之路，而且对于我国经济能否得到有力的金融支持、恢复增长动力、吸纳并调节就业具有重要的现实意义。

一、小微企业融资困境分析

（一）商业信用空白，融资难

小微企业当前面临的三大融资困境分别是融资难、融资贵和融资慢。其中，融资难的主要原因在于无法满足银行当前的贷款条件。在传统金融模式下，商业银行通常将"三要求"作为放贷的前置条件，即要求申请融资的企业提供抵押担保、央行征信信贷记录和规范财务报表。但是，商业银行的"三要求"，不适应小微企业融资无抵押担保、无央行征信信贷记录、无规范财务报表的"三无"现实困境，这也是小微企业融资难、融资贵的根源。因此，作为资金供给方的商业银行的"三要求"与作为资金需求方的小微企业的"三无"构成了一组基础性矛盾。

我国大多数小微企业由于生产经营规模小、不稳定，缺少合适的不动产来进行抵押贷款，同时企业的供应链条上也没有大型企业可为其担保，因此绝大多数企业必须依赖信用贷款获取融资。然而，据中国人民银行相关统计数据，我国小微企业平均寿命仅为3年，且未上市的企业内部管理相对不规范，一般没有规范的财务报表，经营管理信息透明度较低，基本没有信用记录。这些情况使得小微企业与银行之间存在严重的信息不对称。银行因为难以了解小微企业的真实经营状况并准确评估其贷款风险，所以银行面对小微企业存在"不敢贷"的情况，在授信额度上也相对保守，金融服务完全不能满足小微企业的融资需求，进而导致小微企业的融资困境。

基于信贷供给角度，小微企业成为银行金融排斥对象的关键原因也在于信息不对称。商业银行等各类信贷提供者在进行信贷配给时，会以企业的收入规模和资产规模为主要授信依据，从而对不同资质的企业贷款实行区别对待，导致收入规模和资产规模远不及大型企业的小微企业难以获得授信额度和满意的融资额度。除此之外,小微企业受限于资产规模小、缺乏高品质抵押品,其资产抵押的能力通常不足。同时,内控不完善、财务信息不规范、人才匮乏等缺陷也使得小微企业难以借助证券市场进行融资。例如,有学者研究发现,与中小银行相比,大规模银行的财务风控更加程序化、规范化,其金融业务更注重资产质量、结构等"硬"信息,而在识别经营状况等"软"信息方面不具备比较优势。为控制违约风险,规模较大的银行大多数情况关注企业的抵押品数额,实施严格的违约清算。大银行的融资特点使得其很难向资产欠缺、信用空白的小微企业予以有效的融资服务。

(二) 金融服务成本高,融资贵

除了融资难以外,小微企业还面临较为高昂的融资成本。2020年有关对全国范围内小微企业的政策诉求的调研显示,超过一半的小微企业都希望其融资成本得到切实降低。而融资成本高的原因主要是小微企业整体的不良贷款风险较高,且小微企业在贷款过程中会产生高额运营成本。在融资过程中,小微企业除了需要向金融机构支付贷款利息,申贷过程中还可能产生代理成本、三方担保机构的担保费用等,而小微企业本身贷款金额较低,在多种费用加持之下造成了较高的单位融资成本。

而站在银行的角度,融资难和融资贵的问题难以同时解决。当银行加大贷前审查力度时,或许可以了解小微企业的真实风险,但同时也需要更多的人力成本来完成,而人力成本最终会转化为企业融资成本;当银行减少贷前审批流程时,可能无法获知小微企业的真实风险,导致更高的风险溢价,这同样也要求更高的融资利率,甚至还可能出现逆向选择问题。种种难题下,小微企业融资成本难以下降,银行也更偏向于服务大型企业而不愿服务小微企业客群。

从企业融资需求来看,大中型企业能够依靠充足的内生资金解决融资问题,而小微企业则缺乏基本的内生资金支持,只能依靠外部资金来满足融资需求。与大中型企业相比,小微企业从商业银行获得资金支持的意向更加急迫和强烈。从企业融资成本来看,80%以上的小微企业依赖传统银行和互联网银行进行融资,而借助传统银行进行融资的小微企业在大多数情况下要付出额外的成本,如担保费和咨询费等。有研究发现,融资贵的问题长期困扰着我国的小微企业,并且央行使用数量型或价格型调控工具都不能明显减少小微企业在融资过程中需要付出的实际成本。有学者基于京津冀地区七百多家企业的调查发现,企业的融资成本受到企业规模等自身条件以及市场环境的影响,且受企业自身条件的影响更为显著。

(三) 业务流程复杂,融资慢

小微企业融资面临的第三大问题在于申贷到银行放款耗时过长。《2021年中国小微企业发展指数报告》显示,我国仅有两成小微企业能够依靠自有资金度过疫情冲击,而近80%的小微企业依靠自有资金只能维持6个月甚至更短。该报告在对小微企业融资困境的调查中发现(图11-8),有50.4%的企业表示其面临的主要困境为贷款申请复杂、放贷周期长,说明当前融资慢的问题是影响小微企业获取融资的一大难题。

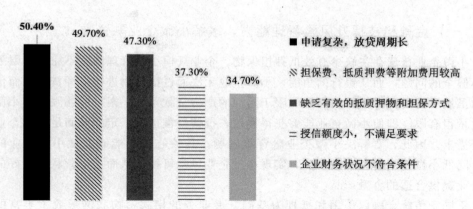

图 11-8 2021 年小微企业融资困境调查

许多小微企业仅仅需要较小额度的贷款应对临时、短期的资金需求，但这同样需要准备一系列的资料并提交给银行，同时银行因为小微企业的资产少、信用空白，需要进行较为烦琐的贷前调查、审批工作，业务流程复杂，耗费时间较多；另外，小微企业现金交易频繁，可能存在财务管理不规范甚至弄虚作假的行为，因此银行也需要花费较多的时间进行审查、判断企业经营风险。冗长的贷前审查导致银行常常需要数十天才能完成放款，与企业较为着急的融资需求之间存在明显的矛盾。

二、金融科技破解小微企业融资困境

世界金融体系在信息技术的强力推动下，其发展逐步经历了以 ATM 为标志的电子化、以网银为标志的互联网化、以大数据风控为标志的数字化。以人工智能、大数据、云计算、区块链为代表的金融科技工具使得大量数据的产生、收集、处理、共享成为现实，传统金融体系以资产定价为基础的框架也逐渐转化为以数据为基础的数字变现。传统金融的业务模式也随着数字化时代的到来步入转型之路，为科技公司创造了进入金融领域的机遇。

基于技术发展的金融创新实现了传统金融体系与金融科技的结合，推动传统银行业的服务模式转型升级，能够为金融业服务实体经济提供新途径、为普惠金融发展提供新机遇、为防范化解金融风险提供新利器。近年来，在金融科技浪潮的冲击下，商业银行纷纷强化金融科技应用，推进银行数字化转型。目前，包括工商银行、中国银行、农业银行、交通银行在内的数十家金融机构均成立了金融科技子公司。金融科技发展对商业银行的影响成为现阶段金融监管部门、学术界乃至整个社会关注的热点问题。

人工智能、大数据、云计算、区块链等创新科技与金融深度融合。金融科技在降低交易成本、提高交易效率、减少信息不对称方面具有天然优势，并形成规模效应和尾部效应，使得商业银行开展业务的边际成本显著降低，并且在时间和空间上突破传统限制，有力破解了传统业务模式规模不经济的问题，有助于缓解小微企业融资困境。

(一)金融科技提升风险管理能力，缓解小微企业融资难

小微企业普遍存在缺少有效抵押担保物、企业规模小、管理制度不完善、财务制度不健全的问题，而从银行的角度，小微企业无法通过抵押物进行抵押贷款，而信用贷款虽然不需要抵押担保，但也受限于附加的严格贷款条件。银行能够服务的小微企业数量很有限，即使小微企业能够获得授信，授信金额也不一定能够满足小微企业的融资需求。因此，要解决小微企业融资难问题，其核心在于能够发现小微企业的信用，降低小微企业信息不透明度，实现小微企业风险可控，从而为经营状况良好的小微企业提供合适的金融产品。

不同于传统金融以信用和抵押为基础开展业务的模式，物联网形成了丰富的数据，人工智能和云计算进一步提升了数据处理效率，区块链方便了数据更新和实时传播，从而加速传统金融体系在风险评估依据、挖掘潜在需求、风险定价效率等方面的巨大转型，同时使金融服务的可得性显著提升，为破解小微企业融资困境开拓新策略、新路径。有研究发现，基于信息技术的数字金融发展将有助于解决信息不对称问题、提升金融服务可得性、降低交易成本和优化资源配置。

金融科技在提升银行对小微企业的风险管理，扩大小微企业的授信供给方面存在正向影响。大数据、云计算等金融科技的应用，帮助金融机构从更多、更广的角度去收集小微企业的数据，从而帮助银行评估小微企业的风险管理能力。一方面，银行可以与互联网平台、互联网交易市场等场景合作，从而获取小微企业的线上交易信息；另一方面，还可以与工商、司法、征信、税务等部门共享企业数据，多方面、多层次收集并核实小微企业信息，打造小微企业大数据网络，通过云计算、区块链等技术降低小微企业和银行之间的信息不对称，提高小微企业数据造假的难度和造假成本，同时基于企业在不同场景中留下的数字足迹构建企业画像，分析出企业更真实的经营状况、经营风险、潜在的融资缺口等，进而形成一个覆盖获客、贷前、贷中、贷后全流程的风控体系，获客阶段能够根据企业经营状况推送相对合适的金融产品，提升营销效果；对授信企业进行实时监控，跟踪企业用款行为，对于出现经营波动、没有专款专用等行为的企业进行自动报警，最大程度减小企业违约概率。

当前，我国各银行纷纷根据自身数据优势打造了不同的产品，以服务小微客户（表11-2）。例如，工商银行2020年推出的"电e贷"是一项面向小微企业的电费融资服务，主要以企业的用电信息为贷款信用参考，只要企业满足按时缴纳电费、无欠费记录等条件，不用抵押厂房设备即可申请贷款，办理流程便捷、系统自动审批，切实满足了小微企业"短、小、频、急"的融资需求。国网湖北省电力有限公司有关统计数据显示，"电e贷"在2022年实现授信额度累计3.98亿元，帮助142家小微企业缓解了"融资难"。此外，微众银行的"微业贷"、苏宁银行的"微商贷"、众邦银行的"众商贷"等，根据企业的税务、债项、发票等数据来判断企业风险，同时可通过物流、仓储等信息进行验证，进而向企业发放贷款。还有学者提出通过企业客服回复消息的效率推断企业的经营状况。随着科技的进步和国家对普惠金融的推动，相信未来小微企业的风控体系会越来越完善，小微企业的融资难题也能得到逐步解决。

表 11-2 基于金融科技手段针对小微企业发布的信用贷款产品一览表

发布主体	产品名称	大致上线时间	产品特点
工商银行	电 e 贷	2020 年	以小微企业历史用电、交费信息为主要授信依据，快速申贷、全线上、纯信用、低成本
众邦银行	众商贷	2020 年	以小微企业工商、司法、征信、税务、发票为主要授信依据，一分钟申贷，零人工干预
苏宁银行	微商贷	2019 年	以小微企业纳税数据为主要授信依据，纯信用、全线上、秒批秒贷、随借随还
农业银行	纳税 e 贷	2019 年	以小微企业纳税数据为主要授信依据，全线上、纯信用、免担保、随借随还
中国银行	税易贷	2019 年	以小微企业纳税数据为主要授信依据，全线上、纯信用、免担保、随借随还
交通银行	税融通	2018 年	以小微企业纳税数据为主要授信依据，全线上、纯信用、免担保、随借随还
平安银行	税金贷	2018 年	以小微企业纳税数据为主要授信依据，全线上、纯信用、免担保、随借随还
网商银行	有税贷更多	2018 年	以小微企业纳税数据为主要授信依据，全线上、纯信用、免担保、随借随还
微众银行	微业贷	2017 年	以小微企业主体信用数据、交易数据、债项数据、物流数据为主要授信依据，线上无抵押、随借随用、分钟级获贷
建设银行	云税贷	2017 年	以小微企业纳税数据为主要授信依据，全线上、纯信用、免担保、随借随还

（数据来源：根据各银行的公开资料手工整理）

有关学者在 2022 年对全国首个小微企业数字征信实验区的 168 家小微企业进行调查，调查结果显示，基于金融科技的数字征信对于提升小微企业融资服务质量、缓解小微企业融资约束等方面有显著贡献。结果显示，按照 5 分制让小微企业对金融科技应用效果进行打分，各项应用效果的平均分均在 3 分以上，即金融科技在提升小微企业融资服务质量的效果方面获得了大部分小微企业调查对象的认可。具体而言，金融科技助力提升小微企业融资服务质量方面主要包括四个部分：一是缓解信息不对称，提高融资可获得性；二是摆脱对抵押担保的依赖，扩大企业金融服务覆盖面；三是企业融资风险防控，降低企业融资成本；四是拓宽企业融资渠道，缓解融资约束。

另外，中国人民银行 2020 年对全国范围内企业的抽样调查结果显示（图 11-9），小微、民营企业中，通过银行贷款获取外部融资的企业占比高达 95%，通过开承兑汇票或票据贴现方式实现融资的企业占比为 18%，剩余融资方式均不到 5%。同时，小微企业获得贷款的数量同比上升11%，银行贷款余额占全部融资余额的87%，较上年末提高了10个百分点。由此可见，小微企业获得银行贷款的广度和深度均有所提高。

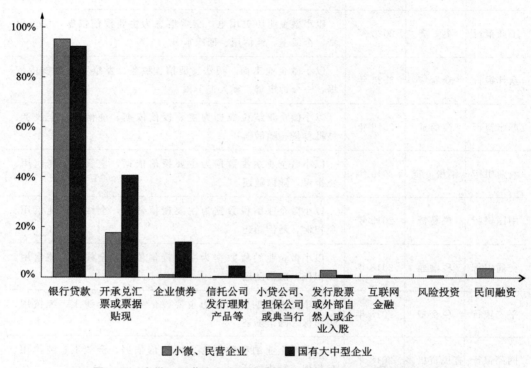

图 11-9　小微、民营企业和国有大中型企业外部融资渠道使用占比

（二）金融科技降低银行金融服务成本，缓解小微企业融资贵

金融科技帮助降低企业信贷成本主要体现在两大方面。① 银行层面，金融科技助力实现对小微企业的自动、精准营销，降低金融运营成本；申贷业务全线上化完成，企业仅需要上传相关材料，机器会代替人工完成信息审核、材料比对、风控模型构建等工作，从而减少业务办理成本。② 企业层面，金融科技发展能够降低银行与企业之间的信息不对称性，也就是帮助银行精准识别企业风险，避免虚高的风险溢价导致金融产品定价过高。金融科技推动企业贷款实现秒批秒贷、随借随还，减少资金持有时间，避免贷款资金闲置时产生资金周转成本。

对于银行而言，金融科技的发展帮助银行拓展线上化业务，不受线下网点地理位置的限制，依托互联网的便利性以及海量的数字足迹，基于不同平台、不同场景的小微企业的特殊性，推送不同类型的金融产品，减少了人工操作以及线下营销的压力，也能实现千人千面的营销效果。在风险控制方面，传统的线下调查、人工审批模式相对更适用于贷款额度高、资产规模大的企业，一方面，这类企业风险较低，从而降低银行的风险收益需求；另一方面，较高的贷款额度能够均摊申贷过程中产生的人力、风控成本。而小微企业的贷款额度一般较低，且企业规模很小，经营状况不稳定，传统的调查模式需要耗费更多的人力成本去进行企业风险管理。而运用大数据、云计算等方式，银行可以通过企业数字足迹、其他平台共享的数据、企业主业务办理时自主上传的数据，构建模型量化企业风险，开发的模型能够在多个小微企业中反复使用。当服务的小微企业规模足够大时，均摊的贷款业务的风控成本就会大幅下降，从而为企业提供利率更低的融资服务。

此外，基于大数据的风控模型所涉及的数据维度更多，估算的企业风险更真实，从而帮助经营状况好的企业获得更低的贷款利率，这也在一定程度上避免了逆向选择问题；在贷后的风险管理上，可以让计算机实时采集小微企业的交易、经营等多方位数据，无须人工干预，全自动化进行风险管理以及智能催缴，从而在较大程度上减少对人力资源的需求。

在银行运营层面，得益于云计算技术的推广，银行业务线上化、减少一线服务人员，以及缩减网点数量是银行数字化转型的大趋势。银行由此可以缩减网点租借费用、装修费用、运营人员的人工成本。金融机构通过打造云平台，将金融数据、应用程序放置到云端，不仅能提供更高的安全性，还能够降低内部软硬件的采购成本和管理成本。云计算可以让企业不需要购买超高性能、价格昂贵的主机，而是采购多个性价比更高的设备，通过虚拟化技术集成计算资源，在运维管理上也更加便捷，减少了计算、存储设备的采购和运维成本，同时也能够支持弹性扩容，极大降低了金融机构的IT成本。有关数据显示，以往传统金融机构需要耗费平均2000元的人力成本去开拓一笔小微企业贷款业务，而网商银行在人工智能、大数据等技术的应用下，在2018年时每笔贷款的平均运营成本仅需2.3元。微众银行通过开放式架构，实现系统在云计算下运行，每个账户的维护成本每年仅需3.6元。

小微企业的贷款成本还可以通过金融科技优化业务流程，实现秒批秒贷、随借随还。传统企业贷款流程复杂，耗时长，且企业需要预估未来一段时间内的贷款需求以及还款计划。而小微企业融资需求有着"短、小、频、急"的特点，企业主难以确定何时存在融资需求以及需要的融资额度，传统贷款方式难以满足小微企业的融资需求。基于此，很多银行都推出了"一分钟放贷"、随借随还等业务模式，企业主仅需几分钟就可以完成贷款信息的上传，银行当场进行全自动审批并授信，支持企业主随时申贷，快速放贷，按日计息，随时还款。

以二手车经销商为例，我国二手车交易市场规模巨大且处在一个稳步增长的阶段，二手车市场由中小规模的车商占据主导地位。独立二手车车商占据了超过80%的市场份额（图11-10），其主要依赖价差和收取交易佣金赚钱。

以瓜子二手车直卖网的一家武汉经销商为例，该经销商年销售额为364万元左右，是非常典型的小微企业。该企业平均销售周期为每周一辆车，按照传统的金融方案，最少需要申请一年期流动资金贷款36.4万元，也就是销售收入的10%，才能满足企业正常经营需求。而按照金融科技赋能的新方案，只需要按车贷款所需资金，随借随还，就能满足运营需求，且每辆车贷款利息仅为112.39元，远低于传统贷款的利息560元，利息直降80%。可以发现，在银行实现了快速审批放贷、随借随还以后，企业主贷款期间的资金可充分利用而非闲置在手上，从而大幅度降低了利息费用。

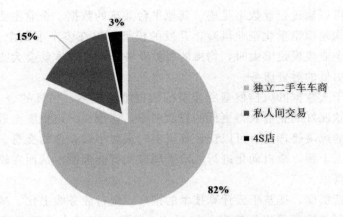

图 11-10　2021 年二手车经销商竞争格局占比分布情况

中国人民银行 2020 年对全国范围内企业的抽样调查结果显示，42% 的小微企业表示其综合融资成本较上年有明显下降或有所下降。银行贷款利率同比下降的企业占比为 37%，银行贷款利率较上年基本持平的企业占比为 58%，整体呈现稳步下降趋势。整体来看，在此次调查中有半数左右的小微企业均表示融资环境有所改善、融资成本有所下降。由此可见，在金融科技应用、各地政策扶持等因素的作用下，小微企业的融资成本正稳步下降，融资贵问题已初见曙光。

（三）金融科技提升业务办理效率，缓解小微企业融资慢

金融科技的应用不仅仅能够帮助银行将业务线上化，提升顾客业务办理体验，更重要的是减少业务办理耗时，实现敏捷金融服务。在传统信贷业务模式下，银行从人工调查、审批，到给企业授信、签订相关合同，再到最终放款，通常需要经历数周甚至数月时间，而小微企业财务报表不规范的问题会导致调查阶段耗费的时间更长，造成小微企业融资慢的难题。

而在金融科技赋能下，小微企业的申贷流程将实现全线上化，不受时间和空间的限制。其中，人脸识别、指纹识别等技术的应用有效解决了远程开户等线上业务过程中可能存在的安全问题，免去了人工审批流程；大数据技术实现了客户多维数据的共享，银行可以直接在海量数据中快速分析企业的风险，从而节省对小微企业进行线下调查的时间。此外，在企业办理贷款业务时，线上系统将基于云服务直接从数据库中调用企业数据，同时通过图片识别、文字识别等人工智能技术，自动识别并填写申贷人营业执照和身份证资料，提升业务办理效率。多项金融科技的协同应用实现了小微企业信贷流程的高度简化，极大地降低了企业办理贷款业务的时间。当前，网商银行推出的小微普惠批量融资担保业务已经形成了 3 分钟审批、1 秒钟放贷、0 人工干预的模式；众邦银行的众商贷产品更是实现了 1 分钟审批、0 人工干预、1 秒钟放贷的效果，在一定程度上解决了小微企业融资慢的难题。

2022 年全国首个小微企业数字征信实验区的 168 家小微企业的调查结果显示，在小微企业融资需求"短、小、频、急"的特征中，最突出的特征是融资需求"急"，即对融资的时效性要求较高。而在金融科技的赋能下，小微企业融资的平均等待时间逐年缩短（图 11-11），2021 年的平均等待时间仅为 6.82 天，与 2018 年相比下降了

26.35%。从平均等待时间看，虽然与小微企业对融资时效性的要求仍有一定的差距，但是金融科技对于提高小微企业融资效率的作用已逐步显现。

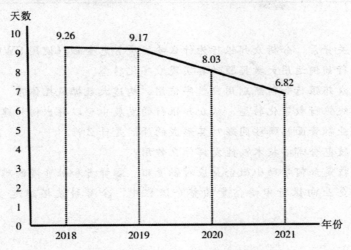

图 11-11　2018—2021 年中小微企业融资平均等待时间

总的来说，金融科技为小微企业融资问题打造了一条数字化新道路，实现无抵押信用贷款，为其提供了更有效、更智能的风险控制模式。破解小微企业融资困境的路径将建立在金融科技应用基础之上，并且已经取得了积极的成效。一方面，基于企业的经营交易数据、社会行为和相关控制人的多维度海量数据，金融科技能够运用大数据技术实现企业数字信用系统的构建；另一方面，金融科技可以使银行拥有分析和处理海量数据的能力，通过精准识别金融需求和信用风险，实现改进产品设计、推动流程再造，最终实现银行金融的敏捷供给。因此，面对亟待解决的小微企业融资困境、金融业如何助力实体经济高质量发展等现实问题，金融科技将大有可为。

本章小结

本章通过两个案例的研究，展现了银行数字化转型的实现路径，以及金融科技在解决小微企业融资困境中的重要作用。第一个案例研究表明，众邦银行利用金融科技获取金融需求，实现智能风控和银行及企业关系拓展，成功构建了智慧金融的主要路径。第二个案例通过分析金融科技在提升风险管理能力、降低金融服务成本、提升业务办理效率等方面的作用，指出了金融科技破解小微企业融资困境的机制与路径。这些实践经验对于银行业乃至整个金融业都具有重要的理论价值和现实意义，为将来金融机构如何有效利用金融科技提供了有力指导。

思考题

1. 结合相关背景，分析众邦银行为什么要发展智慧金融（使用SWOT分析）。
2. 众邦银行如何运用大数据驱动其实现数字化转型？
3. 请谈谈众邦银行如何甄别用户数字信用，构建大数据风控体系。
4. 针对传统银行数字化转型，从众邦银行的发展中可以得出何种建议与启示？
5. 小微企业融资面临哪些问题？其形成的原因是什么？
6. 金融科技包含哪些技术？能发挥什么作用？
7. 金融科技是如何帮助小微企业应对融资难、融资贵和融资慢的难题的？
8. 在小微企业向银行申请信贷的整个流程中，金融科技搭建起了怎样的服务框架？

第十一章
参考资料

第十一章
案例解读补充资料

与本书配套的二维码资源使用说明

本书部分课程及与纸质教材配套数字资源以二维码链接的形式呈现。利用手机微信扫码,成功后提示微信登录,授权后进入注册页面,填写注册信息。按照提示输入手机号码,点击获取手机验证码,稍等片刻收到4位数验证码的短信,在提示位置输入验证码,成功后再设置密码,选择相应的专业,点击"立即注册",则注册成功(若手机已经注册,则在"注册"页面底部选择"已有账号?立即注册",进入"账号绑定"页面,直接输入手机号和密码后登录)。接着提示输入学习码,须刮开教材封面防伪涂层,输入13位数字的学习码(正版图书拥有的一次性使用学习码),输入正确后提示绑定成功,即可查看二维码数字资源。手机第一次登录查看资源成功以后,再次使用二维码资源时,在微信端扫码即可登录进入查看(如申请二维码资源遇到问题,可联系宋焱:15827068411)。